目次

凡例

略号

『時報』＝『伯剌西爾時報』
『日伯』＝『日伯新聞』
『聖報』＝『聖州新報』
『日本』＝『日本新聞』
『パウリスタ』＝『パウリスタ新聞』
『日毎』＝『日伯毎日新聞』
『サンパウロ』＝『サンパウロ新聞』

引用にあたって、原則的に現代かな遣いに改め、ルビを加えたり削ったりした。
〔　〕内は筆者による注。

遐《はるか》なる心を持てるものは、遐なる国をこそ慕え（夏目漱石『虞美人草』一九〇七年）

日本生れのブラジル育ち　知らぬ故郷の夢も見る（一九三二年九月一六日付『聖報』）

人間は生れ故郷を去ることは出来る。しかし無関係になることはできない（安部公房『終りし道の標べに』一九四八年）

はじめに

今年は日本人移民がブラジルに渡って百年にあたる。それを機に『シネマ屋、ブラジルを行く』以降、書きためてきた文章をまとめることにした。大きな主題は前著の副題と同じく「郷愁とアイデンティティ」で、これまでに歌や映画から解いてきた心の揺れと社会のつながりについて、ことばと芸能から近づいてみようと思う。

第Ⅰ部は心のはたらき全般に関わる「思い」を小題に掲げ、郷里へ向かう気持ちがどのようにつくられているかについて考える。ここでは本書全体の前提となる「思い」「情け」「郷愁」の概念を検討する。どれもこれまで独立して考察されたことがあまりない。思想家が字義に立ち戻り、思や想に沈潜することはめったにない。感情や情愛についての議論はあるのに、その根元にあるはずの「情」や「情け」については、あまり組上に上ったことがない。少なくとも社会学や人類学の用語で説明されることはあまりない。ここでは短詩を主な窓に移民の揺れ動く思い、情けの世界をのぞいてみる。短歌・俳句・川柳の分厚い蓄積を文学史の外で使う試みで、インタビューや記事からは見えてこない心向きを描いてみたい。

これに対して郷愁はある程度論じられてきたが、遊牧性や流動性が高唱される昨今の論調のなかでは、理性を曇らせ、判断を後退させる否定的なことと捉えられることが多い。知識人は郷愁を売り物にする産業を皮肉ったり、ナショナリズムと頭ごなしに同一視したり、政治的改革を阻む保守的要因と見なしている。郷愁に囚われるのは精神の高邁さが足りないからだといわんばかりだ。しかし大半の移民は賢そうな批判をよそに、故郷に思いを馳せてきた。郷愁をその思いに共感しながら考えるほうが、上滑りな理論作りよりもずっと大切だ。第1章で明らかにするように、祖国敗戦を認識することで、本国の日本人とは違う日系ブラジル人（コロニア人）としての意識を持つにいたったが、それだからといって新たな帰属意識をすぐに獲得できたわけではない。表の潔さにはいつも裏のもやもやがついて回った。移民五〇年史の「コロニア人かくあるべし」という独立宣言が心の底から受け容れられたわけではない。心情はことばについていかない。その食い違いを第Ⅰ部では論じている。

郷愁については故郷を心細く思うという原意に立ち戻って考える。郷と愁いのそれぞれのことばの由来を概略し、郷愁に含まれるさまざまな心情とそれを誘い出す触媒を検討する。辞書的に定義すれば、郷愁は故郷喪失、離郷の苦難を心のなかで回帰することによって補償しようとする心のはたらきといえる。しかしこのような定義は具体的な生活の場面でどのように心が動くのかに較べれば、それほど重要ではない。人類学者前山隆は日本でうどんを食べると食欲の問題なのに、ブラジルで食べると郷愁の問題とされるのはなぜかと問うている。簡単に答えれば、移民の心向きが行動のすべてを離郷経験と結びつけがちだからである。単に〈ここ〉にいるのではなく、つねに〈あそこ〉から遠いここにいると故郷・故国を迂回して、自分の位置を確かめがちだからである（サイードは「同時存在」と呼んでいる）。堀田野情が詠うように（第1章）、ブラジルにいながら（いるからこそ）「日本人です」と日々、投票を続けている。だからうどんでは味以上に、自分と同じく日本からきたという出自が重要になる（ブラジル製であっても）。本書ではこの迂回をしつこく論じる。

迂回が浮かび上がる最たる例が第Ⅱ部の主題、ことばである。〈ここ〉にいながら、〈あそこ〉の言葉しかしゃべれない。言葉の自明性が消えたところで現れる「哀しみ」が、外国の言葉になった母語の隅々に沁みわたっている。可聴域外にこの哀しみの鐘が鳴り続けている。唯一言語《モノリンガリズム》使用は彼らが望んだことではなく、しかたなしに受け入れなければならないことだった。

ポルトガル語と接触するなかで、独自の借用体系が生まれた（第3章）。通常、コロニア語と呼ばれていて、ポルトガル語を知らないと面食らうが、いったんその対応がつくと、たとえばカタカナ業界の言葉と仕組み自体はさほど変わらないことがわかる。面白いのは、一部の借用語には生活の匂いが染みつき、もはや日本語では言い表せないと移民が考えていることだ。本国でもスポーツやファッション用語など、日本語にもどすと妙な借用語があるが、ブラジルでは移民の経験に特有の語に翻訳不可能性の太鼓判が押されている。私はそこに日系ブラジル人の集団的な自己意識を見出す。

第4章は一九二〇年代、主に国費援助を受けた青年移民が持ち込んだ弁論大会が主題で、会の運営、原稿、採点、演技などから民族思想を描き出す。国語が少数民族語になることはどういうことか、日本語パフォーマンスから理解するのが目的だ。幸い、終戦直後の勝ち組の激烈な演説原稿が多く出版されているので（それは彼らが弁論大会に移民史上、最も力を入れたということを示す）、本論は彼らをはさんだ前後という時代分けで大会の推移を追う。

第5章では日本語はブラジル先住民ツピ族のことばと同じ源から発しているという新聞人香山六郎の説を検討する。これはお馴染みの日本語の起原論争に新たな珍説を加えるというよりも、ブラジルの正式な国民のメンバーとは見なされていない日本人が、実はヨーロッパ人よりも先に住む部族の兄弟であるという政治的含みを持っている。彼は日本人と似た顔の先住民がいるという話からツピに好奇心を抱き、顔が似ているなら言葉も似ているはずだと推論した。日ごろは負い目であるアジア的な顔だちの意味の逆転をはかった。彼はそこからすべての言語の起原をツピ語に求めるところまで想を展開した。このような大学の言語学が拒絶する言語研究を幻語学と呼ぼう。第5章はこの枠のなかで日本ツピ同祖説を検討する。

第Ⅲ部はオペラ、カルナバル、浪曲という広い意味の舞台演技（仮に芸能と呼んでおく）から、日系人の自己認識について探ってみる。第6章は蝶々夫人を戦前、ブラジルで演じた三人の日本人ソプラノ歌手に対するポルトガル語新聞と日本語新聞の記事を比較して、一方にとっての異国趣味が、他方にとっての民族の誇りであったということを示す。どちらも日本人であることが蝶々夫人を演じる真正性を保証したが、その意味合いはまったく違っていた。しかし日本語メディアはブラジル社会では存在しないも同然で、両者の間には対話の場はなかった。

第7章ではブラジル国民文化の一大ペイジェント、カルナバルを取り上げ、日系人の参加、パレードに描かれた日本について論じる。前半では一九三〇年代、万民平等を日系人だけが集まった「黄色い」ダンスパーティーで叫ぶ矛盾から、外国の国民文化の周辺部に収まった少数民族の圧迫と解放感について述べ、後半では一九七〇年代以降、数例が見られる日本をテーマにしたパレードが、どのようにステレオタイプを活用し、日系移民をブラジル史のなかに位置づけ、一部の二世にとってはコロニアからの脱出口となったかを考える。日系人はブラジル社会に貢献してきたとパレードでは公認されても、国民の想像力のなかではいまだに周辺的な存在でしかない。オペラ劇場とカルナバルは主流社会と日系社会の接触ゾーンだが、双方の解釈や受け止め方や参加のしかたは歴然と違う。

第8章は移民史上の有名無名人物の伝記を語った一九六〇年代の創作浪曲から、同化してなお良き日本人であるという戦後の理想的な自己像を検討する。創作浪曲は先駆移民の苦労を神聖視する「体験的移民史観」を感傷的な物語にして語ったもので、日本の民衆的語り物の伝統にずっと流れる供養を要に、戦前移民の仲間意識、世代意識をよく教えてくれる。どう生きなくてはならなかったかという生活の規範・模範を示している。情けと涙に浸った典型的な芸能を論じて本書を閉じる。

最後に謝辞を。トヨタ財団（一九九一―九二年、一九九六―九八年度）、花王芸術・科学財団（一九九四年度）の助成を受けた。サンパウロのブラジル日本移民史料館と人文科学研究所には資料の閲覧、貸出で並々ならぬ協力を得た。草稿の段階で二人の人類学者、森幸一と松岡秀明から良い助言を得た。サンパウロでは江沢和子さんのお宅によく泊めてもらった。調査の基礎は安心できる宿泊先にある。百周年という口実がなければ、本書が出るのはもっと遅れただろう。みすず書房島原裕司のおかげで、この機会を失わずに出版にこぎつけることができた。以上の友人、機関に深く感謝する。

二〇〇八年六月一八日

細川周平

I 思い

1　情けと涙――異国めぐく故国に縋る心とことば

ブラジル語もて思考する子と日本語にて思いを述ぶる吾とのうつつ（弘中千賀子『コロニア万葉集』）

I　移民の情け

「日本人です」

イロハのイの字も　知らないお前　それでもおまえは　日本人？
桜も知らない　日本も知らぬ　それでもあなたは　日本人？
ブラジル生まれで　何も知らぬ　それでも君は日本人？
日本人です　日本のことを　聞けば高鳴る　この血潮！
（堀田野情「日本人です」一九三四年七月一一日付『日本』）

日系ブラジル人の代表的な民謡詩人であった堀田野情は一九三四年（昭和九年）、この詩に日本語も日本の風物も知らない二世を「日本人」と認めたいという希望を託した。最初の三つの疑問に対して、最終行では二世が敢然と「日本人です」と答える。あるいは答えさせている。日本語を読めないし、国花を見たこともないブラジル生まれ、それでも果たして君たちは我々と同じ日本人なのだろうか。これは当時の大半の一世の不安を代弁していた。容貌は感情を裏切る。親の言葉は自然に伝わらない。これは移民が子どもを生んで初めて知った教訓だった。彼らが国籍の認定に際して頼ったのは「高鳴る血潮」、つまり血統と感情だった。それだけがともすればブラジルに同化してしまう子どもたちを自分と同じ岸につなぎとめておく綱だった。

日本にいれば「日本人です」と自分に向かって、子どもに向かって確認する必要はない。「日本人である」ことは自明だからだ。しかし移民社会ではしじゅうそのことを背負っていなくてはならない。少数民族として生活の細部にいたるまで遠慮を余儀なくされる空間と時間、そこではいやおうなく自分の居場所を固め、「日本人です」と札を立てなくてはふんばっていられない。彼らの歴史は「日本人です」と明に暗に示しつづける歴史にほかならない。

堀田野情.（生田目善助旧蔵）

堀田野情の詩に三好達治の「日本の子供」（『少国民文化』一九四二年七月号、五六―五七頁）を対比すると、移民にとっての「日本人」がいかに特別な重みを負っているかがわかるだろう。「日本の子供／日本の子供／世界一幸福な日本の子供／世界一重い責任と世界一高い名誉とをになふ日本の子供」という文句から始まり、「世界一重大な使命にむかって突進する日本の子供！」で終わる三好の翼賛詩では、「血潮」はいかにも無造作に、自然に親から子に伝えられる。「東西南北数千万粁の戦場に／昨日昿野の草にわたたつみに注がれたる君らの父兄の血潮は／即ち今日君らの血管に脈うち流るるところの血潮／ああ昨日の勇気／いかでか明日の日に失はれん」。

子どもが日本人であることには微塵も疑いがない。これと似たような「血潮」の伝承と顕彰は、昭和一〇年代、数多くの詩で喧伝された。これに対して堀田は言葉、美感覚、出生地、知識、経験そのどれも否定したうえで、「高鳴り」が響きわたる可能性に日本人の証を賭けている。「血潮」には遺伝情報の共有以上に、親子の間の感情の共有が含まれている。果たして血のつながりは「血潮」のつながりを保証するのだろうか。堀田は当然この疑問を抱きながら、強引に保証すると言い切る。三つの疑問符に対する一つの感嘆符の勝利は、外から振り返ると血潮に対する過大な期待を示した空元気に近い。本国の民族主義が前提としている生物学的連続性と文化的伝承の一致、容姿と言語と心情の一致が必ずしも成り立たないところで、「日本人です」と胸を張るには、それ相応に力まなくてはならない。

堀田の力こぶしの底には、「日本人の血汐もいつかこの国の血にそまり果てうせなむものか」（⑤より、一九四〇年）と歌われるような同化の不安が流れていた。子孫の血潮が他者の血に「そまり果てうせ」ることは、多くの場合、不安を越えて恐怖といってもよかった。子孫が繁栄するだけでは不足で、日本人の（この語には既に「純粋な」が含意・願意されている）血潮の継続が期待された。ブラジル移民の日常語のなかでは、文化接触論で用いる受容、適応、順応、借用、折衷、混交というような用語はほとんど定着せず、同化が一括してブラジルの環境へ馴染む、というより呑み込まれる過程を指してきた。自分たちの習慣を通せる穏やかな段階ではなく、それを否定せざるをえないような現実が思案の中心にあった。

日本人であることは多くの移民の自己認識、同族意識の核にあり、さまざまな場や行動や文を通して自覚され、表現されてきた。本国では力まずに、つまり国家をはじめとする諸機関によって制度化されてほとんど自動的に、この認識・意識は保たれるが、移住先では既存の社会や文化の体制の下で、移民が率先してその同族性を作り出す制度を打ち立て維持しなくてはならなかった。日本では自明の事柄がブラジルではすべて特異な事柄となり、日本から持ってきた文物にはすべて「日本から」という札がつけられる。そのなかで移民は自分を再定義しなくてはならなかった。前山隆が日本を出て初めて人々は「日本人」になったと述べているのは、この再定義に関わる（ベネディクト・アンダーソンは後にメディアの力を強調して遠距離ナショナリズムと巧みに定式化した）[1]。この再定義にはもちろん当事者がブラジル生活をどう解釈するか、ブラジル人が自分たちをどう処遇するかが影響する。日本の文化は必ずしもブラジルの政策や国益と一致せず、本国ではありえない摩擦を日系人（移民とその子孫）は経験せざるを得なかった。それが誇らしげな「民族」の語の上に、恥ずかしげに「少数」をつけた集団になることだった。本国のプロパガンダ詩人は民族の誇りさえぶちまければ十分だったが、ブラジルの詩人は「ここは日本ではないが」と小声で付け足したり、「日本にいないからこそ」と力まずにおれなかった。本書のもくろみはその恐縮と力みの相克を言葉の理論と運用の場、舞台表現の解釈と台本から描き出すことにある。これまで宗教、結社、政治運動、カラオケなどから渡航前の文化の保持と同化の圧力の狭間を生きる日系ブラジル人の（少数）民族意識について調べられてきたが、本書ではもっと目立たない事柄、表に出ない心の動きからその意識を解き明かしてみたい。キーワードは情けと郷愁。

情（け）の概念

一九七八年、サンパウロで日系社会についてのシンポジウムが開かれ、アイデンティティ、文化変容、同化などについて議論された。しかし客席のある一世は大いに不満だった。「移民を学問で説くというのが間違っている。息子や娘がケトー（毛唐）と結婚するのを嘆く、あるいは諦感《ママ》をよぎなくされる一世の親心を汲まず、日伯結婚はいいとか悪いとかいわれてもピンとこない。『移民学』とは『情』の学問のような気がする」。残念ながら壇上の先生方にはそこがわかっていなかった。「〝涙〟を知らぬ移民学は移民に訴える力が弱い」（六月一六日付『日毎』）。大学人の議論と一般人の関心が見事にすれ違っている。「親心」の根拠を知りたかった客席と、社会学の理論で人種間結婚や家族の変貌について論じた壇上の間には、途方もない隔たりがあった。大学の歴史家と歴史愛好家の間ほどすれ違っている。前衛絵画の展覧会に、花びんや風景を描くことを楽しみにしている日曜画家が現れたようなものだ。この一世には認めてもらえないだろうが、私は移民の情や涙をなんとか学問で説けないものかともがいている。

情を存在の根本に置く自画像は、いわゆる日本人論でしばしば描かれてきた。そのなかではしばしば「人情」が「義理」と組になって国民性、社会の絆として登場する。俗に言う「日本人の心」の一番の根底には、情（け）に対する鋭敏さがありそうだ。情という言葉には数多くの意味と価値が込められてきた。情を情けと訓読みすると意味の幅はさらに広がる。人情、情勢、叙情、心情、情動、情話、情愛、情人などこの文字を使った語彙まで含めると、情の意味の網目はとてつもなく広がる。阿部謹也が分析した「世間」のいとなみは、情（け）を隠れた価値の上位において調整された人間関係から成り立っている。彼の説をかみくだけば、小さな場面ごとに人情、情実、温情、私情など複雑な「情」によって切り盛りされ、社会の理である法や義や倫理との食い違いを埋め合わせていく自己調整的な仕組みが世間である。情と義や理が拮抗しているために、「とかくこの世は住みにくい」。この摩擦は日本の日常生活の一種の公理になっている。

「情」のつくり「青」には青く澄んだエキスの意があり、偏の忄（心）と合わさって「心の動きをもたらすエキス」が原意となる。古代中国の性情論によれば、性は生まれつき変わらない良心、良知を指し、情はその時々の喜怒哀楽、心の動きを指す。「感覚によっておこる心の動き」が根底にあり、そこから「人の心の感じ方や社会の通念」「男女の恋い慕う思い」「ほんとうの気持ち」「ほんとうのこと。ほんとうの姿」に広がっていく（藤堂明保『漢和大辞典』）。別の字引はこころ、まこと、ことわり、おもむき、なさけと五つのそれぞれ広大な意味領域を持つと解読している（諸橋轍次『大漢和辞典』）。事情、情報、情況、表情などまこと、ことわり、おもむきと関わっている情言葉はとても多い。しかし他方、この文字が日本では「なさけ」と訓読みされたために、心のはたらきのなかでもとりわけ哀れみ、思いやり、恋などに傾いた用法が多くなった。喜怒哀楽のうちの哀に引っ張られる傾向がある。上の一世が情の学問を涙の学問と言い換えたのは、その表れといえる。ふるさとは情け深い場所として思い出され、郷愁は故郷に対する情（け）と言い換えられる。

情言葉はいろいろな領域で探求されてきた。心情の社会心理学、感情の認知科学、情欲の社会学、情念の哲学、情動の精神分析、情緒の美学、情愛の文学史などなど。英語ならばはっきり違う概念（feeling, affect, affection, drive, sentiment, mentality, love, passion など）が、日本語ではいずれも「情」の文字と別の文字の組み合わせであるために、仮に心情と感情と情緒を厳密に区別して議論されても、どこか腑に落ちない。私には人情と情人の区別はついても、愛情と情愛、情熱と熱情、感情と情感の区別はうまくつけられない。学者がたいてい外国語の議論をもとに定義しがちなのもしっくりこない一因だろう。ルビやカタカナ語で済ませられるなら、こんなに簡単なことはない。文字に立ち返って、たとえば心情という概念のなかで、心と情はどう組み合わさっているのか考え出すと、迷路に入ってしまう。柳父章が述べるように、二文字熟語はそれ以上分割できない意味の単位を持っていて、「よく分からないけれど権威があるような、一種不気味な言葉」として「先進文化のおごそか」さを文字の見てくれと響きで伝えてきた[2]。彼は以前からそれを「カセット効果」（漢字の語が中身がわからなくても、深遠そうに見せかけ、人を引きつける効果）と呼んでいる。「意味」と「意義」の違いは「味」と「義」を調べてもわからないし、「文化」と「文明」の違いは「化」と「明」の違いからは論じられない。その場合に外国語ではこういう原意と注釈しても、宙ぶらりんの「外国語域」（河野与一）で口をぱくぱくしているようで釈然としない（たとえば culture がラテン語の「耕す」から来ているといっても、文にも化にもそれは反映されていない。だからといってカルチャーではこれ以上思索してみようという気が起こらない）。そこで「意」や「文」に一度、立ち戻ってから議論しようというのが、私の方法である。私は二文字熟語の伝統、カタカナ語の誉れに物申す知力はないが、本書では「情（け）」や「思い」をこね回して、少しすねてみたい。文字の解釈から始まる議論は、語源にさかのぼる議論と同じように、手垢のついた概念を洗い直して、別の相貌を磨き出すところに面白みがあるが、同時にその語を神秘化し、牽強付会に陥る危険も孕んでいる。その点に注意しながら、私は「情」の字義を助走に、上の一世のいう移民の情の学を試みたい。彼らは果たしてブラジルでどのような人間観、同胞観、世界観を築いたのだろうか。

本書では移民の短歌・俳句・川柳を随所で引用する。他の種類の文では描かれないため息やつぶやきを聞き取ることが目的で、ミクロな場での一人一人の情をよく伝えている作を選んでいる。定型に収めるために頭の中や紙の上で反芻され、推敲された作品群は、作者の生活や考えを散文や談話以上に簡潔に描いている。切々たる嘆きから毒を含んだ笑いまで、短詩は変幻自在な心の動きの一瞬を正確に捉えている。三つのジャンルにはそれぞれの特徴がある。たとえば短歌では出にくい心情が川柳に漏れていたり、俳句とは違った心向きが短歌に表れている。それを組み合わせることで、ジャンル縦割りの文芸評論とは違った角度から作を解釈し、複眼的に移民の情けと思いに近づくことができる。

個的な感慨と類型的表現のバランスが短詩の生命で、強固な型にもたれて心のうちそと、暮らしの寸景を他人に向けて披露できる。これは書き手の喜びである。素人の作は必ずしも文学的に優れたものとばかりはいえないかもしれない。しかし見田宗介が歌謡曲の歌詞分析『近代日本の心情の歴史』（講談社学術文庫、一九七八年）で述べているように、「一見マンネリズムで紋切り型の表現のうしろに、どれほど切実な情感のひだや、どれほど重い願望あるいは絶望が仮託されているか」（六頁）ということに立ち返る必要がある。それは私たち読み手の共感的な想像力を試すことでもある。投稿ないし自費出版したということ自体が共感を求めてのことだし、それが採用されたのは選者の共感を得たという保証で、集団性はある程度、認められるだろう。短詩のそれぞれが個人の感慨だけでなく、集団的な体験を表している。日本語は民族共同体の外では無力だが、それだからこそ希望を賭け互いに慰撫し、結束を促す力にもなる。出版された短詩の蓄積がなければ、郷愁に注目することはなく、この本はだいぶ違った形になっていただろう。短詩でなければ表現できない情もあれば、短詩では言い表せない情もある。後者については、別の方法で近づくしかない。その意味で本書の議論は限定されている。

「コロニア」意識の誕生——現地人でなく土着民として

現在、日系ブラジル人は自分たちの集団を「(日系) コロニア」と称している。他のスペイン語、英語諸国では日本移民は comunidad か community (=コミュニティ、共同体) を自称していて、コロニアという自称は文脈から意味は汲み取れるが、あまり使われない。ブラジル特有といって差し支えない。「コロニア」はポルトガル語の colônia に由来する。英語の colony と同じく「よその地に根を張った移民集団」「自国の外の地域に根を張った人々の集団」「どれであれこれらの集団が根を張った場所」を指す (*Novo Dicionário Aurélio* 第二版)。この言葉は最初、日本人の集団入植地という意味で、移民の語彙に入っていった。たとえばバストスのコロニア、アリアンサのコロニアというように。それが終戦直後から、日本移民とその子孫を含む日系共同体を指す用語に転用されていった。それまでの海外同胞、外地在住の日本人という自己認識を否定して、ブラジル国民を構成する少数民族であると考え直したことがきっかけになっているだろう。海外の飛び地から独立して、新たな地に根を生やす決意の表れである。ブラジル永住を決意した認識派 (負け組) の知識人が、日本人意識の強い信念派 (勝ち組) と対立する自己規定を打ち出そうとして使い始めたと想像している。戦前の集団入植地では定住志向が比較的強く、それを模範に日系社会全体を捉えようとしたのではないだろうか。

定説にしたがえば、海外在留民から日系人へ、出稼ぎから永住へという自己認識、人生設計の大変更には祖国の敗戦を認識する必要があった。民族集団内のテロリズム、その結果としての排日運動という心の傷を克服して、敗戦はしぶしぶ共通の了解となった。「ブラジルに骨を埋める」ことが、日本のためにもブラジルのためにも、家族や子孫のためにも望ましいという設計図が受け入れられた。一九五四年のサンパウロ市創立四百周年記念祭と一九五八年の移民五〇周年記念式典が、ブラジル国民の正式なメンバーであるという自覚を日系人に植えつけた。同じ時期には永住決意の戦後移民が多く到着し、戦前移民の意識に感化した。

一九五八年、移民五〇周年に出版された『コロニア五十年の歩み』（パウリスタ新聞社）の「序に代えて」はこの定説を裏づける力強い宣言として読むことができる。「在留民」「在伯日本人」「海外同胞」という戦前の集団の呼称が政府筋から与えられた借り物にすぎず、戦争によってそれを脱ぎ捨て、「コロニア」という真の自分を獲得したと語っている。この「言葉そのものが、われわれ日系社会で生活するものの姿をあらわしてい」て、さまざまなニュアンスを含んでいるために、「今ではちょっと訳語のない言葉となってしまった」。つまり心情的な重みのかかる語彙になった。

戦前、役人は好んで「在留民」という語を用い、この国に居着いた移民自らも「在留民」だと称した。官尊民卑の風潮に加えて、移民もまだ本当にブラジルに定着する覚悟ができていなかったからであろう。「在留日本人」、「在留同胞」という言葉も、語感こそ在留民とは幾らか違いこそすれ、これと似たような意味で用いられていたことは勿論である。……戦時中、戦争直後の約十年間ほどブラジルの日系人が、自分たちのおかれている立場を痛切に意識したことはあるまい。「在留民」の中核的存在だと誇示していた公使員や大商社の幹部は、そそくさと母国に引揚げてしまった。戦争直前までは「在留民」の血の純潔を唱え、民族精神の昂揚を強要していながら、一たん戦争となると、彼らは同胞を「敵国」におきざりにして引揚げたのである。迷える「在留民」は、日本とブラジルの民族主義の谷間に取残されて、暗澹とした形勢のなかで、いやでも自分の立場を思い知ら〔され〕ざるを得なかった。公館から同胞の救済事業を託された有志すら、戦争で神経を昂らせたこの国の警察から圧迫された。日本の利益を代表し「在留民」の保護を託された中立国の公館も、自由を束縛され、日本人の職員は拘置された。あの戦争という暗いトンネルは、われわれブラジルの日本人にとって陰惨で、不安な、そして重苦しい圧迫ではあったが、われわれはその代償として、現実と対決できるだけの自信と勇気とを得た。戦時・戦後の空白時代というけれども、実は空白どころか、コロニアの最も充実した成長期であり、人間形成期であったのではないか。戦争のトンネルをぬけて、再び青天が訪れたとき、ブラジルの日系人はもうかつての「在留民」でもなく、「ブラジルの本邦人」でもなかった。われわれはコロニアとしての成長をとげていた。

現在、サンパウロのブラジル日本移民博物館では、戦前の部屋と戦後の部屋を結ぶ廊下が「暗いトンネル」と名づけられ、死と蘇生の歴史観を実感できる仕掛けになっている。昭和史の教科書でいう「暗い谷間」に対応する。こちらが軍国主義、死、爆撃と直結した「暗さ」であるのに対して、ブラジルでは敵性国民への制限、民族内テロリズムが暗黒の正体で、どちらもそれを克服して明るい戦後社会が生まれたという物語の一部を成している。「暗いトンネル」は明朗日系社会を産む産褥の苦しみと見なされた。苦難を乗り越えて今日のコロニアが生まれたのだから、むげに否定することはできない。「序に代えて」は一九四〇年代をコロニアという我々意識形成に欠かせなかったと捉えている。日本政府とその国策に対する根本的な不信が、生まれた国からの精神的な独立を促したと見なしている。この体験によって、日系社会は日本社会から分離した。

もちろん勝ち負け問題はコロニア意識の礎石にある傷である。信念派（勝ち組）はただ戦争に負けた国からの移民というだけでなく、勝ち組負け組抗争にも「負け」た者たちだった。彼らが絶対と信じていた信念がくつがえされ、ハイセン・カタル（敗戦を「語る」と病名のカタルのシャレ）と罵っていた認識派（負け組）が結局、正しかったことが事後的に明らかになって、取り返しのつかない傷を負った。しかし日本への信頼は致命傷を負いながらも息たえることなく、かえって二重の意味での敗者の歴史意識の背骨となって生きつづけている（『パウリスタ新聞』は認識派の牙城として創刊された）。

住み着くことを決意した移民は駐在員、領事のように、やがて日本に帰る人とは意識も考えも違うとはっきり宣言している。「こんにち、『在留民』的気質をもっているのは、恐らく一部商社の駐在員ぐらいなもので、ある意味では、こういう人種はコロニア意識に同調しないかもしれない」。駐在員と公館員が一緒になって「敵国」から引き揚げていった時点で、ブラジルに残らざるをえなかった者は、彼らと袂を分かった。彼らは同国人であるが仲間ではない。ちょうど民主主義宣伝に際して、戦前の体制を封建的と呼んで全否定したように、コロニアは戦前の在留民意識を斥けるところから生まれた。日本国の裏切りとブラジル官憲の抑圧、これが「コロニア」という自己規定の形成に不可欠な「共通の意識」を生み出したと「序に代えて」は続ける。そしてコロニアという新たな所属意識の根拠として、「共通の経験」「共通の運命」を強調する。

こんにち、日系人コロニアの背景をなし、その意識の基礎をなしているものは何であろうか。……その第一は、右にあげた共通の意識であろう。そして共通の意識は、共通の運命につながっており、共通の経験を通して伝統を形成したものである。戦時・戦後の経験は、ブラジルの日系人が同じ運命につながっていることを教えた。それは同じ移民と言っても、日本帝国の銃剣に護られ、満支の、南方の経営を唱えた人達の運命とは縁の薄いものであり、それは「皇道」の美名の下に、南方の「現地民」の宣撫にあたった選民ニッポン人には味わえない体験のかずかずであった。このようなコロニアの背景を理解するのでなければ、こんにちのコロニアの実態を把握することは不可能であろう。かつて満蒙の開拓者をもって任じた人達が、最近のコロニアにもちこんできた「現地人」という考え方、「経済問題」の標語なども、かつての「東洋の盟主」時代の遺制の匂いがして、この国の土着民となったコロニアには馴染み薄いものである（傍点引用者）。

ここには大日本帝国、そして選民ニッポン人からの歴史的な切断が宣言されている。戦前のように「海外同胞」と呼ぶかぎり、中国大陸や南洋の旧植民地の日本人とブラジルの日本人を区別する方法はない。それだからこそ三〇年代末にはブラジルから海南島や満州への再移住を人々は真剣に、また実現可能なことだと考えたのだった。戦後の混乱期にスマトラ再移住計画を唆す詐欺事件が起きたのは、海外同胞意識を悪用してのことだった。「序に代えて」は戦後の南米への企業進出が帝国の侵略の延長にあると明言し、「現地人」のような一見中立的な用語に昔の匂いを嗅ぎ取っている。「現地」概念が問題視されることは、たぶん本国ではなかっただろう。

『広辞苑』で「現地」を引くと、「現在いる土地」「ある事が現に行われている土地。現場」と出てくる。人はつねに「現在いる土地」にいるものだが、自分を現地人とは思っていないし、通勤を「現地に行く」とはいわない。現地や現場で行われている「ある事」は、何でもよいわけではない。家族旅行の行き先は現場とは呼ばない。同じところに調査で行くならば現地、現場と言う。それはその土地での行いの結果が本部、本拠地に持ち帰られ、職業的な目的で活用されるからである。「現地」へ赴く者は中央で利用される事柄をその土地で得ようとする。「現地」は類語の「地元」よりも強く、外部＝本部との上下関係を内に秘めている。たとえば民俗芸能の研究者や市場調査者、あるいは大災害の取材者に対しては、その場の人は現地人として現地情報を提供する。現地報告は中央の機関に対して提出されるし、現地採用は支店の裁量にもとづく雇用を指す。対語は本社（本省・本国）採用。現地妻と本妻の関係も同じ。「現地」について『新明解国語辞典』は「多く、外地について言う」と言い足している。同じ辞書で「外地」を引くと、今度はあまりに限定的だが「内地以外の日本の旧領土」と明記されている。「序に代えて」の批判はこれに関わる。つまり「現地」には「地元」や英語の local からはみだした帝国史的含意も一部にはある。多くの論考が明らかにしたように、「外地」の帝国国民はある面では日本国民の一部だが、同時に本国の国民とは区別された二等国民でもある。現地人という呼び名の裏には、盟主然とした本国人との暗黙の格差が仄めかされている。

一九五〇年代後半、旧帝国の経済支配を失った日本は南米に活路を見出していた。農業移民を送り込むだけでなく、工業的な投資先としてブラジルに注目した。日本の進出企業が多くの日系人を「現地人」として採用した。数年で帰国する本社採用の駐在員との間には、待遇の格差があったし、差別的な目で見られたこともあっただろう。それが戦前を思い出させた。著者はそれをあてこすりながら、「現地人」を拒絶する。そしてあえて価値判断がより鮮明な「土着民」を自称している（語感は「土民」と紙一重）。「土着」は文字通り、土に足を置いていることで、ブラジルの一部になっていることを鮮明に打ち出している。土の象徴性を重んじる戦前の植民思想とも合う。「序に代えて」は戦前のような強制された、植民政策的な同化ではなく、内部で緻密に構成され、引き裂かれたふたつの現実と接続し、エネルギーを循環する有機体的な同化をコロニアの将来図とする。

〔戦後の日系人は〕もう「異邦人」でもなく、「在留民」でもない。この国の土着の民であり、この国の「全体」の一部とはなった。……いま、コロニアの一極は日本と接触を保ちつつ、他の一極はブラジルの心臓部に接続して居る。日本との接触点からは、新しい交流や移住を通じてニッポン的なものを吸収し、これはコロニアの内部で消化され、淘汰されてやがてまたより大きなブラジル社会へと吸収される。コロニアとは脈々と血の通った生体であり、それは止むことなく流動しているダイナミックなプロセス（過程）である。

ふたつの国の架け橋となってブラジルを発展させるという理想は、それまでにもいろいろな形で述べられてきた。同化ではなく、ブラジルに統合された民であるという見方が新しい。ブラジルに溶け込んで消えてしまうのではなく、日本という外部とブラジルの心臓を結ぶ媒介者となることを提言している。うとましい「同化」よ去れ。我らはブラジルの欠かせない要である。「ダイナミックなプロセス」というかっこいい用語は当時の社会学や近代化論から得たものだろう。戦後移住の最盛期らしい高揚感が文全体にみなぎっている。一九五八年、ブラジリアが創設され、ワールドカップで初優勝し、ボサノヴァが生まれた「幸福な年」、「終ってはならなかった年」（ジョアキン・フェレイラ・ドス・サントス）。その時代の風がコロニアを素通りしたわけではなかった。

いつのまにか永住し

「序に代えて」ほど明確に日系人の自己認識の転換を描いた文章は珍しい。堀田の詩を読んだ者は、この文を「コロニア人です」と名づけたい気持ちに駆られる。「コロニア人です　ブラジルのことを聞けば高鳴るこの血潮」と力み返っているように見受けられる。しかし実際には晴れ晴れと永住を決意した者は少ない。一九四〇年代を苦しくはあっても充実した「人間形成期」であったと納得ずくで振り返った者はごく少数に限られただろう。祖国は敗れたが、我々は移り住む民として胸を張ろうという優等生的な歴史観に対しては、「棄民史が移民史となる戦後版」⑬というしたたかな川柳もある。川柳は公式見解を意地悪な知性でチクリと刺す。確かに「在留民」ではなくなった。敗戦をしぶしぶ認め、帰国の不可能性を納得し、永住せざるを得ない状況を受け入れた。そこまでは納得してもなお、日本で生まれたからには「日本人」以外に生まれ変わるはずがなかった。

二〇年ちょっとじゃ帰れぬ故郷なり
帰るよといった十年過ぎており（ともに⑨）

出稼ぎのつもりで渡ってきたが、あっという間に一〇年、二〇年がたってしまった。何も決断しないうちに時は過ぎていく。永住といっても心のなかでは、引き延ばされた出稼ぎという面も残った。実際には永住は決意というより覚悟、承諾、納得というような消極的な選択肢だった。ブラジル移住こそ大きな決断を要したが、永住は——一部の毅然とした人々を除いては——きのうもいたところに今日も居残るという惰性によるところが大きかった。むしろ帰国のほうが経済的にも、精神的にも決断を要した。日本に帰らないと決意したのではなく、帰れなかったし、家族を思うと帰る決断を下せなかったという声を何度も聞いた。建前としては日本との関係を断ってブラジルに同化することが正しいのだが、実際上、言葉や心情や習慣について、生まれた国（祖先が生まれた国）を遮断することはできない。安部公房のエピグラフはここで生きてくる。「故郷と無関係になることはできない」。

永住権とってはみたが故里《クニ》恋し
里心強いが帰れず永住し
永住を決心する迄苦しみが

故郷の思い出異国の土に埋め
思い出の故里今日も風化する

これらの川柳（⑦）は、永住決意が故郷との心のつながりを切断しないことを物語っている。本書で郷愁という概念で代表させた心と情の日本回帰は、不連続であるべきところをこっそり裏側でつなぐ糸で、多くの移民はその糸にすがって日常生活を営んできた。「序に代えて」のように「暗いトンネル」によって移民が「自信と勇気」を蓄えたとするような直線的な解釈は、彼らにとって空虚な響きしか持たなかったろう。勝ち負けの心情的なしこりは長く残ったし、敗戦の認識がそのまま同化の承認に結びついたわけではない。敗戦祖国と永住について納得のゆく解答を得るまでにはそれぞれ、紆余曲折を経験した。公式見解が掬い取らない現実のためらいや落胆、未練や諦め、誇りや願望を言葉に乗せたのが、日本ツピ同祖論、弁論大会、翻訳不能なコロニア語、そして多くの文芸作品だった。コロニア浪曲は逆に直線的な決意を美談として描いた。その非現実性が涙を誘った。本書の各章は「序に代えて」の理を情で再解釈したもの、直線的歴史観を背景に描かれたそれぞれ特異な図柄と思ってもらいたい。次に言葉について考えてみたい。

Ⅱ　故国、母国語、外国語

おもう／つくる

ふるさとは遠きにありておもうもの。だが、同時に遠きにありてつくるもの。本書の題名には物質的な建設と心的な創造というふたつの意味を込めている。前者は故国と同じか似た環境を地球の裏側で建設することで、初期移民は原生林であれ、農園であれ、家であれ、事務所であれ、自分たちの居場所を無から作り出してきた。個人の生活基盤を作り上げることが第一の仕事だったが、その次に同国人の生活基盤を作り上げることに力が注がれた。言語や習慣を共にする人々と仕事し暮らすほうが、心理的にも実際的にも好都合だからで、移民の物質的・社会的・文化的ネットワークがしだいに整備された。移民会社がお膳立てしたものもあるが、多くは住み着くうちに顔と言葉と気性をともにする人々が、他国人が法も言語も宗教も支配する社会から身と心を守るために下から作られた。それには日本人が中心になった（あるいは日本人だけで構成された）村、街区、学校、企業、組織、メディアなどが含まれる。同国人の集まり、民族的共同体の確立に伴って、共通の心の習慣も作り上げられた。本書が扱う「つくるもの」は物質世界の建設よりも、心的世界の共通の意識、自己認識であり、その表現に関わっている。このような心のはたらきによって、遠隔地をかりそめの、後には永住のふるさとにすることが移民の生活目標になった。

遠きにありておもうもの。坂部恵によれば、「おもう」とは心に「うつる」「うつろう」さまざまな「おもて」、像、反映をとりまとめることだという（『鏡のなかの日本語』）。つまり、おもうとは心に（脳に?）像をつくることで、この心像をつくる能力があらゆる言語活動の基本にある。心の像にはことばがついて回る。ことばから逃れられない。もともと日本語の「思う」は心のはたらき全般に関わる非常に多義的な語で、その名詞形「思い」は予想、嘆き、心配、心のはたらきかけ、思慕、願望、執念、自然な心の成り行きなどを指す。類義の想の文字は「ある対象に向かって心で考えること」を指し、「こまごまとおもうこと」を指す思の文字よりも対象がはっきりし、その分強い志向性を持つ（『漢和大辞典』）。しかし日本語ではどちらもが「おもう」と読まれる。それだけこの和語の意味領域は広い。考えるに近い「思う」場合から、何とはなしに「物思う」場合まで、分析的に「思う」ことから、心的エネルギーを傾けて「想う」まで用法が広い。英語でいえば、think, presume, remember, suppose, reflect, meditate, yearn, believe, love のすべてを少しずつ含んでいる。「おもう」のなかにはことばで「つくる」に近い意味も含まれる。たとえば「想像」は「既に知られた事にもとづいて新しい観念を組みたてる心のはたらき」と辞書は定義している（『大漢和辞典』）。観念の組み立てが過去に関するならば、それは記憶になる。本書の重要な用語である「思い出」はまさに「思い」が出てくること、自発的な（意志によらない）心の像の出現を指す。最近盛んな記憶の議論も不自然な訳語（追想と想起と回想と追憶と記憶をどうやって区別するのか）を割り振る前に、日本語の理に合わせて「思い」が出てくる事態から始めるほうがよいであろうに。

今、「思い出」の自発性を述べたが、訂正が必要で、ある状況下で特定の思いがたいていは気づかぬうちに選ばれるというほうが正しい。本書の関心に引き寄せれば、人は自然と故郷が懐かしく思うのではなく、諸条件によってその気持ちがつくられる。その詳細については第2章に任せ、ここでは郷土の解釈について話を進める。

郷土と異土——堀一郎の「郷土複合」再検討

柳田國男編『日本人』(一九四九年)はいわゆる日本人論の出発点のひとつとされている。敗戦で大きくくつがえされた価値観や政治・社会体制の激変のなかで、昔から変わらぬ日本人の性質や生活や精神の基盤や心向きを見出し、将来伸ばすべき指針としようという意図が、編者の序にはっきり謳われている。権力がつくる英雄中心の歴史学を軍国主義を支えてきたとして否定しながら、無名の(田舎の)人々の営みにこそ、古来より脈々と伝わる日本人の美しき真髄が宿ると考えた。これは戦時中に高揚した民族主義とは違うレトリックで民族の誇りを静かに鼓舞することを暗に含んだ。大はやりのデモクラシーの語源、ギリシア語のデモス(民)と常民概念の親和性を強調しながら、戦後の思想的設定のなかで歴史的時間を超越した(非歴史化された)「日本人」像を太い輪郭で描いた。

この本のなかで民俗学者堀一郎は愛郷心を取り上げ、他の国民以上に日本人がそれをとりわけ強く抱いていると仮説を立てている。(3) 郷土とは単なる土地ではなく、離郷して初めて現れる土地観を含み、風土、伝承された社会遺産、社会組織、人格、心性などの絡み合い、「郷土複合」の様相を呈している(この概念はまだ展開の余地がある)。これはイエや儀礼や伝説などを含む「生活の万般が、土地と建物を中心に有機的にかかわり合い、からみ合っている、その伝承的、類型的な生活と文化そのもの」と定義されている。また「郷土」は自動的に農漁村(ゲマインシャフト)を指し、「郷土型の人格」とは村落の親分子分関係や仲間意識に支えられた人格を意味する。堀は他人には美しくない郷土が、なぜ日本人には格別深い愛着の対象となるのかという問いを立て、定住農耕生活、村落協同体の共通の言葉や顔立ちや習慣、そしてとりわけ祖先崇拝、氏神信仰に答えを求めている。先祖代々の墓所のあるところこそ「魂のふるさと」「ふるさとのシンボル」になっている（親里への愛着は「本能に近い感情」から来るという）。

堀は日本人の愛郷心の強さのひとつの理由として、島国という自然環境を取り上げている。そのために村落社会は「島嶼的な封建的性格」を持って成長し、日本人を「内観的、保守的な、寛容性と順応性にめぐまれた、そして団結力の強い、民族性のいちじるしい国民に仕上げてきた」反面、自我が強い人を郷土からはじき出す傾向が強く、「人々に生存の自由の天地を遮断していた」。漁村か山村かの区別なしに、日本人は皆、同じ気質を持つ。村人の保守的で党派的な心向き（まさに島国根性とよく呼ばれるが）は島国という自然条件から導き出される。島嶼性が国民性を規定する以上、その部分である村民も島嶼性に規定される。素朴な環境決定論で、日本に生まれる限り逃れられない。つまり「宿命」である。「協同社会の外は海であるという宿命は、日本人を強く郷土および郷土的擬態に結びつける結果となり、同時に郷土的人格を形成させる素地ともなった」（「郷土的擬態」は離郷者が都会で村落の「封建的」上下関係や心向きを再現することを意味し、これが戦前の統制主義、全体主義の起原だったとしている）。このように堀は一方的な田舎礼讃を避け、郷土の二面性を指摘している。それでもなお、全体としては郷土愛が自然環境や遺伝から育まれると信じて（あるいは期待して）いるのは明らかだ。

日本全体を「協同社会」であると理想化し、均質でいつまでも変わらぬ農漁村の民を日本人の代表とする堀の考え方は、現代の批判的民俗学者の格好の餌食となるだろう。彼が郷土と呼んでいるものは国土のミニチュア版で、郷土愛とは国土愛に他ならず、否定しているはずの戦前の国家主義を草の根で支えた心性を追認しているのではないか、と。そもそも日本人の愛郷心は強いという前提がいかがわしく、田舎に限定した郷土概念にも首をかしげる。柳田の常民概念に対する批判はすべてここにあてはまる。それを承知したうえで、堀の論を引いたのは、一世の郷土観とよく似ているからである。

彼らは海の向こうに故郷があるという。内陸の村や町の出身者でも変わりはない。出身地にかかわりなく、海を渡って来たことに共通した運命を感じている。一世はよく島国出身だからこそ「海外」にいることに感慨を催し、海に（そして海の向こうの国に）格別の想いを込めていると話す。これは実はヨーロッパ移民も変わりないが、島国性と大陸性で日本とブラジルを対比する発想は日本独特だろう（台湾やキプロスの移民はどうなのか）。たとえば日本生活の欠点（他人に気を使う、きまりが煩雑…）を島国根性に結びつけ、ブラジル生活の長所（のんびり、おおらか）を「大陸的」と呼ぶ。郷里と故国があまり食い違いなく思慕の対象となっているのは、移民にとって自然な心向きで改めて説明を要しない。たとえば長野には愛惜を感じるが日本には感じない（あるいはその逆）ということはありうるかというような質問をすると、ひねくれ学者の言にすぎないと怪訝な顔をされる。愛着の度合いはいろいろあっても、愛郷心と愛国心とはあまり区別されていない（この点で沖縄移民は複雑だが）。堀のいうように郷土と国が「島嶼性」という相同関係で結ばれているからと説明するのは、当事者の立場からすれば妥当性があるだろう（別の人は「くに」の多義性から説明するかもしれない）。

また祖霊信仰と愛郷心を結びつける堀の説を応用すれば、郷愁にはただ別れた家族や自然に対する懐かしさではなく、宗教的な意味が込められている。彼のいう「魂のふるさと」は言葉の強い意味で理解しなくてはならない。たとえばイタリア移民が故郷を懐かしむといっても、信仰までは関わらない。ブラジルの教会でそれは満たされるから。だから日本移民のほうが故郷への思いが深い。堀の考えにしたがえばこうなる。それを裏づけるように、一世は墓参を目的に訪日することが多い。逆にいえば、墓をブラジルに立てることが当人にも、遺族にもどんなにいたたまれぬことであっても、そこから新しい精神的な定着が始まる（後悔や諦めがにじむとしても）。墓が日本移民の故郷への思いの重要な要素であることはまちがいない。短歌界で知られた陣内しのぶは、初めての帰郷の際に本家で祖先の声を聞き、墓所の荒れ果てぶりに声を失った（前山隆編『合鐘《カリリヨン》の記憶』御茶の水書房、二〇〇七年）。

眼据えてあれば梁より柱より湧き出づるなり祖霊の声は
納骨堂建立されて荒れさびし旧墓地に佇つわれら声なく

家屋全体が祖霊の棲むアニミズム的な場所と感じられ、その一族の末裔であるという自覚が目覚めた瞬間を前者は捉えている。この古い家には霊魂が住むと伝えられ、天井にはおぼろげな顔が見えたと別の歌では詠んでいる。まるで『となりのトトロ』の家のようだ。後者の歌は墓所を訪れ、自分が祖父母、父母とともに半世紀不在であった間に、見守る親戚も少なくなって死者が浮かばれないと胸つまる思いをしている。神仏でいささか対照的な祖先・死者との出会いだが、歌人は帰省によって改めて自分の心の所属先を確かめた。墓参の感激はさらに綴られる。

五十年近き年月をとつ国に住みつつ憶いしは墓地の先祖ら

呼ばうもの何かは知らずひかれ来ぬ落葉に埋まる父祖の墓処に
打ち捨てて行きしに似たる代々の祖先の墓に畏れ向かいつ
祖父母・父母異土に果てたる口惜しさの魂鎮めむと来し故郷の墓

異土、あまり使われない言葉だが「郷土」の反対語である。そこで死ぬことは「口惜しい」。つまり心残りがある。心残りは魂を動揺させ、そのために荒れた魂を鎮めに帰郷した。さまざまな情けが表にこそ出ないが、内では激しく心をつき動かす。懐かしさを満たすためではなく、このような宗教的な動機が彼女の訪日にはあった。彼女が他の歌で繰り返す故郷への思いは、つねにブラジルで死んだ肉親の口惜しさ、それを引き出す祖霊の力を裏に秘めていた。堀の説明は一応、妥当性を持つ。ただし移民の場合には、異土との相克のなかで郷土が意味を持つところに特徴がある。陣内は日本の土を掌ですくいあげて帰国の感触を得ようとする。

日本の地なり土なり掌にすくいうすずみ色の朝けに震う
踏みしめて立つ土黒し俄には故郷という実感わかず（熊本空港）
故里の黒土恋おし一生の大方を父母が踏みて来し土

同意語の「異郷」では伝えられない物質感が「異土」には含まれている。故郷の空港に降り立った時、彼女はその土に違和感を覚える。赤茶の土が広がるブラジルから来ると、黒土はいかにも異国風で見慣れない。それは亡くなった両親が憧れた土の色なのだが、自分の土ではない。「俄には」帰郷の実感が湧いてこなかったというが、このもどかしさは親戚に再会して打ち解け、桜に心を奪われながらも離日するまで残った。黒土に対する距離は後から振り返れば、故郷、日本に対して完全には融和できないことを示していた。ちょうど、柳田らが疑問なしに実在を信じた「日本人」が、移民にとってはつねに自分に対して問いかけ確認しなくてはならない事柄だったことと並行している。それが異土で暮らす心向きの根本にある。堀の郷土概念は民俗学的常識にもとづいていて、移民を納得させるだろう。だが彼らの愛郷心は、堀が念頭においていた都会に移り住んだ農漁村出身者の心情とはかみ合わないところがある。異土にいるという意識は、故郷への思いにいかなる方向づけをもたらすか。これが本書のひとつのテーマである。

未熟者を擁護する

故郷を甘美に思う者はまだ嘴の黄色い未熟者である。あらゆる場所を故郷と感じられる者は、すでにかなりの力をたくわえた者である。だが、全世界を異郷と思う者こそ、完璧な人間である。

エドワード・サイードが『オリエンタリズム』で引用して以来、この一二世紀のスコラ哲学者聖ヴィクトルのフーゴーの言葉は有名になった。故郷喪失をつきつめれば精神的な高みに人を導くというのは、アフォリズムとして魅力的だ。サイードはこれを次のように解釈する。「人間は、自分の文化的故郷を離れれば離れるだけ、真のヴィジョンに必要な精神的超然性と寛容性とを同時に得、その故郷と、そして全世界とを、いっそう容易に判断することができるようになる」。自分にも異文化にも「同様の親近感と距離感の組み合わせ」を持って対してこそ、真の世界認識を得られる。(4) サイードは故郷との絆や故郷愛を否定しているのではなく、その喪失をくぐり抜けることで、故国に帰れない者は人間の体験の多様性、個別性をきちんと把握できるだけの「独立と超然的姿勢」を達成できると言い直している。「エグザイルは境界を横断する。思考と経験との壁を崩す」。親しみある場所に安住していてはいけない。精神的・文化的な避難所を捨てなくてはならない。実にすてきだ。精神的高みを究める隠者や、生地でも移住先でも安らぐことがなかった文学者が、こういう世界観を持ったことは驚くに値しない。

フーゴーの言葉は世間に居場所がないと感じている人には魅力的に響く。また故郷の保守性（家族制の縛り、過去との連続性、変わらぬ気質、固着性など）を批判するために、引用されることも多い。故郷を異化し、文化的な親密さを拒絶し、全世界を相対化する文学をうまく収める箱に使われることもある。精神的な超然性への願いをこめて、サイード好きはこのアフォリズムを再引用する。だがそれほど簡単に「甘美な故郷」を否定できるのか。それがたやすくないからこそ、超然性に向けた三段階が美しいのだが、「未熟者」を下に見る目線はいつものとおりだ。故郷を疑問視するなら、「全世界」についても疑問視しなくてはならない。二一世紀から見れば、中世ヨーロッパ人の知っている「全世界」はずいぶん限定的だったが、果たして今、私たちは「全世界」を知っているのか、そのつもりになっているだけなのか。交通機関や情報網を使って「全世界」を渡れるのか、たまたま生きている、生きたことがある場所が世界のすべてと考えるか、小さな場所の外には到達できない無限の世界が広がると思っている（思い込んでいる）井の中の蛙と自覚するか。このアフォリズムの解釈は一体、どんな「世界」観を持っているかによって意味が違ってくる。私が考えたいのは、知識人にしか見えない「真のヴィジョン」には無頓着で、故郷に囚われている多数者のこと、教養人の目には未練でしかない彼らの故郷への思いである。

上の言葉をサンパウロの公営アパート住まいの老一世に紹介したところ、不思議な顔をした。自分は故郷が懐かしくてしょうがないが、日本もブラジルも異郷のようなものだ、一体未熟なのか完璧なのかと笑った。半世紀以上、ブラジルに住みながら、日本のパスポートを棄てず、訪日もしていない彼の居間には、日光のペナントや日本三景のカレンダー写真やこけしがあふれ、母国に関する切り抜き、報道写真を無秩序に集めたアルバムが積まれている。日本語新聞を切り抜きながら、思い出にふけるという。私は自ら未熟者であるから、故郷を拒絶する知性よりも、それを甘美に思い出す老人の情に共感を覚える。移民は安心や誇りは求めても、思考の独自性や新しい世界像を求めてはいない。

上のアフォリズムを言語に応用すれば、次のようになるだろう。母語を甘美に思う者は未熟者、あらゆる言語を自分のものとできる者はかなり強い者、だが全言語を外国語と思う者こそ完璧な人間である。第三段階を目指す者は、歩くことをもう一度学び直すのと同じように、習慣をいったん取り去り、母語をゼロから覚えなおそうとする。それが叶わないまでも、二言語、三言語生活や語学学習を通して、唯一無二の母語という概念を揺さぶる。人は母語でこそ最も深く細かく事物や感情を表現できるという固定観念を打ち砕く文学活動を、多和田葉子はエクソフォニーと呼んでいる。これは二一世紀文学の方向としては魅力的だ。

これに対して日本語しか理解できなかった移民には、母語は甘美であるかどうか以上に生命線であり、存在の証だった。モノリンガルの壁は打ち崩しがたかった。この点では言語としての故郷、故郷としての言語という考えを提起したハイデガーの思想は彼らに納得がゆくだろう。言語（実際には母語）とは人が存在の根拠とするかけがえのない舫であり、言語のなかで人はまったき意味で実存する。言語とは存在の故郷《ハイマート》である。彼の高弟ハンナ・アーレントは数ヵ国語で会話し論文を書いたが、ドイツ語でしか感情の奥底を曝したり、心の琴線を震わせる詩は読めないと発言している。母語へのアーレントのねじれた執着を、晩年のデリダがフーゴーの箴言に近い立場から批判を加えている。(5)

思想家の高尚な議論とはまったく別のところで、古谷綱俊「愛国心と母国語」（一九六四年五月二一日付『日毎』）は「日本人」かどうかは国籍や人種ではなく、「文化のつながり」が何よりも本質にあり、そのなかでも言語は根幹に関わると述べている。「だれでも、自分を成長させてゆく一つの言葉を持っている」。これを第一言語、母国語という。「もし二つの母国語を持っている、という人がいるならば、私は、その人は一つの母国語さえ持っていない人といいたいのだ。その母国語こそが、人と人を結びつける文化圏なのだ。私は、日本人とは、こういう日本語を母国語としている日本文化圏に属する人々だと思っている」。素朴な言語民族主義はしいていえば、ハイデガー、アーレントの考えに近い。彼は口すっぱく母国語と母国の文化の取り替えようのない関係を強調している。それはとりもなおさず、ブラジルでは母国語が自明でないことを示している。

口先で二つの言語を話すことはできても、二つの文化に所属することはできない。古谷の断定は現在の目には素朴で保守的に映るが、多文化主義の安易な旗振りに対する警鐘として、また「日本人」に対する庶民の理解として受け取りたい。子どもにとってはポルトガル語が母国語で、日本語は外国語として教えるべきという教育に関する結論が随筆の要点だが、言われていないもうひとつの結論は、帰化しても日本語を母国語とする限り「日本人」であるということだ。日本国籍を持っていなくても、本当に日本を愛している人もいるし、国籍を持っていても日本人にふさわしくない人もいる。永住が既成事実となった次の段階で、帰化が一世の人生行路の一大岐路になった。古谷は国籍よりも母国語への忠誠を重く見た。

やがて哀しき外国語（と母国語）

最初に述べた前山理論は言葉に応用できる。つまり日本語は外国に出て初めて、「日本語」になった。外国に出て日本語は初めて母国語になった。日本語に外国語という徴がつけられたために、その生まれながらの話者は母国語として再定義せざるを得なくなった。一国のなかでは唯一の国語だが、国の外ではどこでも話されていない日本語にとって、国境は通用領域の地理的な輪郭であり、また存在の基礎である。これは国際語や国内の一部でしか話されていない部族語、地域語と違う一国語としての日本語の大きな特徴である。母語と母国語の間に概念上の区別がないのが、日本の言語生活の特徴だ。

アメリカ滞在記のなかで、村上春樹は「自分にとって自明性を持たない言語に何の因果か自分がこうして取り囲まれている」状況が持つ「哀しみ」について語っている（『やがて哀しき外国語』）。意思疎通の困難ばかりでなく、自分の国にいる限り疑うことがない存在の基本が揺れる状態が「哀しい」。日本に戻っても、自明性が崩れていくのではないかという「うっすらと肌寒い懐疑の感覚」が消えない。それもまた哀しい。それが全世界を異郷と思うフーゴーの言葉の第三段階なのかもしれない。

母国語が外国語になりうるということは知識としては誰でも知っている。逆に日本人にとっての外国語を母国語としている国があることも。それを体験することで、村上はバベルの塔崩壊以降の世界の哀しみを実感した。意思の疎通が生存の基本である以上、実存的な哀しみと言い換えてもよい。村上ほど十分な英語の力をもってしても哀しいのだから、ポルトガル語の準備のない移民の哀しみ、足元の不安、疎外感ははかり知れない（母語の自明性と語学力は形而上は無関係だが、生活の場では大いに関係する）。外国語環境が押しつける深い哀しみに共鳴できなければ、移民の情に入っていくことはできない。彼らには日本（語）が自明でないことが自明になっている。

外国語環境を体験して、村上は日本語の素晴らしさに気づく。日本回帰とか日本語そのものが優秀だというのではなく、「日本の生活からしぼりだされた言語」で、「我々にとっての欠くことのできない自明的な一部」になっているから素晴らしい。いいかえれば日本語であることを意識せずに使えるから素晴らしい。この素晴らしさが「哀しみ」、自明性の滑り落ちの予感に裏打ちされていることはいうまでもない。母語に対する手放しの礼賛ではなく、日本語でしか書けない作家であることを彼は受け入れるしかない。海外生活は長いものの、日本がいつも基盤だったことを肯定することから書き始めるしかない。彼のいう日本語の素晴らしさは自分の言語生活に対する淡々とした承認に近い。彼ほど読み書き能力はないが、日本語しか使えない点では共通する移民の言語生活はどんなものだったのだろうか。

ポ語出来ぬ移民の道は壁ばかり（⑰）

ポルトガル語（ポ語）で意思疎通できないことは移民にとって大きな「壁」だった。日本語とポルトガル語はあまりにかけ離れていて、イタリア系、スペイン系移民がある程度まで母国語でブラジル人とやりとりできるのとは根本的に違う。ある年齢を過ぎれば外国語学習は難しくなる。ポルトガル語なしで労働できるならばそれに越したことはなかった。「自信なき我が葡語故に伯人との交際は自然と消極となる」（⑤）と真正直に訴えている。日系人がおうおうにして集団を組んだのは、言語的な制約に依るところが大きい。「ポ語出来ぬ移民は土と鍬で生き」（⑳）とあるように、言葉の障害はかえって黙々と耕す勤勉な農民という肯定的な自画像に結びつけられた。

短詩を借りて、移民は言葉の壁を何度も訴えている。日本語が唯一の使用可能な言語で、実用的であると同時に情緒的な含みの大きい言語であることが、真情吐露を後押ししているかもしれない。子どもや孫に対してさえ、基礎単語でしか受け答えできないのは移民の憂鬱の大きな要因で、日本語の会話であればなんでも郷愁が入り込む余地がある。

伯語もて話し遊べる吾子見れば淋しと思う日もありにけり（⑥より引用）

幼等はポ語で諍い居たりがかなわざりしか日本語で罵る（①）

いつよりか日本の言葉老いし父陽なたのなかのパントマイム（②）

日本語の解らぬ吾が子に淋しくて愚痴るがごとく邦語を使う（⑤）

親の言葉が伝承されない状況は多くの移民集団で起きた。ここで描かれた意思不通の淋しさ、珍劇はいたるところで経験された。一世は言語的には圧倒的に弱い立場に立たされている。自分が外国語を学ぶか、沈黙するかしか選択肢がない。たいていの場合、最低限の単語とフレーズを使えるようになるのがせいぜいで、言葉で気持ちを表すことを忘れてしまう。エピグラフの歌では母の「思い」と子の「思考」の間の溝が話題になっている。「思い」は「思考」に翻訳できない。同じ溝を子の方から眺めた「母の貧しきポ語を両手で打ち砕く不意に淋しきわれのめぐりは」（②）では、バイリンガルの子どもが、物のはずみで母のモノリンガルをなじり後悔している。ぎくしゃくした親子関係が言葉の壁から生まれ、「子らに遺す吾が家の系図こまごまと記せど子等には読めぬ日本語」（⑤）という皮肉な喜劇が、あちこちで繰り広げられた。

慣れぬまま沁みつきしポ語幾つかがありてこの地に住み古りてゆく（⑧）
ポ語交え訥々語る老移民のはるかな歩みを黙し聞きおり（⑧）
ポ語解さぬ吾にしあれど隣人は理解も早く違和感はなし（⑪）

違和感がないだけで、闊達な会話が展開されるわけではない。こうした孤島に住んでいるために、日本語を使う場面では、ふだんはぎゅっと畳まれた想念の翼を広げることができた。

ある移民は日本語については「文字アタリ」と思えるほどの活字中毒なのに、ポルトガル語になると急に萎縮してしまい、辞書を引く先から忘れてしまうと嘆いている（寺崎由太郎「葡語ノイローゼ」一九六〇年六月一四日付『日伯毎日』）。ポルトガル語会話は「ノイローゼ」にさせるほど困難で、モノリンガリズムは一世の心象を暗黙のうちにしばりあげた。日本で日本語しか話せないことは何ら生活の障害にならない。しかしブラジルではそうではない。言葉の壁は移住によって突然、望まずして現れた。言葉の至らなさは次のように自嘲された。

この年で身振り手振りの腑甲斐なさ ⑭

通じない言葉にあとは互に笑って了ふこともあるなり ⑫

最初の川柳には「郷愁という美しい隠蓑の中でポ語を学ばなかった一世の哀れな自嘲である、コロニアでなければ出来ない川柳であろう」と寸評されている。ポルトガル語を学ばなかったことは、郷愁のせいにされている。一世の心情ではポルトガル語学習は心をブラジルに置くこと、つまり日本から心離れすることを暗に含んだ。「帰化をして日本語だけで安住し」⑱とあるように、政治的な帰属と言語能力は一致しない。名目だけはブラジル人になっても言語生活が変わるわけではなかった。

永住ときめて葡和をヤッと買い ⑩

移民の多くがしぶしぶ人生設計を出稼ぎから永住に変え始めた時期の慨嘆で、葡和辞典は永住決意の象徴と見なされている。辞典がポルトガル語会話を楽にしてくれる保証はないが、言語的な適応の意欲の表れと作者は捉えた。「ヤッと」は「やっと」(長い間たってようやく)とも「ヤッと」(エイヤッと一念発起して、もしくは衝動買いで)とも受け取れる。言葉が通じないのを嘆き、自嘲し、諦める短詩はそこらじゅうで出会う。

永年を住めど話せぬブラジル語不甲斐無いとて嘆きても見ぬ (⑫)
「シンシン」(そうそう)と言えば事なき会話にて伯人嫁とのそれなりの和 (㉓)
外国に老いたる者の哀れにもカタコトのポ語にて孫あやし居り (㉓)
親の国の言葉がもてる違和感を拒みて子らの低き呟き (④)

最初の二作は戦前移民のもので、既に長く住んでいながら学習できない自分をふがいなく思うが、いまさら学ぶ気はない。言葉が通じないのを笑ってごまかすのにすっかり慣れてしまったからだ。作者も周囲も言葉をあてにしていない。この状況は家庭でも続く。後二作の作者は家庭のなかで言語的に孤立している。彼は嫁のいうことをあまりわからないままうなずいているだけで、彼女に対して何かいうことができない。孫に対しても同じ。彼女は上っ面の意思疎通しかできない。そのようにして保たれた「それなりの和」のなかで老いていく自分を振り返っている。ただ老いるのではなく、「外国に老いたる者の哀れ」、外国語に囲まれて沈黙せざるを得ない「哀しさ」を感じている。最後の歌では日本語に自信のない子どもたちが、小声で親の会話に受け答えしている。親がいなくなれば、堂々とポルトガル語に換えるのは目に見えている。

日本語も少し混じりて一家団欒 ⑲
ポ語だけの孫に日語で語りかけ ㉑
日本語のわからぬ孫へも子守唄 ㉒

このように日本語は日々、家庭のなかの少数言語になっていった。それでも孫には日本語で話し、歌いかける。意味内容ではなく愛情だけでも伝えようというすがるような気持ちで。

日本語を孫に教える愉しさを生き甲斐として日々が過ぎゆく ⑤
出来るだけ孫との会話は日本語と思いつつ我より崩るる多し ④
「バッチャン」と混血の孫の甘き声わが頬いつか弛みていたり ⑧

六〇年代以降、作者の高齢化にともなって孫に日本語を話しかける感慨を詠った作が目立つ。子どもの日本語教育が思いどおりに行かなかったように、孫に対しても話しかけたり叱る以上の域にはなかなか達しない。最後の歌では混血の負性を「バッチャン」の声が帳消しにしている。日本語しかできない自分を「文盲」と否定した川柳もある。

日本語をしゃべって文盲意識せず ⑯

日本語を話しているときだけは文盲ではないという自嘲が、川柳を詠むほど高い日本語の教養を持った者から漏れるところに、言語的弱者の生存上の厳しさが伝わってくる。その逆に、何も知らないから勝手にポルトガル語を話せるという川柳が、息苦しさを相殺してくれる。

文法を無視してポ語を気易すかり ⑩
父のポ語末の子が聞き首かしげ ⑮
叱られる児の笑い出す親の葡語 ⑬

移民のでたらめポルトガル語については、多くの笑い話が残っている。(6) やぶれかぶれに既知のポルトガル語単語をまくしたてるのは生存上必要だが、この気易さは無償ではない。それがどのようにブラジル人に理解されたかを作者は確かめることができないからだ。意味を推測して、「シンシン」と答えたり、笑ってすませる場面は極めて多い。それが決定的な誤解であるという悲劇も繰り返されてきた。ことばの孤立は日本語モノリンガルの者にしか共有され、理解されない。

ポ語のほか語る者なき淋しさに一人ならぶる百人一首

幾日も日本語を言わず佗び来れば壁に向いてその言いて見る（ともに⑤）

淋しさ、佗しさ。日本語さえ話せたら、読めたら、聞けたら気持ちはどんなに軽くなることか。ことばを忘れ、ことばに忘れられてしまうような不安。独り詠み、独り語りでそれを払い去ろうとしている。村上春樹のいう哀しみは次のつぶやきに凝縮されている。

和語に飢え猫につぶやく夕寒し（③）

母国語を猫にしか話しかけることができない生活（アメリカの詩人エミリー・ディッキンソンのようだが）、言語的寒さの極致だろう。悪いことに作者は日本語に「飢え」ている。俳句づくりは人に向かって言葉を投げかける数少ない機会だったかもしれない。移民文芸の多くはこのような心細い言語生活を支える糧として表された。

故国の殻、列島の声――陣内しのぶを聞く

情の世界はつじつまの合わないことだらけで、一人の作者が相反することを平気で洩らす。情は直線を嫌う。折れたり曲がったりする。ふるさとはすがっても遠ざかり、無視しても呼びかけてくる。それがなければ心はかえって停滞しているといわざるを得ない。

矛盾なく二つの国をかなしみぬ生享けし国と命果つる国

これは陣内しのぶ（一九二〇年熊本県生まれ―二〇〇五年サンパウロ没、一九三五年移住）の情を真っ直ぐに表している（『合鐘《カリリヨン》の記憶』）。だが実のところ、二つの国の間は矛盾だらけだった。だからこそ哀しみが湧いてくる。どちらもが自明の存在ではなくなり、どちらの国にいてももう一方が思い出されることが哀しい。本書は作家論を弁じない原則だが、ここでは例外的にこの歌集から一歌人の忍び／偲び声を聞きたい。

映ゆるなく五十五年を外国《とつくに》にありてなお故国の殻負うわれか
細っそりと湾曲の島まぶたを閉ずれど声あるごとくわれ呼ぶ

〈ここ〉と〈あそこ〉を矛盾なく区別できる時もあれば、「故国の殻」から出られぬ自分に落胆し、湾曲の島からの呼び声に目覚める時もある。この殻は言葉、宗教、味覚、日系社会、その他日本にかかわるものすべてを含む。短歌に頼っていること自体が、ひとつの殻といえる。そこが彼女の「全世界」であるが、居心地が悪い。殻の中は擬似的な故郷なのだろうか、それとも異郷なのだろうか。老境に入ってからの熊本旅行は、改めて思慕の念を呼び覚ました。

いよよ近づく生命の終りにひた恋えば故郷《ふるさと》の土は温かりにき

四十六年離れ住みたる異国《とつくに》のわれら呼びしはこの古き家か

これが最初で最後の帰郷であろうと覚悟しているからこそ、故郷の土はますます温かい。自分たち一家の起点にもどり、渡航前の風景がそのまま残っていることを確かめる。また墓参して祖霊と和解し、異郷で果てることを報告する。異国で死ぬことを考えずに移住した父を恨みを残しつつ赦し、自分の死の覚悟を整える。彼女の一生は引き揚げと定住の間で揺れ続け、故国に恋しながらも、異土に埋もれることを少しずつ納得する。帰国後、ブラジルに心の軸を落ち着けた。帰郷は未練を断つのを助けた。

縋りいし故国は今や異国めき心に遠きものとなりゆく

強い力で握っていた命綱だったが、年を経て握る力も弱くなり、ゆるやかに湾曲の島から遠ざかっていく（晩年の約二〇年間、闘病生活を続けた）。後は筏で異郷を漂流するような心持だが、陣内はそこに安心立命の境地を見出している。

生き死にの多くに会いて住み古りしこの国をいま外つ国とせず

ブラジルは彼女一人が命を終える国ではなく、多くの家族や友人やその家族が生を享け命を果つる国になった。熊本へ墓参したときには、ここに血族が眠ると感慨深く大地を踏みしめた。今やブラジルには故郷に負けぬ数の知り合いが眠っている。単に風土や食に適応したという以上に、精神的に帰順していった。遭遇した生き死にのなかでも、息子が生まれ、両親が斃れたことは大きい。晩年になると短歌仲間の追悼歌が増える。死者を送りながら、孤独と同時に土地に対する思いは深まっていった。これは外つ国を静かに受け入れる鎮魂の歌である。この国は故国とはいえないが、外国でもない。ここで死ぬことを身の定めと認めるとき、初めて長くつながれていた日本との舫は解かれる。

逝くと言い送ると言うも束の間の彼岸此岸の住み別れとや

歌集の最後の歌である。移民であるかどうかを離れ、生と死について彼女はこのように理解した。自分の近づいてきたただ一回の死と、これまで見送ってきた非常に多くの死、彼女は死としてはどちらもあまり変わらないと納得し、見送られる側に回ることを悲劇と捉えていない。自分が見送られた後も順に死者が此岸から彼岸へと旅立っていく。ブラジルという「命果つる国」の固有性は消えて、普遍的な死の相に彼女の思いは向かっている。どこで暮らそうが死は死、いつか来るもの。小津安二郎の『小早川家の秋』がただちに思い出される。

辛うじて継がれいる血を思うとき銀線のごと細し系譜は

生物学的な継承の中断を歌人は危惧しているわけではない。日本語があまりできず、日本をあまり慕わない一人息子に、果たして「系譜」（堀田がいう「血潮」）が伝えられるのかを心配している。それがなければ〈日本〉との絆がほどけてしまうような心細さ（愁い）を移民の大半が抱いてきた。日本にいれば、系譜は苦労なく伝えることができる。世代の断絶はいつでも起きるが、言葉はまずまちがいなく伝承され、大半の文化的なならわしも子の生活に引き継がれる。移民社会ではこの前提が崩れている。血はつながっていても、系譜になるとは限らない。日本人の顔をしたよそ者と一世の目に映る子孫が増える。日本語はそれさえ保たれれば他は二次的といえるほど系譜の基本条件である。言葉には考え方や感じ方、世界観や交際圏の大枠を決める性格があるからだ。しかしそれは期待されるほど伝えられなかった。仮に日本語を読み書きできる二、三世がどこにでもいる状況だったなら、日本語出版の意味も日本語の意味も大きく違っていただろう。引用した短詩がすべて言語的な孤立のなかで書かれたことを改めて強調しておきたい。

もろもろの惟いをわれのつなぎいる「ふる里」と云うを吾子は持たざる
ふる里への憧れ知らぬ複雑な四十路の吾子がわれを直視す
「ふるさと」へのこころ問う子に転々と過ぎし移民の一世省みる

母は一人息子にふるさとへの執着を語っても、息子のほうはぴんと来ない。なぜ一五歳で去った地がいまだに「もろもろの惟い」を収束するのか、母が半世紀たってなお故里につながれているのか理解できない。生まれた州に住む彼にとって、逆に彼方の地へ憧れることが不思議でならない。彼には生まれた場所はあっても「ふるさと」はないと歌人は見た。彼女は息子が見知らぬ日本に無感動なのは納得しているが、憧れる土がどこにもないことが解せない。ふるさとは離郷して初めて心に立ち現れる。思いが湧きあがる。母にとっては意識せずとも二つの土地の重なり合いのなかで心が活動し、憧れはあらゆる前提にある。その心根を二世には理解してもらえない。心の基盤を共有できないために、子どもとはついたて越しに話すも同然だった。だからこそ、血はつながっていても系譜が途絶えそうだと母は心配したのだった。この心配がかえって親子の絆を深めた。言葉も情もうまく伝わらない親子は、ある場合には疎遠になっていくだろうが、陣内の場合にはいろいろな歌から察するに、情愛を深めていったようだ。不在の故郷が心を支えるように、もどかしさがますますいとおしさをかきたてる。猫にしか日本語を話しかけられない人もいれば、短歌にしか思いを表せない人もいる。陣内の歌集は、歌づくりに自分の証を凝縮させていった移民女性の六〇年にわたる心のさざ波荒波を記録している。老いるにしたがって、友や家族から、先祖やふるさとから自立し、〈ここ〉で一人死ぬ定めを受け入れるほうに傾いていった。〈あそこ〉が静かに退いていく。地球上のどこで生まれようが、〈ここ〉でしか死ねない。死ぬところでしか死ねない。何と平凡な。しかしこれを納得するのに、彼女の六〇有余年が費やされた。

陣内さん、息子さんに代わって、ぼくがふるさとへのこころを問いましょう。転々と過ぎていった一生、どうぞお話しください。

註

（1） 前山隆『エスニシティとブラジル日系人——文化人類学的研究』御茶の水書房、一九九六年。ベネディクト・アンダーソン『比較の亡霊——ナショナリズム・東南アジア・世界』作品社、二〇〇五年、第三章「遠距離ナショナリズム」。

（2） 柳父章「翻訳における漢字の造語力」、『ユリイカ』二〇〇三年四月臨時増刊号（総特集 日本語）、二一七—二二三頁。

（3） 堀一郎「郷土を愛する心」、柳田國男編『日本人』毎日新聞社、一九四九年、五八—八五頁。

（4） エドワード・サイード『オリエンタリズム』平凡社、一九八六年、二六四—六五頁。同『故国喪失についての省察1』みすず書房、二〇〇六年、一九〇—九三頁。

（5） マルティン・ハイデガー「言語と故郷」（『ハイデッガー全集 第一三巻』創文社）、ハンナ・アーレント「何が残ったか？ 母語が残った」（『思想』一九九五年八月号）、ジャック・デリダ『たった一つの、私のものではない言葉』岩波書店、二〇〇一年。

（6） 日本語の熟語、定型表現までポルトガル語に直訳する場合がある。エンプレスタ・スア・カーラ（お前のつらを貸せ）、エレ・エ・バルバンテ・デラ（彼は彼女のヒモだ）という例が一九七六年五月六日付『サンパウロ』にある（他に一九六一年七月二九日付『パウリスタ』にかぜをひく、ぬか喜びなどの直訳表現がある）。協同農場で名高い弓場農場創立者、弓場勇は有名なテレビ番組に出演したとき「祖先はみな地下に眠っている、私もいずれそうなる」という意味で、「パパイ、トウド、エンバショ、デ、テーラ、エウ、タンベン、バイ」（単語ごとに訳すと、父たち、全員、下、の、大地、私、もまた、行く）といったらしい（一九七七年一二月二〇日付『サンパウロ』、この時の弓場のでたらめポルトガル語については、一九六八年七月三日付『日毎』も参照）。これは何年たってもポルトガル語を習得できない移民の哀しさと同時に、そのような語学力でもブラジル社会で成功を収められることを示している。

ポルトガル語を覚える苦労もやりようによってはユーモアに結びつく。ある老人は月の名前（ジャネイロ、へベレイロ、マルソ、アブリウ、マーヨ、ジュニョ、ジュリョ、アゴスト、セテンブロ、オウツブロ、ノベンベロ、デセンブロ）をそれぞれの最初の音をとって「ヂへー、マアマ、爺爺汗を飲んで」とやって覚えた（ちょうど「日曜は起こサンデーくれ」「月曜は酒飲マンデーくれ」のように）。また同じ一世は酢の素（アシド・デ・ビナグレ）を「あしとって、ぶんなぐれ」と覚えた（一九七一年五月七日付『サンパウロ』）。移民の笑いの歴史に加えておきたいこぼれ話だ。

短詩出典

①ロンドリーナ短歌会編『歌集　南回帰線』四季書房、一九六一年
②細江仙子『二世』短歌新聞社、一九六七年
③『ブラジル現代俳句集』火焰樹編集部、一九七〇年
④『合同歌集　南回帰線（第二集）』ロンドリーナ短歌会、一九八〇年
⑤『コロニア万葉集』コロニア万葉集刊行委員会、一九八一年
⑥清谷益次『遠き日々のこと』自費出版、一九八五年
⑦『川柳』ビーラホルモーザ柳和句会、一九八七年
⑧『合同歌集　幾山河の賦』椰子樹社、一九九六年
⑨『農業とブラジル』一九三三年三月号
⑩『よみもの』一九五一年六月号
⑪『椰子樹』一九九六年一二月号（二六七号）

⑫一九三一年八月一三日付『時報』
⑬一九五三年一月一日付『パウリスタ』
⑭一九六〇年一月一日付『サンパウロ』
⑮一九六二年四月一九日付『日毎』
⑯一九六六年一〇月二七日付『サンパウロ』
⑰一九七四年四月一一日付『日毎』
⑱一九七四年一二月一四日付『日毎』
⑲一九七七年三月八日付『日毎』
⑳一九七八年三月一〇日付『日毎』
㉑一九七八年一〇月一三日付『日毎』
㉒一九七八年一一月一八日付『日毎』
㉓一九八六年九月三日付『日毎』

2　郷愁の系図

後悔と郷愁の神は、老人の顔をした子供だ（アントニオ・タブッキ『島とクジラと女をめぐる断片』青土社、一九九五年〔一九八三年〕）

郷愁を断ち切る——曝し首（安藤魔門『コロニア文学』一九七七年一月号）

I　思いの重さ

生きている里心

「郷愁という生きもの」と題された戦前のブラジル田舎生活の回想がある。日本に帰りたいなんて思うなと気丈なことを言った友人が、数日後、息子よ帰っておくれという母の手紙を受け取るや鬱状態に陥った（一九七四年一月九日付『パウリスタ』）。理性的には郷愁の無用性をわかっている友人が、母の手紙の前ではもろくも情に流された。それだけの話だが、「生きもの」という言い回しに興味が惹かれる。

郷愁が意志に反して勝手に動く、いわば手がつけられないという含みだろう。生きている限り、移民はこの「生きもの」に翻弄される。それは移民の心に寄生していて、悪くすれば正気を失うことになる。だから移民は郷愁をなだめつつ、共生せざるを得ない。理屈では殺すべき郷愁をそっと生かし続けてこそ、移民もまた生きられる。この奇妙な生きものの解剖がこの章の目的である。

郷愁は離郷者にもっとも広く共有されている心情で、湿気のように表に出ず、気づかれないまま心の風景のなかを漂っている。湿度によって空気が重くなったり軽くなったりするように、離郷者の気分も変わる。郷愁は故郷（故国）志向の心情と仮に定義することができる。故郷との地理的な距離がつくり出す心情的な接近、現実界で失った故郷を想像界で取り戻すことで、故郷における社会関係からの離脱を指すと同時に、故郷に対する記憶、想像力、愛着を探り、高め、確かめることである。「ふるさとは遠きにありて思うもの」とよく言われるが、ある土地から離れて、あるいは時間がたって初めて、その土地はふるさとらしくなる。

ふるさとは概して当人が生まれたり育ったという以外には特徴がない場所で、彼（女）の愛着や自慢を聞いて、その場所への興味が湧くかもしれないが、所属感を得ることはありえない。ふるさとは「日常生活のこまごましたものは無限といってよいほど豊かにあるが、しかし高度に想像力を刺激するものに欠いている世界」で、そこへの愛着は「ただたんに懇意さと気安さ、保護と安全の保証、音とにおいの記憶、共同の活動と長い間に蓄積された家族的な喜びとともに起こってくることがあり、この種の静かな愛着については筋道たてて説明するのは難しい(1)」。地理学者イーフー・トゥアンはふるさとへの原初的愛着についてこう述べている。彼は身辺の小さな場所で満足するのは外界への好奇心がないからだと説明するだけである。静かな愛着とは、いいかえると直接的な体験がある場所にあまりに深く根ざしているために、当人にとっては言葉によって補う必要がないような愛着である。私は出生地への原初的愛着の心理学的な説明には窮するが、それがどのような諸相を持って個人や集団に経験され表現されてきたのかをまとめることを、まず小さな目標としたい。郷愁の諸相を「郷」と「愁」、ふるさとと想いというふたつの複雑な概念の重なりから描いてみたい。

郷愁は類語の望郷とともに唐代に用例があり、日本語にも漢文を通して入ってきた言葉である（ここでは病理的・心的意味を汲み取るために主に郷愁を用いる）。ギリシア語のノスタルジア（ノストス＝帰郷、アルギア＝病）に相当する（中国には想家病、思郷病という言葉もある）。これがヨーロッパで積極的に議論されるようになったのは、一八世紀、郷里を遠く離れたスイスの傭兵がたくさん憂鬱症にかかり、本来のはたらきを示せないことが発見されてからで、環境不適応がヨーロッパの医学史で初めて問題になった（アフリカ奴隷の似た症状――ブラジルではバンゾとして知られる――は都合よく忘れられた）。しかしノスタルジアはその後、病理学や軍事の文脈からはみ出して、懐古趣味、黄金時代憧憬の意味に拡大し、社会学、文化史の概念として鋳直された。社会学では近代化による全体的な故郷喪失、ヨーロッパ美術史では牧歌的な神話や風景の絵画、デザイン史ではかつての意匠の復活、宗教学では聖なる中心に立ち戻ること、政治哲学では過去の表象を共有させる上からの組織づくりの要、という具合に。(2)

ノスタルジアの意味の拡張に対して、原意に立ち戻る必要を社会学者ヨナサン・マシュー・シュワルツは移民の家郷論のなかで説いている。故郷喪失で現代社会全体を捉えようとするのは、事実に反しているし、あまりに大雑把な思考であると彼は述べる。実際、クリスマスや正月に世界中で帰省ラッシュが起きるのを見れば、一体どこが故郷喪失なのか疑わしくなる。確かに昔の故郷とは様相が異なり、意味づけもやや軽くなっているかもしれない。しかし故郷喪失は故里、ホーム、ハイマートの保守性を頭ごなしに拒絶する知識人の思い込みにすぎないとさえ思える。シュワルツは意味が拡散したノスタルジアではなく、その英語の直訳、homesickness（日本語ではホームシック）の理論化を提案している。「ホームシックの擁護はノスタルジアの批判を含む。前者は『所属 belonging to』に関係し、後者は『憧憬 longing for』に関係する」[3]。彼は移民労働者の追想、体験、現在の心のありかをインタビューから分析し、ふるさとに後ろ髪を引かれつつ、現在の住処に安らぎを覚える心の様子を描いている。自己認識を場所との関係で問う研究として貴重だが、所属と憧憬はホームシックのなかで融合していて、分かちがたいことも指摘しなくてはならない。事実、彼が調査したニューイングランドやアパラチアのスカンジナヴィア移民、北欧のマケドニア移民などは〈ふるさと〉に対して「所属」と同時に「憧憬」を語っている。所属が想像力に関わる以上、憧憬と切り離せないし、憧憬とはその対象が本来、そこに所属しているはずだという想像力をともなう。所属を心情的に確かめようとすれば憧憬を経なくてはならない。シュワルツの二分法は確かに機械的だが、これは懐古趣味という程度に薄められたノスタルジアを脇において、その原意、病に至るほどの所属感に焦点を当てようという意志表明と受け取るべきだろう。本章で扱う郷愁はノスタルジアよりはホームシックに近く、所属先がはっきりと志向されている。所属と憧憬の側面を合わせ持ち、病と感傷が入り混じっている。本論では真性の患者はあまり登場しないが、いずれの短詩も潜在的な症状を示しているようだ。

郷愁は情緒というだけでなく、気分、心情、感傷と呼べる側面を持っている。人類学や社会心理学の専門用語は大半が西洋語からの翻訳・音訳で、その体系のなかで議論することが学問の規則なのだが、郷愁のような複雑な語については漢語系の概念よりも、「思い」という和語の一カテゴリーと捉えるほうが私にはしっくりくる。郷愁は前章で述べた重層的な意味をこめて、「ふるさとへの想い（思い）」と呼びかえることができる。一語で表すなら「里心」と呼び変えてもよい。「里心」は日常的にはもっぱら帰郷願望の意味で使われるが、ここでは広義の里を志向する心向き全体を指す。

　里の代わりに人を想うと恋心になる。ホームシックに対応するのが「恋の病」である（この言い方は英語やフランス語などにもある）。ヨハネス・ホーファーの有名な「ノスタルジアの医学論」（一六七八年）には「恋による憂鬱 melancholia ex amore」に似た症状と紹介されているそうで、ふたつを並べるのはさほど奇抜ではない。恋も郷愁も心の最も親密な部分に触れ、「想い」が強い場合には全生活・人格を支配する（稀には憂鬱症、偏執症、錯乱に至る）。「恋のやつれ」があるように、「里のやつれ」もある。「たかが恋」「ただの郷愁」ではないか。しかし当人には（そうとわかっていても）病を解決できない。狂気や死に至る恋があるように、狂気や死に至る郷愁もある。

　ところで「愁」の文字には「心細くなって心配する。心が細く引き締まること」という意味がある（『漢和大辞典』）。「思」と「想」がどちらも「おもう」と訓読みされたように、愁と憂は日本に入ってきたときどちらも「うれい」と読まれた（憂には「心を悩まして足も滞る」という原意があるという）。愁は憂に通じ、心細さが高ずれば、心気症《ヒポコンデリア》、憂鬱症と診断される。環境不適応と一般的に診断される移民の心的症例のなかには、郷愁が主因、誘因であるものも含まれているだろう。病理的意味と関連して「郷愁を癒やす」という言い方がされる。「悲しみを癒やす」「疲れを癒やす」「渇きを癒やす」という用例から推測できるように、郷愁は情緒の恒常的、または一時的な苦しみのひとつと考えられている。これに対して怒りや恨みは「晴らす」と表現される。心の中の曇りと比喩的に概念化されているからだろう。悲しみや懐かしさは「治療」を要する。「郷愁に浸る」のように、心地よい液体に見立てる言い方もある。「ぬるま湯に浸る」が本来ならば緊張して対処しなければならない状況にいながら惰性に任せるという否定的な意味を持つのと同じように、「郷愁に浸る」は回想にひきずられて無為にすごすことと非難の意味を持つことが多い。変な言い方だが、「故里に甘えている」ような状態を指す。

郷愁は瞑想的、思索的、下向き、後ろ向きのベクトルを持ち、やるせなさ、切なさ、寂しさ、懐かしさ、苦さ、未練、後悔など表に出にくい感情が入り混じっている。[4] 郷愁は私的な領域に属し、潜在的で物憂げな感情である。その正反対にあるのが、公的で顕在的で熱狂的な感情を鼓舞する民族的儀礼や弁論大会である。国旗、国歌、東方遥拝などの象徴や身振りで故国への忠誠を誓い、それを演説する集会で、故郷志向といっても、いわば声の大きさと方向が違う。郷愁は表門の言葉ではなく、勝手口の言葉で表現された。それは堂々と人前で述べることではないし、道徳的・教育的な内容も含んでいない。国を愛せと演説できても、郷愁を持てとは言えない（捨てろという演説はありえるが）。前山隆の古典『移民の日本回帰運動』（日本放送出版協会、一九八二年）は認識派襲撃で悪名高い臣道連盟に見る日本志向、民族主義を文書から掘り起こし、狂信者集団というレッテルの下に隠れた所属感や自己認識の問題として提起した。日本の新興宗教に帰依する移民が多くの場合、母国との精神的で象徴的な絆と人脈を求めていることはこれまで多く論じられてきた（中牧弘允、松岡秀明）。そのために教義や組織が整備され、教会や霊場が建設された。私が論じるのはこのような明確な運動という形を取らず、個人が心に隠し、ふと吐露するような日本回帰のぼんやりした心向きで、そこから体験、家族、記憶、故郷のような移民研究でお馴染みの主題を考えてみたい。

本題に入る前に釘を刺しておくと、郷愁はすべての一世に共有されているわけではない。戦後移住のある文芸雑誌の主宰者は、移民の郷愁を論じること自体が本国の日本人に都合のいいお話に陥りがちで、自分には首肯できないと私に語った。NHKのど自慢サンパウロ大会の放送（一九九八年四月一二日放映）では、最後に「うさぎ追いし…」と合唱しながら「移民の皆さんが一番見たいとおっしゃっていた」と語りつきで、富士山の映像を流した。くどくど述べ立てたあげくに、そこに落とし込まれてしまうことを彼は危惧している。「移民はふるさとを懐かしがる」という結論では、紋切り型を強化することにしかならない。それは私の本意ではないが、情のありようを掘り下げる仕事それ自体が無意味というわけではないだろう。当事者の反論があることを心に留め置きながら、以下の議論を読み進めてほしい。

秘めたる思い

郷愁は時には涙や絶望の表情を伴い、傍目にも観察できることがあるが、通常は心にしまわれ、外からは認めることができない。これはタヒチ人の情緒を研究したロバート・レヴィいうところの過小認知された感情 hypocognized emotion である。この概念は感情の解釈や処置についての文化的な図式が用意された過大認知された感情 hypercognized emotion と対になる。過大認知された感情には複数の語彙が存在し、外から観察でき、どう対処すべきかについて人々の了解があるような感情で、タヒチでは西洋人が怒りと呼ぶ感情がそれにあたる。過小認知のほうは他人からは観察できなかったり、語彙がない感情で、タヒチでは西洋人が悲しみ、罪、恥と呼ぶような感情がそれにあたる。こちらは観察者によっては、単なる当惑と映ったり、治療を要する痛みや病と見なされ、感情と見なされないことさえある。「過大認知は一種の形成、単純化、選択、標準化を含み、これは文化的な象徴や形式のよく知られた機能のひとつである。……過小認知は（第一位の）理解をある私的な様態に押し込める。過小認知は隠れた文化、暗黙の知（ポランニー、スペルベル）のような考え、また無意識や前意識過程のような心理ダイナミズム的な考えと関連している」[5]。郷愁は故郷に対する暗黙の知識に関わる。この知識は問われなければ、めったに明示されない。また外からのはたらきかけがなければ客体化されない。「郷愁の涙かれし顔無表情」(43)とあるが、その無表情の下に隠されている思いに本論では少しでも近づいてみたい。

幸い、日系移民社会では俳句・短歌・川柳が非常に広く実作されていて、表に出しにくい感情をよく代弁している。話し言葉では表しにくいことが一七文字、三一文字で簡潔で美しく表されている。それぞれのジャンルの規則と定型に則って、思いの異なる側面を多くの人々が言葉に翻訳してきた。もちろん『万葉集』以来、ふるさとへの想いを詩歌に託してきた伝統の力は強い。数百万部売る新聞で毎週投稿欄を持つような息の長い文芸の鋳型を持った文化はそれほど多くないだろう。作者はその大船に乗って、安心して思いを同胞と共有した。

十七字あって郷愁倍加する　(60)
郷愁を労わり続け詩を刻み　(33)

短詩は郷愁を増幅し、同時に癒やす効用がある。「郷愁を労わる」という珍しい言い方にはこの思いの奇妙な同棲関係が語られている。郷愁は消し去るのではなく、慈しむべき感情で、生存の支えとなっている。それを育むのが詩作だった。定型詩を書くことは気持ちを外に連れ出し、抑うつを軽くする。この治癒的なはたらきについては、愚痴、ぼやきと似通っている。もちろん書くことは語ることよりも自己反省的で、決まった字数の言葉を頭の中で練る必要がある。その文学的楽しみを愚痴と並べるのは冒瀆かもしれないが、末端の作者が専門家の高尚な論とはかけ離れたところで「詩を刻み」続けていたことは銘記しておくべきだろう（その一方で「感情を盛るには足らぬ拾七文字」㉘という川柳もある）。[6]

気軽な文芸表出が他では表現しづらい心情、つぶやき、生活の細部を綴るよう移民を駆り立ててきた。作者は人に聞かせるというよりは自分に確かめるかのように、ため息をつき、故郷へ想いを馳せている。郷愁が「倍加」するのは当人にとって良いのか悪いのか。郷愁は寂しさを助長しながら慰める。人は記憶のなすがままにされ、その奴隷となる。私が故郷を思い出すのではなく、故郷が私を呼び寄せる。生きものとなった郷愁にまんまとしてやられる。だがその受動的な意識の流れには、現実のつらさを軽くする効用がある。移民文芸を通読してみて、郷愁の吐露が戦前、戦後であまり変わっていないのに気づく。出稼ぎか永住かにかかわらず、ふるさとは移民の妄執だった。郷愁は支配的な心情であり続けた。

郷愁も影うすく移民ぼけ ㉛

望郷の念薄れたり死魚の海 ㉝

郷愁が薄らぐと移民らしい心持ちがふやけてしまう、死も同然であるというような言い草である。マルセル・モースにならって、郷愁は集団の「義務的心情」といえるかもしれない。それが正しいのならば、郷愁は移民の心情的な境界線になっていると言い換えられる。生物的な、また政治的な帰属とは別に、何らかのかたちで日本を思う者が核となって共同体が形成され、そうでない者、つまりブラジルに情の面で同化した者はその埒外に置かれる。外に越え出た移住者は日系社会とのつながりを絶ち、日本語を忘れ、たぶん故郷を思い出すこともなしにブラジルの地で生きてきた。日本人でなくなることを、境界の内側に留まった日系人はカボクロ化として恐れてきた（カボクロは混血の貧農で、田舎者の蔑称）。カボクロ化とは本章の視点では、郷愁の喪失、故郷の忘却を意味する。

外からは見えない情緒の考察として、九鬼周造の「情緒の系図」（一九三八年、岩波文庫）を素通りするわけにはいかない。これは同時代の『新万葉集』を引きながら、情緒を三十数種の要素に分解した論考で、結論では大きな丸は核の情緒、小さな丸は派生した情緒で表した分子の結合図のような配置図が用意されている。短歌は短いなかに主観的叙情が盛り込まれ、情緒の諸相や連関を調べるのにまたとない文献であるという。要素が先にあって歌をあてはめたのではなく、歌集を熟読するうちに要素が分離されていったのだろう。本章ではそれにならって短歌、俳句、川柳を手引きに郷愁に近づいてみる。いわば数千の短冊をああでもないこうでもないと仕分けして、郷愁のなかに折り畳まれた要素をある程度、系統別に分けてみた。もやもやした情が短詩に当たるなかで少しずつ形を見せてきたが、全体が浮かび上がるまでには至っていない。果たして情に全貌なるものがあるのかどうかは疑問だが（九鬼の系図はまだいくらでも丸を増やせるように見える）。

これに続いて第三節では郷愁を刺激する触媒を挙げて、心の揺れの実態を見る。第四節では郷愁に対する指導者の論を検討する。個人にとっては心の拠り所である郷愁は、政府筋や同化論者には里心にどっぷりつかることとなり、移民社会の発展を阻害すると批判を受けた。正しい愛郷心（愛国心）を持とう、持たせようという指導が人々に影響した形跡はあまり見られないが、郷愁の政治的・社会的評価は移民の情の研究のテーマとして興味深いだろう。全体を通して、これまで自己認識や民族意識の問題として扱われてきた事柄をふるさとに向かう心の状態、想いの領域で再考することを目指している。ノスタルジアや憧れが人文社会科学の分析対象として浮かび上がってきたように、郷愁の概念がもろもろの方面で俎上に乗せられることを期待している。

II　郷愁百態

懐かしさ

郷愁の主要な要素は「懐かしさ」である。郷愁を辞書で引くと「愁い」よりも先に「懐かしさ」が言及されていることが多い。九鬼周造によれば、過去を振り返りながらある対象を愛する感情が「懐かしさ」で、これは「想起または再認識の事実を、少なくとも仮定を、主要契機としている」[7]。懐かしさは過去の想起によってもたらされる。基本は人と場所の想起にある。

故郷の立科山に雪積めば兎追ふとて祖父微笑ぬ

故郷をかこむ高やま秋たけてきのこ狩りたり幼なき日はも
なぐはし信濃の国は故郷ぞみすずかるてふ信濃の国は（いずれも㉛）

「故郷（ふるさと）」の語はいわずもがなの感があり（第三歌はさらに「信濃の国」が重なって冗漫）、上出来とはいえないが、ここでは質は問わない。故郷の山河、祖父、きのこ狩り。無垢な風景、無垢な暮らし。過去の偶像化は郷愁に必ずついてまわる。雪も高い山も秋らしい秋も日本のきのこもない土地で回想された風景はいずれも定型的で、赤彦や茂吉の類歌がすぐに思い出される。故郷だけでなく、歌の伝統にも否応なく引っ張られる作者の受動性が表れている。移民にとって懐かしさに抗して生きることがむずかしかったように、定型に抗して創作することもむずかしかった。同じ信濃出身で「ブラジル短歌の父」と呼ばれる岩波菊治の歌を並べる。

仰ぎ見る朝明の山に鳴く鳥は雁にぞ似たり列なして飛ぶ
遠くより望めばあたかも桃の花の赤きに似たりイペの盛りは
空低く並び合ひたる北斗星はるけき故国を恋ひわたるかも
故国の恋ふる心のありといはねども眼に入る山の無きを侘びしむ（いずれも⑤）

日本でも見た風景から郷愁にふけるのは自然な心持ちで、第一の歌では雁に似た鳥の隊列、第二の歌では桃に似たイペーの花（ブラジルの国花）から日本を懐かしんでいる。「移民には帰る国なし鳥渡る」

岩波菊治歌碑（アリアンサ中央公園）.
「ふるさとの信濃の国の山川は心にしみて永久に思わむ」
出典：「ありあんさ通信」

「雁帰る故郷に勝る地はあらず」（ともに⑱）と歌われているように、渡り鳥が移民に共感を持たれたことは想像にかたくない。第三の歌のように星や月を郷愁の触媒とする例は多い[8]。宇宙の大きさから見れば、ブラジルと日本の距離はさほどでもなく、想いが向こうに渡っていける。この歌はこう解釈できるだろう。北斗七星は両国の隔たりを相対化し、ふるさとをたどりつける範囲に近寄せる。「恋ひわたる」の語は座りが悪いが、恋しさが移民船のように地球を横断していくさまが浮かび上がってくる。最後の歌は日本にない風景から日本を懐かしんでいる。日本の風景を連想させようが、させまいが、想いは故郷に向かう。「恋ふる心」の句で郷愁をやや否定しているのは、永住決意の移住（岩波菊治は力行会員として渡航）であったことから来る遠慮で、本音は下の句にある。ちなみに九鬼周造は「侘びる」には「寂しさ」と「悲しさ」が混じっていると述べている。

恋しさ

九鬼周造は過去志向の「懐かしさ」を未来志向の「恋しさ」と対比させ、「恋しさ」は「対象の欠如を未来において補充しようとする志向をもっている」と考えている。「恋う」には「乞う」に通じて、未来を志向しているという。恋する主体は相手に対して首を垂れてお願いする弱い位置にある。この意味での恋しさは岩波菊治の以下の二歌によく表されている。

帰りゆきてつひに住みつかむ故郷と思ふにあらねただに恋ひこふ
いついつと帰る日知らぬ故郷の信濃の国の山川を恋ふ（ともに⑤）

帰郷できるとは期待していないが、ただ遠くから故郷を恋しく思う。いつかあの山河に相まみえん。「恋ひこふ」は九鬼の釈義を証明するような用例で、非常に素直に、帰郷の絶望的な願いを吐露している。

飛行音がいざないてゆく彼方にて吾が恋いやまぬ国のまぼろし（⑲）

歌人の想いは未来に向かっている。星空や花だけでなく、機械音もまた時には想いを故郷に向かわせる。郷愁のきっかけは五感のすべてに開かれている。岩波の次の世代の代表的な歌人、弘中千賀子は音が喚起する心像が幻であることを自覚している。「恋いやまぬ」からはこの幻に追い立てられているさまが浮かんでくる。ここではなく、彼方に操られているように感じるのは、恋しさの基本であり、恋との共通点だろう。記憶の過剰、疲労、緊張はいずれも恋の病の症状であると同時に、ふるさとの病の症状でもある。恋しい相手が意志を無視して想起され、現実の心の生活をかき乱す。過去の存在が現在の不在を圧倒し侵食していくのが、恋焦がれる状況で、相手の一方的な力の行使に打ち破られるか、忘却によって一時的に形勢を盛り返すか、いずれにしろ恋する主体は相手との緊張関係を止めることができない。恋愛に欠かせない駆け引きは自分と故里との争いに酷似している。その後には未練や後悔がやってくるのも恋愛と変わらない。

九鬼は「恋しい」の裏には必ず「寂しい」が控えていて、前者は「一つの片割れが他の片割れを求めて全きものになろうとする感情」、後者は「片割れが片割れとして自覚する感情」であると記している（二五二頁）。恋しさには帰郷という一体化の志向が流れているが、寂しさにはその志向は陰に潜み、ブラジルで耐えるという諦めが含まれる。恋しさの外へ向けた志向はなく、内にこもって壁のなかでじっと忍ぶ消極的な覚悟が含まれる。

年毎に衰へまさむ父はと思ふは寂し遠く住みつつ（⑤）
一条の莨の煙にまつわれる異国の夕の淋しきこころ（⑭より引用、一九一九年）

移民が〈日本〉を恋しがるようには〈日本〉は移民を恋しがっていないという一方的な不在感（片思い）が、移民の郷愁をなおさら強くし、郷愁を基調音とする一世の心情に別の不協和音を加える。

夢に咲く故郷の花の片想い（㊵）

心労やからだの病が、郷愁をつのらせる経験は誰しも持っている。床に伏していると、想念が勝手に回りだし、概して悪循環にはまってしまう。病の床では誰しもふだん以上に過敏に生死について黙想する。気丈夫な人、つまり健康な時には前向き思考の人でさえ、取り返せない過去や死を思う。もともと信州への執着の強い岩波の場合は、悲痛な叫びを伴った。

現し身の心づかれかふるさとの夢をぞ見つれ三夜つづけて
病みあとの心よわれるすべなさは一途におもふ故国にかえる日を（ともに⑤）

彼は「心づかれ」や「よわれる」心が、ふだん以上に強烈な帰郷心を昂ぶらせていると自己診断した。気弱な時にこそ甘えられるのが故里で、他人の口をはさむ余地はない。強い思いは夢に結ばれる。別の作者に、

友の夢ふる里の夢風邪熱にこもれるひと日のまどろみの中（⑰）
なつかしき故里の家の面影をしきりに夢みわれ病みてあり（⑭より引用）

という歌もある。熱にうなされながら故郷がぐるぐる回っているのは、心地よくはない。しかし他に何を考えられるだろう。郷愁は「生きもの」のように勝手に頭の中をかけめぐる。郷愁が病になるのか、病が郷愁を誘発するのか。移民にとって郷愁は合併症の一部といってよいかもしれない。郷愁が後ろ向きであると批判されるのは、心やつれに乗じて入り込んでくる「弱い」心情だからで、将来の建設を重

んじる知識層は不健康とさえ見なした。

想い

ふるさとの信濃の国の山川は心にしみて永久に思はむ　⑤

この岩波菊治の歌は郷愁の基本にある「思う」の深い感傷を真正直に写していて、彼の代表作と見なされ、サンパウロにその歌碑がある。「思う」は「しみる」という身体的な感覚と合わさって、離郷者に取り憑く。懐かしさも恋しさも「想い」のなかに含み込まれている。日本語では「思う」と区別がつかなくなってしまったが、字義をたどれば「想」は「思」以上に対象への志向がはっきりしている。慕う、願うの意味が思の文字よりも強く出る。一九三四年樺太生まれの女性の心のうちでは、

ふるさとの記憶おぼろなわれなれど胸にせまりぬ日本の山々は　⑰

記憶はおぼろになっても、故国の自然が胸に迫る。ここでの日本は「内地」のことなのか、二重に失われた北の島のことなのか。想いが忘却に抗して山々の姿を心につなぎとめておこうとしている。想起と忘却の戦いを作者は敏感に感じ取っている。目下のところ想起の力が勝っているが、次の回には逆かもしれない。この戦いは最後まで続き、墓まで郷愁を連れていくこともあれば、いつしか健忘症となる

ることもある。無表情であっても心の奥底で戦いが続いていることもある。想起を助ける触媒に草木がある。花を愛でる詩歌の伝統に郷愁が乗ると次のようになる。

　望郷の想いに植えしか山吹の黄色あざやかにななたび咲けり（⑰）
　ふるさとを出で立ちし頃と思ふなりパイネーラの花咲くをし見れば（⑤）
　日の本の桜にかぐふパイネーラ今を盛りと咲き乱れけり（①）

故郷の草木を植えて、自分たちだけの想いのよすがとするような行いはよく見られる。写真やみやげ物と違って、山吹自体は他人にはわからないほどひっそりと、日本への想いを庭先に展覧する。イペーが国花という象徴性に関して桜と結びつけられたのに対して、パイネーラは薄桃色の色や咲きっぷりから桜の代用なり連想樹として非常に多くの短詩を生み出してきた。

ふるさとの花鳥風月とならんで想いの中心を成すのは、親兄弟を慕う恋しさだろう。

　郷愁はうすらぎしかど父が世は短くあれば消えず終らず（③）
　ふるさとへ夢で行きにけりいろり辺に母は居ませり声をききけり（⑭より引用）
　鳥追いし竹馬の友のいるところ望郷の念一生かわらず（㊽）

第一句では老い先短い父が郷愁を留める最後のひっかかりと歌っている。老父が亡くなった後に郷愁が消えて終わるとは思えないが、作者にとっては彼こそが唯一、故郷の心残りだった。第二句のような母の夢は他にもよく短詩になっている。夢に対する民俗的な信心と関係するのかもしれない。

父母を想う歌のなかで、岩波の作は格別味わい深い。彼は定住開拓民を志して渡航したが、親との再会を願わないときはなかっただろう。それが両親の最初で最後の望みであることも知っていた。「親の死に目に会えない」ことが、家族に対する何よりも重たい負債としてのしかかっていた時代、山河恋し、昔懐かしよりも切実な想い、死を予感せずにはおれない想いが繰り返し歌われた。帰郷の夢を持ち続けながら一度も果たせなかった慚愧の至りが、歌人の心を打ち砕く。

国恋ふる心のありと疑はず七十路近き父母を思へば
彼岸会の頃とし思へば故里の老父母の切に偲ばゆ
米寿の齢となりし母がゐますふるさと信濃を恋ふる久しく
八十八の母よ一目だに逢ひたきに遂に行き難きか遠きふるさと（すべて⑤）

自分の身の回りだけでなく故里でもずいぶん時が流れている。岩波は自分の老化を父母の老化と重ね、思い、偲び、恋うると嘆いた。彼にとってふるさとは最終的に母の待つ場所に収斂した。

未練

これまで郷愁の諸要素のなかでも故郷へ向かう方向性のはっきりした心情を論じてきた。ふるさとは懐かしい、恋しい。これで済めば晴れ晴れしている。郷愁の透明な要素と呼び換えられる。歌碑に刻んだり、唱歌になるのはここまでである。しかしこのほかに行き先がはっきりしなかったり、屈折した心情が絡み合って移民の心向きは複雑になっている。ここからは演歌だ。未練、負け惜しみ、悔い、自嘲、不決断。これら不透明な要素を引きずったうえで最後に諦めが来る。一直線に離郷を納得した者は少ない。

たち切った絆に尚もある未練 ㉖
未練と言う石が決意の腰砕く ㉗
追われたる故郷なれど捨てきれず ㊹
永住と決めて故郷がなお恋し ②
あきらめた故郷心へ顔を出し ㊲
日本への未練遠く老いの愚痴 ㊵
望郷の未練にむせぶ根深知る ㊵
永住の心へチクチク帰国心 ⑳

未練とは心残り、思い切りがつかないことで一般に否定的な価値しか持たない。「未練がましい」「未練たらしい」は誉め言葉ではない。理性的には断ち切ったはずだが尚も残る絆が心を苦しめる。未練者は過去の失敗・敗北・誤算をいまだに取り戻せず、現在も尾を引いていると考える。未練の対象は別れた恋人、亡くなった愛児、買い損ねた品物、負けた試合、失敗した受験、外れた宝くじ、落選した選挙、落とし物、割った花びんなど広い意味で失ったものすべてにわたる。何かを失う原因となった人物（恋人の新しい相手、オークションでせり落とした人、決勝点を入れた敵の選手、落ちた試験の試験官、事故を起こした運転手…）に恨みを持つことはあるが、未練は彼（女）らには向けられない。恨みが消えた後に残る失った事柄に対する執着が未練の本質である。未練は二度と取り戻せないモノやコトに「心を残す」心情で、理性的には思い切るべき事柄についていまだ諦めがつかない。諦観に到らぬ未熟ぶりが「練れていない」と見下される所以である（諦観は仏教的な世界観だが、俗世の生活訓でいえば「思い切りのよさ」に近い）。なぜ思い切るべきなのかといえば、未練が行動や決断を遅らせ、過去の負けを挽回するはずの機会を失わせかねないからだ。未練には「うじうじしている」「女々しい」というあからさまな非難が待っている。未練の「女々しさ」はしかるべき行動を凍結し、外からは無為に時が過ぎるままにしているのと変わりないところから来るだろう。逆に男らしさはこの性別観によれば、思い切りのよさ、すばやい判断と行動に結びつけられる。

故郷を出て五年の筈が倍になり
錦着て帰る故郷は小さくなり
変ったらうなあと年を数えて見（いずれも㉑）

多くの移民は錦衣帰郷を果たせなかった点で、敗者意識を持たなかったことはないだろう。ブラジルにかくも長く滞在していることをいろいろな方便で正当化しながら、完全に納得するに至らない。そこに未練が忍び込んでくる。着いてすぐはまだはつらつとしている。やがて帰郷が先送りになるにつれ、自分の決断に疑問を抱いたり、二度と帰れぬかもしれないと不安を抱くようになる。金を得ようとあせればあせるほど判断を誤り、帰国の途は細くなる。時の流れは故郷を遠ざける。小さくなればなるほど、つのってくる思い。こうして青雲の志は郷愁にまみれていく。

故郷を愚痴の対照に新移民 (21)

愚痴とは「言ってもどうしようもないことをくどくど言うこと」(『新明解国語辞典』)で、「話す」のではなく「こぼす」(=「心の中に収めておくべきものを、口に出す」『同』)という述語が来る。意志を持って話す言葉ではなく、不注意に口から出てくる言葉である。無意識に近く、話のなかでも最も無内容と目されているが、その分、即効の憂さ晴らしとして機能し、離郷の愁いが危険なレベルを越えないための安全弁になっている。古狸は未練、負け惜しみ、後悔を飽きずにこぼす。郷愁の無用ぶり、ここに極まれり。

負け惜しみ

未練は理性からいっても、体裁からいっても表に出してはならない。そこから生まれるのが、偽装、つまり強がり、負け惜しみである。敗北・喪失を認め、後ろを振り向かないふりをすることである。こうすべきであるという道徳的な規範、建前と現実の心情、本音が著しくかけはなれているときに、負け惜しみが表れる。建前を表に出すことで強く見せる、つまり強がりを見せる。体面を保つ必要がある場合にこの偽装が行われる。「取り繕う」というように応急処置で、かえって仮面の下に隠れた素顔がはみ出す。

ふるさとは引き揚げた国よその国（66）
日本へ行きたくないは嘘であり（21）
負け惜しみ故郷を忘れた様に云ひ（21）

最初の作を字面どおり作者のふるさとからの精神的自立と読むのは誤りで、日本を「よその国」と突き放しながら、かえって手繰り寄せていると解釈しなくてはならない。本当に「よその国」ならば、わざわざこのような川柳を投稿しなかったはずだから。このような虚勢をよくいえば意地となる。意地は「張る」と動詞がつくように、心の内と外の緊張をわざわざつくり出し、世間体を整えるときに生まれる。表向き冷淡であればあるほど、隠された愛着が強い。第二句のように嘘とばらしているのは罪がない。同じ心情を三一文字で表すと、

故国などさまで恋しく思はずと僅かに云ふて口をつぐみし（50）
故里を捨てたる如く移住して語るとき淡き郷愁のあり（6）

自分で述べたことがすぐに強がりとわかって沈黙してしまった。恋しがってなどいられないという建前と、恋しくてたまらないという本心の狭間で揺れる移民の心が、遺憾なく点描されている。「淡き郷愁」はもちろん強がりで自らに嘘をついている。郷愁を抱くことは「負け」を認めたことになる。建前のほうは後で述べる「錦の敷居」と関連している。

こうした短詩が示すように、日本に帰りたいかどうかを互いに確かめる場面がたびたびあった。一九三〇年、ブラジルを旅行した石川達三は、日本人旅館に泊まるのらくら者（ポルトガル語を借りてバガブンドと自称他称）が、日本の政治経済問題を話題にしながら、誰も日本に帰りたいとは言わないのにぶつかる。「どんなことがあっても二度と日本の土は踏まない」「俺ももう帰らないよ」。これは愛国心に欠けるからではなく、「二度とあいつには会わない」という「愛する女に裏切られた時の言葉と同じだ」と未来の小説家は注釈している。悔いと棄民意識が負け惜しみの底を流れている。帰郷できないかもしれないという不安を打ち消すために、それを自分の意志で選び取ったことと見なそうとする。生活に失敗したから長逗留しているのではなく、「ブラジルの方が暢気だ」からここに居続けたいと理屈をつける。彼らは出発した頃の日本を基準に「今の日本を悲しくも想像する」。移民たちは「一人一人憂鬱を抱いて、なお一層日本を悲しく思い浮べなければならないのだ」[9]。上の川柳もこのようなおしゃべりの後で書かれたものだろう。

負け惜しみは他人に対して現れる。一人で負け惜しむ場面は想像がつかない。個々の憂鬱をひた隠しにしながら、他人から見えるはずの自分の像に敏感な者が負け惜しむ。見栄が根本にある。石川が記す会話は偽装であることをわかっている同士の見え透いた芝居のようだ。互いの憂鬱を暗黙のうちに理解する者が、帰郷を言葉の上で拒絶しながら、言葉の裏を読み合い慰め合う。石川は強がりを言う連中の言葉少ない劇を「淡い一種の侘しさを含んだ、これは不生産的で没落的な、そしてほのかに芸術味の尽きない夜の情緒」と呼んでいる。郷愁を抱くことも隠すことも同じぐらい非生産的である。負け惜しみ劇では、真情を見せなくしている分、虚実二膜がセリフの相に現れ、役者同士の高度な相互主観的な関係がつくり出される。この言われなかったことを察しあう関係が、一種の心理劇を思い起こさせた。

悔い

追われたる故郷なれど捨て切れず（54）
各々にほめる故郷をなぜ棄てた（21）

未練と後悔はどちらも「残す」点で似ている。だが微妙に違う。未練の対象が失ったモノやコト全般であるのに対して、後悔の対象は何かを失わせることになった自分の誤った判断や行動に向かう。失った恋人には未練が残る。後悔は相手に告白すればよかった（しなければよかった）という判断に残る。ある時に別のことをしていれば現在の不快は免れたかもしれない。後悔は現在の苦痛の原因が過去の誤った判断から起こっていると認識し、別の判断を下したら苦痛は軽くなっていただろうと反実仮想することである。「したことはしたこと」とマクベス夫人のように合理的に過去の行動を割り切れれば、後悔は生まれない。時間の不可逆性を理性ではわかりながら、完全には承知していないマクベスは後悔している（しかし彼はそれを克服し、次の行動に出る）。大半の人間は何かしら不満を持っていて、その責任の一端を自分で負っている。もう一度、あの時にもどって正しい判断を下したいと思ったことのない人はほとんどいない。だからこそ、身の上相談では後悔の無用性を口をすっぱくして説教している。「後悔を知らない奴は流石に強い」㉙という皮肉もいいたくなる。

慣れない環境で汗水たらす時、後悔しなかった移民はいないだろう。故郷を「追われた」り「棄てた」としても、ブラジル以外に選択がなかったわけではなかった。遠いことは遠いが、数年後には日本ではたらくよりも成功して帰れるはずだった。永住決意の移住者がその判断の正しさを一度も疑わなかったはずはない。後悔は人間誰しもあるものだが、移民に共通しているのは、生涯の離郷を選んだことに対する後悔だろう。後悔は日本への思いと切り離せない。去った自分を責めたり「なぜ棄てた」と反問（煩悶）するたびに、後悔は大きくなり、それに引っ張られて未練も高まる。

後悔についての精密な議論のなかで、ジャネット・ランドマンは次のように後悔の効用を弁護している。一般に「後悔先に立たず」というが、後悔は過去の意味づけを変えることができる。過去の教訓になるという実利的な側面だけでなく、倫理的に望ましくさえある。後悔する人は人生にあいまいさ、どっちつかず、限界、過失、幸運と悪運があることを納得し、喪失から人生を見ることを学ぶ。それは快くはないが、「後悔には後悔している個人を彼（女）を思いやり深くするような〔humane〕価値と結びつけるはたらきがある」⑽。人は思いやりのために後悔するわけではないが、してしまったことを苦々しく振り返るたびに、異なる可能世界を類推し、今歩んでいる人生を他の点から想像したり、他人の人生の可能性を示唆する感情と空想の力を養いうる。直線的な時間の外に立って、循環的な時間を生き、負の記憶を確認し、未来に起こりうることを予測する。後悔は所与の過去からこうだったかもしれないという可能世界を類推する「演繹的理性」(二五七頁)で、間違いについての評価と判断である。過去の失敗を反芻することは判断をためらわせるかもしれないが、それは否定すべきことではない。どっちつかずの矛盾した感情こそが、感情と思考を充分に持つ者の特権である。「後悔する人は意志と統合性を持ち、自らの個人的過去の上にしっかりと立ち、他人と手をつないで立ち、魅惑的だが命取りになりかねない〈記憶の穴〉に吸い込まれるのをこらえてふんばっている」(三二二頁)。

自嘲

郷愁に腰かけたまま五十年
懐郷のかなしさ門に松を植え
郷愁を笑え菊苗鉢に取る
荷物にもならぬ郷愁重く抱き
郷愁を巧みに摑むアゼンシア〔旅行代理店〕(いずれも⑹)

これらの川柳には郷愁を茶化す余裕が感じられる。郷愁が人生にとってプラスではないことを知りながら、それから逃れられない自分を客観視している。他人から見れば自分たちは哀れで、お笑いくださいとへりくだっている。郷愁を無駄と知りつつ半世紀間、捨てきれずに生きてきた作者、彼はこの病と最期まで共に生きると開き直っている。「腰かける」という言い回しが郷愁と彼との不即不離の関係をうまく言い表している。門松を立てるのがなぜ「かなし」いのか、それは郷里の習慣をいつまでも捨てられないことが、いかにも哀れっぽいと思えるからである。心のどこかに同化すべきという建前があるので、門松を立てることに民族の誇りとは逆に自己憐憫を感じている。第三句、郷愁をいくら罵られようと菊の苗を植えるのも似た心境である。菊は皇室の象徴というより、どうしても捨てられない日本の細部で、笑わば笑えの開き直りは郷愁に対する周囲の圧力の強さを物語っている。日本語とも日本とも疎遠な家族が、年寄りの鉢植えを馬鹿にしている様子を想像させる。郷愁の重さを荷物の重さにたとえた第四句は、つまらぬ想いに囚われていることを軽く笑っている。荷物にならないのだから、どんなに重くても自分の勝手と開き直っているとも受け取れる。第五句では母国観光がある程度、可能になった時期の作で、自分たちが代理店の巧みな宣伝に乗せられていると自覚しながらも、訪日したい気持ちに変わりないことを自嘲している。

「望郷も幸のうち秋の月」⑱という満ち足りた月見もあれば、「郷愁を皆ブチまける秋の月」㉑という大荒れの月見もあった。「ブチまける」郷愁は、愚痴といってもいいだろう。外からは認知できない懐かしさ、恋しさと反対に、故里の話をサカナに男連中が泥酔する様子が想像される。後者の作者はその宴会を川柳にまとめるだけ醒めている。別の醒めた柳人は、「さざれ石巌に苔が生え過ぎて」㉛と「君が代」を茶化しながら、否応なく居座り続けた半生を振り返っている。戦後十年、かつてなら不敬とも受け取られかねない自嘲の句を公表できるほど皇国主義はゆるくなっていた。

決断の鈍き男がつくねんと思い煩い立てる山畑（⑫、一九二一年）
永住をささんつもりか敗戦論それがかえって帰国をうながす（㉔）

前者では帰国の決心のつかないまま、惰性で耕す農民の自嘲が聞こえてくる。「つくねん」のとぼけぶりが印象深い。不決断は非常に早い時期から移民の心向きの底流をなしていたようだ。後者の勝ち組雑誌の狂歌は思想戦が生活戦に関わること、祖国の勝敗が永住か引き揚げかに影響することを如実に物語っている。敗戦を認めることが永住に納得することと対になっていた。主に宗教的な信念と経済的な理由にもとづく戦前の永住決意と、戦後の決断とはまったく状況が異なる。勝ち組負け組抗争を激しくした一因はここにある。祖国の誇りについて争うだけでなく、明日の生活計画にも関わる争いだった。傷ついた国は見たくないという感情から、国の根幹が瓦解した後に帰国すれば厄介者扱いされるという不安まで、いろいろな動機から帰国を思い留まる移民が多数を占めた。一九五〇年一一月号の『ブラジル川柳』誌が兼題「決心」で集めた句は、この時期の心の揺れをえぐりだしている。この時期、「決心」といえば永住か帰国かの決断を指し、兼題に選ばれるほど大きな問題だった。

決心はかぞえられない程したが

人間の弱さ決意のくずるる日
決心の程をかくした涙の眼
宿命にもろくも決心崩れ落ち
決心を鈍らす妻や子の寝顔

決心は覆すためにあるかのようで、大方の弱い人間はブラジルに居続けることを納得できないまま、ずるずると歳月がたっていった。そして最終的な決心には多くの涙が流され、断ち切れない絆の重さ、つまり郷愁が何度も決意を鈍らせた。ブラジルに居続ける決心を固めるには別の条件が必要だった。

決心はできたり金髪の妻と住み
永住と決めて安けし母の墓

永住決意がついたから金髪女性との結婚に踏み切ったのか、既に結婚していたから決意がついたのか、因果関係はわからないが、異人種結婚は戦前から故郷との絆を断ち切る大きなきっかけだった。愛情とは別の事柄がこの結婚の前提にあった。また肉親や愛児の墓を立てると土地の意味が変わった。同じ頁の川柳に「お位ハイを背負い廻った今昔」とあるように、祖霊鎮魂は移民の精神生活の大きな部分を占めてきた。念願叶って帰国する時、ブラジルに建てた母の墓は誰が守るという心配の種がこの句の著者にはあったのだろう。墓に引きずられての永住は毅然たる人生設計とは言いがたい。

永住と決めて振出しへ逆戻り
星飛んで渡伯決意の夜を偲ぶ
決心がついてほのかにさす朝日

「双六の上りは帰国ときめこんで」⑳。これが戦前の生活設計だった。永住決意はブラジル生活を初めからやり直すかのように思えた。こうなるとわかっていれば、他の生き方もあったと悔いただろう。決意の鉈を振るうのではなく、習慣的にずるずると居残ってきたのを悔いた。帰国を逡巡ないし断念させた大きな要因に敗戦の認識があったことを、以下の歌は語っている。

永住は既に移民の心にて祖国の敗れし悔もうすらぐ ③
変貌を遂げし祖国を遠く住み永き逡巡経たる郷愁 ⑥

「悔もうすらぐ」とあるが、悔いが消えてなくなった者は少ないだろう。永住とは同化を強いることと見なされ、心のありかを日本かブラジルか二者択一することと思われていた時期がある。「郷しゅうが同化の二字に背を向ける」㊿とあるように、同化とは日本を忘れること、誇りを捨てることで、郷愁を義務的感情とする共同体の外に出ることだった。同化が日本とブラジル政府両方から期待される政治的文化的選択であることを強く受け止めれば、郷愁をそれに対抗する心情的批判と呼べないことはない。しかし抵抗という能動的な姿勢を強調しすぎると、不決断という消極的で受動的な心向きが隠れてしまう。

諦め

あきらめてあきらめきれぬ帰国 ⑳
　ふるさとを想ひつ三年往きたればはやあきらめの心おこれり ㊺

諦めるとは「望んでいることが実現出来ないと認めて、それ以上考える（する）ことをやめる」（『新明解国語辞典』）ことで、その後にはたいていなぜ諦めたのか、諦めざるをえなかったのか、他の選択肢はなかったかを自問・煩悶する時間が長く続く。望みが切迫していればいるほど、諦めたことを忘れるまでに手間取る。諦めは俗人の場合、「諦めきれない」と一体になっていることが普通で、一段高い心の境地にいる人だけが望みを「思い切る」ことができる。

永住と決めて大きく諦める
異国の土になる運命の手を感じ（ともに㊸）
運命なりと言うは逃避と思いつつ古き旅券のわが写真見る ⑫

第一句の「大きく」からは肩からのため息が感じられる。「運命」は意に染まぬ現実と折り合いをつけるときに持ち出される人生観で、個人のちっぽけな意志を越えた定めに身を委ね、受動的な存在に自らを矮小化し、精神的な危機を乗り切ろうとする考え方である。利発な人には「逃避」という後ろめたさが伴わないわけではない。旅券の写真は時の重さをますます実感させる。自分の努力で将来を切り開こうという渡航当時の前向き思考が裏切られたあとに湧いてくる人生観だが、気持ちを整理するのはなかなかむずかしい。

諦らめと云う字が不満消してくれ (28)
あきらめた帰国心の底の声 (34)

諦めたと納得しながらも、心の底では諦めを打ち消す未練がくすぶっている。理性では永住のほうが正しいとわかっていても、諦め切れない。そうするうちに子どもが成長し、親兄弟が亡くなり、ずるずるとブラジルに根を生やすようになっている。川柳はきれいごとに隠された真実をふと漏らす。

諦めが立てた異郷の金字塔 (30)

金字塔はおそらく日系人がサンパウロ市四百年祭に参加し、正式なブラジル市民としての自負を得たことに関連するだろう。このときに録音された記念歌「サンパウロ四百年祭の歌」や「聖市創設四百年の歌」が歌うような誇りが、積極的な選択ではなく、実は数十万人の諦めの集積であるとこの川柳は内情を暴露している。納得ずくの永住ではないにしろ、日系人の貢献は過小評価できない金字塔に違いない。それまで誇りといえば世界に冠たる祖国に対する気持ちしかなかったが、この時期になると何十年も生活の基盤を支えてきたブラジルに対する誇りも、上からのかけ声ではなしに湧き上がってくるようになった。先駆移民の経験したどん底生活から多くが脱出し、比較的安定した生活を送れるようになったこと、子孫がブラジル人として十分にやっていけるのを見届けたこと、ブラジルの農業や商業に対する日系人の貢献がブラジル人にも認められたことなどが、民族的な満足感につながった。祖国に思いを残しつつ、ブラジルで暮らすことを運命として受け入れ、また子どもにとっての故郷にいると解釈して、安住の心境に至った。諦めと未練の端境を詠うのは、

取り出す日本着すでになじめなく祖国はなれて老いゆく身には（⑪）

で、着物を触媒に同化＝老化したわが身を愁いている。なぜ馴染めないのか。故郷への想いが薄らいだわけではないが、着物を触媒に日本を取り戻すことが空しくなる。かつて着物を着るときには仮に帰郷するような嬉しさがあったが、それももはや感じなくなったのかもしれない。「浴衣ぬぐ祖国も脱ぎし思いして」（⑱）とあるように、外見はいうまでもなく、独特の身のこなしや触覚も含めて、伝統衣装は故国を思い起こさせる着脱可能な象徴だった。「浴衣着て悠久の天地眺めてる」（⑳）のは、ふだん着のまま眺めやるのとは違った心持ちがしただろう。つまり天地が故郷にも通じている満足感を浴衣は

与えてくれただろう。その魅力が老人には失せてしまった。日本的なものに鈍感になったことが「老いゆく身」の寂しさをますますつのらせている。こう上の歌は解釈できないだろうか。

納得

さて永住がいやいやながらであれ全体の合意となると、二つの故郷を持つことも選択可能であることが受け入れられた。ブラジルの少数民族集団としての自覚が生まれてきた。先ほどの「決心」を集めた号から四年後、『ブラジル川柳』(30)は「異郷」を兼題としたが、三十数句のうちの約三分の一がブラジルを新たな郷里と肯定している。

異郷ではなく子の国孫の国
子や孫がふえて異郷の気が薄れ
ふる里も異郷も織りなす夢のあと

父母の墓が家系図の上流とのつながりを確認させたように、子孫の誕生はその下流に向けた世代的な連続性の意識をつくりだした。新たな家族の系譜の種を植えたと自負し、異郷との心情的な距離は小さくなった。老境に入ると記憶のなかで故郷も渡伯当時の異郷も同じように遠ざかり、区別がぼやけてしまう。こうして年をとるといつのまにか異郷に馴染んでしまうが、逆に何かのきっかけで郷愁が急につのることもある。人生を振り返るとはあの時、違う決断を下していたらどうなっていたかと、あてもなく可能世界について省察することで、誇りを持って現実を肯定するかと思えば、懐疑的になることも悔悟の涙を流すこともある。よほどの強い信念を除けば、心の動きに一貫性や合理性を求めることはむずかしい。

郷愁に疲れしっかと抱く異郷
おのが国棄てた民らの建つ郷土
培えば桜も根付く異郷の地
居ついたは異郷の異の字忘れた日

恋人を待ちすぎると憧れが倦怠に変わることがある。それと同じように、故郷をあまりに長く夢見たために、帰るという本来の願いが色あせ、異郷を容認し、ついにはその美点に気づき抱擁する心構えもできる。第一句の「しっかと」の語に作者の信念が表されている。故郷に対する記憶喪失でも妥協でもなく、今や第二の故郷を讃え始めようとしている。第二の句では日本に「棄てられた」のではなく「棄てた」と捉え直したうえで（移民を「移り住む民」と肯定するように）、ブラジルを郷土と呼んでいる。棄民という劣等感はこの句からは消えている。一九三〇年代の愛土定着キャンペーン（ガット運動）は空虚なかけ声に終わったが、祖国敗北をひとつの契機に、移民が能動的にブラジルに心をつなぐようになった。第三の句では移植された桜に新しい故郷の誕生を託している。勝ち組雑誌が桜の和歌を引用・作歌し、瑞穂・敷島に回帰しようとしたのに対して、この作者はどこであれ「培う」ことで大和の心が根を生やすと確信している。「培う」には働く、子を養う、文化を育てる、などいろいろななりわいが想定されているだろう。培うことを通して移民はブラジルにただ寄食するのではなく、日本生まれとして根を生やしその一部に同化していく。生まれた村と同じような意味でのふるさとになるかどうかは別にして、異郷ではなくなる。異郷から異が落ちて、ひとつの郷《さと》となる。一九五〇年代半ばにはこうして戦前の悲壮な永住志向とは異なり、いきりたつことなしにブラジル定住を受け入れ、二つの故郷を持つと自覚する移民が徐々に増えていった。短歌集からそれを確かめると、

七十年祖国を離れ外国に暮らせば馴染みし山川恋し
生受けし日本を離れ育ちたる吾は故郷を何れとするや
国二つ故郷二つ吾れにありいずこも深き思い出のあり
汝が語る祖国のことも慕わしくされど異郷のこの地を愛す（いずれも⑰）

この四作は日本への固執、故郷喪失感、二つの故郷、最後にブラジルの抱擁という四段階の適応プロセスを示している。もちろんこのとおりに一直線に進むことはほとんどありえないが、日本と同じようにブラジルを愛すという戦前からの理想の境地にようやく到達したようだ。しかし「永住を説いたその夜くにの夢」という川柳もあるほどで、意識下ではつねに現実に反対する想いが逆巻くこともあり、「錦の夢捨てて故郷にする覚悟」と同時に「郷愁を誘う桜を植えて老い」と詠む（⑨）行きつ戻りつを誰もが経験した。「覚悟」は無理やり決断を下すことで、簡単には帰郷の夢を捨てられないのが本音に

ある。諦めのなかにはつねに未練、負け惜しみ、強がり、悔いがすかし模様のように印刷されている。それでも孫の顔を見たり、故郷の墓参を済ませたり、墓を移すとブラジル暮らしに張り合いが生まれて、この地を愛する心境を得られる。

月一つ故郷二つとなりにけり（⑱）
マモンを食ふ口で桜を恋しがり（⑥⓪）

マモン（パパイア）を愛するからといって桜の国を拒絶するのではない。二者択一ではなく、両方を受け入れることと永住は理解された。帰国は諦めたが、日本を慕いつつブラジルの地を愛することが、祖国に対する裏切りではないという自信が歌からあふれている。月並みな言い方だが、時が永住を納得させる。晴れ晴れとした心持ちにいたるまでの長い時間は、次の句に凝縮されている。

永住と決めて静かな夜の膳（②）

Ⅲ　郷愁の条件

貧困

これまで郷愁の情緒的要素のいくつかを解説してきたが、それらを成り立たせている社会的・地理的・心理的な要因が少なくとも五つある。貧困、隔たり、錦の敷居、老い、死である。

郷しゅうよ貧乏すればなおつのる（60）

故里は招くが答える術の無く（21）

貧困は現実の不満をつのらせるから、故郷への思いが挫ける気持ちを支える事態は想像しやすい。渡航前の夢が叶わないことに絶望するなかで、故郷がますます重く心にのしかかってくる。もちろん貧しくとも故里に縛られずに現実を直視する者もいるし、経済的に上昇するだけで郷愁が薄れるわけではないが、この句は帰郷が経済的に不可能な貧困層ほど郷愁にすがると歌っている。首をうなだれている時に心の支えになるのは、故郷への思いだった。郷愁は傍目には現実逃避だが、当人にとっては脆い生存を支える柱だった。それが美化されがちだったことはいうまでもない。

帰国した夢に見るこそ果報なれ路銀もいらず暇もかからず（25）

ただ故郷を懐かしむのではなく、その想像図のなかに自分をはめこんでいる。留守中にどれだけ風景が変わったのかは想像がつかないので、昔の写真に今の自分を貼りこむようなものである。この夢見る自由、つまり希望は貧乏人にも分け与えられている。帰国した夢を見るよりも、そのために路銀を稼ぐほうが現実にはどれほど大事であるか本人にはわかっている。それでも無駄かもしれないことに心を向けずにおれない。しかし夢を見ながら感じる淋しさもある。

帰りには錦着て来よと宣へど吾貧しければ淋しぞと思ふ（㊾）

故郷の激励はかえって夢を妨げる。帰りたい帰れない。貧しいままでは帰れないという意地が意気を奮わせるどころか、かえって淋しさに通じる。これは自嘲に近い。錦衣帰郷を目標に移住したのだが、日々、それは非現実的になっていく。いったん大きな夢を持ったために、現実がかえってみすぼらしく感じられる。前節で分析した心の屈折の半分は、高すぎる目標を立てたことに起因しているだろう。

隔たり

ブラジルは今も昔も日本の対蹠点にある。日本から最も隔たった国に来たという感慨は誰もが持つ。そう簡単には帰れない、物理的にも経済的にも。この気持ちは祖国への想いをいやおうなくふくらませただろう。渡航決意をする時には「日本のずっと向こう」という程度の認識で、遠さについて具体的に思い描ける者は少なかったはずだ。一九二四年以降、政府が本腰を入れるようになってからは、移民会社は遠さを最大限の海外雄飛と呼びなおして、農民や青年の気宇壮大な夢に訴えた。だが行きと同じだけ帰りにも時間がかかることを現実的に熟考した移民がどれだけいたか。ハワイ、カリフォルニアほどの近さならば早々に引き揚げる決意をした者もいただろう。しかしブラジルはあまりに遠し。帰国には移住以上に大きな決心を要した。はるばるここまで来たからには、手柄を立てずには帰れない。錦の敷居は隔たりのために非常に高くなり、一部では悲壮感が漂った。隔たりが郷愁と比例するというような単純な式は立たないが、絶望的な遠さがブラジル移住者の心の定数になって、想いの関数を動かしていたことは短詩から示せる。

諦めもつかう地球の内なれば ㊸

故里をふたたび見ずに果てゆくを運命と思い地球儀回す ⑪

浦島の夢は地球を半周し ㊾

いずれも地球の大きさにため息をついている。作者は四〇日の長い航海を思い出しているかもしれない。最初の句は「しょせん地球の内」と強がっているが、かえって諦めがつかないと副音声がつぶやいている。先に北斗七星を見て想いが「恋いわたる」という短歌を紹介したが、第二の歌では逆に地球は運命的に大きく、気持ちがわたっていくことすらかなわないと諦めている。

郷愁どこまでも赫く地平線の誘惑 ㊶

懐郷譜海がなければ歩くのに ㊸

この水は日本に続くとサントスの海見て一人つぶやきし母 ㊻

故国まで続ける海ぞ足裏の痛くなるまで熱き砂踏む ⑰

半周すればにっぽんのある空仰ぐ南半球の夏の光りよ ⑲

地平線の向こうに、水平線の向こうに、地面の反対側に日本がある。同じ天体のどこかに故郷があるというのは、慰めでも絶望でもある。そのすがるような思いが、しかし心の最低線の支えになる。再会の期待とは別に、かつて恋した相手が今もどこかにいるかもしれないという穏やかな幸福感（といくぶんかの寂しさ）と似ている。帰国の可能性は二の次で、ただ思う故国が存在するだけで、海辺の散歩は充たされる。地平線の向こうに誘惑される。自分はここではなく彼方に所属しているという念が、地球の大きさに負けずに虚空を走っていく。

日本へ一メートル近く葬られ　(62)

これは地球の反対側で日本人を弔えばこそ生まれる感慨とユーモアである。一メートルの近さは、生者にとっても死者にとっても慰めにはならない。それをわざわざ述べ立てたところにこの句のおかしさと悲哀が込められている。棺桶が土深く穴に埋められようとしている場面がほうふつとしてくる。悲嘆の極致にあって、作者はふとこのようなおかしみを感じた。悲しすぎて口元が勝手に笑えてしまうようなことが、人生では時々起きるが、何かその瞬間に思いついたような句ではないだろうか。郷愁を墓まで持っていくという短詩は多いが、この句は悲壮感を裏返して、故国との距離を相対化するような見方で、同胞の死を見送った。

あっさりと錦衣帰郷の夢捨てられず ㉞
錦衣帰郷隙間の風に醒める朝 ㉞
錦着る夢お伽噺のように消え ㉙

錦衣帰郷という熟語があるおかげで、錦は成功の隠喩となっている。そこからボロにくるまれた負け犬ぶりを自嘲する川柳が書かれた。移住しなければ生まれてこなかったはずの敗北感は、移民の心向きの大きな特徴といえる。郷愁はそれと各自がどう折り合いをつけるのかに深く関わった。故郷と現実の地理的な距離、心理的な隔たりをどう解釈するか。

襤褸を着て錦衣帰郷を夢にみる ㊿
錦織る糸横が切れ縦が切れ ㉚
錦着る夢が褄衣着て五十年 ㊱

最後の句の寸評には「錦衣帰郷、諦めてみても、諦めきれないものがあるとき、この句は胸を打つものがある」とある。ただ貧乏が帰国を妨げていたわけではない。ボロを着ている限り、故郷に帰れない。貧しさよりも故郷の期待の高さ（という思い込み）が帰国を遠ざけた。期待される錦があまりに高くて帰郷できない状態をここでは「錦の敷居」と呼ぶ。引き揚げ兵のようではなく、凱旋兵のように郷関へもどらなければならなかった。出るときの万歳の歓声をもう一度受けることで、移住の物語は大団円を迎えなければならなかった。

母国観光したくはあれど珈琲土産じゃ恥ずかしい ㊾

この「恥ずかしさ」が意に反して異国の地に踏みとどまらせた。錦衣帰郷の期待があまりに大きかったからこそ、帰国するだけの蓄えができても、日本人は居残り、錦を織る機会を待った。日系移民の定着率の高さは、手ぶらで帰るのを非難する故郷・故国の壁が一部で関係している。底辺生活では帰国できないが、成功を収めても引き揚げられないというジレンマに気づいた者は少なかった。他方、資金繰りが楽になれば、帰郷してゼロからやり直すほうがかえってばかばかしい。帰国はしたいが留まるほうが経済的には賢明という選択を多くの移民は行ってきた。経済的理由と心理的理由の相克を経験しながら、多くが居続けた[11]。

故郷へ申訳なく年がたち ㉑
古里の父を養うてだてなみ心ならずも消息を絶つ ⑯

一体何が「申し訳ない」のか。ひょっとすると、墓参りを怠ったり、親の死に目に会えなかったことかもしれない。だが一番の負い目は、五年で大金持ちになって帰るという約束をいつまでたっても果たせないことにある。すぐにでも帰郷したいが、まだ故郷に顔向けできる財を成していない（それどころか旅費も工面できない）。故郷を追われた者は、見返すだけの成功を収めるまでは帰れないと意地を張ったかもしれない。意地は強がりと同じく、建前、外聞が強くはたらく場面で発揮される。こうして錦の敷居が年を経るごとに高くなっていく。時が利子を生んでますます借金が返せなくなるのと同じことだ。この「申し訳なさ」は帰国の願望と躊躇の両方を含んでいる。友人に対して無沙汰が続くと、しだいに連絡しづらくなるように、時の流れ（移民の場合には空間の隔たりも）が壁になることはよくある。「申し訳なさ」は、居残り続ける移民の曰く言いがたい心情の中心にあっただろう。

錦の敷居の一部は日本人としての誇りと結びついている。「日の丸旗を柳行李の底に秘む移民」（香山毒露）という名句があるが、一等国民であればこそ、敗北者として帰れなかった。立身出世主義が青雲の志を持って上京した青年の帰郷を妨げたのと似ている。日本を背負って立つ青年の気概とやや似て、移民には日本人として恥ずかしくない態度、日本人の体面を傷つけない礼儀が要求された。上京者が故郷の社会序列から飛び出して、中央の国民規模の序列のなかで上昇する願望を持っていたのと同じように、移住者は固定的な故郷の序列から飛び出し、バイパスを使って急上昇した後、再び故郷の序列に戻ることを願った。したがって錦を携えずに戻るのは都落ちと似た敗北だった。錦の評価を下すのは自分ではなく故郷の人々で、体面の問題に帰着する。強がり（見栄、意地）の根っこにあるのが「日本人として」という誇りで、郷愁を屈折させる原因になっている。

君が代に血の琴線ピンと張り　(60)
君が代を歌えば涙あふれきてとぎれつつも高らかに和す　(17)
六十年異国に住めど君が代を歌えば熱き血はよみがえる　(17)
外国《とつくに》に移り住むとも日本の民にしてあけぼのの空に敬礼をする　(7)

表に見せる民族意識が高らかであるほど、心の内に巻き込まれた愁いは声をあげずに沈み、深まる。日本国民の一部であるという胸を張れば張るほど、なぜブラジルくんだりに居続けるのかという自問が湧いてくる。君が代・東方遥拝で奮い立たされる日本人である誇りと、親兄弟への想い、紫蘇と山吹が誘い出す郷愁の間には、ずいぶん隔たりがあるとも、ほとんど差はないともいえる。ついでだが、「おごそかにブラジル国歌高なれば感きわまりて涙わきくる」(17)、「日本字で覚えし国歌独立祭」(10) というブラジルへの帰順を記した作もある。カタカナで覚えたブラジル国歌が、「君が代」と同じように「血の琴線」を震わすかどうかは別問題だが。

老い

郷愁は年ふるごとに深くなり子も孫も知らぬ故里を恋う　(17)

懐かしさが時の経過に比例する心情である以上、郷愁が加齢と比例関係にあることは間違いない。若者とて郷愁にかられることに変わりないが、まだ未来の時間がある。やがて過去のほうが重さを持つようになる。時がたてばたつほど、心の負債は重くなる。時は利子のように加算される。死期の接近はますます未練を重くする。強がりが影を潜め諦めが大きくなっていくが、未練や悔いが消えてなくなることはほとんどない。老人の望郷は戦前戦後を通じて、短詩に頻繁に描かれてきた。

故郷故の老の眼に宿る露 ㉑
帰りたい帰りたいに白髪増えて行き ㉑
ふるさとの話し老父母の目がうるみ ⑥⓪
老移民諦めきった影を曳き ⑥⓪
ブラジルで郷しゅうはかなく幕となる ⑥⓪
郷愁の夢見つづけてふえた皺 ⑱
郷愁は銀河に流し農に老ぬ ⑱
老ゆるほど望郷つのる桃の花 ⑱
故郷捨てし日の夢ならぬままに老い ㉞
老移民末期に故郷の風をきく ㊹

いずれも判で押したように時の重さを詠い、永続的な郷愁は心の基本設定となっている。郷愁なしの人生はもう考えられないだろう。「帰りたい」の作者はかなり病的な状態に長年置かれていたと見られる。老父母の涙は二人を説き伏せて連れてきた息子の後悔と対になっている。第三句では数年で帰郷を約束しながらずるずると滞在が長引き、自分が甲斐性なしであることを恥じ、父母の悲しみに頭を下げている。自分の苦労はともかく、家族を巻き込んだことに対する悔いは、短詩、小説、浪曲などによく描かれてきた。理想的な物語では、家族が一家の主を理解し絆を深めるのだが、実際にはふがいなさをなじったり、離反することも稀ではなかった。稀には鬱屈を「銀河に流し」てさっぱりと老境に達した者もいたが。星空が心をかきむしるような場合もあれば、癒やす場合もある。老いを病とともに生きる状態とよく言うが、この作者は農に捧げた人生に誇りを持ち、郷愁との共生に成功した。「農に老ぬ」からは百姓で終わったというような敗北感は感じられない。

俗にいう皺に刻まれた時は自嘲的になるにせよ、憂鬱になるにせよ、老人の心全体を侵し、何につけ経過時間から物を思うことが習慣化する。西行や芭蕉の教養はなくとも、時の経過について仏教的に黙想する習慣がつき、それが存在の意義になっていった。日本で生活文化を身につけた者の民俗的な死生観が、移住で劇的に変わるわけではない。老いによる虚無感は故郷に残った者もまた等しく共有したが、移民は異郷で死ぬことに空しさの根源を見出した。無駄に老いてしまった空しさは、故郷との本来あるべき親密な（強制的で時には脅迫的な）関係の外で、拠り所なく暮らしてきたと振り返るときに湧きあがってくる。『岩波菊治歌集』をひもとくと、

この国に慌しくすぎし年月は遂に空しきものとこそ思へ
故郷を常恋ひ居れど遂にかも帰り住む日のありと思へず（ともに⑤）

が、空しさと諦めを詠っている。「この国」の代わりに「この村に」と置いたら、故郷に残った者の心情になる。日本に暮らしたとて、戦争や都市化や子どもの成長を回想する時、「慌し」かったと感じられるだろう。ある年齢に達するとほとんど誰もが持つ感慨を「この国」で抱いているところに歌の真髄がある。

精神的な同化は日本の回想が遠のくことであり、渡伯後の記憶がその分を埋め合わせるようになってきたことでもある。長くいれば、この土地にも愛着が湧いてくる。中には帰郷を諦める代わりにブラジルを第二の故郷と見るような移民もいた。

斧振りて原始の森にいどみたる過ぎし日憶う法要の席（⑰）
新しき記憶も古き思い出もこの地に埋めて齢重ねる（⑪）
望郷も忘却もありドラセーナ（⑱）

開拓仲間の法事が斧を振るった入植当時を懐かしく思い出させたという第一の歌は、斃れた同志への追悼の意と、自分もまた異郷に死ぬ無念と諦観を「憶う」の語に集約している。森だけでなく日系人の歴史を拓いたという誇りも斧の語には込められている。開拓仲間（拓友）とは戦友と同じように極限的な体験を共有し、一種「同じ釜の飯を食った」親密さで結ばれていて、法要の席は老兵の同窓会のような雰囲気であったろう。子どもが生まれるとブラジルに腰がすわるとよくいわれるが、移民社会がきち

原生林の巨木の下に集まる移民(アリアンサ植民地).
出典：藤崎康夫編集『写真・絵画集成 日本人移民 2 ブラジル』日本図書センター, 1997.

んと法要が営めるようになるとこの地で果てる覚悟が固まる。法要と墓参は自分の死に場所を再確認させる。「古い思い出」を埋めた土地とは故郷の隠喩といってよい。「この地」はふるさととして認知される。現実の地層と時間の層を対応させ、やがて自分もそこに埋められていく予感が「齢重ねる」から読み取れる。

第三の句の作者はサンパウロ州奥地の町ドラセーナか、そこから入っていく農園か原始林に長く住んでいたらしい。特に忘却に言及しているのが面白い。記憶されているのは全体の体験のわずかな事柄にすぎない。現在にとって都合よく忘却してしまったことも多いだろう。過去が美化されることは避けがたい。そのため「良い日本何故に捨てたと子に問われ」(33)というような世代間の残酷な摩擦も起こった。懐かしさの正体は忘れてしまったが、あの町でずいぶんと時をすごしたことだけは忘れない。純粋持続というのは大げさとしても、時の経過こそが郷愁の源にある。しかしドラセーナが無性に恋しくなることは想像できても、そのために病に陥ることはまずありえない。ノスタルジアを抱いてもホームシックにはかからない。第二の故郷が唯一の故郷への病的妄執の安全弁となることはありうるが、その代替になるとは考えられない。

老いがさらに進むと「郷愁も消えて老いゆく父の顔」(38)となる。息子の目には、老父の顔から生きている張り合いがなくなっていったのだろう。悟りに達したのか、認知症になりかけていたのか、どちらにしても、郷愁を失った父は生の証を失ったようなものだった。そして最後には死が来る。

死

郷愁のままを墓標に刻まれる (33)
郷愁を埋めて父母の墓も建ち (42)
郷愁を墓場へ埋める唄となり (39)

見送る側は死者が最後まで郷愁を持っていたと回想し、故郷を忘れなかったという情を讃えた。いわば死ぬまで日本人の心を失わなかったといっているようなものだ。肉親や友人の郷愁に触れることで、作者は自分の郷愁を確認し、死者との心情的な一体感を強くした。死という抽象的な事柄ではなく、いずれも具体的な場所、モノとしての墓に言及している。墓には漢字で戒名や俗名が彫られたのだろう。ポルトガル語の国にあって、漢字の墓標は、あの世での日本行きの切符といってもよい。

十字架の中に同化をせぬ墓標 ㉒
同化とは別に日本字墓碑に彫る ㊽

墓の様式にまで同化／非同化がつきまとう。日本式の墓石を択ぶとは、洗礼を受けずに死ぬことで、郷愁を墓場に持っていくとは、たぶん本人の帰郷心のほかに、日本式の墓を立てたという意味だろう。日本では宗教は信仰の問題だが、ブラジルでは同化の問題になる。うどんが郷愁の問題になるのと同じ仕組みで、日本に関わることはすべて郷愁に結びつけられる。墓の様式は生者にとっても死者にとっても無視できない事柄で、生前は土地に適応していても、改宗しなかった移民の漢字（「日本字」と認識されていることに注意）の墓碑は、「市民権もてど日本人の面」㊽の変奏といってよい。この墓標こそ移民が最後に手にする故国との永遠の絆だった。

異郷での死のほかに、故郷から届く死の知らせも移民の帰心を揺さぶった。電話のない時代、それは隔たりに圧倒されるようなところがあった。一九二〇年、ゆき子と署名のある歌は、故里への想いの核心を痛切に刻んでいる。彼女は母の死を知った時、「思ふ」「偲ぶ」「恋ふる」では収まりきらない悲壮な叫びをあげている。

錦きて帰るを待つとのたまいし母のおもかげまざまざと見ゆ
臨終の母の思いは一万哩隔てて吾の上にありけむ　（ともに⑭より引用）

臨終の知らせを数ヵ月後に受け取って、母から娘への想いがブラジルに届いたと感じ、死を得心させたのだろう。最初の歌は村での別れを歌っているのだろうが、「錦きて帰るを待つ」の言葉が重い。ただ待つだけではなく、重荷を課している。成功者としてでなければ帰るにおよばないというのは、激励というより、圧力である。この言葉が家訓のように一家の生活を律していたからこそ、死に際して思い出された。たむけの言葉が遺言となった。「母の思い」はこの言葉の重さとバランスを取るかのように重かった。空しく待たせてしまったのを間違いなく悔いているが、思いが「吾の上にありけむ」というなかには、帰郷できなかった娘に対する叱責よりも、別離を赦す母の声が感じ取れる。母娘は精神的・心情的な世界で一体化を果たしたと彼女は確信した。「吾の上にありけむ」は悲嘆のあげくの安心立命の境地、死せる母の思いがブラジルに降り立った心強さを言い表している。

一九二〇年にはまだ渡航者の総数は少なく、日本人はほとんど孤立状態だった。ゆき子の心細さは想像に余りある。泣き濡れて済ませられるところを彼女は三一文字にしたためた。彼女の感情生活が短歌の形式で組み上がっていたおかげで、「母の思い」を記す娘の思いは一万日以上隔てた今日にも伝えられた。彼女個人の体験は集団の体験を代表している。家族の死に際して詠まれた移民の短歌はどれも技巧を越えて読み手の心を打つ。

あらん限りの乳をしぼりて子の墓にささぐる妻の黒髪あわれ
吾子を葬りて来たりし吾は晩遅く産蓐の妻に粥を炊くなり（どちらも⑫）

気持ちの整理をつけるため、ショックを文芸表現によって客観化するため、哀悼を架空の読者と共有するため――動機はいろいろあるだろう。いずれにしても、どん底にあってなお洗練された定型詩を詠む表現欲を一般人が持っていたことに感動を覚える。

郷愁の奥底には死の想いがある。肉親や友の死を遠くから見送るしかない心残りに加えて、異国で死ぬ不安も帰郷が遠のくにつれて、同胞の死に接するにつれ強く湧いてきた。墓が故郷にある以上、異国で死ぬのは惨めでなさけない。懐かしさ、恋しさの先に死が待ち伏せている。故郷への想いは最後には彼岸に向かう。これはキリスト教の死生観にもとづく「死を想う《メメント・モリ》」とは根本的に違う。「土に還る」の基本にあるのは、仏教の九相の教えにある物質的な分解で、墓や葬いはこの世に未練を残さずに成仏させることを主眼においている。キリスト教の土地でいかにホトケにさせられるか、墓前の者はそれを必死で考えた。死生観や家族観が違う以上、おそらく郷愁も日本移民とヨーロッパや中国などの移民とでは異なる成り立ちを持つだろう。比較研究は可能だろうか。

Ⅳ　郷愁の触媒

日本のモノ

誰しも特別な原因なく物思いにふける時間がある。春の日のせいにしたり、けだるさのせいにする。物思いがふるさとに向かうことはままあっただろう。郷愁は思いがけずふと湧いてくるが、明確な引き金から誘発されることも多い。それをここでは触媒と呼び、いくつかの典型を見ていきたい。まず日本から届いたモノはまちがいなく故郷への想いにつながる。

日本の便り開けば茶の花と桜の花の押花落ちぬ
故郷の小包みなれば包装紙も空函もむげには捨てがたく居り
母国より送り来たりし鉢植のその鉢にある日本の土
郷愁につながるものか幾年を母が放さぬ手拭い一つ（いずれも⑫）
堪え難き郷愁ありて瞳にいたし海こえて来し青き切手が（⑭より引用）

故郷礼讃は時に精神分析でいう部分固着の様相を呈する。上の短歌から連想されるのは、ちょうど恋人の持ち物や贈り物に恋人自身を見出すような心向きである。土や空函は日本を代替する部分で、修辞学でいう換喩になっている。移民が日本から来たモノに愛着を覚えるのは、二つの理由がある。ひとつは母国製であるから、もうひとつは自分と同じ長旅をしてきたから。自分もまた包装紙や鉢植と変わり

「邦人のバールは桜花爛漫の吉野山の茶店を模擬」．出典：『在伯同胞活動実況大写真帖』竹下写真館，1938.（サンパウロ日本移民資料館蔵）

ない。機能的な物体である以上に、分身に思えてくる。小さな切手すら抱きしめたくなる。「海こえて来し」が自分と重なる。「瞳にいたし」は小さな切手を凝視している様子を表す。見慣れたはずの切手がその時には妙にツボにはまって「堪え難い郷愁」を誘う。こういう瞬間に郷愁は身中の「生きもの」と化して心を乱す。

日本語では「土に還る」が特別な意味を持つ。そのため土が包装紙よりも強い象徴作用を持っていることはいうまでもない。いつか踏みたいと思っている大地の一部分。高校野球部員にとっての甲子園の土と同じように、日本の土は移民の心のなかで何にもまして大きな憧憬の対象だった。土地への愛着を通りこして土への愛着にまで高められる。こんな歌もある。

ふるさとの土に還るをひたすらの願ひの老父を故国に発たしむ　⑥

老父は郷愁に耐えられず子孫を残して日本に帰る。ブラジルに戻って来ない覚悟、つまり子とは二度と会わない覚悟で。外国では死ねないと口癖のように言っていたのだろう。帰郷以外に治癒の見込みのない危機状態にあったのがうまく救われた。息子一家に同行して戦後渡って来た老人で、錦を期待されていなかったのかもしれない。戦前には同じ症状にあっても帰る手立てのない場合がほとんどだったことを思えば、戦後の移民社会の経済的上昇が推測できるだろう。

応接間富士に桜に京人形 (60)

日本からきたもの全てに対するフェティシズムは、こう自嘲気味に描かれている。この三点セットはかなりの移民の応接間で見受けることができる。それさえなければブラジルの他の室内と何も変わらない中で、強烈な日本色を打ち出している。訪日みやげの場合もある。「藤娘コケシの横にまた一人」という同趣向の川柳も同じ日の柳欄にはある。日系の企業・団体が毎年配る日本の風物のカラー写真(富士に桜に舞妓に鳥居)を使ったカレンダーをかけていない応接間のほうが珍しい。気に入った写真ならば暦の部分を捨てて何年でも貼ってあり、色あせている。壁面、飾り棚は家のなかで自分らしさを出せる数少ない空間で、よく日本趣味の品々が置かれている。そこだけは日本の飛び地であるかのように、周囲と不調和なこともある。日系旅行社の事務所や日本食堂と同じ趣向で、本国の日本人には陳腐に見えることがままある。だがそれまでして日本らしさを視覚化しなくては、自分たち以外の会話もテレビもラジオも新聞もポルトガル語環境の家の中で、一世は居場所を失ってしまうだろう。御真影ほどではないにせよ、富士や桜の写真、京人形は同化に抵抗する精神的な支えになっている。本国からの訪問者には、いかにもみやげ物的ステレオタイプなのだが、高尚な趣味をひけらかす必要はない。空間が日本らしくなれば十分だ。

手紙

手紙てふ数枚の持つ魅力 ㉑

日本からの手紙は移民の最大の喜びのひとつであった。不確かな郵便事情のなかで、手紙は肉親、友人とのほぼ唯一の通信手段として利用された。『農業のブラジル』が「故郷、手紙」と題を与えたところ、この核心をつく句のほか、戦前の生活臭の強い句がたくさん寄せられた。手紙を読み、書く時間は、故郷、近しい人々と最も直接的に向き合う時間、最も親密になれる時間だった。故郷への想いの一番の触媒だったと思われる。感傷的な川柳がそれを物語っている。

巻紙に老ひたる母の顔が浮き
老ひ果ててせめて便りを父母は待ち
御守を同封してゐる親心

引出しで昔の恋を紙魚が喰ひ
十釬《ミル》切手涙の跡の二三ヶ所〔ミルはミルレースの略〕

巻紙に書く習慣がこの頃には残っていたらしい。こちらで手紙を心待ちにするように、両親も待っていて、相互の親愛関係を二、三ヵ月遅れの文通で確かめ合った。開拓地では鉄道駅まで集団地ごとに仕分けされて配達があり、村の有志や係や駅を通りかかった者がまとめて運び、各戸に配った。そのため軍隊と似て、隣人が手紙を一斉に読む時間帯があった。

他人のを見たい心も異郷なり
見ちゃ嫌と抱きしめてゐるいい手紙

これらはその時の好奇心や有頂天を描いているのだろう。ただし嬉しい内容ばかりではなかった。

ふる郷で金を儲けた奴が居り
丁寧な断状のすかし入り
来るたびに不況と死去知らせて来
これは何ですかと手紙たたきつけ

このように激怒させる手紙もあった。だから「封を切るのが恐しい故郷の手紙なり」とひるみ、果ては「手紙では信用しない様になり」と不信を抱く。受け取るばかりでなく、手紙を書くことも移民の重要な時間だった。肉親や友人があて先の一番手だった。

初孫の写真に添へて妻も書き
独り者淋しくなると書きはじめ

たいていの場合、農業生活は日々のルーティンの繰り返しで、「平凡な日々を手紙で縮図にし」「単調が古い便りをくり返し」だったが、書くうちに興が乗ってくると、「名文を始め程は書いてある」「なほなほが裏に返って続くなり」となった。

情愛の手紙ばかりとは限らず、「無心より外には用のない手紙」もまた、生活の維持には不可欠だった。「五年して帰ると言いし故郷にランプの光で書く文にぶる」⑿とあるように、つらい手紙もあったが、音信不通よりはましだと一筆啓上した。受け取った手紙に信用が置けなかったように、差し出す手紙にもまた受取人を安心させたいという配慮があった。また目前の儲け仕事にかまけていると筆が滞った。

故郷へ書きやうのない不遇
本当の事を書かれぬ生活《くらしむき》

一儲け故郷へ便りが絶えてゐる

このように文通には書かない事、書けない事も含めて喜怒哀楽が込められていた。岩波菊治の短歌は母の手紙の偉大な力を次のように表現している。

待ち侘ぶる母の手紙の音たえて堪えかぬる身に移民つきたり
月に一度は便りよこせとたらちねの母はのらすも假名の文にて
まめであると一言書きて給ひつる故国なる母の文にし泣かゆ（すべて⑤）

この「音」には「弱音」「本音」と同じ人の内面と響きあう何かが暗示されている。「母の手紙の音」を「待ち侘ぶる」のは、その手紙が書かれた内容以上の感激を受取人に与えるからである。「音沙汰」や「音信」は電話以前から存在して、手紙すら音《ね》と感じ取れる共感覚性の上に成り立った言葉である。手書きの文字が書き手の声を記録しているだけではない。手紙を通して母が現れる。彼女は信濃生まれの農家の娘で、仮名しか書けない。彼もまた仮名で返事をしたためたはずで、漢字混じり文で記す手紙とはおのずと文章も気構えも違っていただろう。彼女は月に一度の手紙を要求した。筆を執ることに慣れた岩波がそれに応えていたことは他の歌から想像できる。彼女は書くことに慣れていなかったろうから、手紙も簡潔だったらしい。筆まめという一言で、歌人は手紙を書き続けてきた習慣が報われたと涙した。手紙をめぐる最も美しい歌のひとつだ。

日本語

外つ国にかくは永らう日本の文字とことばの美しきに生き ㊺

日本語への愛は、それしか読めないし使えないことに対する負い目と切り離せない。外つ国にいるからこそ見出された「美しさ」、それは国学者の大和ことば礼讃とややずれ、むしろ第1章で述べた村上春樹の「哀しさ」と重なり合っている。新聞もラジオも映画も日本語メディアであるということに大きな意義が認められた。日本ではふるさとの方言が郷愁をかきたてたが、ブラジルでは日本語がその役割を担った（⑥所収の「移民船着きて込み合う港内に郷里の訛り聞きてなつかし」は、啄木の上野駅の歌のサントス版）。日本語は標準語も方言も合わせて民族語として流通し、その話者には特別な親密感を与えた。

郷愁や日語ラジオが時間まで ㊵
ラジオ切り胸に郷愁こみあげる ㊵
トーキーで懐しく聞く故郷の声 ㉑

報道内容、物語・映像よりも日本語を聴くことのほうがラジオやトーキーでは意味があったようだ。このラジオ愛好家が家族なり隣人と日本語で話せる生活を送っていたか、言語的な孤立にあったかはわからないが、スピーカーから母国語を聴く体験はふだんの日本語使用とは違った感触を持っていたに違いない。ラジオの場合には、ブラジル中の（東京からの短波ならば世界中の）日本人が、同時に同じ声に耳を傾けているという共同体的想像力が郷愁をかきたてた。映画上映会場では眼前の他の観客と「故郷の声」を共有することが特別な感慨を生み出した。ここでの「故郷」は出身地ではなく、出身国の意味で、民族の声と言い換えてもよい。

岩波菊治は父から送られた声の録音（「声の手紙」として流通していた個人録音サービス）に涙し、後年はおそらくは自作の望郷の歌を吹き込んで日本の母に送った。

父が吹きこみしレコードはいたく声ひくし聞きゐつつ遂に涙ながしぬ
わが歌をレコードに吹きこみて送りやるとても逢ひたき故国の老母に（ともに⑤）

国際電話網が限られていた時代、海外でテクノロジーを通してであれ、肉親の声を聞けるとは期待もしていなかっただろう。レコードの声は現在以上に本人の現前感を伴った。たぶん一生聞くことはないとあきらめていた父の声、それも年齢を重ねて低くなった声が蓄音機から流れてきて、岩波は不覚の涙を流した。

声のほかに、文字が故郷を喚起することもあった。日本の新聞の活字の細かさに遠隔地にいる自分を思い起こしたり、漢字の看板に同胞が暮らす気配を感じて安堵した。ブラジル人には異国の奇妙な文字が日本移民には民族性の確認と愛着をもたらした。

此処に其処に誰が子が書きしあとかたぞ日本字を見て懐しと思う
ああこれが母国の新聞か肉眼では読み難きほどの小さな活字
未知の町一人旅来し侘しさも「桜園」なる邦字に安らぐ（いずれも⑫）

台湾なり、どこかの中華街で「桜園」を見ても、作者は何も気づかなかっただろうし、「邦字」とは把握しなかっただろう。「ローマ字で署名終りし老い母が額の汗をぬぐい給いぬ」⑫とあるように、アルファベットに居心地悪さを示した一世は少なくなかった。それはいわば「外字」だった。アルファベットしかない環境にいるからこそ、邦字は浮き上がって見えた。言語の霧のなかでただ一つ、赤く灯る電灯のようなものだった。そして日本人に読める以上、中国の文字ではなく、日本の文字と認識した。文字が読めるだけで母国を思い出させるに十分だった。「桜園」の下には日本語を話す生活があり、日本の飛び地があるはずだと「侘しい」旅人は想像したはずだ。看板の文字が読めないとどれほど不安につながるかは、通常の海外旅行者なら思い当たる。それがかえって快い言語的冒険であると感じられるのは、付き添いつきの旅行者か、言語的熟練を積んだ旅行者だけだろう。ちょうど意味のわからない言葉の音を楽しめるのは、その言葉で意思疎通をする必要がない気楽な通過者ぐらいで、母国語の無力を数十年にわたって思い知らされているモノリンガルの移民は、読める看板を見ただけで「安らぐ」ほど言語学的には慎ましやかに暮らしていた。「桜園」は郷愁による治癒を果たした。

日本語は移民が最も自然に獲得した日本文化で、日本語を忘れることは、母国の文化と縁を切ることだった。逆にいえば、日本語を使えるだけで、母国との最低限のつながりは保たれていたと考えてよい。戦前の日本語文芸の中心人物の一人古野菊生は、渡航前、滞米が長く日本語を忘れている老婆に会った逸話を書いている。彼女は日本的情感がなく、「人間というより東洋趣味の置物」で、「白人崇拝に根ざした愚劣きわまるミエ」と彼は軽蔑を隠さない（「母国語忘れうべき」一九四九年三月一〇日付『パウリスタ』）。日本語なしには日本人らしさが失せてしまう、言語こそ民族的な情の根源にある。文芸界の指導者らしい考え方である。

六十年日本語使わず過ごしき人と話せりブラジル語にて　⑮

似たような例が幕末の漂流漁民、見世物芸人でも知られている。彼らには国籍意識が低く、第一言語に所属感を持たず、その場で意思疎通をはかる技術で生き延びた。自然と忘れ去るだけでなく、心のショックが母語を忘却させることもあった。たとえばイタリア人と結婚し、長くそこに住んだ画家ラグーザ玉は、夫の死後、日本国籍を取り戻したいと願ったが、その要求を外務省にはねられ、日本語を忘れたという。洋妾扱いされたのである。愛する母国の裏切りを忘却によって報復するしかなかった。私たちが日本語を使い続けるのは、日々の小さな蓄積があってのことだ。ところでこの短歌の老人は、故郷を思い出したのだろうか。

日本映画

日本映画郷愁に列つづく街　(35)
シネ閉ねて画面静かに抱いて出る　(36)
ひさびさに日本のシネマ見に行けば雪のましろき富士あらわれぬ　(4)
あきらめた帰国映画で慰める　(57)
日本のシネマ異郷で沁みるもの　(30)
郷愁を打ち切るためと時折は故国のシネマ見てぞ慰む　(56)

日本からの輸入品はいずれも郷愁を喚起したが、映画はその代表的なものだった。日本の風景、日本語、日本人俳優、日本の物語、いずれも里心に強く訴えかけないものはない。富士山が映されるだけで（松竹のマーク？）歌に詠まれるほど感銘を与えた。だから上映設備が幼稚でも、画質がひどくても、弁士が未熟でも日本映画は歓迎された。たいていの場合、観客の大半ないし全員が日系人だったことも、映画と郷愁を結びつける重要な要因だろう。映画は同じ思いの同胞が多数集まる公共空間で鑑賞される。社交的な機能も含めて、その場自体が小さな日本を再現していて、郷愁を癒やしてくれる。列をつくることが既に楽しみに含まれていたかもしれない。

最後の例では、面白いことに郷愁を「打ち切る」ために日本映画を見に行くと歌っている。喚起と封印はどちらも「慰める」ことにつながった。この矛盾は郷愁の本質で、一体、「慰める」とはどういうことなのかを考えさせられる。いわばワクチンのようにウイルスに対する軽微な抵抗力を注入することで、発病を防ぐようなものなのか、同種療法《ホメオパシー》のように毒を以て毒を制するようなものなのか。病にかかることと癒やすことの区別がつかないのは、恋と似ている。忘れようとすることと思い出すことがないまぜになった気持ちの静かな昂ぶりが、郷愁と恋を結びつける。

日本食

ブラジル食と移民が日本で口にしてきた食事の間には大きな隔たりがあり、適応がむずかしかった。日本食に対する想いの深さはそこに由来しているだろう。ちょうどポルトガル語と日本語の間に音も文字も互換性がなかったために、日本語の音や文字から強い民族性が喚起されたのと似ている。移民が編み出した折衷料理は、いわばコロニア語のなかの借用語のようなものかもしれない。「この国に生れし娘等にさげすまれ夕餉は妻と味噌汁すする」⑫とあるように、日本食愛好は非同化の表れで、同化を是とする二世からさげすまれ、肩身の狭い思いをしなければならないことさえあった。食は親子断絶の一因ともなった。それでも味噌汁を捨てることができなかった。

郷愁を東《あずま》キ麟の酔に捨て〔東麒麟＝サンパウロ州産の清酒〕
ほろ苦い数の子に知る故国の味
紫蘇胡麻も植えて忘れぬ日の味覚
餅搗けば餅をついたでくに恋し（いずれも⑥⓪）

蛇酒は移民の郷愁懐かしむ（⑧）
郷愁の祖母を憶うや桜餅（⑱）

それぞれ、日本の常食に込められた郷愁をまっすぐに歌っている。酪酊はふるさととの話を弾ませるものだが、清酒の場合はピンガよりも郷愁を鋭角化した。移住前の酒の席がいろいろ思い出されただろう。実際には故郷への想いをつのらせているのに、それを「捨て」ると言っているのは、強がりの現れと見てよい。酔ってますますやけになっているのだろうか。こんな句もある。

熱燗や帰化をする気は全くなく
熱燗に酔えばなつかし青畳（ともに⑬）

バストスのうどん屋.（1993年，著者撮影）

帰化したからといって熱燗が飲めなくなるわけではないのに、この飲兵衛は日本人として酪酊することを熱燗に求めている。帰化は政治的所属の問題なのに、文化的な所属と同一視されている。酔って帰化問題のことをぶち上げたのかもしれない。同じく「冷奴やっぱり俺は日本人」（⑱）、「二世にはわからぬ味のかつお節」（64）には、冷奴やかつお節のうまさは正真正銘の日本人にしかわかるまいという味覚民族主義が太書きされている。またこんなにうまいものを作った日本を誇りに思っている。餅や青畳の句にあるように、味覚そのものだけでなく、かつてそれを作ったり食べた記憶が〈日本〉を味わう前提にある。味覚や嗅覚がかつて体験した場所や状況の記憶を導いたり、逆に記憶が味覚や嗅覚を伴うことはよくある。舌と鼻はよほど共感覚性が強く、私たちには純粋な味や匂いの記憶を保つことはたぶんむずかしいのだろう。日本独自の食品はことごとく郷愁を誘った。

紫蘇かんでかすかな郷愁楽しめり
望郷やシャリシャリと食ぶ日本梨
紫蘇の実を噛み郷愁を噛みしめる（以上⑱）
おみやげのスルメを義歯で噛みしめる（60）
ふるくにつながるゆえの愛しさに梅の実青きに歯を当ててみつ（⑲）

味覚は物を噛んで舌の上に運んでその粘膜に滲みこんで知覚される感覚で、一連の自動的な動作と切り離せない。「シャリシャリ」というオノマトペは、音と歯ざわりを同時に連想させる。義歯では味気ないが、噛みしめる反復動作が日本のことを思い出させる。食感が日本人の食文化のなかで特に重視されていることが、以上の短詩からよくわかる。鑑賞者もよく噛みしめてほしい。食べ物は匂い、食感、音、外見を含む総合感覚的な対象で、味覚に限定されたものではない。パブロフの犬さながら、反射的に唾液が出てくる。

送り来し箱を開けば椎茸は故郷熊野の香りを放つ（⑫）
日本より娘の送り来し小包をとけばたちまち海苔匂い来し（⑪）
飛行機で届きしと言う海苔の艶（⑧）

たかが椎茸や海苔だが、その艶や匂いは味覚の記憶の先にある日本の思い出を瞬時に呼び覚ます。匂いは別れて暮らす娘との絆を確かめさせてくれる。船便の品にはない輝きが作者の目を奪う。それだけ日本の空気を漂わせている。艶は故国からの近さを表した。

柿食えば郷愁甘く舌に滲み（㊼）

郷愁が「甘く舌に滲み」るのはなぜか。まず「しみる」から考えてみよう。郷愁は心にしみるとよく表現される（岩波菊治の「ふるさとの信濃の国の山川は心にしみて永久に思はむ」）。この「しみる」はもともとは半紙に墨が広がっていくように、液体が乾いた物の毛細繊維をじょじょに伝って周囲に浸透していく様子を指し、転じて皮膚の痛みや体感（「傷口がしみる」「寒さが身にしみる」）、さらに心底から感じること（「無力が身にしみる」）まで意味が拡張される。外からのそれほど大きくはないが持続的な刺激によって少しずつ、不可抗力的に感化／感染されるときに「しみる」が使われる。ショックで大変化が起きるのとは違う。「心にしみる」はこの枝分かれした用例のひとつで、心のすみずみまで感銘が広がり、それにひたされることを指す。液体が紙や布に浸透するように、全体が侵されるイメージがある。興奮とは違い、静かな心の動きを指す。また液体から涙が連想され、感傷に近づく。いわばハンカチが涙で濡れていくような図が浮かび上がってくる。柿の甘さがじんわりと舌に滲みこんでいくにつれて、故郷の想起が進むというのが、第一句の解釈で、自分のふるさとのよしなしごとと同時に、柿の俳句の系譜をたどって〈日本の秋〉を咀嚼しただろう。味覚の中で甘さは一番最初に発達するので、幼い頃の記憶と結びつきやすい。桜餅が祖母を思い出させたのはありふれた連想だろう。幸福感の味覚的原型が甘さにある。「甘え」の多義性も元は甘さの体験の社会心理学的積み重ねにたどりつく。噛みしめる身体、滲み出す甘さ、湧き上がるふるさとの思い出。「柿食えば」の句は名句とはいえないが、味覚と想起の関係を的確に一七文字で表現している。プルーストとて極端にせんじつめれば「マドレーヌ郷愁甘く舌に滲み」となるではないか。岩波菊治にも食べ物関連の歌は多い。

故里より送られしボール箱の包み解くああ梅干寒天数の子海苔昆布椎茸等々
暑き日の山の昼餉は水かけてからき味噌漬そえてわが食す
アルメロンの苦きを食めば思ひ出づふるさと信濃の蕗味噌の味を
酢味噌和へのアスパラガスを食うべ《原文ママ》つつ独活の香りには如かじと思う（いずれも⑤）

第一の歌では重厚な歌人が珍しく「ああ」と感激の声をあげている。いずれもサンパウロの日系商店に入荷されている乾物ばかりで、入手不能ということはない。だが両親から送られてきたものは、真正の故里の味を保証された特別な品々だった。それは敗戦直後に実家に物資を送ったことへの返礼だったと記されている。それを食べるときに喚起されるのは、日本へのばくぜんとした懐かしさではなく、実家のちゃぶ台だった。第二の歌ではブラジルのありふれた農村風情のなかに（「山」は一世の日常語では開拓農地を指した）、味噌漬けがしっくりと点景に置かれている。熱帯果物ならば日本の読者、短歌の語法にとって異国情緒が漂うところだが、味噌漬けには生活の一角に馴染んだ故郷への想いが込められている。暑さを相殺するような辛さが感じられる。むろん自家製だろう（「醤油も味噌も我が手に作りつつこの国住みも三年となり」という歌がある）。第三、第四の歌では、ブラジルの山河から故郷の風景を思い出すのと同じように、アルメロン（チコリ）から蕗味噌を、アスパラガスから独活《うど》を連想している。どちらも日本食の代用で、前者を合格、後者を不合格と判定している（後には「桃の木の下蔭にして芽ぶきたる二三本の独活を酢味噌にして食ふ」とあるように、独活の栽培に成功したようだ）。彼の食の歌は他にもいろいろあるが、そのなかで最も鮮烈に郷愁と想起の本質を突いているのは、

　　籾殻（ぬか）の上の雪かきわけて掘りたりし獨活の香りさへも忘れ果てしか ⑤

である。信濃の冬の生活を一瞬のうちに想起しながら、好物の独活の匂いだけは蘇ってくれない。独活の香りを忘れ果てたといいつつ、実はその忘却を思い出したという複雑な内容で、われわれの追憶が思いどおりにならないことを印象深くまとめている。追憶は必ずしもすべての感覚を伴うわけではない。嗅覚は最も無視される感覚で、恋人の香水や思い出深い食事やタバコの匂いや何かの悪臭などを例外と

すれば、蘇るほうが珍しい（したがって思い出された時には非常に強烈である）。岩波は独活の映像を心に描きながら、匂いに欠けているのに気づいた。欠落を取り戻そうとしてもうまくいかなかった。独活の香りそのものを忘れたのではなく（だからアスパラガスでは物足りないと嘆いている）、雪から掘り出したあの独活の香りがどうしても思い出せないのだ。それがとても重要であることは思い出されている。ふと籾殻、雪、独活が追想されたのに、思い出そうとする嗅覚だけは戻ってこない。

ヴァルター・ベンヤミンはプルーストの無意志的記憶について、それは追想というよりも忘却に近いのではないか、思い出し（想起）とは追想と忘却を縦糸と横糸として織ってはほどくような際限のない仕事ではないかと書いている[12]。夢のなかでは鮮明に蘇ったはずの顔や声や匂いや手触りが、目が覚めると消えてしまう経験は誰にでもある。ふと思い出されること（無意志的記憶）は、思い出されなかったことと一体になっていて、岩波も別の時にはその独活の匂いが思いがけず蘇ってくるのに、籾殻の匂いが気になるのに出てこないのかもしれない。独活の匂いは思い出せるのに、母の手作り酢味噌和えの味を「忘れ果て」ることがあるのかもしれない。ベンヤミンは、匂いが追想のなかに保存されるのではなく、追想が嗅覚のなかに保存されていると述べている。匂いにこそ、追想の諸要素が「もはや孤立して、イメージとしてではなく、イメージをもたず形ももたず、はっきり規定されてはいないが重みをもって」現れ、過去のある全体を統制している。雪の下の独活の香りを思い出すところから、ブラジルの『失われた時を求めて』は書かれるだろう。マドレーヌが世紀末のブルジョア・サロンの五感体験を一挙に想起させたように、それは信濃の農家の四季全体を包み込むに違いない。

パスポート

実生活では引き出しの奥にしまったままのパスポートは、一世の日本への想いの法的な根拠だった。ブラジルの国籍法と異なり、日本国は二重国籍を認めない。そのためにヨーロッパからの移民には必要ないことだが、帰化の手続きには国籍離脱届、国籍喪失届というショッキングな名前をもった書類に署名しなければならず、非常に大きな決断を強い、心の痛み、混乱をともなった。法律上はブラジル人になることは日本人であることをやめることだった。そして二度と日本人にもどらないことだった。国籍変更は生活に必要な永住権獲得とは別次元であるのはもちろんのこと、人生設計上の永住決意とも別の事柄だった。永住決意した一世も多くは日本のパスポートを所持し、時にはそれを誇らしげに見せる。それが日本国への忠誠を示す最後の手段であるかのように。祖国の重みはパスポートの重みに移し替えられた。戦後日系社会の婦人文化活動の中心を担った水本すみ子（一九二〇年生まれ、一九三一年渡伯）は、帰化手続き当日、日本の国籍法がつくり出した心の逆巻きを短歌の連作で細かに描いている。(13)

手続のひとつひとつをなしゆきつつかすかに軋しみ鳴りいずるもの
宣誓の胸に置く手に伝いつつ裡なる挽歌祖国喪失
くろぐろと墨塗られゆくわが過去か指紋の流れ鮮明なれど
夫《つま》子に随きゆかむわれの不意を衝きて捨てむ祖国の意外に重し
知らざりし密なるものの剝がさるる痛みに耐えるわれの日本《ニッポン》
眼瞑りて捨せるわが名よ一片の紙片にきびし「祖国喪失届」

日本帝國海外旅券
姓名 阿部豊
族籍
身分
年齢
身長
特徴
日本帝國ノ外務大臣ハ
ニ赴ク前記ノ者ヲシテ沿路故障ナク自由ニ通行セシメ且必要ノ
場合ニハ保護扶助ヲ與ヘラレンコトヲ文武官憲ニ請求ス
日本帝國外務大臣 男爵 後藤新平
大正七年七月 拾日
阿部豊

1918年発行の大日本帝国旅券.
(リオデジャネイロ国立文書館所蔵)

係りらの親しき笑みもて問いかくる
「エントン・ジャー・エ・ブラジレーラ?」
帰化人とう馴染なき名にこだわりつつ
歩みゆく町は異邦のごとく
こと終えて安らぐにあらずしんしんと
われをめぐりて閉ざす狭霧は

ブラジルへの忠誠を形式的に誓いつつ、心の裡では日本への挽歌が流れている。「かすかに軋しみ鳴りいずるもの」は自動的に進められる官僚的手続きとそれに逆らう心の動きの摩擦、表に出せない苦痛とそれを知らない気楽な公務員の間の摩擦から生まれた。ブラジル人になった瞬間の最初のことば(「ではもうブラジル人ですね?」の意味)を、破格であるだけでなく、短歌の作法に反するのを知りながら、ポルトガル語でそのまま表している。ここから先は「ブラジル人」として短歌を作るという宣言である。係員の「親しき笑み」がかえってよそよそしく感じられたように、帰化したからこそ見慣れた町並みが異邦のように映った。長い逡巡のうえでの手続きを終えて安らぐどころか、かえってサンパウロ名物の霧に閉じ込められたかのような閉塞感に襲われた。帰化はブラジル国民になることよりも、日本国籍の喪失のほうに重きが置かれた。正式には国籍喪失届という書類を彼女は「祖国喪失届」と読んだ。たかだか「一片の紙片」にすぎないのだが、それが郷愁の法的な根拠を剝奪しようとしている。「知らざりし密なるもの」とは自分でも思いがけぬ日本への固着だろう。「剝がさるる痛み」から想像されるのは、パスポートの写真を無理に剝がすような手続きだ。日本への忠誠を泣く泣く裏切るのを彼女は痛みと感じている。私たちも離婚手続きをして初めて結婚が感情や生活上の絆だけでなく、民法（戸籍法）にもとづく契約関係であったことに思い至る。水本もまた帰化手続きを実行して初めて日本人であることが故郷を懐かしんだり日本語を話すことだけでなく、法律上の契約であったことに気づいた[14]。

これまで郷愁を抱く個人の心向きについて説明したが、続いて知識人、移住地経営者の言論に表れた郷愁を考えてみる。愁いの主体によって感じられた郷愁から、集団の存立論のなかで省察された郷愁に議論を移す。

V　郷愁の善用

「人間到る所是郷土」

一九二〇年代には、移民が新聞紙上に故郷懐かしの短詩を投稿する一方で、郷愁に囚われていてはならないという記事が掲載されている。無自覚にさとへさとへとなびく大多数の読者と、郷愁の無用性を批判する自覚的指導者という構図が、新聞創刊まもない時期にできあがった。そのなかのひとつが、『日伯新聞』の投稿欄「説苑」掲載の孤山生「愛郷心の考察」（一九二四年九月一二日付）である。ここでいう愛郷心は、本章が述べてきた心にくぐもった心情としての郷愁とはずれるが、愛郷心抜きの郷愁はありえないし、郷愁抜きの愛郷心もありえない。記事はまず愛郷心は「人間本然の美性」であるという読者が誰も納得する前提から始まるが、それに続けて自分の小さな郷里だけに執着するのは狭量で、あらゆるところを郷里と思う気構えがこれからの日本人には必要であると論を立てる。「素郷土というも地球上の一角であり而も近世の如く世界人類相互間の関係が複雑になり、凡ての行進が人類共有共栄の本源に纏められつつある時愛郷心に対する観念が時代の推移に順応せ無ければならないのは当然である」。大移動が人類にとってあたりまえになり、世界中に世界中の人々が暮らすようになった昨今、愛郷心に対する考え方も変わらなくてはならない。世界が小さくなったのだから、ちっぽけなふるさとに拘泥していては日本の将来にも、世界の発展にもよろしくない。

かかる時海外に在住する日本人が古い故郷に恋々たるの余り往時の為政家の政策に育まれた旧習の為に小競合排他に勢力を消耗するが如きは民族発展上最も不利なることを悟らねばならない。故に我人は茲に海外にある者はその移住したる時から其の地に生れ出たものだとの観念を以て「人間到る所是郷土、我在り故に愛す」の愛郷心を提唱したい。こは吾人が世界人類共存共栄の原則に基づいて進む標語でなければならないと思う。

前章で検討した聖ヴィクトルのフーゴーのアフォリズムでいえば、第二の段階、「あらゆる場所を故郷と感じられる者」を孤山生は理想化している。彼は大正コスモポリタニズムの洗礼を受けているらしい。移住したらそこを生まれた国のように思えという提言は、後には「養国ブラジル」論に形を変えて論議される。孤山がこの考察を発表した背景はふたつある。前景は目前で展開される日系移民同士の足の引っ張り合い（これは「民族発展上最も不利なること」）、後景は二ヵ月前に法制化されたアメリカ合衆国のアジア移民制限政策である。前景については一刻も早く錦衣帰国したいがために、なりふりかまわぬ行動に出る移民を叱り、落ち着いて将来設計するよう促す意図がある。このころに出揃った主要三紙はどれもこれと似た論調を打ち出し、早く儲けて帰国しようとたきつけるような記事はひとつもなかった。それは移民が足並みを揃え協力し合えば、移民社会全体として経済的成功を得やすくなるという理想と表裏になっている。独りだけうまくやろうと他人をおしのけて金儲けに走ることは、日本人の不名誉、不評につながると警告した。各紙は日本人としての誇りを盾に道徳的な生活を求めた。醜い小競り合いに陥るような狭い帰郷願望を捨てよという論旨は、他でも見られるが、孤山はその上位にある愛国心を越えて一挙に世界市民になるよう提案している。

その一方で、著者のコスモポリタニズムは北米の反アジア移民に対する憤りからも来ている。アジア人もまた人類の一員、「ヒューマニティ」であるのに、アメリカ政府は狭隘な愛郷心を振りかざして、われわれアジア人を差別しようとしている。日本は「忍従の徳」をいったん忘れて、世界に向かって「共存共栄」の道を訴えるべきである。日本国内でもこの標語や人種差別反対を掲げて、カリフォルニア移民排斥に対する反対運動が起きたが、ブラジルの日本語新聞でもよく似た論調でこの話題は報道されていた。それまで友好国であったはずのアメリカが敵対してきた時に、共存共栄は反対しようのない普遍的モットーとして政治利用された。

孤山の記事は愛郷心をキーワードに、国際情勢を読者の身近な現実と重ね合わせたところに特徴があった。誤った愛郷心は日系移民社会内部の醜態にもつながれば、遠く北米の排日にもつながる。どちらも根はひとつである。これに対して正しい愛郷心を発揮しているのはブラジル人で、彼らは革命のために命を投げ出すし、日本移民を歓迎してもいる。だからこそ、彼らに協調して移民は腰をすえてブラジルを開拓すべきである。それこそ、人類の共存共栄につながり、北米人を打ち負かすことである。「〔ブラジル人の〕人生は感激に動く、感激の湧く所血あり涙あり。吾人は愛郷心の感激を伯国の野に鼓舞して伯国の自然の開発に尽くすべきである。そして茲に人類共存共栄の原理の遂行に成功したる時こそ偏頗な北米人に打ち勝つ時である」。

人種差別の激しい合衆国に対比させて、人種平等を讃えるのはブラジルのナショナリズムの常套的なレトリックで、有色人差別を受けたにもかかわらず、移民のブラジル自慢にはよく飛び出した（第7章参照）。また一九二四年に勃発したサンパウロ州の軍人の革命は、国家転覆というよりも、明治維新と同じように、愛郷心（愛国心）の発露と見ている。開拓の精神性を鼓舞する高い調子は、同時期の植民文化建設や定着論と共通し、一攫千金主義に釘を刺した。この投稿に対する編集部の寸評もまた振るっている。「私達の□〔伯〕国に於ける歴史は勿論短いものです。然し、肉体を維持する為めにのみ他の凡ゆるものを犠牲とすべく余儀なくされる所謂開拓の時代は已に過ぎ去って今や建設の時期に入ってるやに思われます。霊肉共にすこやかなるとき初めてパイオニーアとしての凱歌も奏し得られることです。我等は肉の提供は出来ない代わりに世の同志の気晴場とする為め本欄を公開しています。生気ある投稿を歓迎します」。すこやかな霊のために「気晴場」を設けるという割り切りぶりは、天晴れというべきかもしれない。弁論大会の原稿のような志の高い（多くは尊大でもある）投稿が「説苑」欄には続いた。

郷愁の否定は戦後の知識人にも引き継がれた。たとえば一九五四年、日本へ送還せよと裁判所前を日の丸を掲げてデモ行進した勝ち組強硬派の桜組挺身隊が、第二の臣道連盟となって日系人追放を招きかねないと危惧されたが、認識派のアンドウ・ゼンパチは「郷愁と性欲」という人目を驚かす題の記事で、彼らを論じている（一九五五年二月一二日付『日毎』）。それによれば、桜組はただ昔の日本にあこがれるだけで、社会にも二世にも悪影響を及ぼしているが、その根底には郷愁がある。郷愁を頭ごなしに否定するのは、さかりのついた青年期に女に近づくなというようなもので、娼婦が性欲を安全に処理する社会制度、一種の必要悪であるように、郷愁もまた悪性に陥らないような回路をつけてやる必要がある。このような極論を提起した。

桜組は途中からブラジルでは非合法の共産党員であると虚偽宣言して、強制送還を求めた倒錯的な集団で、そのメンバーは認識派がコロニアで優勢となった時に、信念を捨てきれずに孤立を強いられた民族的少数派のなかの思想的少数派だった。臣道連盟が認識派を標的としたのに対して、桜組はブラジル社会を敵に見立てた。何かを打倒するのではなく、打倒され排除されることを自ら求めた。日本移民の顔にわざわざ泥を塗ることで、自分たちを貶めた認識派を道連れにしようという魂胆もあったかもしれない。帰国という渡伯以来の願望を経済的余裕ではなく、政治的手段（の逆用）で達成しようというのであるから、懐かしさや未練が混じりあった通常の意味での郷愁よりも、孤山のいう誤った愛郷心、共存共栄の理念に反する日本回帰の心情に動機づけられていると見たほうがよい。それをあえて郷愁の現れと解釈した点に、アンドウのジャーナリスティックな筆の妙がある。誰もが故郷への想いを一歩誤れば、桜組となるかもしれないという警告とも読める。陳腐な言い方をすれば、「内なる桜組」論ともいえようか。ただし肝心の娼婦に当たるものが何なのか明示していないので、お騒がせの題のわりには肩透かしを食らう。(15)

拓務省の心情管理

最後に移住地経営者の立場から郷愁を見てみよう。日本の移民会社が開拓したチエテ植民地の支配人古関徳弥は、一九四一年に帰国直後、日米開戦後の南方移民のありかたを示した『南方開拓者の指標』のなかで、家郷を心で生き生きと感じられている労働者は仕事に優れているという産業心理学の知見を引き合いに出している。移住先で豊かな文化生活を送り、適切に郷愁を持てるような物質的・精神的・社会的環境を整えれば、離郷を苦にせずに精勤するようになると労務管理の立場から提言している。女工が故郷を心配するように、移民は故国を心配する。去る者日々に疎しといっても、「一度揺り起された故郷、祖国への思慕は強く燃え上がる。新聞、ニュースに表れる祖国の動向〔、〕自分の居る国との関係は移民の心を相当の量に往来する。そこに自分の置かれてる地位の省察の手がかりを見付け様と苦慮する。即ち移民の使命観《ママ》把握と理論づけへの焦燥なのである」。具体的には「他国に生活の根を生やし他国民となって育って行く子孫をどう見守るかと云う気持、自分が他国に流す汗は果して祖国のお役に立つかどうかの懐疑心である」。ブラジルは既に敵国となり日本語教育が禁止された。出稼ぎの心積もりであった者も、永住か引き揚げか、「はっきりした将来の見透のもとに」腹をくくらなければならない切迫した時勢になった。古関はここで、敵と対峙し弾丸が流れる中では前進するより他はなく、またそれが一番安全であるという戦場経験者の意見を引用し、移民は彼の地に根を生やすしかないと結論づける。それが「移住地の為にも、大きくは人類の繁栄にも選ばれた道であり、戦後経営の日本の文化的平和的進駐の拠点確保である」(16)。

「移民心理を支配する本質的なものは、彼等の家郷に対する絶えざる関心である」ことを理解しながら、古関は複雑な心情のうちの管理できる部分しか見ない。祖国を肯定的に捉えられれば、移民は喜んで定着し、立派な生活を築くと考えている。「自分のやってる仕事が故国の為になって居るのだと云う認識を高める事」と抽象的な「使命観」を提示すること、故国の新聞、ニュースをつねに流して関心を保たせることぐらいしか案はない。前者については功労者の叙勲、各県移民組合の追跡、郷里の新聞への手紙の掲載などの具体案を出している。面白いことに、「華々しく送り出す事」には「勇気をつける」のともうひとつ、「少し位の事では帰れぬと云う気持を植える」効果があるかもしれないと書いている。「中途で勇志を挫折しても、生れ故郷に帰れぬと云う体面」(一六八頁)を作り出すために、官庁筋は鳴物入りで送別会を執り行ったと裏読みできそうだ。錦の敷居を高くすることが万歳で送り出す陰の効用だったかもしれない。いわば盛大に結婚式を挙げれば離婚しにくくなるというようなもので、誇大宣伝は移民の期待を高めるだけでなく、郷里からの心理的圧力として、帰国を思いとどまらせる、つまり定着に向かわせる役割を暗に担っていたかもしれない。実際にはほとんど到達不能な目標を見せびらかし、それに満たない場合を失敗と線引きするような心理的な規範をつくり出した。移民を送り出す官庁では、郷愁は祖国愛の端的な表れであると同時に、定住を妨げる心情的要因であると考えられ、日本を愛するならブラジルに居残れという当人には矛盾したメッセージを発することになった。「錦の敷居」は人口政策もあって送り出された移民をなるべく帰さないよう、当局が準備した心的障壁だった。神戸港で歌われた「渡伯同胞送別の歌」は帰国を思いとどまらせ、郷愁をなお切実にする罪つくりな歌といえるかもしれない。[17]

一　行け行け同胞海越えて　遠く南米ブラジルへ　御国の光り輝やかす　今日の船出ぞ　勇ましく
万歳万歳万々歳
二　行け行け同胞海越えて　南米の野は広々と　無限の富を蔵しつつ　今日の船出の君を待つ　万
歳万歳万々歳
三　行け行け同胞海越えて　強き腕に愛国の　血しほを秘めてほほ笑める　君の雄姿を送らなん
万歳万歳万々歳
四　行け行け同胞海越えて　南の国やブラジルの　未開の富を拓くべき　これぞ雄々しき開拓者
万歳万歳万々歳
五　渺茫ひろき大海や　万里はてなき大陸や　何れが宝庫ならざらん　君成功の日近し万歳万歳
万々歳

おわりに

安部公房のエピグラフは地理的な故郷、実存的な故郷、そのどちらも一生ついてまわると書いている。

日系ブラジル人の郷愁はこの古典的な故郷観を再確認させてくれる。肯定するにせよ、否定するにせよ、彼らは二つの意味の故郷（故国）と縁を切ることができなかった。

ふるさとを想像の中で絶対視し、純化してこそ、郷愁は成立する。憧憬はいくらでも気まぐれに矛先を広げることができるが、所属の変更はたやすくない。服や皿を替えるように替えられるなら、それはここでいう所属とはいえない。そこに生まれたばかりに抜き差しならぬ結束を強いられるのが故郷だ。親を選べないように故郷も選べない。国内ならば生まれ故郷を拒絶することも可能だが、移民にはそのような選択肢はない。せいぜい「第二の故郷」を擁立する程度だ。二つの意味の故郷は一致し、代替不可能な存在の拠り所になる。郷愁の本性は民族主義で、保守的、排他的である。郷愁に訴えて表立った運動に展開させることもあるが、概して個人の、ないし集団の愁いに留まり、排他性が社会的な問題に広がることはない。研究者の目に留まらなかったのは当然といえる。

短詩をしたためるには、頭のなかで（さらに口に出して）日本語を反芻する必要がある。日常的な繰り返し事のなかで埋没している感情を作者の力の及ぶ限りで研ぎ澄ます必要がある。短詩作りは日本語とのつきあいを深め、それ自体既に郷愁に巻き込まれている。そこから散文やインタビューからは描けない思いの一面が引き出せたかもしれない。短冊を仕分けしながら削り出した郷愁像だけではもちろん不十分で、もっとしっかりした理論化が必要なことはわかっている。記憶、所属感、少数民族意識、家郷などの概念をめぐって論じられてきた事柄が、郷愁に収斂することを改めて繰り返して、本論を閉じたい。最後に一句引いて、その解釈を宿題に出しておく。

註

（1） イーフー・トゥアン『空間の経験——身体から都市へ』ちくま学芸文庫、一九九三年、二五七、二八三—八四頁。

（2） 病理学から文学や芸術への拡大解釈については、Jean Starobinski, “The Idea of Nostalgia,” *Diogenes*, Summer 1966, N. 54, pp. 81-103 参照（同じ著者には、一九世紀の近代美術の様式確立のなかで偶像化される過去と啓蒙思潮の関連についての論考もある。「ノスタルジーとユートピア」『自由の創出』白水社、一九九九年）。社会学ではフレッド・デーヴィス『ノスタルジアの社会学』（世界思想社、一九九〇年）。宗教学ではミルチャ・エリアーデ『聖なる空間と時間　宗教学概論3』（久米博訳、せりか書房、一九八五年、七八頁以下）。政治哲学ではジャン＝リュック・ナンシー『無為の共同体』（以文社、二〇〇一年）。文化産業が売るノスタルジアについては、Fabio B. DaSilva & Jim Faught, “Nostalgia : A Sphere and Process in Contemporary Ideology” (*Qualitative Sociology*, vol. 5/1, 1982, pp. 47-61)、ポストモダンの特徴としてのノスタルジアについては、Kathleen Stewart, “Nostalgia : A Polemic”, in George E. Marcus (ed.), *Reading in Cultural Anthropology*, Duke University Press, Durham & London, 1992, pp. 252-66)。グローバリゼーションがもたらす「故意のノスタルジア」については、Roland Robertson, *Globalization : Social Theory and Global Culture*, Sage, London, 1992, chap. 6（英語論者としては珍しく中国語の「郷愁」について触れている）。イギリス文学史にみるノスタルジアを論じた著作の序文では、現代をノスタルジア全域化の時代と捉え、「マクロ・ノスタルジア」という概念が提出され

ている (Malcolm Chase and Christopher Shaw (eds.), *The Imagined Past: History and Nostalgia*, Manchester University Press, Manchester, 1989, p. 15)。最近では磯前順一が日本人の祖霊信仰、民族共同体回帰をノスタルジアと呼んでいる（『喪失とノスタルジア』みすず書房、二〇〇七年）。

ノスタルジアの社会学の古典となったピーター・バーガー他の『故郷喪失者たち』は一九六〇年代に盛んだった疎外論に属し、同時代の気分にうまく合った。バーガー夫妻は単一の故郷、全包括的な場所の喪失を論じているが、その喪失も神話にすぎず、並存する複数の「ルーツ」に近代人はますます拘束されているとジョン・ショターは反論している (John Schotter, "Rhetoric and the Roots of the Homeless Mind", *Theory, Culture & Society*, vol. 10, 1993, pp. 41-63)。二〇年後のクリストファー・ラッシュ『ナルシシズムの時代』のノスタルジアの扱いも、同時代のアメリカ社会の保守的な気分を色濃く打ち出している。

（3） Jonathan Matthew Schwartz, *In Defense of Homesickness*, Akademisk Forlag, Copenhagen, 1989, p. 12. シュワルツによれば、ホームシックやノスタルジアはスイスの山中に起源を持つとしても、それを文化的に展開させたのはドイツやスカンジナヴィアだった。冬の長い国の文化では、暖炉が単に体を温める装置である以上に、たきぎ作りを通じて、人々が自然（森）のなかの一サイクルであると自覚し、〈うち〉と感じる象徴的な装置であると考えている（第八章、これに似た故郷＝家屋論をハイデガーが展開している）。北ヨーロッパの風土を説明因子にした叙述はやや説得力に乏しい。所属感を構成する要素は、自然環境やそれに条件づけられる家屋の物理的構造や生活スタイルだけには限られない。日本の北国の人が、南国の人よりも〈うち〉への所属感が強いかどうかはわからない。

ホームシックの医学史を主にスイス、ドイツ、フランスを例に記したのが Klaus Brunnert, *Nostalgie in der Geschichte der Medizin*, Triltsch, Düsseldorf, 1984. 離郷者の憂鬱症の診断の変遷を精神医学の発達と絡めて論じているところに興味がひかれる（ドイツ語のホームシック Heimweh が、よく引用されるスイスの医師ホーファーの一六八八年の記事ではなく、一五九二年の神学の文章に初出が見られることをこの論考から学んだ）。

また一八世紀に兵士の間で観察された憂鬱症が、一九世紀フランスで文学的に転用され、二〇世紀には移民や外国人労働者に広まっているとも指摘している。知る限りでは、日系ブラジル移民の精神医学的調査は見当たらない。

(4) 日本語の「思い/想い」の多重性は、ポルトガル語の saudade とだいぶ重なる。ボサノヴァの最重要曲"Chega de saudade"を「想いあふれて」と訳したのは、言葉の機微を知る人だったに違いない。サウダージは愁いの面を含めて郷愁に近い。愛着・愛情を抱いている人やものや事柄が空間的に時間的に自分から遠くはなれているときに心に浮かぶやるせなさ、切なさ、懐かしさで、ちょうど日本語の「情け」「想い」と同じように、数知れぬ詩や歌が歌ってきた。『ノーヴォ・ミシャエリス・ポ英辞典』では、"1. longing, yearning, ardent wish or desire 2. homesickness, nostalgia"と定義されているが、感情的な重みのある概念の常で、これだけでは伝わらない部分が大きい。

ポルトガル語の話者以外にはこの感情は理解できないといい、人生、存在の意味と価値を集約させている。サウダージも情(け)もそれぞれの民族・国民の心の動きの中核を成し、倫理、道徳、美感覚、価値に大きな影響を与えてきた。人類学者ロベルト・ダマータはなぜサウダージがブラジル論に欠かせないのか、なぜそれは国民的エートスと認められているのかという出発点から、個人が自発的に抱く感情ではなく、「我々の集団的存在の基本的カテゴリー」、「文化的・イデオロギー的構築物」であり、ブラジル社会をまとめる絆になっていると結論している (Roberto Da Matta, "Antropologia da saudade", *Conta de Mentiroso: Sete Ensaios de Antropologia Brasileira*, Rocco, Rio de Janeiro, 1993, pp. 17-34)。このことばについてブラジル人は日常的に思索している。人間関係や失われた時間や未来についてこのことばで明示したり価値判断することによって、複雑な階級・人種・性別構造を持つブラジル社会の心情がまとめられていると彼は考える。たとえば「あいつはサウダージを残さずに死んでいった」といえば、ロクな奴ではなかったという意味であり、道徳的な価値判断が含まれていることになる。「サウダージを殺す matar a saudade」とは懐旧を温めるという意味で、長い別れによる喪失感を打ち消すということから来ている。シコ・ブアルキはこの言い回しをひっくり返して「サウダージが人を殺す」と歌っている（"Tanta Saudade"）。郷愁は生きているというのと似た発想だ。

人類学者はポルトガル語を使う人間だけがサウダージをもつという通説を否定し、人類普遍の社会的な感情であると主張する。「サウダージはすべての社会のすべての人類に普遍的な体験——通過、持続、別離、時間に関する思索的な意識の体験——に関する概念である。サウダージはほかの文化的なやりかたにはないような時間のはかりかた、話しかた、分類や管理のしかたをもつ。サウダージはこのような要素を今あげた体験と結びつけ、その体験をほかと区別する（個別化）するのだ」。

しかし喪失や離別にともなう感情体験が人類普遍であるとしても、それが国民的なエートスになるのは稀だ。ダマータは感情の哲学がずっと取り上げてきた概念と感情の問題、人類学が論じてきた国民感情（エートス）の問題を飛ばして、一挙に感情の概念の普遍性を結論している。喪失や離別の体験、また各国民が自ら核と考える感情の通文化的な研究が次に必要とされるだろう。日本語モノリンガルの移民の心に、果たしてポルトガル語でしか表せないとされる感情が影響を与えているかどうかは即断を下せない。

ついでだが、日本では「サウダージ」はブラジル音楽の気持ちよさ、ブラジルを夢見るときのわくわく気分程度の意味に限定されている。フランス語由来の「エスプリ」が本来の意味を離れて、「フランスの洒落た感じ」として流通するのと似ている。

（5）　Robert I. Levy, "Emotion, Knowing, and Culture", in Richard A. Schweder and Robert A. Le Vine (eds.), *Cultural Theory: Essays on Mind, Self, and Emotion*, Cambridge University Press, Cambridge & New York, 1984, pp. 214-37, p. 227.「孤独」についての以下の社会現象学的アプローチは、故郷からの距離を省察するうえで参考になった。Linda A. Wood, "Loneliness", in Rom Harré (ed.), *The Social Construction of Emotions*, Blackwell, Oxford & London, 1986, pp. 184-208.

最近の社会心理学の考えによれば、感情は社会的に共有された台本から成り、この台本は生理学、主体、行動のプロセスより構成されている。この感情の台本は諸個人が直接的な社会文化的環境に能動的に、個人的に、集団的に適合するのに合わせて展開していく。感情の形成には文化的な核となる価値が大きく影響する。その価値は自然環境、道徳判断、歴史や経済、政治的要因のような社会全体の事柄（「集団的現実」）、価値を各個人に伝える教育やメディアや言葉の制度（「社会心理学的プロセス」）、個人が生きる具体的な場所や人間の相互関係（「個人的現実」）、そして感情を行動や態度に翻訳する生理学的な規則や習慣（「習慣的感情的傾向」）まで四層のレベルから作られ、共有され、感情表出の基準になる。本章でも系統だってはいないが、最初の三レベルについて論及している。このような大きなモデルのなかで郷愁がどのように解析されるのか、その課題は専門家に任せたい（Shinobu Kitayama and Hazel Rose Markus, "Introduction to Cultural Psychology and Emotion Research", in Shinobu Kitayama and Hazel Rose Markus (eds.), *Emotion and Culture : Empirical Studies of Mutual Influence*, American Psychological Association, Washington, DC, 1994, p. 5. 同書の Hazel Rose Markus and Shinobu Kitayama, "The Cultural Shaping of Emotion : A Conceptual Framework" (pp. 339-51) も参照。「感情の台本」については、Agneta H. Fischer, *Emotion Scripts : A Study of the Social and Cognitive Facets of Emotions*, DSWO Press, Leiden, 1991（特に第三章）参照）。

（6） 移民船上で既に郷愁は歌われている。岩波菊治のケープタウンでの歌から引くと、

　国離る思ひぞ深しアフリカの海の上なる七夕祭
　赤道越えて幾日夜毎に高くなりしよ南十字星
　鳴きたつる蟀（いとど）のこゑはふるさとの信濃の秋をそぞろ思はしむ（いずれも⑤）

日本の生活の再現も、日本では見なかった南半球の象徴を見ることも、どちらも離郷の現実を痛切に感じさせた。

（7） 九鬼周造『「いき」の構造』岩波文庫、一九七九年、一五〇頁。

（8）目に留まった関連の作を挙げる。

仲麻呂が月に慕ひし日の本をわれも等しく懐かしみ居り（①）
この空は故里の山に続く空際立ちて白き雲が流るる（⑰）
鳴きわたる鶉の声は身に沁みて遠けき故国の父母のこほしさ（⑤）
夜もすがら鳴く鳥の音は故里の闇に聞きたるほととぎすかも（㉓）

（9）石川達三『最近南米往来記』中公文庫、一九八一年、一一六―一一七頁。
（10）Janet Landman, *Regret*, Oxford University Press, Oxford, 1993, p. 28.
（11）帰国願望の強さと一見矛盾するが、戦前から定着へと生活が向かっていたと前山隆は三浦鑿の口を借りて鋭く指摘している。前山隆『風狂の記者――ブラジルの新聞人三浦鑿の生涯』御茶の水書房、二〇〇二年、二五一―五九頁。
（12）「プルーストのイメージについて」、浅井健二郎編訳『ベンヤミン・コレクション2』ちくま学芸文庫、一九九六年、四一七頁。忘れたということを思い出す移民の歌に「すぎにし日重なりし今は故郷のひとの面影忘れそめある」がある。名前や出会いの情景はたぶん記憶に残っているのに、「面影」が記憶の海の底に埋没してしまった。作者はそれを求めて故郷のあれこれをそぞろに思い出すだろう。ジグソーパズルのピースをあちこちに嵌めてみるような遊びが郷愁の本質を成している。故郷のすべてを思い出すことがない以上、想起のジグザグは終わることがない。
（13）水本すみ子『ロディラ』明文社、一九七九年、一三八―一三九頁。『コロニア万葉集』には、『祖国』という語感も今は切実に帰化証明書を手提げに仕舞う」という作が択ばれている。
（14）帰化しても心は日本人という歌もある。

日本の土を踏むとき涙ぐむ帰化人なれど吾には祖国（⑰）

麻薬でも欲しきときあり望郷の右脳の刺激帰化人吾にも（⑰）

同化しているのに帰化していないというのは「混血の孫あり嫁がぬ娘もおりて六十年経しパスポート持つ」（⑰）。帰化を拒んでいるのは「ブラジルを母国と決めて生くる我に帰化する心いまだ熟せず」（⑫）。帰化を蔑んでいるのは「帰化植物となりてはびこるほうせんか混じり易きを蔑まれつつ」（⑰）。帰化を受け入れているのは「帰化なして安らぎたれば毎日を孫とつれだち幼稚園に行く」（⑫）。帰化も同化もせず、日本に固執しているのは「帰化もせず同化も成らず菊愛す」（⑱）。帰化か同化かの悩みこそ、郷愁を基礎に築かれている移民の心向きならではの特徴である。それを理解しない日本からの訪問者に、郷愁を否定されてむっとしたという歌がある。「郷愁を捨てよと我等に横着なるもの言ひをせる訪伯者あり」（③）。郷愁の根深さを理解しない訪伯者に気持ちをふみにじられたと酒井繁一は感じた。

（15） それから三〇年後には、峰村正威が郷愁を自慰にたとえている。彼によれば、俳句、茶道、将棋、新興宗教など一世の日本伝統への執着は、「同化できない移民の、片時も脳裏をはなれぬ母国日本への涙ぐましい愛慕をこめた挽歌」で、「淋しい移民」の仲間意識を確認するよすがとなっている。だがこのような「郷愁と回顧趣味から傷を舐め合うような、いわば自慰に似た行為」は将来に向けた文化創造とはならず、後ろ向きで、一世が消えると同時に消えてしまう（「淋しい移民」一九八七年一〇月三日付『パウリスタ』）。

（16） 古関徳弥『南方開拓者の指標』文憲堂、一九四二年、二二一—二五頁、六一—六二頁。

（17） この日伯協会制定の送別歌よりも、以下の替え歌のほうが、移民の情に合っていただろう。「日本で暮すも国のため／ブラジルに来るのも国のため／同じ御国に尽すなら／此処で一花咲かせたい　ストントンストントン／／同盟罷業と意気巻いて／小作争議と騒いでも／どうせ日本じゃ浮ばれぬ／来な来な同胞ブラジルへストントンストントントン／／稼いで儲けぬものならば／いくら生れた故郷じゃとて／くよくよしちゃ身が立たぬ／来な来な同胞ブラジルへ　ストントンストントントン」（失名氏「ストントントン節」一九二八年七月一三日付『聖報』）。

短詩出典

①輪湖俊午郎『バウル管内の邦人』個人出版、一九三九年
②『ブラジル川柳句集』川柳社、一九五四年
③酒井繁一『朝の香』近藤書店、一九五七年
④田中麻三美『ブラジルにおける家庭短歌会』新星書房、一九五七年
⑤『岩波菊治歌集』岩波菊治歌集刊行委員会、一九五九年
⑥『歌集　南回帰線』四季書房、一九六一年
⑦『正木思水歌集』自費出版、一九六七年
⑧『ブラジル現代俳句集』火焔樹編集部、一九七〇年
⑨藤田蚊奇智・藤田美砂子『移り来て――ブラジル生活三十六年』自費出版、一九七一年
⑩佐藤念腹編『木蔭雑詠選集』永井書房、一九七九年
⑪『合同歌集　南回帰線（第二集）』ロンドリーナ短歌会、一九八〇年
⑫『コロニア万葉集』コロニア万葉集刊行委員会、一九八一年
⑬梶木北民編『ブラジル季寄せ』日伯毎日新聞社、一九八一年
⑭清谷益次『遠き日々のこと』自費出版、一九八五年
⑮瀬古義信『思えるまま』自費出版、一九九〇年
⑯清谷益次『岩波菊治』サンパウロ人文科学研究所、一九九三年

⑰『合同歌集　幾山河の賦』椰子樹社、一九九六年
⑱『ブラジル句集』ブラジル俳文学会、一九九六年
⑲弘中千賀子『異土の歌』御茶の水書房、二〇〇七年
⑳『農業のブラジル』一九三一年六月号
㉑『農業のブラジル』一九三三年四月号
㉒『農業のブラジル』一九三四年九・一〇月号
㉓『おかぼ』一九三三年四月号（一二号）
㉔『輝号』一九五一年二月号
㉕『輝号』一九五三年一月号
㉖『川柳』一九五〇年一一月号
㉗『川柳』一九五一年九月号
㉘『ブラジル川柳』一九五一年九月号（七号）
㉙『ブラジル川柳』一九五三年一月号（一三号）
㉚『ブラジル川柳』一九五四年前半（一六号）
㉛『ブラジル川柳』一九五五年二月ごろ（一七号）
㉜『ブラジル川柳』一九五五年八月号（一八号）
㉝『ブラジル川柳』一九五六年二月号（一九号）
㉞『ブラジル川柳』一九五九年後半（二六号）
㉟『ブラジル川柳』一九六一年二月号（二八号）
㊱『ブラジル川柳』一九六二年前半（三一号）
㊲『ブラジル川柳』一九六三年前半（三三号）

㊳『ブラジル川柳』一九六三年六月号（三三号）
㊴『川柳ブラジル』一九六五年九月号（三九号）（一時改題の継続誌）
㊵『川柳ブラジル』一九六六年一月号（四〇号）
㊶『川柳ブラジル』一九六六年四月号（四一号）
㊷『ブラジル川柳』一九六六年末（四三号）
㊸『ブラジル川柳』一九六七年一月号（四四号）
㊹『ブラジル川柳』一九七八年一一月号（七六号）
㊺『椰子樹』一九九七年四月号（二六九号）
㊻『椰子樹』二〇〇七年四月号（三二九号）
㊼『コロニア文学』一九六七年五月号（四号）
㊽『コロニア詩文学』一九九六年一〇月号（五四号）
㊾一九二五年四月一七日付『日本』
㊿一九二六年三月一二日付『聖報』
(51)一九二七年六月三日付『日伯』
(52)一九三二年八月一九日付『聖報』
(53)一九三三年九月二〇日付『日本』
(54)一九三四年三月一四日付『日本』
(55)一九三六年一一月一八日付『時報』
(56)一九四九年四月二九日付『パウリスタ』
(57)一九五二年七月一九日付『日毎』
(58)一九五三年一月一日付『パウリスタ』

⑲一九五三年四月二九日付『パウリスタ』
⑳一九五七年五月二九日付『日毎』
㉑一九六一年一月一九日付『日毎』
㉒一九六七年四月一二日付『サンパウロ』
㉓一九七三年八月三一日付『パウリスタ』
㉔一九七四年一二月一四日付『日毎』
㉕一九八〇年八月三〇日付『日毎』
㉖一九八五年一〇月一六日付『日毎』

Ⅱ　ことば

3　借用語を抱きしめて——コロニア語の成立と展開

日本に行って日本語良く通じ（『ブラジル川柳』一八号、一九五五年六月ごろ）

慣れぬまま沁みつきしポ語幾つかがありてこの地に住み古りてゆく（『幾山河の賦』椰子樹社、一九九六年）

はじめに——乱れと親しみ

「オセ、こないだ来たばっかりじゃないか、コントラットはせんとじゃが人手の足らんけんポルヂア三十ミルバーガしてコミーダもカマもこっちゃ持ち、仕事はトマテのマタ・ビッショぐらいのとこじゃ、ボン・ネゴシオじゃに一週間《セマーナ》もたたんうちもうマンダ・エンボーラ言いよる、大方ポル・ヂアもろたらまたよそへいて同じこと稼ぐんじゃろ、エウ・ノンテン・ヂネロ」（とりの・しろく「日本語はどこへ行く」一九四七年一〇月四日付『パウリスタ』）。

この言葉は戦前の日系農園主の夫人が、出戻りの雇い人に向かって語ったとされている。多くの読者に意味不明の単語はポルトガル語の借用で、戯れにそれを英語に逐語訳してみると、「ユー、こないだ来たばっかりじゃないか、コントラクトはせんとじゃが人手の足らんけんワンデイ三十セント、レントしてミールもベットもこっちゃ持ち、仕事はトマトのキルインセクトぐらいのとこじゃ、グッド・ビジネスじゃに一週間《ウイーク》もたたんうちもうゴアウェイ言いよる、大方ワンデイもろたらまたよそへいて同じこと稼ぐんじゃろ、アイヘブ・ノーマニー」。こうすると北米一世が使っていたような言葉に近づく。挿入された英単語がわかれば、何とか内容を想像できるだろう。改めて和訳すると「おまえ、こないだ来たばっかりじゃないか、契約はせんとじゃが人手の足らんけん日給三十ミルレース、部屋貸して食事もベットもこっちゃ持ち、仕事はトマトの殺虫ぐらいのとこじゃ、うまい口じゃに一週間もたたんうちもう辞める言いよる、大方日給もろたらまたよそへいて同じこと稼ぐんじゃろ、うちにゃ金はないよ」。

最初の文例は日本語の骨組みに多数のポルトガル語単語をはめこんで構成されている。記事の著者は「日本語ともブラジル語ともつかぬ言葉」と呼んでいるが、基本は日本語にまちがいない。後にはこのようなポルトガル語を多用した日本語は、時にユーモアと誇りをこめて「コロニア語」と呼ばれるようになった。これはポルトガル語彙を頻繁に借用した日本語の一タイプと定義できる。コロニア語の話者は日本語を話す能力がしっかりしている人に限られている。したがって大半は一世、準二世（思春期ごろまでに日本から移住した世代）だが、たまには三世、長期滞在者も使う。つまり日系集団のごく一部のやりとりに限定されている。その方法は日本語の外来語はめこみの規則を大体守り、発音は日本語の音韻体系に沿っている。コロニア語は最初、日本の旅行者には奇妙に聞こえる。しかしポルトガル語が支配する社会で母国語だけで暮らした結果であることを教えられれば、この第一印象は覆される。

長期にわたる言語接触にもかかわらず、ブラジルの日本語話者の言葉はポルトガル語彙の借用にほとんど留まり、構造的な借用、文レベルの交替はブラジル育ちのバイリンガルにしか起きない。またたいていの場合、日本語モノリンガルといってよいほどポルトガル語習得が不完全であることも、ブラジルへの移民の言語生活を見渡した時の特徴で、たとえば言語的に近いイタリアやスペインの移民がバイリンガルになりやすいのとは違う。移民の言葉のもう一つの特徴として、出身地分布を反映して、西日本方言が日本語のアクセント、言い回しに強く表れているとよく指摘されてきた。異なる方言の話者の接触は日本でも大都会、兵舎などでも起きていて、ブラジル独自のこととはいえないので、ここでは考えない。(1)

コロニア語についてはこれまでにも日系知識人によっていろいろ言及されてきた。たとえば後にブラジル史を著す農業雑誌記者の佐藤常蔵は、「乱れたコロニア語の中にコロニア自体の歴史と姿が反映しているかのようで何かしら親しみがある」と書いている（「言葉の哲理」一九五六年六月二七日付『パウリスタ』）。乱れと親しみ、後で述べるように、この相反する評価は日系知識人のコロニア語観を代表している。コロニア語は本国の日本語を基準にすれば、乱れているかもしれないが、地元の生活に馴染んでいる。佐藤は親しみに力点を置き、日系人が正しい日本語を話し出したら、「美しい冷蔵庫を眺める」ようによそよそしく感じてしまうだろうと続けている。「コロニア語」という用語はもちろん「コロニア」から派生し、戦後生まれである。それまでにも面白い借用についてのこぼれ話はぽつぽつ出ていたが、移民の言葉をコロニア語と呼び、歴史と実態の反映と知的に論じた点に、佐藤常蔵の記事の特色がある。このような言語学的認識なしには調査も考察もありえない。ある言葉の体系は何々語と名づけられることで、分析対象として浮かび上がってくる。それまでは「同化語」「日伯混合語」「チャンポン語」などと俗称されていたが、五〇年代ごろにコロニア語という名称が定着した。彼がその名づけ親ではないにしろ、周辺の認識派知識人グループから、この概念がしだいに流通していったのではないだろうか。この時期、勝ち負け抗争は沈静化したものの、戦場を日本語教育に移して、摩擦は続いていた。日本語を日本精神教育の一環と見なすか、語学学習の一環と見なすかで両者は対立した。信念派の精神主義的言語観を佐藤は次のように批判する。「悲壮な気持で日本語を習い、又偏狭なニッポンセーシンなどを結びつけることなく、悠々迫らぬ態度で日本語を研究し、せめて美しいコロニア語を後世に残したいものである」（傍点引用者）。後世に伝えたい「美しいコロニア語」、この考えは他では聞いたことがない。歯切れよい発音を指すらしいが、その内容をもっと書いてもらいたかったと思う。

一九六〇年代以降、日本から国語学者（言語学者）が派遣されて、日系人の言語生活を研究し、借用語や各地方言の採集、世代間の日本語とポルトガル語の習熟度、家庭や職場別の言語使用、コミュニケーションの方法、言語観、教育法などについて調べてきた[2]。インタビュー、談話録音、アンケートが主な手法で、活字資料を用いたものは少ない。ここではまず日本語出版物から、草創期から借用が頻繁であったことを示す。借用が同化を果たしたかのように見える先輩移民に対するあこがれ、いいかえると集団の正式なメンバーとして認められたいという気持ちから促進されたという仮説を提起する。次に方言というより民族的集団語として扱うほうが言語の実態に即していることを論じる。また過剰な借用に対する批判、教育現場における借用語の扱いについて触れ、移民の言語的規範の感覚を探る。日本語は日本精神の器であるとしながら、一部の日常語に関してはポルトガル語を優先するねじれに焦点が当てられる。最後に日本語には翻訳できないと移民が考える借用語を取り上げて、心情的な意味、借用語にこめられた彼らの仲間意識を探る。

通常の言語接触論が外から観察した議論を中心にしているのに対して、本章は話者の側に立って、借用への思いに触れる。なぜ引っ越しでは伝えられない事柄がムダンサに畳み込まれているのか、コロニア語が日本語に対して譲れない立場を言い張っている。借用に関する体系的な調査ではなく、その情緒的な一面に焦点をあてる。

I　移民史のなかのコロニア語

はじめから借用ありき

ポルトガル語の借用は移民の歴史と同じぐらい長い。第一回移民の五〇年後の回想に、豚の去勢をするアルバイトを探した話がある。ブラジル人農家に行っては、「ヨウ、グワタパラ、ノエ、メジコ、カッパード、ノエ、シュノール、テン、ポルコか、ノンテンか……、テンならテンとファーラ・パラミー」と話しかけたという。[3] 大昔のことで、このとおりの発話があったかどうかはわからないが、知っている単語をでたらめにつないで意思を伝えようとしていたことはよくわかる。単語ごとに解説すると「ヨウ〔私〕」「ノエ〔ねえ〕」「メジコ〔医者〕」「カッパード〔去勢豚〕」「シュノール〔貴方〕」、「テン〔持つ〕」「ポルコ〔豚〕」「ノンテン〔持っていない〕」「ファーラ・パラミー〔私にいいなさい〕」で、逸脱を加味して訳すと「私、グワタパラ、ねえ、医者、去勢豚、ねえ、貴方豚持つ、持たない……持つなら持つ言え」。きちんと訳せば「私はグワタパラの家畜技術者だが、貴方は豚を持っていますか、いませんか、いるならそういって下さい」。動詞も冠詞も省略、単数形複数形も無視し、呼びかけ語「ノエ」を多発して相手の注意を留めながら、どういえばいいかわからないところは日本語の「か」や「なら」を挿み、何とか意思を伝えていた様子が想像される。これがスペイン、イタリアの移民ならば、それぞれの母語に覚えたてのポルトガル語の語彙、アクセントを借用するだけで、ほとんど正しいポルトガル語の文が成立する。数年の接触でバイリンガルになることもありえないことではない。

日本語環境の外に仕事を求めて出て行くときに、誰もがなりふりかまわず、要点を必死で伝えようとする。「こんな〝日伯混合語〟で結構通じたというのだから不思議である」と回想されているが、伝達の意欲が文法を乗り越えて相手に伝わる場面、なぜ伝わったのか後から考えると理解できないような場面を外国語学習者はよく経験しているだろう。しかしとっさの語学力はその場で消えてしまう。移民は日々とっさの連続だったが、やがていくつかの言い回しがある場面に固有の事柄として定着する。文法的理解を抜きに口癖となる。慣れてくるとポルトガル語で話しかけられても、数語を聞き取ることから文の全体を大雑把に推測できるような運用能力がついた。これは外国語環境で生き抜く基本能力だ。統語論的な理解以上に、話し手と聞き手の対面状況、身振り、表情の理解、つまり非言語的表現が意思疎通の鍵を握る場面は少なくない。言語学者は即興的に別の言語の単語を埋め込んでいくことを「とりあえずの借用 nonce borrowing」と呼び、そのなかから、一覧表に載せられるような決まった借用語が生まれてくるという。[4] 何であれ思いついた語を選んで意思疎通するのは外国語環境では生き残りの基本で、なりふりをかまっていられなかった。「水喧嘩ポ語ゆずらぬ日本語」(佐藤念腹編『木蔭雑詠選集』永田書房、一九七九年)とあるように、非常時には日本語でなければ昂ぶりを表現できなかった。移民はとりあえず借用しながら、ポルトガル語彙を増やしていった。どの時点でも、新来移民が何とかポルトガル語で意思疎通を計らなければならない時に、上記の例に似た混合が起きただろう。

最初の例の語順を少し替えてみよう。ポルトガル語を一応、基礎とする言葉に、少し日本語の助詞や動詞を加えれば、はい、コロニア語の出来上がり。「ヨウはグワタパラじゃが、ねえ、カッパードのメジコしとる、ねえ、シュノール、テンポルコかノンテンか、テンならテンとファーラせえや」。わずかな操作で地の言語が日本語になる。ポルトガル語を必死で話そうとしながら日本語風になった文と、日本語を話しているつもりだが、知らぬ間にポルトガル語を借りている文とは遠くない。言語接触がたえまなく続くなか、日本語とポルトガル語が語彙のレベルではまぜこぜになっていったことは想像にかたくない。

戦前の帝国領地では日本語が政治的に支配し、現地人が日本語を学んだ(学ばされた)。ブラジルでは日本人がブラジル人に言葉を適合させるよう要求された。この差は大きい。満州や朝鮮や南洋の移民には、現地語を学ぶ必要にほとんど迫られなかった。これに対してブラジル移民の場合、少なくともポルトガル語の基本語彙だけでも身につけて、何とか非日系人に意思疎通しなくてはならない場面を日々経験していた。日本語に対する忠誠からポルトガル語を拒絶したのではなく、ただその学習には発達理論的に遅すぎたり、学校のない開拓地に住んだり、金や時間を投資する余裕がなかったために、望まざる結果としてモノリンガルに終わった。ポルトガル語ができればよかったが、種々の事情から身につかなかったという全般的な挫折が、移民の言語生活の背後にある。家庭や社会における言語的な孤立は、短詩のかたちを取って自嘲気味に語られる（第1章）。頻度の高い借用は村上春樹のいう「哀しさ」の表れといえる。

言語学者鈴木英夫はコロニア語では予想以上に借用が進んでいるという印象を持ち、その理由のひとつを日系人が文字抜きの言語生活を送っていた（強いられてきた）ことに求めている。日本語では片仮名書きによって外来性を鮮明に視覚化する書法が利用されているが、日本語の印刷メディアがあまり普及していないブラジルでは、音が言語生活の最も重要な部分を担ってきた。「文字抜きの生活は、外来語を区別する意識を低めると共に、漢字による同音語の区別も不可能にしたと言える。つまり、コロニア語は文字で書き分ける必要のないことば、耳で聞いてすぐ分ることばへと変容して行ったのである」[5]。実際には鈴木が想像する以上に、日本語の出版物が行き渡っているので、最初期を除けば「文字抜きの生活」を強いられたとはいいがたい。日本語が読むというより聞く言語であるというのは、読み書き能力の不十分な話者にあてはまり、しだいにそういう世代が多くなっていったことはいうまでもない[6]。

コロニア語イロハ

借用に制限はない。日常語でポルトガル語を借用しないものを探すほうがむずかしい。最後まで日本語が残るのは、対応するポルトガル語がない日本固有の事柄で、ごぼう、寿司、柿、さんま、しょうゆ、あずき、煮しめ、戸籍、毛筆、帯、着物、押入れ、神社、なぎなた、持ち寄り（日系人の会合で各自が食事や菓子を提供すること）、出稼ぎ、運動会を挙げておく。これは二、三世のポルトガル語や時には非日系人の言葉にも混じる。

抽象語や使用頻度の少ない漢語はポルトガル語化されない。たとえば「抽象的」「頻度」「子弟」「事実」「魂」「繁栄」などはめったに置き換えられない。つまり具体的な指示対象を持つほどポルトガル語が混じりやすく、内容が難解になればなるほど日本語が残りやすい。ただしアウトリザソン（認可）、デイドリザソン（脱水症状）、ナショナリザソン（国粋化・国有化）、プリバチザソン（民営化）など頻度の高い抽象語は、少なくとも新聞ではポルトガル語を用いることが多い[7]。

日本国内では英語やフランス語に「—する」をつけて動詞にすることがある。たとえばパスする、トレーニングする、トラバーユする。ブラジルでは全く同じ要領でポルトガル語が「—する」にはめこまれる。アジューダする（手助けする）、ペーガする（つかまえる）、マンダする（発送する）、「ナモーラする」（恋する、いちゃつく）[8]。はめこまれるのは動詞とはかぎらず、「コロノする」（小作人になる、colono は名詞で小作人の意味）、「カフェする」（cafe は名詞）のような例もある。

二、三語が組み合わされて一つの熟語としてはめこまれることもある。日本でいえば「アットホーム」や「マイカー」のようなものだ。「トマカフェーする」（コーヒーを飲む、一服する tomar cafe）、「コモバイする」（あいさつする、como vai＝お元気ですか）、「トマコンタする」（お勘定する、tomar conta＝お勘定する）、「アルーマカマする」（ベッドを整える、arrumar a cama）、「エンカーザする」（家に帰る em casa＝英語の at home）、「ナ・ベンダへ行く」（店に行く、na venda＝店で）、「フィカケットする」（静かにする ficar queto＝stay silent）、など。「—する」ではないが、子どもをしかる時に「ノンポーデですよ」（Não pode＝だめ、できない）、「ママはノンゴスタですよ」（Não gosta＝嫌い）ということもある。「エンボーラ embola」は英語の away に相当するが、「エンボーラする」（行く、引っ越す）、「エンボーラ支度」（外出支度）、「エンボーラ着」（外出着）のように使われる。「エンボーラ」は名詞の「外出」「引っ越し」に対応する。多義語のなかの一つの意味だけが「―する」にこめられる場合もある。たとえば operar（英語の operate，操作する、作動する、軍事作戦をとるなど）に由来する「オペラする」は、コロニア語では「手術する」以外の意味にはならない。operar のさまざまな用例のなかで臨床的な用例が最も身近であるからだろう（日本語の「オペする」もまったく同じ）。

ポルトガル語の動詞の意味と干渉して、日本語の動詞が「誤用」される場合も多い。ポルトガル語の知識があって初めて起きることなので、たぶん最初は子どもたちから始まったものと思われる。現在でもポルトガル語のできる移民、二、三世に多いように思うが、老一世の口から聞く場合もある。多くは動詞の意味範囲の違いに由来する。①テニスを投げる（＝テニスをする）。jôgar o ténis の動詞 jôgar が「(スポーツを) する」「投げる」の意味をもつ。②車を引っ張る（＝車をどける）。tirar o carro の動詞 tirar は「引っ張る」「どける」の意味をもつ（関西弁の「(お皿を) 引く＝かたづける」と同じ）。③寅さんが通る（＝寅さんの映画をやっている）。passar Tora-san の動詞 passar は「通る」「通過する」「(映画や演劇が) 今かかっている」の意味をもつ。④車で歩く（車で行く）。andar com o carro の動詞 andar が「行く」「歩く」の意味をもつ。同じように「バスが速く歩いている」というのは「バスが飛ばしている」の意味。⑤エンプレガーダに送っておく（＝使用人にいいつける）。manda à emplegada の動詞 mandar は「送付する」「命令する」の意味をもつ。⑥道で落ちる（＝道で転ぶ）。cair no chão の動詞 cair が英語の

fall と同じように「落ちる」「転ぶ」「倒れる」の意味をもつ。同じ動詞は「むずかしい問題が試験におちた」(＝むずかしい問題が試験にでた) というようにも使う。⑦時計が歩いている (＝時計が動いている)。O relogio esta andando の動詞 andar が「(時計の針が) 進む」「歩く」の意味をもつ。[9]

「五月の一九八〇年ごろ」というように、ブラジル生まれがポルトガル語の順で年月を語るのを聞いたことがある。構造のレベルの初歩的な借用の例かもしれない。また感嘆表現――ノッサ、ノッサ・シニョーラ、プータ、プーシャ・ビーダなど――はコロニア語会話に極めてひんぱんに使われる。独立して発話されるため、日本語との干渉が少なく、発音はほかの借用語よりもずっとポルトガル語に近い。感嘆表現では知的な分節作用をあまり受けずに、感情を一番直接的に表せる。移民が一番楽に習得した言語表現だろう。[10]

民族集団語としてのコロニア語

コロニア語はよく「ブラジル方言」として捉えられてきた。確かにコロニア語は地域に特有の言葉遣いであるが、方言が通常含む要件をあまり含んでいない。コロニア語はブラジルという地域の方言というよりは、ブラジルという多民族国家のなかの一民族集団の言語としてとらえるほうが本質をついている。方言は生まれによって学ぶことを定められた言語で意味、発音、抑揚なども含めて、規範語から外れている。それに対して集団語は職業や所属集団によって選択された言語で、逸脱は語彙に限られる。したがって外部の者が学習するには方言よりもはるかにたやすい。関西弁なり弘前弁が地域に自生する言語 (住民が自然に獲得できる言語) であるのに対して、コロニア語は二〇世紀になって、外国語に包囲される生活環境のなかで発明された新しい言語（言葉遣いというべきかもしれない）で、「民族的集団語」ととらえるほうがよい。

言語社会学者渡辺友左によれば、集団語とは「民族語と国語、それにその方言の内部にあって、特定の社会集団、それに職業・スポーツ・学問・政治・芸術などさまざまな社会の専門分野が使用する、その社会集団や社会の専門分野に特有なことばのことである。ないしは、特有とまではいえないにしても、特徴的なことばのことである」[11]。集団語には集団内部の秘密を保持するための符牒を特徴とする隠語と、秘密保持の役割を持たない非隠語に大別される。後者は職場語（省庁や特定のデパートやオフィス特有の用語）、職業語（新聞業界用語、広告業界用語など）、専門語（医学用語、法律用語など）など「職場や専門分野の仕事の効率化・円滑化」を意図して作られた用語と、「集団の成員同士の心理的な結合を強化する機能」を持つスラングに大別できる。渡辺によれば、スラングには楽しみ、遊びの機能が強く、「相互の連帯感や親愛感を確認し、強化しあう」のに役立つ。集団語は国語、民族語、方言内部のサブ・カテゴリーで、「もっぱら単語とその単語の使用」をめぐって展開する。[12]たとえば陸軍語と海軍語は音韻・文法はまったく同じで、語彙の面だけでそれぞれの独自性を保っている。渡辺はこの点で集団語を「部分語」と呼び、「全体語」である国語、民族語、方言と区別している。特殊な語彙を共通語に翻訳すると、誰でも理解できるようになるが、方言の語彙のなかには非常に重層的な意味を持つため、共通語への翻訳がむずかしい場合がある。

符牒でやりとりすることは、秘密保持のためであってもなくても、実用のためであっても遊戯のためであっても、話者の間の同属（同族）意識を生み出す。特定の言語的知識に下位文化的な同属性の意味合いを含ませる。一般社会では未公認の符牒を使うことで、仲間意識を確認し、よそ者を見分ける。狭い範囲でしか通用しない語彙であればあるほど、連帯感は強化される。代々受け継がれる語と短期間だけ流通する語がある。家族内でしか通用しない隠語で絆をいたずらっぽく表現することもあるし、恋人同士が特別な符牒を使うことは珍しくない。集団特有の語彙が「板についてくる」と、新加入者は正式な成員として認められる。ヤクザから役人まで、新米は言葉遣いの学習から集団の行動や思考の様式や価値体系を自分のものにしていく。

コロニア語はブラジルの日本語話者が話す集団語である。また職業・職場・専門分野ではなく、ブラジル移住が集団の輪郭を決定し、話者がブラジル社会の少数民族集団であることから、民族的集団語と定義できる。習慣から借用され、その結果、仲間意識が互いに作り出される。これが借用の重要な役割である。コロニア語は移住という生き方を選んだ人々が互いに共通の心情を伝えあい、この集団にしかない事象や事柄を指すのに利用される(13)。

あこがれのポルトガル語

ポルトガル語混入は到着と同時に始まった。回想ではなく書かれた証拠として、一九一〇年代に掲載された次の詩を掲げる。

樵夫数人唄面白しペローバ〔亜熱帯樹木の一種〕に響く斧《マシャド》の音快き哉〔新開地、華潮、一九一七年一〇月三一日付『時報』〕

夕ぐれに眺め見渡すバスト〔パスト＝牧草地〕には／時にはモッサ〔娘〕も見えるぞへ／アレ豚が鳴く、豚の値も／近頃色気が出たわいな／我が物と思へど重しフェラメント〔道具〕／昼の弁当を肩に掛け／トラバリ〔仕事〕行けば夏の日の／焦げつく暑さに乃公《おれ》が泣く（凸坊「端唄もぢり」一九一九年八月八日付『時報』）

日本の斧とブラジルのマシャドは少し形が違うが、用途も機能も変わらない。しかし詩心ある作者は音数を合わせる以上に、ブラジルらしさを折りこむために、わざわざ振りがなでマシャドと読ませた。日常的にはマシャドと呼び合っていたのだろう。日本に無い樹の品種名はそのまま使われている。凸坊の例からは移民は到着するや、ポルトガル語を折り込んで、戯れ唄を読めるほど借用に慣れたことがわかる。祖国に残した家族や仲間が想像できないほどの外来語に彼らの言語は侵食された。移民文芸の特徴は外来語のすばやい大規模な採用にあるだろう。

それまで移住前にはほとんどポルトガル語教育を受けてこなかった人々がなぜ抵抗なく、混成語を話し始めたか。その理由を画家・移民史家の半田知雄は次のように説明している。「ブラジルに来てしばらくのあいだは〔ポルトガル語〕単語を日本語式にならべてしゃべっていたのである。……日本から来たての移民が旧い人たちのめちゃくちゃな日本語をきくと、いかにもポルトガル語がよくできて、ブラジル慣れした人のように思われ、何か、あこがれに似たものを感じさせた時代があった」[14]（傍点引用者）。新来移民は「ブラジル慣れ」するために、適応を自ら早めるために進んでポルトガル語を混ぜ込んでいった。ユーリエル・ワインライヒのいう「格式」が感じられたのだろう[15]。手紙でも「チョイチョイとポルトゲース〔ポルトガル語〕をまぜて書き」（『農業のブラジル』一九三三年四月号）というのも、日本の読み手に対してブラジル慣れを誇示したかったからだろう。

同化が概して否定的に取られる植民生活のなかで、「ブラジル慣れ」がこの文脈では肯定的に受け止められたことは興味深い。ブラジル慣れはなぜ「あこがれ」だったのだろう。集団語は「身内」と「よそ者」を分ける象徴的な機能を果たし、新参者は新しい語彙を覚えながら、集団の正式なメンバーになっていく。語彙の学習は集団独自の習慣、価値、行動、コミュニケーション、上下関係などの学習を暗に含んでいる。移民の「あこがれ」は、旧制高校でドイツ語を会話にはさむ上級生に対する下級生の心情を連想させる。満州、朝鮮、南洋などに移り住んだ日本人が概して現地語を軽んじ、数語しか覚えなかったのと違い、ブラジル移民は語彙のレベルでの適応を拒まなかった。そのうえブラジル慣れを示す標にもなった。本来ならばなるべく短い滞在で金をもうけ帰国するのが目標であったにもかかわらず、古株にはかえって敬意が払われるような転倒が起きた。ちょうど学生寮で落第を繰り返した学生が寮の主のようになって、後輩に対して威厳を放つように、旧移民は新来者に対してポルトガル語をはさみこんでブラジル慣れを誇示したのだろう。

日本語に対応のあるポルトガル語までも借用語として定着した背景には、「あこがれ」の連鎖があっただろう。仮名垣魯文や益田太郎冠者が風刺したように、明治以来、ヨーロッパ語の借用はハイカラぶりを内に含み、教養の徴として通用してきた。移住前にはあまり借用語に頼らずに暮らしていたにちがいない農民は、ブラジルに着くやそれを駆使する旧来の移民に出会い、尊敬の念を感じたと思われる。

ポルトガル語を混ぜることは新来者には知性の証拠と見なされた〔中国語・朝鮮語やミクロネシア諸語はそのような待遇を受けなかった〕。本人の思惑とは別に、借用されたポルトガル語単語は本国の日本人ではなくブラジルの移民であるという民族的な身分証明になった。

一方、子どもたちはあこがれ抜きで、ごく自然に借用した。戦前の田舎と都会の作文を挙げる。

前田繁春〔太陽植民地尋常四年〕「朝」

……家の外でかほをあらってからミーリョ〔とうもろこし〕小屋へ行ってミーリョを一かかへ持ち出していつものようにマンゲロ〔家畜飼育の場所〕のポルコ〔豚〕になげてやりました向ふがはのコロニヤ〔部落〕でもポルコやガリンニャ〔めんどり〕を呼ぶ声が聞えます、いつもききなれたアレモン〔ドイツ系家族〕のガーロ〔おんどり〕の鳴き声を聞えて来ます、切り残したマット〔原生林〕の上から陽が見え始めました、家にはいるとパパイ〔おとうさん〕やチチヨ〔おじさん〕はもう山に行かれたあとでママイ〔おかあさん〕がコヂンニャ〔台所〕でべんとうのこしらへをしていら

戦前の子どもたち（アリアンサ植民地）．縞の服はブラジル農民の典型的衣裳．出典：藤崎康夫編集『写真・絵画集成　日本人移民 2 ブラジル』日本図書センター，1997．

れました（後略）（一九三一年三月一二日付『時報』）。

小笠原嘉子（一一歳）「アベニーダ」

アベニーダ／新しくきれいになって／まっすぐ広いアスファルト／オニブス、アウトモベ、カローサ〔バス、乗用車、馬車〕／アシステンシヤ、ポリシヤ〔救急車、パトカー〕／ボンベイロ〔消防車〕／カーロデエンテーロ〔霊柩車〕も／カーロデムージカ〔音楽をかける車〕も／みんな走る（『子供よみもの』一九三〇年代後半〔出版年不明〕七月号、二七頁、ブラジル日本移民史料館所蔵）。

子どもはポルトガル語に大人以上に早く馴染んだ。同時に教科書や本の日本語以上に、周囲の大人の語りから語彙を学んでいったはずで、この二例は大人の借用ぶりを教えてくれる。作文から教師や父兄は改めて借用の量に気づかされただろう。しかし戦前には後述するような作文中の借用についての議論はまだなかったようだ。

言葉の乱れ

借用についての批判は、一九二〇年代から読むことができる。たとえば「日伯チャンポン語」と題した記事（一九二七年九月九日付『聖報』）では、日本語とポルトガル語の狭間にある生活を「二重生活」と呼んでいる。一世は日語まがいの伯語、二世は伯語まがいの日語を話し、いずれも「二重生活の苦しみが産んだ現象」で喜劇としか思えないことがよく起きる。親の恩を知っているかとの問いに「親の牡《おん》はガーロ〔雄鶏〕であります、何故なら親の牝《めん》はガリンニャ〔雌鳥〕でありますから」と答えた小学生、マカロン（スパゲッティ）をカマロン（えび）とまちがえたり、さよならの代わりにこんばんはと言う二世（ポルトガル語の夜のあいさつ「ボアノイチ」は、会う時も別れる時も兼用）、「テン・レメヂオ・カゼヒキ」〔風邪ひきのクスリあります〕と言う二世などなど。一世は二世のレベルが低下していくと嘆くが、自分の言葉もかなり怪しくなっていたはずだ。子弟の日本語教育は一世の悩みの種だったが、自らの日本語もまた「伯語化」している。記事は日系人全体の言葉の乱れを嘆いている。

半田知雄は戦後すぐポルトガル語混じりの会話を言葉の純粋性を損ねると拒絶している（「我々の日本語」一九四七年一二月一三日付『パウリスタ』）。言葉が純粋性を失いニュアンスを欠き、粗雑な生活行動しか表現できなくなる時、言葉の美しい色香が失われてしまう。つまり「文化的なもの」が根こそぎ落とされていく。半田をはじめ認識派知識人は、この時期、「文化」に新時代にふさわしい価値を集約させていた（戦後の日系地域団体がことごとく文化協会を名乗る下地）。彼らは大正時代の「文化」概念を種にしながら、普遍性と民族性をあわせ持ったような理想を目指していた。信念派が体現する戦前の愛国主義を斥け、民主主義の大枠のなかで日本の美点、誇りを打ち出していこうとした。同化か非同化かという二者択一よりももっと深いところにあるのが文化だった。日本語でのみ日本精神が伝えられるという大和魂的（当時の文脈では勝ち組的と同義）な言論を「真理の一部」と相対化するが、「ヨーもセンタする」（わしも座る）も「没落しつつある悲しき移民の文化を象徴する言葉」と批判する。「日本語を世界の日本語にしたい〔。〕日本語の純粋性をまもって行くことによって、ブラジル語の美くしさも壊さないようにしたい」。「純粋性」が意味するところは、まずポルトガル語を混ぜないということだろう。そして単に漢字学習だけでなく、美しい発音や微細な言い回しを伝えることで、言語生活を豊かにしようという含みがあるだろう。半田は日本語もブラジル語もそれぞれの美点があると考えているので、「世界の日本語」には帝国主義的な思想はなく、外国語環境のなかで誇りを持てる言葉という程度の内容だろう。信念派との対抗上、純粋性を前面に打ち出しているが、後には半田はポルトガル語混じりに愛着を覚えるようになる(16)。

II 借用語への思い

日本語に置き換えられない語

言語学者比嘉正範は日本語に対応概念がないために必要な借用語と、対応概念があるのに使われる言語の効率からすると不必要な借用語とを分けている。前者にあたるのは熱帯の動植物の名前(ピラニヤ、イペー)、土地の面積や重さの単位(アルケール、アローバ)、ブラジル料理名(フェジョアーダ、カイピリーニャ)など。対応概念があるのにどうしても日本語には置き換えられないポルトガル語には、ミーリョ(とうもろこし)、オニブス(バス)、ポン(パン)、カフェー(コーヒー)、バタタ(じゃがいも)などがある。アルモッソ(昼食)、ジャンタ(夕食)、サッコ(袋)、トマテ(トマト)、ケージョ(チーズ)、メトロ(地下鉄)、トロンバ(ひったくり)、モレーナ(褐色の混血女)などは、本国の日本語でいえばペン、カメラ、ナイフと同じぐらい日常化している。二つの中間に、一語で対応させるのはむずかしく数語の説明を要する語がある。たとえばカローナ(車の送迎)、イナウグラソン(展覧会、店舗、レストラン、公共建造物などの初日の記念会)、ランサメント(本やCDの発売記念会)がそれにあたる。

半田知雄の感想によれば、「コジーニャをお勝手というと、日本臭がつよくなってブラジル生活があらわれにくいし、テーブルというよりメーザの方が目にみえるようだ」[17]。ブラジルの台所(コジーニャ)と日本の台所(お勝手)とは空間の物理的な特徴がずいぶん違うがそれだけでなく、靴を脱いでいるとか、働く人が割烹着を着けているとか、しょうゆの匂いがするというようなことを含めて、半田は「日本臭」と言っているのだろう。テーブル／メーザの例も机が機能する部屋や使い方が二つの国で違うことを彼は想定しているのだろう。「メーザ」が置かれたブラジルの食堂なり応接間は、「テーブル」が置かれた日本の家屋とは壁や天井や床がかなり違う。これらが単純に翻訳できないところに、日本語の世界から離脱した移民独自の言語世界がある[18]。

日本語に置き換えられない言葉には、それだけ強く移民の愛着が刻みこまれているといえる。本国の日本語に対して譲れない感覚を含んだ語といえる。日本語でも「乗合自動車」と「バス」では、辞書的な意味は同じでも、異なる車種や風景が浮かびあがってくる。ご飯とライス、音楽とミュージック、はがきとポストカード、それぞれが完全には等価でないように、外来語独特の新鮮で神秘的な雰囲気が、既にある単語を不必要に押しのけて日常化する。「テーブル」や「キッチン」が「机」や「お勝手」よりもかっこよいと感じさせる何かを持っているように、ブラジル移民にとって「じゃがいも」では伝わらない何かが「バタタ」にはある。「馬鈴薯」が「じゃがいも」と違うニュアンスを持っているように、「バタタ」は「じゃがいも」に還元できない。「バタタ」には日本語に入った「ポテト」がかもしだすかっこよさはない代わりに、ブラジルの固有性という言外の意味が含まれる。バタタとは「ブラジル生活のなかのじゃがいも」を意味する。彼らが耕したり食べているのは、植物学的にはじゃがいもと同じだが、産地や調理や食す場所が違う。じゃがいもは日本家屋や飲食店に適合し、バタタはブラジル的な場所に適合する。移民は同じ食材を別の名前で呼ぶことで、食文化の非通約性を言い表している。

教育現場で――ミーリョ／とうもろこし

話し言葉としてはじゃがいもかバタタかは瑣末だが、コロニア語の規範が問われる教科書編纂のような場合には問題となる。ブラジル生まれの子弟に「ミーリョ」と教えるべきか、「とうもろこし」と教えるべきか。ある教師は正しい日本語を教えるべきだといい、別の教師は生活のなかで使っているように教えるべきだという。第三案では低学年では「ミーリョ」と教え、高学年になって日本語とコロニア語のちがいが理解できるようになってから「とうもろこし」と教えるべきだという⑲。これはポルトガルのポルトガル語を教えるか、それとは少し違うブラジルのポルトガル語を教えるのかという問題と似ている。両国の文学アカデミーの対決からブラジルのポルトガル語が正字法や一部の文法に関して、旧宗主国の国語から独立を果たす（リスボンから見れば逸脱する）までには紆余曲折があった。ミーリョ問題を大げさにいえば、ブラジルの日本語教育界が東京の国語審議会に対抗案を提案していることになる。

ミーリョを採用することは、ブラジルの日本語の独自性を主張することを意味する。もちろん海外の日本語教科書は国語審議会の関心外、管轄外で、これを公認も否認もしていない。この無関心のひとつの理由は、それを使う「コロニア立」の小中学校の卒業資格が日本国内で通用しないからである。政府は日本語の普及を望みつつ、ヨーロッパ諸国に比べそのための投資を惜しんでいるように見受けられる。

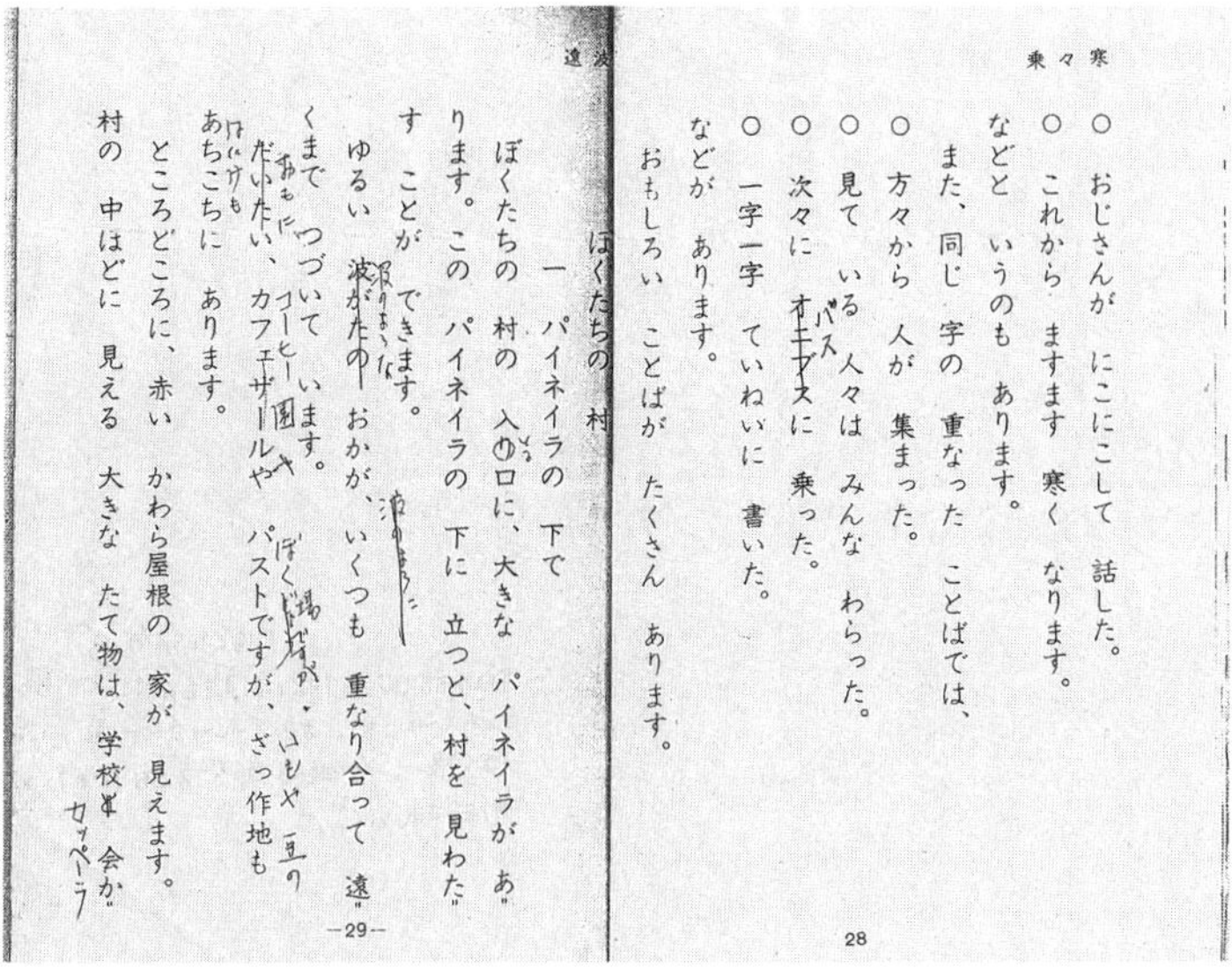
寒々乗

○ おじさんが にこにこして 話した。
○ これから ますます 寒く なります。
などと いうのも あります。
また、同じ 字の 重なった ことばでは、
○ 方々から 人が 集まった。
○ 見て いる 人々は みんな わらった。
○ 次々に オニブスに 乗った。
○ 一字一字 ていねいに 書いた。
などが あります。
おもしろい ことばが たくさん あります。

28

波遠

ぼくたちの 村

一 パイネイラの 下で

ぼくたちの 村の 入口に、大きな パイネイラが あります。この パイネイラの 下に 立つと、村を 見わたす ことが できます。

ゆるい 波がたの おかが、いくつも 重なり合って 遠くまで つづいて います。だいたい、カフェザールや パストですが、ざっ作地も あちこちに あります。

ところどころに、赤い かわら屋根の 家が 見えます。村の 中はどに 見える 大きな たて物は、学校や 会かんが

―29―

『日本語 5』1961 年．「ぼくたちの村」．誰のペンか判らないが，オニブス→バス，カフェザール→コーヒー園，パスト→ぼく場，会かん→カッペーラ〔礼拝堂〕と訂正されている．

たとえばイタリア系、ドイツ系の小中高校のイタリア語やドイツ語コースを卒業すれば、そのままローマやミュンヘンの学校（大学）への入学資格になるのとは事情が違う。また父兄が「正しい日本語」よりも親との円滑な会話を求めていることもミーリョ支持にはあるだろう。

さらに教科書の規範力に対する過大な期待、本国からもたらされた教科書の無誤謬性信仰が、ミーリョ問題の根本には潜んでいる。実際には生徒は教科書で教わったとおりにしか覚えないわけではないし、教科書は日本語の教材であっても絶対的な典範ではない。教科書では「とうもろこし」だが、家庭語としては「ミーリョ」でも可と教えても、児童はそれほど混乱しないはずだが、こと教科書に関して教育者は過敏になった。

永田泰三はポルトガル語借用に関し、教科書本文は本国に準じ、作文ではブラジル化を認めるという調停案を出している。彼によれば、日本の標準語も新しい外来語や科学用語がどんどんつけ加わっているので、ブラジルの教育者が杓子定規に本国に追随する必要はない。コロニア教科書でとうもろこしやバスを使ったのは納得がゆくが、「作文教育の本質は自発性を尊重し、個性の伸長を図るということにつながっている」から、ミーリョやオニブスも認めるほうがよい。『ママイ、とうもろこし取りにいくよ』と書いたら読む者は冷たい違和感を覚えるに違いない。やはり作文には『ママイミーリョとりにいくよ』の方が文章への親しみをズバリと感じさせる」(「ママイ=ママ」はなぜか問題なく認められている)。「読む者」とは教師や親を指す。一世の語感が違和感と親しみの基準にある。「とうもろこし取りにいくよ」は教わった表現で不自然に響いた。それをミーリョとすることで、ブラジルの生活感が増し、よりいきいきとした日本語(コロニア語)になる。正しい日本語を教える責任と借用語に対する愛着の間で、永田は揺れ動いている(「正しいニッポン語」一九六六年三月一九日付『日毎』)。

標準日本語を教えるほうがよいと日本から来た権威が述べると、感情的な拒絶を招いた。コロニアの事情を知らない人の容喙を許さないようなところがあった。これまでにも引用してきた鈴木英夫がその意見を発表すると、ベテラン日本語教師は「教育の目的がコロニアの日系人を主眼としている以上、日本の人には多少の不利はあってもやむを得ない。いやむしろ日本の人にコロニアの日本語教育に関して、批判される必要は無いと考える。コロニア独自の教育方法に委してほしいと思う」(一九七九年二月八日付『日毎』、「コロニア語は方言 〝正しくない〟日本語か」一九七九年二月六日付『同』)と突っぱねた。反論によれば、戦前の教科書は本国を基準に作られたためにブラジルの子どもには馴染みの薄い言葉ばかりで教えるのに難儀したが、戦後になってようやく日系人の言葉の実態に即した記述になって喜んでいる。それを教授は元にもどせという。「日系人だけでなく日本人にもわかる日本語を教えるべき」というが、これは日本の日本人には有利でも、ブラジルの日系人には不利に働く。ブラジル語もアメリカ英語も先住民や奴隷の言葉が混じって、宗主国の言語から離れている。植民地の言語はこのように常に土地の風土や人情や慣習に応じて変化して独特の言葉が生まれる。言語学者はなぜそれを認めないのか。

彼の目には、鈴木は本国の規則を移民に押しつけようとする圧制者のように映った。裏を返せば、それだけコロニア独自の語法に誇りを持ち、その伝承に熱心だった。教科書の論争には教育現場が関わるので、単にニュアンスの問題に留まらない多くの意見が戦わされた。日本語教育は日本精神の伝承なのか、語学技能の伝承なのかという深い思想問題も関わってくる（ある時期まで戦前の教科書を採用する元信念派の教師が多かった）。それは別に論じることにして、本国の日本語の対応語を拒絶するほど強く、彼らの仲間意識が刻み込まれている。

戦後のブラジル編纂発行の日本語教科書は戦前版に比べ、ポルトガル語借用に寛容になっている（一八三頁別表）。これは戦前よりもブラジルで書かれた教材が多くなったことを反映している。戦前にはまだ手探りで、本国の神話、歴史、偉人、美談を多く含む教科書であったが、戦後版が編纂された一九六〇年代には半世紀近い蓄積があったうえ、永住志向が決定的になり、ブラジルの風物、歴史、文学を日本のものと同じ程度に教えるようになった。おそらくポルトガル語の教科書が参考にされただろう。借用語のなかには、南米独特の果実、植物、動物、昆虫のように日本語に対応物がないものと、ミーリョ、タマンコ（木のつっかけ）、ラガルト（とかげ）、アバカシ（パイナップル）、セボーラ（たまねぎ）、ナター

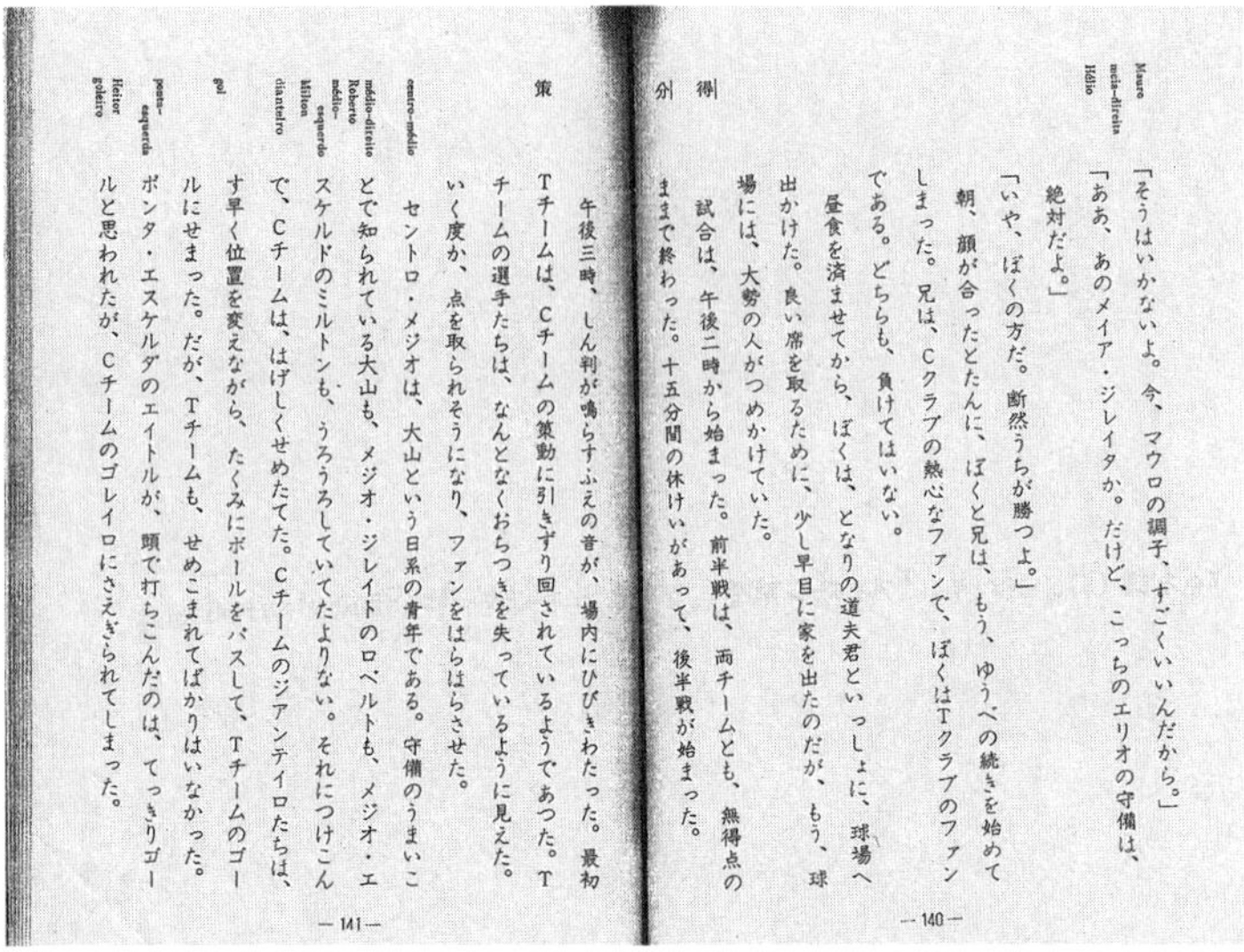

Mauro
meia-direita
Hélio
得
分

「そうはいかないよ。今、マウロの調子、すごくいいんだから。」
「ああ、あのメイア・ジレイタか。だけど、こっちのエリオの守備は、絶対だよ。」
「いや、ぼくの方だ。断然うちが勝つよ。」
朝、顔が合ったとたんに、ぼくと兄は、もう、ゆうべの続きを始めてしまった。兄は、Cクラブの熱心なファンで、ぼくはTクラブのファンである。どちらも、負けてはいない。
昼食を済ませてから、ぼくは、となりの道夫君といっしょに、球場へ出かけた。良い席を取るために、少し早目に家を出たのだが、もう、球場には、大勢の人がつめかけていた。
試合は、午後二時から始まった。前半戦は、両チームとも、無得点のままで終わった。十五分間の休けいがあって、後半戦が始まった。

— 140 —

策
centro-médio
médio-direito
Roberto
médio-esquerdo
Milton
dianteiro
gol
ponta-esquerda
Heitor
goleiro

午後三時、しん判が鳴らすふえの音が、場内にひびきわたった。最初Tチームは、Cチームの策動に引きずり回されているようであつた。Tチームの選手たちは、なんとなくおちつきを失っているように見えた。いく度か、点を取られそうになり、ファンをはらはらさせた。
セントロ・メジオは、大山という日系の青年である。守備のうまいことで知られている大山も、メジオ・ジレイトのロベルトも、メジオ・エスケルドのミルトンも、うろうろしていてたよりない。それにつけこんで、Cチームは、はげしくせめたてた。Cチームのジアンテイロたちは、す早く位置を変えながら、たくみにボールをパスして、Tチームのゴールにせまった。だが、Tチームも、せめこまれてばかりはいなかった。ポンタ・エスケルダのエイトルが、頭で打ちこんだのは、てっきりゴールと思われたが、Cチームのゴレイロにさえぎられてしまった。

— 141 —

『日本語 9』1961 年．「フットボール試合」．英語とポルトガル語の借用が入り乱れている．

ル（クリスマス）、マレイタ（マラリア）など対応語があるが、ポルトガル語が選択されているものとがある。編者が児童の親しみを重んじた結果だろう。おもしろいことに、『日本語 9』の「フットボール試合」でポジション名はポルトガル語なのに、チーム、パス、ゴール、ラインのような日本で使われる英語借用語はそのまま残されている。オニブスでなくバス、トマテでなくトマトを使った章もある。ミーリョ問題に関して、教育者が一生懸命述べるほどは厳密な基準はなく、恣意的な選択としか思えない。子どもはとまどっただろうか。

以下では日本語に翻訳不可能と移民が考える二つの象徴的な単語を選び、移民の集団的な記憶の投射について述べる。

ムダンサ／引っ越し

「ムダンサ」はコロニア語では「引っ越し」を指す。mudança は動詞 mudar (change, remove) の名詞形で、辞典によると change, exchange, move, removal, transfer, alteration など広い意味での移り変わり、移動、入れ換えを意味し、「ギアチェンジ」「転地療法」「人生の転機」「場面転換」「政権交代」「色の変化」などいろいろな文脈で用いうる。しかしコロニア語では「引っ越し」以外の意味はまったくない。しかし「ムダンサ」はとても日本語の「引っ越し」では収まらないと多くの移民は考えている。

「年ごとに移りて住めば来年はどこへ行くかと子等の問いける」（一九三一年八月一三日付『時報』）とあるように、移民の多くは始終引っ越す生活スタイルを取っていた。これは出稼ぎ戦略を採った戦前には特にあてはまる。識者がたしなめた腰の落ち着かない浮き草生活とは、ムダンサを続ける生活スタイルのことだ。ムダンサでは「カミニョン〔トラック〕の上に家具一切、コルション〔マットレス〕から空箱、エンシャーダ〔鍬〕は勿論、犬猫、ニワトリまでつんで、その上には一張羅を着かざった子供達が並び、途中のベントウまで用意して住みなれた村をあとに『それでは皆さん長いことお世話になりましたばい。さようなら』『お互様だったよ。おいらもすぐあとから行くけんな、元気でやってくんろ』。一寸涙っぽい場面を見せるが、カミニョンが動き出してしまうと、『風と共に去りぬ』で悲しいことは、一ぺんに吹飛んでしまう。上に乗っている子供達はカミニョンに乗っていること、そのものがうれしいのである」（白雲堂「百姓とムダンサ」一九四九年三月一一日付『日毎』）。

『風と共に去りぬ』ではなく、『怒りの葡萄』を思いだしてほしかった。このような転居風景は日本にはめったにない。日本で農民の「引っ越し」といえば、分家、結婚、火事、それに上京などの機会が考えられるが、トラックに家畜を積むというような風景は馴染みではない。しかもあたりは原始林をやっと切り開いたようなところで、未舗装の泥道が間の抜けたようにただまっすぐに視界の果てまで続いていただろう。大人も運転しながら新しい土地への希望を抱いたり、ブラジルに来てからの道のりを考えたりする。ムダンサは早いうちに彼らの語彙に定着した。一九二九年一一月号『農業のブラジル』では、川柳のテーマのひとつに選ばれている。五年前より日本政府の旅費全額支給制度のおかげで移民が増えた。それに比例して、ムダンサする者が増え、互いにその経験を話す機会が増えた。この時代にすでに「引っ越し」では訳せないさまざまな思いがこめられていた。

ムダンサの数をかぞへて年を知り
ムダンサの数自慢して古参顔

サントス港に着いてから、どれだけ移ったのかを指折り数えて移民としての履歴を確認する。ムダンサは移民の「勲章」のようなものだった。なるべく早い錦衣帰郷が最終的な目的なのに、古参であることが自慢になるのは矛盾しているが、牢名主や学生寮の万年落第生のことを思えば理解できる心情だろう。本来の社会秩序（娑婆、大人社会、日本社会）から一時的に外れたモラトリアム状態に留まっているうちに、そのなかでの上下関係のほうが重要になってしまったのだ。

欲張って引っ越す尻の軽い奴

ムダンサをやめた御蔭で土地が買へ

目先の賃金に目がくらんで引っ越すばかりでは、いつまでも土地持ちにはなれないと川柳は教えている。そうとわかっていても、目先のことが気になるのが世の常で、回り道した人のほうが多かった。ムダンサはできごとの少ない村の一種のお祭りだった。大安の日を選び、女に晴衣を着せ、味噌桶をかつぎだす。

御機嫌よう荷物の上からおじぎをし
カミニョンにゆられて鶏も此処、此処と
ムダンサの娘ばかりに晴衣着せ
ムダンサにやっと女房の晴衣でき
ムダンサの度に味噌桶もてあまし
別れ日に隣で家族は貰い飯
暦の日佳いにムダンサ雨が降り

ムダンサが川柳の題になるほど目立つようになったのは、この時期には家族もちが増えて、荷物がばかにならない量になってきたからだ。単身者の場合には村の行事にはならなかった。ムダンサするたびに子だくさんがこたえた。妻の出産の時期をはからなくてはならなかった。

ムダンサをする度子供とボロは殖え
産む月を数えて移る時を定め
ムダンサも知らぬ間にする一人者
かわったらきっと手紙は嘘の皮

ムダンサは出るほうばかりでなく、到着の側でも一大事件だった。日本の農村とちがって、どこも人の出入りが激しく、長続きする人間関係はなかったが、生活スタイルの変化ほどは気質は変わらず、家長制にもとづく義理人情が残った。先輩家長に対する敬意はもちろん重要で、着いた初日には酒盛りがあり、村の生活習慣について教えこまれた。全体的に娘ひでりだったから、新家族に適齢期の娘がいるかどうかは関心の的だったし、好奇心から交際が始まった。

酒が過ぎ初交際にボロを出し
ムダンサの着いた車に紅一点
引っ越した二三日はもてるなり

ムダンサは希望であると同時に挫折で、この相反する価値が鮮烈にぶつかりあう場だった。戦前の日本の農村では都会に出たり、近隣の村に移ったり、嫁入り、婿入りで近距離を行き来することはあっても、一家総出で毎年のように移るというような生活スタイルは考えられなかった。ブラジルの移動は理由も風景も人生にとっての意味もずいぶん違うと移民は自覚した[20]。

戦後にはムダンサは移民の宿命であると堀田野情が感慨深く記している（「ムダンサ」一九五〇年九月一二日付『日毎』）。

私のせまい経験からいってムダンサはそう簡単に仕様と思っても出来るものではない、それは実にせっぱつまった余裕ない事情がない限り出来ないものである。

人間に宿命という一つのプログラムがあるとすれば、そのプログラムの一行にムダンサはたしかに書き入れられていると私は信じる。生死という大事な行と行の間に、一生のうち何度かのムダンサが書きこまれていると思われる。

ムダンサやパラナ埃りの中を行く

ふとある日こんな俳句とも川柳ともつかない十七字が口をついて出た。秋から冬にかけてのパラナ路を家財道具を山と積んだカミニョンがその山のような荷物の上にまた多数の人間を積んで赤い土埃りの中を走り来り、また走り去るのである。

ある朝は水銀柱がグット下がって低地には霜が下りたであろう。パラナ名物の寒風の中を車上の人は鼻の頭を真っ赤にしてさむざむとした表情で、はるかなマリンガ市へ、またその奥へと自動車を急がすのであった。

今年はことにサン・パウロ州の綿作地帯が異常な不作であったためについに決意した人々が、永年住みなれた村に哀別の涙を流して希望はるかなパラナへと流れ流れ出るムダンサの数は多く、朝から夜へ、または夜の夜中まで私の家の前を通る車の多いこと、ふと戸口にたたずみ送る私の顔を見て目礼微笑される同国人を見る度に同じ一つの血のつながりにわれ知らず、その後姿に心からなる祝福を浴びせてその首途幸あれかしと祈るのであった。

皆さん、よく決心しておいでになりました、村を出る時には随分別れが辛かっ〔た〕ことでしょう。長い道中なんぎなことでしたでしょう、でもパラナはきっと皆さんを幸福にしてくれますよ、第一土がとてもアジューダ〔助け〕してくれますから。

大きな希望を持って働きましょう、みんな仲よく働きましょう。

気候不順、低賃金、虐待その他、否定的な要因があって、移民は引っ越す。金銭的にも精神的にも幸福なはずはない。この年の記録的な霜害は、パラナ州北部へのムダンサを移民家族に強いたが、同地もまた翌年には霜がきつく再び移動する一家もあった。堀田は同胞への親愛の情を強く感じた。上の川柳の作者一人一人に、実はせっぱつまった事情があっただろう。

大人から見ると子どもたちははしゃいでいるようだが、中には哀しい思いをする子もいた。「いよいよ明日はむだんさ（移転）となりました。私は此の住みなれた家と、お別れしなければならないようになったと思うと、とても淋しくなります(21)」。彼女は飼っていた馬や学校の先生と別れるのがつらくてたまらないと書いている。「『お父さん、もうむだんさはいやですよ』と言うと、お父さんは『むだんさはいいだろう』などと言って笑っていました。私はむだんさが大きらいです。……ほんとうにほんとうにむだんさはいやです(22)」。

武田君、そうだね。日本では村を出ることもなく、父祖伝来の土地にしがみついていたが、ブラジルでは出稼ぎ気分なので、一つの土地に腰をすえて長期計画を立てる者は少なく、少しでもうまい話があると移民はすぐにムダンサした。農民なら土地に根をはやせと指導者は声をからしたが、小作人は早く帰国金を稼ぐために何度も移り住んだ。白雲堂はこのような出稼ぎ根性の根底には故国と共にありたいという共通の人情が流れているという。「ニッポン人移民全体にかすかに流れる、しかし、強力にして、しかも共通なる、この気持ちを理解しない限り、一切の移植民問題は解決しないだろう」（一九四九年三月一五日付『日毎』）。目前の利益のためにムダンサを重ねるといういかにも移り気な生活スタイルは、移民の心の最も深い部分と係わっている。「移民というものは、移す民―民を移す、ではなく移る民のこと」なのだ（三月二五日付、傍点引用者）。彼は移民を政府に移された民とは考えず、自らの意志で移り住んでいる民だととらえている。ムダンサは国を移った民が自ら選択した生活スタイルと考えた。こうしてブラジル国内の主体的な移動は、日本からブラジルというはるかなる移動の主体性に重ね合わされる。「決してみじめな気持ちで移って行っているのではないし、もっともっと、大きな原因がある」（四月七日付）。それをひとことでいえば、開拓精神となる。新しい土地を目指す精神があるからこそ、ブラジルに渡り、ムダンサする。こうしてムダンサは「引っ越し」では表せない誇り高い生活スタイルと自己意識を喚起する。

一九四九年の時点での『日伯毎日』という出版メディアも白雲堂のムダンサ論を考えるうえで大切だ。同紙はこの年の正月に創刊されたばかりの認識派新聞で、母国敗戦を残念ながら認め、移民はブラジルに留まり日系ブラジル人という新しい共同体を建設していくことで、日本にもブラジルにも貢献しようという論調が端々に見られた。「移る民」という概念には、棄民劣等感を捨ててこれからは新たな民として立とうという意気が感じられる。ムダンサ人生は根無し草のようだが、積極的に選択しているのであって、切なる愛国心が潜んでいると白雲堂は自己分析している。より良い生活を探求するからこそムダンサする。日本からブラジルへの巨大な移動を果たした民にとって、村から村への移動は瑣末事にすぎないといいたげだ。こう気負い立つことで、永住を納得させようという切迫感も感じられる。

エンシャーダ／鍬

先の白雲堂の引用（一六九頁）で「エンシャーダは勿論」とあった。エンシャーダは鍬の一種だが、農業移民にとってはただの農具以上に労働や人生の象徴だった。ちょうど主婦にとってのしゃもじ、プロレタリアートにとってのつるはし、板前にとっての包丁、飲食店にとっての暖簾に対応し、精神的な意味を担った。先駆者の語彙に最初に入った語彙の一つだった。

俳人でもある富岡耕村の連載「エンシャーダ物語」（一九二五年一二月四日—二六年一月二二日付『聖報』）は、エンシャーダが一九二二年に日本人の手に渡ってからの半生を一人称で語る読み物だが、冒頭でブラジルの日本人のなかで「少数のお役人様を除いたら」ぼくと働かなかった人は本当に少ないと記している。「従ってわざわざ僕の事を日本語で『鍬』なんて七六ヶ敷く呼ぶ人は誰もない、エンシャーダで通っているのだから」。既に日本語に翻訳できない語に認定され、農民層とエリート層の対立が、エンシャーダをめぐって浮上している。エンシャーダは農民とブラジルの大地との契約であるかのようだ。物語の最後には「使い古しの我々エンシャーダも農家の神棚に上る資格があると思うが」と信仰の拠り

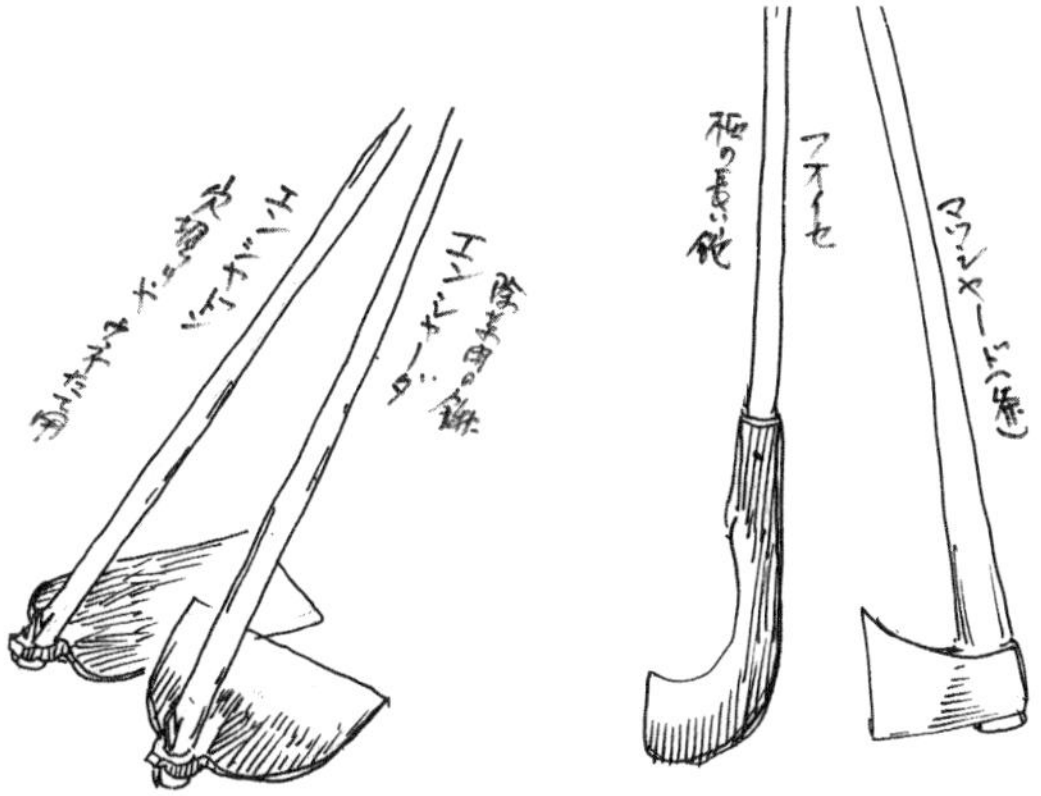

左からエンシャドン（穴掘りや畝立てに使う鍬），エンシャーダ（除草用の鍬），フォイセ（灌木の伐採などに使う柄の長い鉈），マッシャード（斧）．
出典：半田知雄『画文集 ブラジル移民の生活』無明舎出版，1986．

所にまで昇華されている。実際、日系移民の「三種の神器」の一つに選ばれている（他の二つはフォイセ／鎌とマシャード／斧。他説もあり）。

尾本生「エンシャーダの音を聴きつつ」（一九三一年八月七日付『新報』）では、「ザラリザラリと引くエンシャーダの声を静かに聴き乍ら、我と我胸に我過去を聴く」と人生を語るきっかけになっている。彼はペルーよりパラナ州を経てサンロッケ耕地に移り住んで、移住以来いまだどこにも落ち着く場所がない。エンシャーダは過去と未来に区切られた永遠の現在を教える道標のように映り、畑の畝は時の流れ、人生行路を象徴する。「自分は立っている後ろを向くと、今引いたエンシャーダの後の草が瞬く間に枯れて、自分の立って居る処を境として判然と枯草と青草との区切りが着いてるのも快よい」。耕す音を声と呼んでいるのが面白い。農具は擬神化され、天啓のようにキリスト者の彼に語りかける。その規則正しい声を聴きながら、落魄の身に絶望せずに前向きに生きるようエンシャーダは促す。「労働は神聖なり、神聖なる労働に従事し得らるる身の健康を恵まれたるを感謝しつつ、自ら教え自ら答えて再びエンシャーダを懸命に引く」。彼は教会に通えた幸福なペルーの七年間を思い出し、信仰と一体となったプロテスタント的労働観をエンシャーダに込める。将来のことは「只神のみぞ知る、運命の行示《ママ》だ」。このようにエンシャーダは神器にもなれば、聖具にもなった。(23)

横田恭平の自由詩「エンシヤ《ママ》ーダの道」は農具を宮本武蔵の剣になぞらえ、時間、人生、鍛錬、精神の象徴としている。農具を長い柄のついた刃物という点で日本刀と等価に置き、農作業を剣の素振りにたとえ、拓士の気概にあふれている。全文を引用する。(24)

エンシヤーダの道に於て／私は或る境地に達し得たかも知れぬ
むかし深く腰を沈めるとき／丈なす雑草の中にその刃を進めることは
屈強のバイア人に後れをとらなかった／いま私にそのかみの強引さは失われた
力を以て覇を称えようとはすでに思わない／最も軽い柄を選み
流汗しつつ／何の慾得もなく
しずかに無心に曳き捌く／力はおのづからリズモをつくり
よく肯綮にあたり／雑草は敢えなく仆れる
何たる恍惚

仕事に恍れつつ／私の細い注意はいつも地表にあるけれど
頭上を過ぎる飛行機は／仰がずとも歴然と心に影を落す
光り、音、風のそよぎ／私の無心は自在にそれを吸収する
無頼の私は武蔵の諦観に近づこうとは思はないが／少くとも私の剣、いやさエンシヤーダは
忍従慈悲の刃である／少くとも私の生活態度は
このエンシヤーダの捌きに象られる／見よ、二羽のアヌーが飛び交いつつ
推しすすめる刃にからまって／恐れ気もなく虫を拾っている

この農民詩人にとって「エンシヤーダの道」とは剣の道に他ならない。力ではなく無心の境地になって軽やかに農具を振り下ろす。バイア人と力を競うのではなく、雑草と静かに戦う。反復動作は恍惚を招く。地表を見つめ、五感が敏感になる。エンシャーダは実用具である以上に、年齢を重ねて達した人生の「或る境地」を象る道徳的な用具（道具）に昇華している。エンシャーダにからまるアヌー（黒い鳥）は農作業と自然との一体化を暗示しているだろう。それを捌く「私」はブラジルの大地に同化している。作者は力を信じた若き日の剣豪が最後に達した諦観の境地に、自分のエンシャーダ人生をあてはめている。

おわりに

前山隆は一世のコロニア語と二世のポルトガル語の会話から成る実験的な戯曲「トマテとコンピューター」の自註で、コロニア語を「コロニア六十年史の最大の文化遺産」であると讃えている。「単に言葉が〝崩れて〟混ってなどいるのではない。生きていくうえでのストラテジー（戦術）として、われわれは故意に混ぜ、苦労して両語をこねあげているのである」[25]。「文化遺産」という評価には、正統性認識が含まれている。コロニア文化は本国のコピーではなく、ブラジル社会で移民一人一人が主体的に選択した蓄積であるという持論が応用されている。ブラジル人との意思疎通の上での苦労はあっただろうが、語彙の混合には大した苦労はなかった。ポルトガル語の混入は「故意」とはいいがたい。「あこがれから混ぜ、知らぬまに両語をこねあげている」のである。もちろん彼のいうように、「ブラジルの生活からしぼりだされた言語」である。

多くの語彙は借用せずに済ませられるが、話者はポルトガル語採用を好んだ。その繰り返しのなかで、借用語は本来の語と区別がつかないほど定着した。とりあえずの借用は共通語彙となった。本国の日本語の英語やフランス語借用とプロセスはあまり変わらない。ただし本国の場合と違い、コロニア語は母国語モノリンガリズムが意思疎通を妨げる環境で発展した。そして「日伯チャンポン語」と片付けられていたのが、戦後、本国から独立した集団意識が生まれるのに伴って、コロニア語という呼び名を獲得した。この呼び方は笠戸丸以来のわれわれ数十万の移民が培ってきた生活史が刻み込まれた言葉であると暗に主張している。その実態は日本語に頻繁にポルトガル語の語彙を借用した言語で、移民一世の母国語をベースとした集団語以上でも以下でもない。特徴はポルトガル語の語彙にあるため、そのなかに本国の日本語からの独立を見出す論調が生まれた。

後半ではミーリョ、ムダンサ、エンシャーダを例に挙げ、それぞれ日本語では言い表されない独自の意味作用を持っていることを詳論した。日本でも借用語の大半は適当な訳語があるのに新鮮な語感、あこがれの故に採用されている。訳語では置き換えられない重みや輝きを持った借用語も少なくない。だがそのなかにムダンサやエンシャーダほど「我々意識」を担った語があるだろうか。日本語では言い表せない国民意識を喚起する借用語があるだろうか。集団語が部分語であるからこそ、全体語にはない同胞意識が表される。コロニア語の場合は言語的な少数民族を話者の母集団としていて、我ら少数民族という意識は母国語にとっての外来語、しかし話者の地理からすれば国内語の語彙で作り上げられる。この転倒が他の集団語にはない民族的集団語の特徴である。コロニア語は外国語の壁に囲われた移民の言語生活から生まれ、混入されたポルトガル語の語彙はその先には行くことができないことを示す限界線のようなものである。コロニア語は日本語の飛び地のなかでの小さな安心を保証した。

日本語話者が減少するにつれて、コロニア語話者も減っている。「ヨはドミンゴにオニブスでメジコに行ってくる」というような正調（？）コロニア語は、老人の会話以外ではめったに聞けなくなった。気楽な借用は日本語の特徴であるから、ブラジルの日本語集団が存続する限り、消滅はしないだろうが、世代を越えて継承される可能性はほとんどない。絶滅に瀕しているといえないこともない。これからは日本語の亜種という視点だけでなく、母語とまったく互換性のない言語環境に移住した世界各地の移民の日常語についての通文化的研究を参照する必要があるだろう。どこでも母語と移住先の言語の混交が行われたと想像するが、そのありようのなかで、ブラジルの日本語はどのような特殊性と普遍性を持つのか。専門家の研究を期待したい。(26)

戦前戦後の日本語教科書に現れたポルトガル語借用語彙一覧（新出語のみ）

日本語読本（ブラジル日本人教育普及会）一九三七年	『巻一』未見 『巻二』レイス、セスタ、サッキンニョ、カミニョン 『巻三』なし 『巻四』なし 『巻五』マモン 『巻六』なし 『巻七』コロニヤ、ブローカ、ガファニョット、サンパウロの地名多数 『巻八』アマレロン、マレイタ、フェリダ・ブラバ
『にっぽんご』（日本語）（日伯文化普及会）一九六一年	『1』未見 『2』マモン、ミーリョ、ラッタ、ランバリー、タマンコ、パパイノエル、カフェザール 『3』カデルノ、パスト、レストランテ、オニブス、アバカテ、サボン、ナタール、ガンソ、パパガイオ 『4』ブロッシェ、ピッコ・デ・ジャラグア、ボーロ、シーカラ、セボーラ、カジュー、レーデ、カザキニョ、アラマンダ、ベン・テ・ビー、トマテ、シスネ、パウ・ブラジル、サーラ、フェイジョン、フェイラ、サッコーラ、ペイシェ、マカロン、ケイジョ、マンテイガ、アバカシ、ジャボチカーバ、パパイ、ママイ、オンサ 『5』エンシャーダ、エンシャドン、アパー、クラボ、カマ、パイネイラ、マット、エストラーダ、カッペーラ、サッペ、カミニョン、ジア・サント、ポン、ブルーザ、

プレゼンテ、カルトン、ファルマシア、バランサ、チラデンデス、カスタニャ、グアラナー、ピメンタ・ド・レイノ、ジュッタ、ペイシェ・ボイ、ピラニャ、テトラ・ネオン、アカラ・バンデイラ、アカラ・ジスコ、プラネタリオ、コロニア、テアトロ・ムニシパル、ビアズット・ド・シャ、セルトン、マメルッコ、インジオ

『6』ピアバ、タプイア、アリアッケ、カライーバ、ポン・デ・アスーカル、キンタ・ダ・ボアビスタ、パピリオ・モルフォ・アグリア、カリコーレ、エリコニア、ラガルタ、クルケレー、ブロッカ、トラッサ、サウバ

『7』未見

『8』フェリダ・ブラバ、メルカード

『9』ジャンガダ、コバ、フォイセ、メーザ、セスタ、メジオ・ジレイト、メジオ・エスケルド、ジアンテイロ、ゴレイロ、ポンタジレイタ、セントロ・アバンテ、ザゲイロ、ケントン

『10』ペロバ、ジャブチカバ、カジュー、ジャグァレテー、オンサ・ピンタダ、カンガンバー、アンタ、タマンヅァー、レギサ、ジャカレー、ベイジャ・フロル、ツカノ、アララ、クルゼイロ

『11』フェスタ、ラポゾ、ラポジニョ、フィニャ、フェー・デ・オフィシオ、グルッポ、エスタンシア、エスタンシェイロ、アラマド、ポルテイラ、マンゲイラ、インベルナダ、ボンバッシャ、ポンショ、ガイアカ、クイア、ムチロン、ピシュルン、シマロン

『12』新出ポルトガル語単語なし

註

（1）　言語学者は移民、外国人労働者、言語境界地域や二重言語地域の住民、（元）植民地の住民などを主な対象に、ここで単純に借用と読んでいる現象をコード・スウィッチング、コード・ミクシング、言語移動、言語移転、言語干渉、言語混交などの概念で説明している（Celso Alvarez-Caccámo, Peter Auer, Michael Clyne, Carol Myers-Scotton, Shana Poplack, Jerzy Smolicz 他）。門外漢がくちばしを挟む余地はない。ここでは日常語になっている借用を一貫して用いる。言語接触論の主流はざっと見たところ、バイリンガル、トリリンガルの談話分析で、移民の母語モノリンガリズムの書き言葉からの分析は少ないし、借用された語に対する情緒的な価値づけも言語学者の関心にはないようだ。日系一世の言葉で起きたこととほぼ同じことが、ブラジルの台湾系でも起きたそうだ。David Jye Yuan Shu, "Code-switching: a linguagem dos imigrantes chineses do Brasil," *China em Estudo*, N. 3, 1996, pp. 91-97 (Curso de Lingua e Literature Chinesa, DLO-FFLCH, USP).

（2）　比嘉正範「ブラジルにおける日本人移住者の言語適応」『ラテンアメリカ研究』四号、一九八二年、一五三―一七九頁。市村和久ラリー「アルゼンチンにおける日本語の現状」『移住研究』三一号、一九九四年三月、七七―九〇頁。田中京子『日本語からコロニア語へ――またはブラジル日系人の異文化接触』名古屋大学大学院文学研究科一九九一年度修士論文。鈴木英夫「ブラジル日系社会における外来語」『名古屋大学教養部紀要』二三輯、一九七九年、一一五―三四頁。同「ブラジルにおける日本語の変容」『名古屋大学教養部紀要』二六輯、一九八二年、九一―一一六頁。野元菊雄「ブラジルの日本語」『言語生活』一九六九年六―一〇月号。馬瀬良雄「ブラジル便り――ブラジル日系人の日本語」『言語生活』一九八六年九月号、三六―四五頁。最近の成果として、『日系ブラジル人のバイリンガリズム』国立国語研究所、二〇〇〇年、工藤真由美・津田葵編『言語の接触と混交』大阪大学21世紀ＣＯＥプログラム「インターフェイスの人文学」二〇〇三年、『国文学解釈と鑑賞』の「南米の日本人と日本語」特集（二〇〇六年七月号）参照。

（3）日本移民五十年祭委員会編『かさと丸』日本移民五十年祭委員会、一九五八年、六四頁。この例については、中東靖恵「ブラジル日系社会における言語の実態」（『国文学解釈と鑑賞』二〇〇六年七月号、九九―一一九頁）に詳しい。一九二六年七月九―二三日付『聖報』に連載された小説、梨羅「紫水晶」（鉄道工事現場でブラジル人の元ガリンペイロ〔採掘労働者〕が、日本人技師にダイヤモンドを売ろうと持ちかける話）は、ポルトガル語会話が含まれるため、借用語が多い。たとえばエスタソン（駅）、アンダーメ（鉄条網）、カフェー、トーラ（昼寝）、トーマカフェー（コーヒー・ブレイク）、カホーカ（釣り糸の結び目）、カマラーダ（農夫）、ジョウゴ（賭博）、ショフェーロ（運転手）、イタリアーノ、ボアノイテ（こんばんは）、ドトール（医者）、ジャポネース、ジャポン、ディアマンテ（ダイヤモンド）、ボルソ（ハンドバッグ）、カルボナード（炭化）、アメシスタ（アメジスト）、カーマ（ベッド）、グランデ（大きい）、バイアノ（バイーア州出身者）、ポルトゲーザ（ポルトガル女性）、ポルトゲース（ポルトガル語）、ミネイロ（ミナス州出身）、パシア（散歩）、カミニョン（トラック）、アミガーダ、ミーニャセニョーラ（うちの女房）、エンボーラ（別れる）。同じ筆者と思われる豊富発揚「ダイヤほりに　流浪の旅」（一九二六年二―四月『聖報』連載）は日本人ガリンペイロの珍しい体験談で、昔、喧嘩した男と邂逅する場面（四月二三日付）があり、男のポルトガル語をすべて片仮名で記している。「オージャポンネース、ボッセエスターバ・ノ・リベロンプレト、ノエ、エ、エ（以下略）」（おー、ニホン人、あんたはリベロンプレトにいた、そうだろ）」。農村の外に仕事を求めた筆者のある程度のポルトガル語力がうかがえる。

（4）Pieter Muysken, *Bilingual Speech. A Typology of Code-Mixing*, Cambridge University Press, 2000, Cambridge, pp. 69-89.

（5）鈴木英夫「ブラジル日系社会における外来語」『名古屋大学教養部紀要』一三輯、一九七九年、一一八頁。

（6）ある三世の少年がホットドッグを「熱い犬」と直訳してねだったという笑い話がある。ポルトガル語では英語つづりをそのまま読む「オッドッギ」(hotdog) と、ポルトガル語に訳した「カショーロ・ケンチ」(cachorro quente) というふたつの言い方がある。この子どもは後者を日本語に訳した。アメリカ生まれの食べ物をなぜポルトガル語では訳すのに、日本語では訳さないのか、少年に説明できる大人はいないだろう。

(7) 日本国内でも外来語が一般に使われているアイロン、ガム、チャンネル、コンピュータは、抵抗なくポルトガル語由来のフェーロ、チクレ、カナール、コンプタドールに置き換えられている。コンプタドールのように、ポルトガル語が英語から借用してきた例にはほかに、クーペル(ジョギング、その発案者クーパー博士の名前から)、ボイ(ボーイ、事務所の使い走り)などがあり、たいていコロニア語の語彙に入っている。日本の外来語をそのまま受け入れた例として、ワープロ、テレビ(ポルトガル語由来のテレビソンも併用)、ラジオ、アンテナ(アンテーナと発音することもあり)、スポーツ、ヨットなどがある。借用するポルトガル語が日常語から消えたために使われなくなった語もある。たとえば automovel (自動車) がかつては「アウトモベウ」「トモベ」と呼ばれていたが、現在、ポルトガル語では carro が普通で、日系人も「カーロ」と呼ぶ。ミワ・ニシムラは北米二世の日本語ベースの話し言葉には、①本国の日本人が日ごろから使ったり理解できる英単語、②本国の日本語で対応する語を知らないためにとりあえず借用する英単語、③日本語と英語の両方が自由に選ばれる語があると記している 。ブラジルの借用もほとんど変わりない(Miwa Nishimura, *Japanese/English Code-Switching. Syntax and Pragmatics*, Peter Lang, New York, 1997, p. 136).

(8) 日本語化を受けない動詞に pôr (置く、英語の put)、fazer (作る、する、英語の make, do)、ir (行く、英語の go)、ser (である、英語の be)、estar (いる、英語の be) のような基本動詞がある。この四つはあまりに多くの文で異なった状況で用いられるため、日本語のなかにはめこみにくいのかもしれない。不規則活用で移民が最も使う一人称単数現在形と原形が著しく違うのも、馴染みにくい原因かもしれない。たいていは一語一訳で対応するのだが、ポルトガル語の gravar (英語の record) に由来する「グラバする」はポルトガル語の意味をそのまま残し、日本語の「録音する」「録画する」の両方に用いられる。北米二世の「英語＋する」については Nishimura, *op. cit.*, p. 121 参照。半田知雄は「―する」が名詞ではなく、ポルトガル語の動詞原形を借用しているのに着目している（「日本語会話に、とり入れられたポルトガル語」『コロニア文学』一七号、一九七二年四月号、八〇―八二頁）。たとえば「労働する」が「トラバーリョする」（trabalho＝労働）ではなく「トラバーリャする」（trabalhar＝労働する）となったり、「散歩する」が「パセイオする」（passeio＝散歩）ではなく「パシアする」（passeiar＝散歩する）となる。これは抽象名詞より動詞をさきに覚えたからと彼は推測しているが、最初期の借用者の感じた語呂の良さというような偶然がずいぶん入りこんでいるように私は思う。

(9) 小説家の醍醐麻沙夫は「長蛇のフィーラ」（長蛇の列）という表現に注目している。「フィーラ」は銀行や商店で順番をまつ「列」の意味だが、「長蛇」は訳さずにコロニア語と混ぜているところに彼は面白みを感じている（一九六九年六月二五日付『パウリスタ』）。

(10) 借用とは逆にポルトガル語を直訳することで作られた漢字の造語が多いことを鈴木英夫は指摘している（鈴木英夫「ブラジルにおける日本語の変容」『名古屋大学教養部紀要』第二六輯、九七頁）。たとえば horario comercial から「商業時間」（標準語では営業時間）、meia pratica から「半経験者」（半熟練者）、conservação periodica から「定期保守」（定期点検）などが挙げられている。「半経験者」の系列に「半職人」「無経験者」も見出される。「続営」（営業を継続）、「続開」（昼休みなしに営業している）、「下機」（飛行機から降りる）、「下航」（船から下りる）のような日本語にないのが不思議な例がある。このほか鈴木は幕末明治の新しい漢語の発明に関する研究で提案した「軸字」（同類の漢語のなかで基本的な意味と位置を占める漢字、たとえば「校長」「校庭」「校歌」における「校」）が、ブラジルでは本国と異なる使われ方をしていると指摘している。たとえば配耕（移民会社によって耕地に配属される）、転耕・退耕（耕地を変える、出ていく）、地権（土地の所有権）、同航者・会（同じ船で来た人、その集まり、同船者・同船会ともいう）、出聖・退聖（聖市＝サンパウロ市に出る・同市から出ていく）、着伯・帰伯（伯西刺爾《ブラジル》に着く・帰る）。ブラジルの日本語は、借用の方法と同じく、漢字の新語彙の発明もまた本国の規則に則っている。

ブラジルには日本の新聞協会のような外来語のつづり方を統一する機関がないため、mulata（褐色の肌の女性）がムラタ、ムラータ、ムラッタと表記されたり、comissão（代表）がコミソン、コミッソン、コミションと表記される（選手時代のジーコは時に「ジッコ」と書かれていた）。本国の外来語表記の標準にいくらか近づけるか、ブラジルのポルトガル語を聞こえたままに表記するかで、書き手が揺れているために起きる。英語やフランス語のように片仮名表記の標準が、ポルトガル語では確立していないことも背後にはあるだろう（北米の日本語話者が「パーリー」「ケチン」「ベケーション」「ダラー」「ボーステイ」などと発音し、表記することを思い出させる）。

(11)　渡辺友左『隠語の世界——集団語へのいざない』南雲堂、一九八一年、一一頁。以下の分類は一二—一四頁。

(12)　渡辺、同上、一九頁。

(13)　比嘉は前掲論文のなかでコロニア語が「独特の話し方や語彙」によって形づくられる新しい集団の仲間意識と関係すると述べながらも、「地域社会の方言」（一五五頁）と呼んでいる。集団語という用語が馴染みが薄いと考えて便宜上、方言と呼び替えたのかもしれない。

(14)　「ブラジル日系社会における日本語の問題」、『言語生活』三四六号、一九八〇年一〇月、七八頁。移民自身のコロニア語観として、佐藤常蔵「ブラジルの日本語と変化する言語形態」一九七〇年一月二三日付『サンパウロ』、山下ジョージ「ブラジル社会における日本語のあり方」一九七〇年五月二七日付『パウリスタ』、むぎきくお「コロニアの日本語」一九七六年七月二四日付『パウリスタ』、国分定雄「考えさせられる話」一九七八年一一月一七日付『日毎』など。

(15)　ユーリエル・ワインライヒ『言語間の接触——その事態と問題点』岩波書店、一九七六年、vii頁（アンドレ・マルティネの序文）。

(16)　終戦直後の認識派知識人の日本語観は、座談会「二世と日本語」「コロニアの日本語」（『時代』一九五一年九月号と一一月号）を参照。戦前の軍国主義的日本語環境に辟易した三〇代前後の自由主義青年が、日本語に対して冷淡になったり、愛着を語っていて興味深い。ポルトガル語混入とならんで移民の言葉を乱したとされるもう一つの要因は、各地の方言の混合だった。その主唱者は方言を無教養の徴として拒絶した。たとえば一九三〇―四〇年代の文壇の指導的立場にあった古野菊生は、移民社会ではほぼ全国の方言が雑多にしゃべられているのに、標準語の母胎たる東京方言と、平安朝以来の雅語である京都方言を欠いているのを「致命的な欠陥」と嘆いている（「日本語の将来」一九四七年四月二九日付『パウリスタ』）。彼の教養主義的な言語観がよくわかる発言である。

その古野はブラジルで最初に上映された戦後日本映画の一つ、小津安二郎の『晩春』を見て、映像は理解できないところもあるが、俳優の「はつらつ新鮮な日本語は実に快く美しい」（一九五一年五月二三日付『パウリスタ』）と感心している。移民の日本語生活にとって、一九五三年から正式に始まる戦後移民の到着は大きな意味を持つ。彼（女）らは若く民主主義の洗礼を受け、はきはきした日本語をブラジルにもたらした。それまでわずかな戦後映画からおぼろげに耳にした清新な日本語を実際に聞くことができるようになった。同じ時期に次の短歌がある（酒井繁一『朝の香』近藤書店、一九五七年）。

初初しき日本語を我は聞きてをり乗船禁断の柵を隔てて

戦後移民の話し言葉は彼らの清新なイメージの一端を担っていた。日本の敗戦を体験し、永住計画を持ち、戦後育ちの服装や好みや考え方をトランクに詰めて上陸した戦後移民、十数年間の中断に現れた新しい移民は良くも悪くも戦前移民との断絶を感じさせたが、話し言葉もそのなかの一つだった。冒頭で引用した佐藤常蔵は「歯ぎれのよい日本語を話す新移民」が「美しいコロニア語を後世に残」すのに貢献すると期待している。「歯ぎれのよさ」は明瞭な発音よりも田舎言葉（「おかしな訛音」）の少なさに由来する。戦後移民には都会生活者、学校教育をきちんと受けた青年や家族が含まれていたことが、佐藤の好む明朗な話し言葉につながったのかもしれない。

(17)　半田知雄、「ブラジル日系社会における日本語の問題(2)」『言語生活』三四七号、一九八〇年一一月号、五八頁。

(18)　鈴木英夫は「コロニア共通語」「コロニア方言」という区別を提起し、日系人がどうしても日本語にはできないと感じる借用語のはいったコロニア語を「共通語」、日系人のなかには不必要だと感じる借用語のはいった方を「方言」と呼んでいる（「コロニア共通語とコロニア方言」一九七九年三月一日付『日毎』）。共通語と方言という区別は誤解を招きやすいので（鈴木は「共通語」を単語と言語体系の二つのまったく違うレベルで取っているようだ）、借用語のなかに基本語彙と応用語彙、あるいは必須語彙と随意語彙があると考えるべきだろう。二つの間の線引きは鈴木が考える以上にむずかしい。彼は同じ頃、日本語にある外来語をきちんと教えたうえでポルトガル語とのちがいを明確にせよとも述べている（一九七九年二月一五日付『サンパウロ』）。確かにそのとおりだが、片仮名と平仮名を覚える前に（しかもブラジルではほとんど本の中でしか日本の文字と出会えない）、たとえば「バス」が外来語で「ばしゃ」が日本語だと教えるのはむずかしい。

(19)　鈴木信男「ミーリョか玉蜀黍か」一九六五年四月七日付『パウリスタ』。教科書編纂者日本語普及会の船津禮作「ブラジル語と日本文字表記」（一九六五年六月二三日付『パウリスタ』）は「オニブス／バス」を例に、文中の一語が日本人にとって不明であってもそれほど大きな障害にはならないし、低学年生徒の「生活感情」を重要視するという理由で第三案を支持している。これに対して田中敬吾は話し言葉で何であれ教育では純粋な日本語を扱うのは自明であると反論している。日本語はブラジルの子どもたちには外国語なのだから、「正しい外国語」を教えなくてはならないという（「ブラジル語借用について」一九六五年七月一四日付『パウリスタ』）。ミーリョをとうもろこしにするのは異議がないが、オニブスをバス、カミニョンをトラックとするのは納得できないとする説もあった（一九六五年四月二〇日付『パウリスタ』社説）。日本語のなかの英語からの借用語をわざわざ教える必要はなく、ポルトガル語の借用のままでよいという意見もあった。

(20) 一九三二年一〇月二八日付『聖報』。
(21) 武田静重「むだんさ」『ブラジル』一九三六年一〇月号、特一一四―一一五頁。
(22) 入津はじめ「移民の子」という詩を引用する。「一 今度の所は、良い土地だよ／みんなでしっかり働いて／早くお金を残して、日本へ帰ろう／ムダンサの日に／お父さんが、言いました 二ここも土地が 駄目だったのね／みんなに運がなかったのよ／でもこれから行く所は違うわね／ムダンサの日に／お母さんが言いました 三だんだんに遠くなって行く／昨日までの、我が家を見ながら／涙ぐみ、小さな声で／さようならと／僕達は言いました」（一九七二年一〇月四日付『パウリスタ』）。戦前の移民の子はみんなこうでした、と筆者は注を入れている。かけ声と現実の越えがたい溝は日本人の心向きの一部を成している。弁論大会でかけ声をあげて、川柳でため息をつく。社説で力強い正論を述べて都々逸で弱音をはく。軍歌で国威を高揚し演歌で涙を流す。「開拓精神」と「浮草根性」は同じようなペアといえる。
(23) 「酷使せる鍬にも小さな鏡餅」（『ブラジル句集』ブラジル俳文学会、一九九六年）という句がある。戦後「エンシャーダ主義」といえば、老一世が昔の苦労を誇らしげに語ることという嘲笑の意味に取られた。苦労を道徳的な試練と捉えるか、人生の失敗と捉えるかで世代は対立した。人生観の違いが農具をめぐる意味づけの違いとして表面化した。戦前移民は「一鍬も振らないで、駄目だとあっさりあきらめるのは無責任だ」と非難した。その一方で、そうやって「苦労伝達精神」を押しつける戦前移民こそ、出稼ぎのつもりが居残らざるをえなくなってしまい、後続を温かく迎えられないような偏狭な気持ちになっているのではないかと批判する声もあった（鈴木いづみ「苦労伝達精神」一九五三年一二月五日付『日伯毎日』）。エンシャーダ／鍬は苦労を結晶化する象徴だった。
(24) 横田恭平『感情――粗く憔悴せる』（自費出版、一九六六年）九七―九九頁。
(25) 『コロニア文学』一八号、一九七二年七月号、一一六頁。ニューヨークの日本語文学同人誌『NY文芸』創刊号（一九五五年五月）の編集後記に、これとよく似た感想が述べられている。「日本からの訪問者が在米日本人はオカシナ日本語をしゃべっているという。こちらの生活を考えたら、オカシクはなく、むしろアワレを、それよりも尚、イキドオリを感じずにはいられないだろう。英語に押される。英語でなければ、片言であっても、渡ってゆけない社会なのだから。それでいて日本人が寄れば、日本語でなければどうしても通じないつながりをわれわれは持っている。その日本語は、環境に支配された、地方弁的な、アメリカ日本語であっても」。創刊については「民族的なホコリを感じる」というが、これは「国粋につながるものでなく、民族を背景とした人間としてのホコリを、移民文学といわれた昔の異郷と望郷趣味にひたるものでなく日本の血を享けた人間がアメリカで人生を開拓していっている、そして民族の言葉を守っていっている、という新しい意味での文学を」。『コロニア文学』の創刊のことば（一九六六年五月）に通じる高い志が表明されている。

(26)　コロニア語とは逆にデカセギや日本に長期滞在した日系人の日常語にはポルトガル語に随時、日本語の単語が混ぜ込まれる。デカセギ語と呼べるかもしれない。ニホン、シゴト、リョー（寮）、センセー、アパート、デンシャ、ゴハン、ザンギョー、オバサン、ガッコーなどは彼らが最初に覚える単語である。ブラジルの会話では縮小辞が多用されるが、日本の単語に応用して sensei-zinho, omise-zinho, shigoto-zinho（かわいい先生、ちっちゃなお店、片手間仕事）のように使うのを聞いたことがある。ポルトガル語を話せる者どうしの親しげな目配せのようなもので、集団語の本質に適っている。センセーはプロフェソール（先生）に置き換え可能ではなく、日本語の先生に限るし、ガッコーは日本語学校に限る。その他の日本語の語彙も似たような地域性を喚起するだろう。コロニア語のポルトガル語借用と鏡の関係にある。彼らの言語のなかで何かとりわけ日本独自の体験を刻むのかを調べることで、語彙論を超えて心情の歴史に踏み込めるだろう。地方都市のブラジル人出稼ぎ移民の言語生活についての統計的調査がある。Hirakata Fumiya, Koishi Atsuko, and Kato Yosuke, "On the Language Environment of Brazilian Immigrants in Fujisawa City", in Mary Goebel Noguchi and Sandra Fotos (eds.), *Studies in Japanese Bilingualism*, Multilingual Matters, Clevedon, 2001, pp. 164-183.

4 諸君！——弁論大会と民族主義

雄弁会二世が導く大和魂（『光輝』一九五〇年五月号）

はじめに——演説の誕生

匿名の聴衆を前に一人の男が一段高いところから国の政治や道徳、人生哲学について長々と述べる。聴衆は「そうだ」というような野次や拍手で応え、演説者は拳を振り回したり、聴衆を見据えながら話しつづける。日本でこのような語りかけの形式、演劇的な装置が演説、弁論、雄弁の名で盛んになるのは明治になってからのことである。(1) 一人の話者が多数者に話しかけるというだけなら、宗教家の説法、講話に原型が見られるが、話の主題も目的も話者と聴衆の関係も空間の組み立ても違う。演説は明治一〇年代には流行現象になり、雄弁術、美辞法、口述筆記などが続々と出版された。演説会そのものが「自由」の象徴であると同時に、警察官が「弁士、中止」と強権を発動できる場でもあった。聴衆は政治的な関心もさることながら、そのスリルにひかれた。演説会がよく劇場や寄席で開かれたのは、他にたくさんの人の集まれる場所があまりなかったからだけでなく、語り芸との関連を示唆しているように思える。演説会では人々の伝統的なまつり事意識と民権家の政治観念とが激しくぶつかったが、明治後半にはそのような葛藤も薄れ、舞台上から客席に一方的に言葉が流れていく穏やかな会合になった。(2)

加藤周一が論じているように、「諸君」という呼びかけの方向は仲間に対する「方々」と違い、「不特定多数の公衆」、「平等の立場に立つ相手」である。(3) つまり西洋の演説という形式は、まったく新しい話者と聞き手の関係を想定した。話し言葉の伝達の様態が一変した。弁舌によって民心を揺さぶろうとする状況が明治になって生まれた。公の席で政治や道徳について物申すこと自体が、明治生まれの新しい発話の形式と内容だった。これは言葉の新しい姿だった。演説は近代日本に欠かせない政治的表明・宣伝の道具となったが、西洋とは異なる権力構造や語り文化をもつために、その意味はずいぶん違った。(4) 西洋の伝統では雄弁術は説得術、対話術、修辞学と切り離せない。それは思考方法や文章作法にかかわる。日本では雄弁術はただ流暢に政治や道徳について話す術に変質した。「雄弁衰えて正義衰る。雄弁は世の光である。雄弁に導かれざる社会輿論は必ず腐れて居る。雄弁を崇拝する事を知らぬ国民は必ず為すなき国民である」（『雄弁』「発刊の辞」）。このような非常に高邁な精神が唱道されたにもかかわらず、あるいはされたからこそ、雄弁は現実を超越した（無視した）壮大無比な言論になった。弁論の隆盛とは矛盾するが、雄弁はかえって軽薄で嘘くさく感じられ、訥弁がかえって言葉に真実味を与えるという一面もあった。「言挙げしない」伝統に民族の深遠な価値があるという説も根強い。こうした逆流に逆らいながら、弁論は近代的な発話の形式として青年の心を捉えた。雄弁の学習は将来、人の上に立つ大望を抱く若者の行いとして定着した。もちろん雄弁とあるように、男性中心の価値観が支配的だった。

演説会の形式を素人が模倣し、競技制を取り入れたのが弁論大会である。そこでは若者が模擬的に演説を披露し、その巧拙を競う。弁論大会は口調の型と吃音や方言のない正しい語りを競う場で、知性を必要とする舞台演技の場だった。近代の競争形式の本質にある上昇志向は語りの内容に明確に反映し、青年の理想、日本の将来、気高い精神などが好んで語られた。演説・雄弁については、明治末から大正にかけての教養主義、エリート青年文化のなかでの意味、スポーツとの類比関係、弁論者の身ぶり指南など多岐にわたる主題が論じられている。事始的な弁論の内容分析から知識青年史、身体性、弁論部の活動と同志的絆、文学青年や教養主義との関連などに研究者の関心は移っている。(5) そのなかでなお欠けているのは、一高や三高のエリートから遠く離れた底辺層の青年の間の雄弁熱だろう。『雄弁』のかなりの読者層を占めていた地方青年、勤労青年は活字化された弁舌の世界をどう受け止め、どう解釈・模倣したのか。

演説自体が実効力をもたないうえに、それが競技形式に囲いこまれたために、弁論大会の話の内容はますます空虚なものとなっていった。きまり文句の羅列は、聴き手に快い緊張感を与えた。使命、自覚、責任、覚悟、決意。聴衆の平凡な教養レベルを見下すような漢語が雄弁の必須条件だった。勧善懲悪のはっきりした道徳観、政治観は講談を思わせた。故事をよく引用するので格式もあった。定型化され、そのマニュアル本は出版界に大きな利益をもたらした。弁論大会は西洋文化を取り入れた近代日本独特の話芸となった（芸人まがいの身振りや口調を指導者は叱ったが）。ちょうど運動会が在来の祭礼をベースに近代の軍事教練を取り込んだように、弁論大会は高座の話芸をベースに、近代のスピーチ・コンテストを取り込んだ。しいていえば、演説の運動会だった。

弁論大会は遠くブラジル移民社会でも一九三〇年代から六〇年代にかけて、人気を誇った。日本では一九二〇年代後半、雄弁志願者の主力は都会の知識青年から地方の教員や勤労青年へ移っていったと井上義和は指摘している。それがブラジルにそのまま伝わったというだけでは、事態の半分しか見ていない。同じ雑誌や模範を仰ぎながら、移民は別の社会環境のなかで、別の目的を立てて弁論大会を組織した。これはとりわけ戦後、信念派（勝ち組）の場合に顕著である。本章は移民社会にみる弁論大会の盛衰を演目の内容、世代の変遷、ポルトガル語環境のなかの日本語などから論じる。

弁論大会の大枠は本国からもたらされたが、外国語に包囲された環境のために根本的に変質した。日本にいる限り、唯一の公用語にして国語である言葉は自明視され、日本語を使っていると意識されない（少数民族は別だが）。海外に出て初めて日本語は「日本語」、「母国語」になった。演説の技術もさることながら、少数民族の言語を守り、演説者と聴衆の双方を母国の文化に繋ぎとめることが大会の暗黙の基本的な目的となった。この点に移民社会ならではの特徴があるだろう。日本語を舞台で使うこと自体が、日系人にとっては民族意識発露に関わるが、弁論大会は自作なり添削された文章を話す語り芸の競技として、参加者・聴衆の双方にとって重要な意味を持った。

I　戦前

青年会と弁論大会——戦前の場合

一九二四年、日本政府の渡航費全額支給が始まり、独身者の移民から家族移民に主力が代わってから、日系集団地の雰囲気が変わり、スポーツ大会や弁論大会が始まった。(6)「青年会とは運動会と演説会をなすもの也」(『農業のブラジル』一九二九年四月号)という川柳があるくらい、弁論大会は青年文化の花形だった。ブラジルに居座っている旧移民との気構えや文化の違いを発揮しようという機運が、国策移民の青年たちにはあり、弁論大会はその新機軸の一つだった。どの演説も「満場の諸君!」で始まり「諸君の自覚ある努力にまつ次第であります」で終わり、「大和民族の世界的使命」「明日の世界は青年諸君の双肩にあり」というような内容だったと半田知雄は回想している。若者の日本語は旧移民たちにはよい刺激になった。「戦前から戦後を通じて新渡航者は日系人社会につねに新しい空気をつぎこむ役目をはたして来た。それは一面で新鮮な日本語をつたえたからであった」(7)。日本の農村ならば、ラジオや都会からやってくる軍人や教師を通じてきびきびした標準語をいくらでも聞けたが、ブラジルの奥地では人々は自分たちの話し言葉以外に日本語を聞く機会に乏しかった。規範となる話者が少なかったため、各地の方言の混じった言葉が話し言葉の基本となった。旧移民にとっては標準語の語りを聞くという体験が既に新鮮だった。日本語を聞くことが楽しみとなったのは、移民社会独特のことだろう。添削や発音指導をする日本語学校の教師も自分の能力が認められる数少ない催しだったから、指導には力が入った。思想統制の機会にもなった。青年としても、えてして日本語の不得意なブラジル生まれの二世に差をつけるよいチャンスだったし、舞台に上がるのは興奮に満ちた体験だった。弁論大会が運動会や学芸会や演芸会と同じような賑わいを見せた背後には、移民社会の言語や生活の条件があった。

戦前日本の農村や地方都市の青年会も弁論大会を開いたが、ブラジルのように時代の花形ということはなかっただろう。映画や村芝居などの娯楽も都会ほどではないにしろあったし、人の寄り合う機会は少なくなかったろうから。ブラジルでは同胞の集まる口実は何であれ尊重された。家長も修養の育成という名目のある弁論大会に反対する理由はなかった。弁論大会は事実、「正しい日本語」を使う唯一の舞台だった。また弁論大会が多くの青年にとって方言を「矯正」する機会だったこと、審査にあたるのは必然的に教師や家長のようなより日本語運用に長けた年長者になり、年齢による上下関係をつけやすかったことも、その隆盛の一因となっただろう。

一九三一年のパラマンサ・バレーロ（プロミッソン奥）の紀元節記念雄弁大会では「意志強行と努力」「運動」「信念の力」「青年の権力を主張せよ」「青年と青年団の性質」「邦人農村青年の政治的経済的覚醒」「常識の修養」「時は金なり」「実る程頭を垂れる稲穂かな」「教育問題五分間」というような演題が、「血を吐くような熱弁」で演ぜられた。「青年としては雄弁を措いて何処に諸君若人の武器があろう、逡巡するな、躊躇するな、雄弁……其れは熱であり、意気であり、信念であり至誠である筈だ」（一九三一年二月二六日付『時報』）。雄弁は若者の意気軒昂を示す活動として称揚された。戦後にいたるまで青年の道徳、青年団の理想、農村生活の理想、教育や政治問題はもっとも好まれた題目だった⑧。

同じ年の文化植民地の大会にはやや詳しい紹介記事がある。「最後の勝利」の弁士は「兵隊の如きどっしりした足どり」で登壇し、「正義を目標とし真理を追及《ママ》してその道を歩むもののみは最後の勝利を得るべしと古今東西の数多の例を引証して叫び」、「最大幸福は何処に」の弁士は「精神的にか物質的にか、各人の目標とする最大幸福は何処にありや」と「日頃研究の跡を閃めかして諄々と説く」。「世界的改造の気運に直面して」の弁士は「荘重な口調でダーウインの進化論を反駁して宇宙の大なる支配力を述べ、世界改造の一大転期に臨みての我々の自覚あるべきに論及」し、「街頭所感」の演者はサンパウロに旅行して、日系人は今や商工業にも進出する時が来たと励ました。プログラム外では「青年諸君の今日此処にあるは決して遇然《ママ》ならざるを自覚し、我々の此の実験室に於ける研究を将来充分効果あらしむる様ありたし」という演説があった(一九三一年四月二九日付『時報』)。登壇の足取りがパフォーマンスの一部と見なされている。弁論指南本からの受け売りと思われるが、古今東西の実例や壮大な内容が青年たちを捉えたことがわかる。(9)

戦前の演説原稿は未発見だが、アルヴァレス・マシャド植民地の青年会が回覧していた手書き雑誌『青葉』(サンパウロ人文科学研究所所蔵)の記事は、大会で弁ぜられてもおかしくない内容を持っている。この雑誌は一九二四年初頭に創刊され、現存する最古の号(第二号、同年三月)には、明治維新とナポレオンを例に剛健の精神を説く朝妻喜代志「青年の意気を望む」、人類は社会生活を営む点で動物と区別されるので、個人のみならず社会を向上させる自覚を持たなくてはならないと結論する大原豊「会員の自覚」などの記事が掲載されている。年末の四号ではKN生「尊い願」が、努力の精神的・道徳的な価値を賞賛し、享楽を避けて農村で正しくたくましく生きる覚悟を記している。三年後のブレジョン連合青年会設立記念号(一九二七年八月号)の伊井栄次「ブレジョン聯合青年会ニ望ンデ」は、片仮名書きのいかめしい文章で青年の修練練磨、精神の質の向上を説教している。漢語が濫用されていることはいうまでもない。これらは青年道徳の公式見解で、教育者の言説を再生産している。覇気、意気、覚悟、覚醒というような一連の高揚をともなう精神状態は、教育者に期待される優等生像の根底にあり、語感とは裏腹に内実は極めて保守的である。定型的で空虚な表現は美談と通じる。真実や鍛錬を強調すればするほど言葉が上滑りしている。

弁論に対する関心の盛り上がりを背景に、新聞社との関わりが一九三一年には見られる。プロミッソンの大会では南米新報社のメダルが優秀者に授与された（一九三一年一一月二七日付『時報』）。ちなみにこの時には「不況に対する植民者の覚悟と我等の使命」という課題を立てて、競われた。世界恐慌のあおりを受けたこの時期のブラジル農業の苦境は日系人の生活に大きく響いたが、新聞社は青年の精神的な土台をしっかりさせようと意図したのかもしれない。自由題の大会とはやや趣が違っただろう。一九三〇年代末には全伯青年雄弁連盟という団体が組織され、スポーツ大会と同じように、州都サンパウロから放射状に広がる鉄道の線ごとに支部大会を催し、その上に全伯大会を置く体制を整えた。催しの実態はわからないが、一九三九年にはポルトガル語弁士を日本語弁士と同等に扱うか（「聴衆への感度」から時期尚早）、女子を男子と同格に扱うか（支部より派遣する弁士三名中に女子を含めてよい）というようなことを議論している（一九三九年六月一日付『時報』）。一九四〇年代には日本人の集会が困難になり、日本人会、青年会は解散を強いられ、弁論大会は自然消滅した。人々はひそひそ声で日本語を話さなくてはならなくなった。

弁論と娯楽

青年労働力の確保は耕地にとって最大の課題だったから、青年の社交機関の確立を家長は喜んだ。弁論大会の流行は「殖民地の原始的人間孤独生活の単調さを破って、群集享楽の一歩と見らるる」と『聖報』は積極的に受け止めている。これに続いて、自作詩や俚謡の朗読会、ヴァイオリン伴奏つきの読誦会などを催せば、「殖民地の憂鬱を慰藉さるるであろう。斯くして殖民地の娯楽機関が備わり始めるであろう。小金をためても故郷に戻る気が、斯くして段々薄らぐだろう」（一九二六年四月九日付）。演説会は教育目的の催しというより「群集享楽」、今でいうマス・エンターテイメントと見なされ、浮き腰の移民をブラジルに定着させる妙薬と期待された[10]。

実際、弁論大会が娯楽と混ざったこともあった。一九三一年初頭のグアランタン連合青年会雄弁部第一回大会では「所感」「雄弁に就いて」「希望に生きよ」「神崎与五郎東下り」「真剣の力」「祖国を顧みて」というような演題が並び、プログラムの後に「宙返り漫談」(内容不明)というものが披露され「硬軟両方の客」を喜ばせたとある(一月二二日付『時報』)。「神崎与五郎」は浪曲かもしれない。「軟」を目的とする語りの催し、いわゆる漫談会の記録もある。たとえばガルサ青年会が一九三二年に日本人会会長宅で開いた時には、「満州朝鮮旅行漫談」「台湾の娘」「パトロンの娘に惚れられて」「昂奮時代」「ガルサ情緒」「ブラジルの娘に就いて」「出鱈目」などの軟らかい演目の他に、「将来の伯国に就いて」「サンパウロ学生生活」「青年心理」のような硬そうな演目も披露された。上で挙げたパラマンサ・バレーロの大会でも「所感出放題」という即興的な演題が堂々と並んでいて、弁論の枠から外れることも認められたらしい。このようなことは村の催しに留まっていた戦前にしかない。競技性が打ち出されるにつれて、「硬」と「軟」が混じりあうことはなくなった。

弁論大会は移民社会内の催しだが、時にはその内容が外の社会と摩擦を起こすことがあった。一九三一年プロミッソンでは、配偶者には外国人よりも日本人妻のほうがよいという結論に達した。これに対してイタリア系女性と結婚した男性は自分たちを侮辱するものと憤慨し、ブラジル人にいいふらした。そのため地元のポルトガル語新聞で日本人をたたくような記事が出、大会の責任者をリンチにかけろという声が青年会から上がった(一九三一年三月二〇日付『聖報』)。日系社会内の催しは、一般に当人が気づかないうちに民族主義的な色彩が濃くしみこんでいる。その中ではふだんは彼らの徴になる言語や容貌が目立たなくなり、たまさか「うちにいる」安心感を得る。しかし偶然、外に漏れたり闖入者がいると、彼らのブラジル社会にとっての異質性がくっきりと現れることになる。異民族結婚反対説は日本語新聞では何度も出ていたが、問題になったことはない。同じ議論が公共の場で、生の声で語られたために事が荒立った。

II　終戦直後

時局問題を吼える

終戦直後は弁論大会どころではなかったが、新聞雑誌が戻ってくると、まず誌上弁論大会、つまり原稿の出版というかたちで復活を果たした。信念派雑誌『光輝』（ひかり）創刊号（一九四七年一二月号）がまず呼びかけた。「信念の若人よ、意志の若人よ!!　君等の熱血を挙げて、結晶せる大理想を、雄大無辺の雄叫びを」。これに応じた三〇編（全編男性による）のうちの優秀作が翌年三月号に掲載された。

優　賞「我等は祖国の延長なり」
二等賞「時局と青年の覚悟」
三等賞「南北戦争を偲びつつ欧州民族の覚醒を促す」
四等賞「自己の立場を再考せよ」

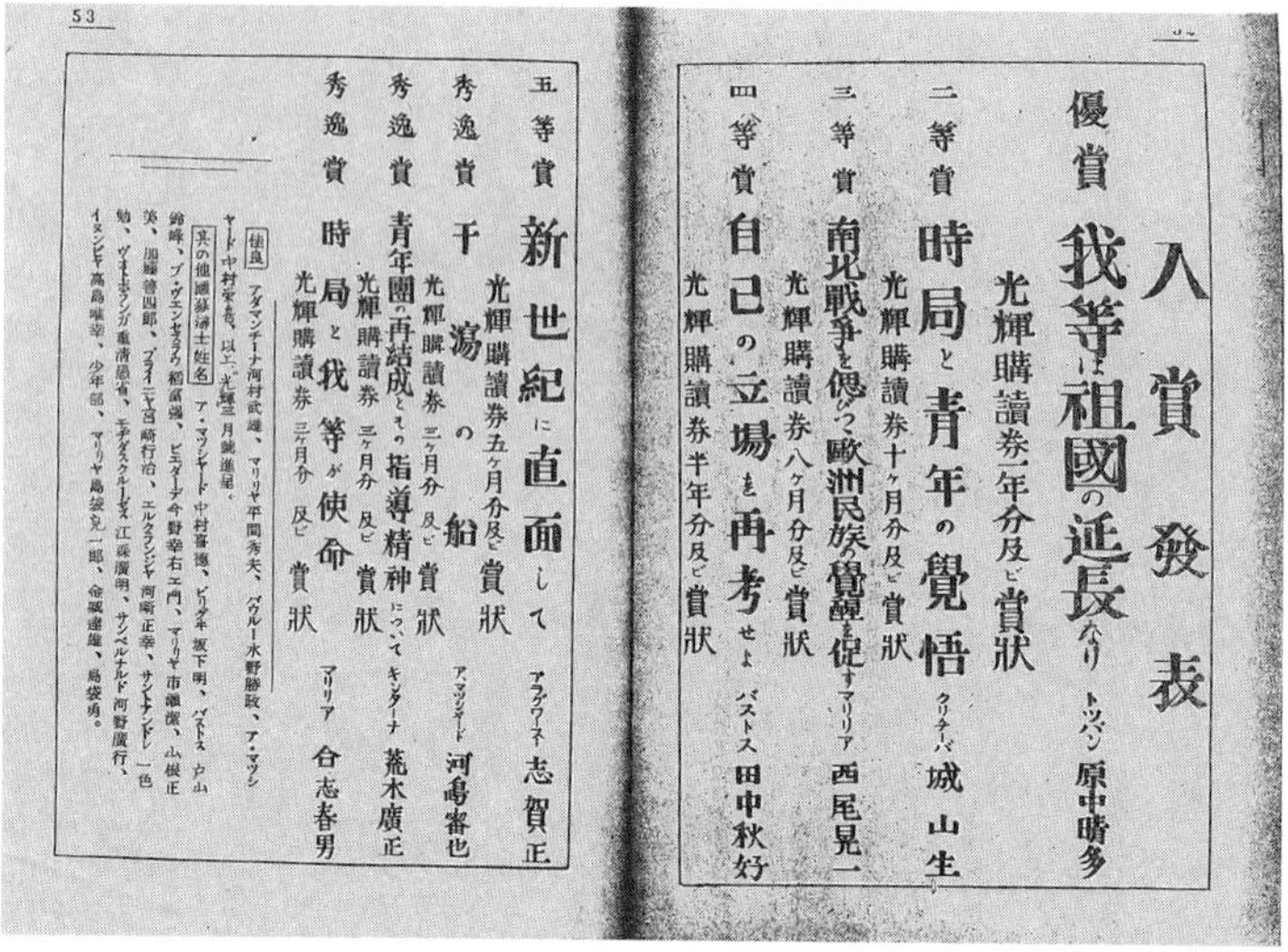

53

入賞發表

優賞 我等は祖國の延長なり トツパン 原中晴多
光輝購讀券一年分及ビ賞狀

二等賞 時局と青年の覺悟 クリチーバ 城山生
光輝購讀券十ヶ月分及ビ賞狀

三等賞 南北戰爭を偲びつ歐洲民族の覺醒を促す マリリア 西尾晃一
光輝購讀券八ヶ月分及ビ賞狀

四等賞 自己の立場を再考せよ バストス 田中秋好
光輝購讀券半年分及ビ賞狀

五等賞 新世紀に直面して アラグワーネ 志賀正
光輝購讀券五ヶ月分及ビ賞狀

秀逸賞 干潟の船 ア・マツシャード 河島審也
光輝購讀券 三ヶ月分 及ビ 賞狀

秀逸賞 青年團の再結成とその指導精神について キンターナ 荒木廣正
光輝購讀券 三ヶ月分 及ビ 賞狀

秀逸賞 時局と我等が使命 マリリア 合志春男
光輝購讀券 三ヶ月分 及ビ 賞狀

佳良 アダマンチーナ河村武雄、マリリヤ平間秀夫、パウルー水野勝政、ア・マツシャード中村栄喜、以上「光輝」三月號進呈。

其の他優秀諸士姓名 ア・マツシャード中村喜徳、ビリグイ坂下明、バストス戸山錦峰、ブ・ヴエンセスラウ稲富強、ピエダーデ今野幸右エ門、マリリヤ市瀬潔、山根正美、加藤善四郎、プライニヤ宮崎行治、エルクラノンジヤ河崎正幸、サントアンドレ一色勉、ヴオトポランガ重清恩省、エチダスクルーゼス江森廣明、サンベルナルド河野廣行、イタシビヤ高島唯幸、少年部、マリリヤ島袋光一郎、金城達雄、島袋勇。

当選者発表.（『光輝号』1948年3月号）

五等賞「新世紀に直面して」
秀逸賞「干潟の船」「青年団の再結成とその指導精神について」「時局と我等が使命」

雑誌の性格を反映して、内容は皇国思想、認識派（負け組）排撃が多くを占めている。たとえば優賞原稿はこう書き出している。「輝かしき昭和二十三年の聖代を迎え上、天皇の万歳を祝し奉り、祖国の隆昌を祈念し、併せて聖戦の花と散華され東洋平和の尊い礎石となられた幾多護国の英魂に対して衷心より満腔の敬意と感謝の誠を捧げる者であります」（五五頁）。続いて認識派については、移民とは手切れ金をもらった島流しという蒙昧をふりまく連中と拒絶し、「日本人でありながら非日本人的言動をなす哀れむべき人種」と見下している。昨今の母国救援運動は敗戦を前提とした亡国論者、金やモノで愛国ぶりを宣伝する不逞の輩の派の欺瞞に他ならない。神武天皇の建国の精神を心に叩き込むならば、デマによって揺らぐような日本精神などありはしない。論者によれば一国の隆盛は民族の海外雄飛が前提となっていて、ブラジル移民三〇年の歴史は母国発展の歴史に他ならない。遠くに住んでも天皇に帰一する気持ちに変わりなく、その信念を貫くことこそ、日本人の正義である。この作文に対して、評者はまとまった内容だが、「気迫の点に於て若干物足らない感じを与える」と述べている。

評者が「その情熱、気迫、流石にパラナ青年の意気」とほめるのは、二等賞の原稿である。こちらは区切れごとに「諸君」と呼びかけ、敵に対しては「亡国論者諸君」「かの敗戦論者」と呼び、敵味方を峻別するレトリックを貫いている。信念派の言い方によれば、同胞の分裂は「思想戦」だった。皇国は敵味方を問わず世界平和建設の犠牲者としてその霊を弔う有難さを誇り、その慈悲に充ちた国体はトルーマンやブラジルのヅトラ将軍も羨望してやまない。日本精神の絶対的な優位は弁論の前提にある。後半では現在は全人類の黎明にあり、その昇る太陽の子こそ青年であると「諸君」の練磨と奮起と覚悟を高唱している。

三等賞は「弁、流麗にして首尾一貫せる」と評されている。「輝ける太陽は東天より昇り和らげる夕陽は西山に没して、今日ひと日も静かに過去のひと時と流れ去って行きます」という文学的な語り出しは、旧制中学に通った青年にふさわしい品格を備えている。時の静かな流れとは反対に、人類史は「民族闘争の鮮血」に彩られていると聴衆の関心である戦争に話を進め、南北戦争を起こした奴隷解放のような正義を欧米が銘記しておれば、第二次大戦も起きなかったろうと想像している。つまり日本は欧米にも仁愛をかけていたのだが、連中が正義を忘れたために一矢を報いた。旭日の国のおかげで「全人類共有の楽園が現出せんとしている」。評者は南北戦争を例に取ったために「論旨の運びに若干不調和な感を与えた」と記している。リンカーンに導かれた北部アメリカ人が「火の如き崇高なる理想」に燃えたというのは、その理想を東亜の「奴隷化された弱小民族」に対しては忘れたという日本の戦争を正当化するレトリックとはいえ、審査員の首をかしげさせたのだろう。

誌上弁論大会掲載原稿のなかの異色は、秀逸賞の「干潟の船」である。三歳で渡伯した一八歳の青年は、引き潮でうっかり干潟に船が取り残されてしまったときにどうするかというたとえ話から、論を起こしている。甲は満ち潮を待っていられないからと引っ張ってみるがうまくいかず、潮や自分を恨み、疲れ果てて満ち潮が来てようやく漕ぎ出した。乙は先祖伝来の船乗りに見切りをつけ陸の生活に転向した。丙は満ち潮を待ちながら網や帆を繕い、船が出せるようになると朗らかに沖に船出した。在伯同胞の状況は座礁中の船のようなもので、甲はうろたえている信念派、乙は認識派でどちらもほめられない。むしろ丙のように泰然自若としてなすべきことを心得、国交回復の時が満ちるのを待つのが正しい。このたとえはどこかに典拠があるのかもしれないが、抽象的な言辞をふりかざす弁論大会の定石からは外れている。後で述べるように、聴衆に考える暇を与えない語りこそが望まれていて、たとえ話はややもすれば技巧的と退けられる傾向にあった。この論者は一五歳の時に元服式を行った折に、父母が両陛下の御真影と日章旗を掲げ、自分は陛下のために莞爾として斃れる覚悟をしたという皇国青年で、よほど強力な日本教育を家庭で受けていたようだ。

聞け、勝ち組の獅子吼を

一九四九年には日系人に対するブラジル当局の警戒も緩み、いろいろな集まりが増えていったが、そのなかに勝ち組のチエテ移住地弁論大会、汎ジュキア線雄弁大会の記録が残っている。[11] その原稿を見ると、戦前の大和民族主義、農本主義がそっくり継承されている。その一方で負け組の大会も記録されている。たとえば一九四九年年頭のアリアンサ植民地の大会では「苦難の中に微笑みて」「幸福に生きる」「言論自由時代に当たって」「女性の進路」「新年を迎えて」という穏やかな演目が賞を得ている（一九四九年一月二〇日付『パウリスタ』、同紙は認識派新聞）。「言論の自由」は、戦後憲法の用語で勝ち組の論者が語るとは思えない。弁論大会は「思想戦」の最前線で、勝ち負け両派が交わることが一番ありえない場だっただろう。信念派主催の大会が、臣道連盟再結成と密告を受けて中止に追い込まれる事件がこの年にはあった。主催側は青年の民族意識をふみにじる同胞の策動に怒ったが、大会に一部同調的な認識派は、論旨のポルトガル語訳をブラジル人に読ませておけば、このような不祥事を避けられたはずだとたしなめている（安永良耕「青年弁論大会中止に就て」一九四九年三月二五日付『時報』、橘貫人「弁論大会中止について」同年四月九日付『パウリスタ』）。八紘一宇が四海同胞の輝ける精神、人類共栄を目指すならば、と彼は付け加えている。これには皮肉が込められているかもしれない。このような衝突こそあったが、地方大会の上に立つ全伯大会が復活するのは時間の問題だった。

その最初は一九五〇年四月二三日、全伯青年連盟が初めての事業として聖市連合青年会館で開いた第一回全伯雄弁選手権大会だった。後援はブラジル時報社、昭和新聞社、内外新聞社、輝号社（『光輝』の後継誌で全伯青年連盟の機関誌）。いずれも勝ち組系の出版社である。『輝号』（一九五〇年五月号、六月号）に詳しい報告があり、同誌にとって非常に重要な催しであったことがわかる。この日は「全伯同胞を代表する若人が、万衆の眠りを睲す意気と、逞しい情熱と理念を掲げて獅子吼する日」だった。「時代の寵児が何を喝叫するかと、朝まだき頃より続々と会場に押掛け、定刻には満場立錐の余地なく場外に溢れるという盛況であった」。第二回大会の記事を引用すると、「若人の熱弁は、満堂の聴衆の血を沸かせ、肺腑をえぐり、あるいは感涙を絞らしめ、冷静なる反省を促すなど、終日沸き返る歓声と拍手に、満場は感動と興奮のるつぼと化し、日暮れんとするをも覚えしめなかった」[12]。壇上の人に負けず劣らず、記者も決まり文句を繰り出した。誇張語法によって、話し手も書き手もますます自分を興奮させた。何が期待され、どのような雰囲気であったか、既に想像がつくだろう。移民社会の緊張感から見て、民族意識高揚のために弁論大会を最も必要としたのが、この時期の信念派だった。

会場正面には日伯両国国旗が掲揚され、聖市連合青年会の団体優勝旗、後援各社、スポンサーの賞杯が飾られ、各支部代表三四名、番外五名が待機した。おそらく数ヵ月前から各地で予選が行われたのだろう。大会に先立ち、東方遥拝と戦没将兵に対する黙禱が厳粛に行われた。入賞者の題目は次のとおりだった[13]。

第一位「大和民族の一人たれ」
第二位「百錬の鉄」
第三位「真の日本精神に還れ」
第四位「日語教育の覚醒を促す」
第五位「女子青年としての覚悟」

第六位「邦人社会の柱石たれ」
第七位「民族意識に燃えて」
第八位「東天に誓う」
第九位「愛郷の一筋」
第十位「女性の自覚」

優勝者は一九三八年移民の二五歳の男性。本居宣長の「敷島の大和心を人問はば朝日に匂ふ山桜花」を冒頭に引用し、「何かしら崇高なる心持に打たれる」という。まず日本人の責務から熱誠をぶつ。「我大日本帝国は開闢の初めより神が、世界の宗主国として造られたる国であります。之は地上一切の中心となり、世界万民を指導すべき使命が与えられています」。「上に一天万乗の大君を戴き、下は忠誠なる臣民と共に一丸となり、平和の為め、人類幸福の為め身命を尽して来ました」。ところが「諸君！　日本に比べ、あの紳士国、文明国と世界に誇って居た英米が、属国弱少国に採りました横暴、非道極まる利己主義、個人主義的の誤れる非道たるや、人として進む道でありましょうか（拍手）」。この段から八紘一宇、天誅、聖訓を

東方遥拝．出典：藤崎康夫編集『写真・絵画集成 日本人移民 2 ブラジル』日本図書センター，1997.

述べて正戦・聖戦論を展開し拍手が相次ぐ。「正義は勝つ、之は愛国の大和魂を持する日本人の伝統を誇る信念であります（拍手）」。

ここから本題の認識派攻撃が始まる。「在伯同胞間に思想乱れ、祖国日本を罵倒し、果ては畏れ多くも皇室の御尊厳を冒し、敗戦日本を宣伝する国賊徒輩の出現致しました事は、国の為め、民族の為めに身を捧げ、家をも忘れて、あの寒風吹き荒ぶ大陸で、怒濤逆巻く太平洋で血を吐き、肉を散して悪戦苦闘致された靖国の英霊に対しまして、何の顔をもって見える事が出来ましょうか（拍手）」。帝国軍人の死に正しい根拠を与えるためには聖戦の正義と勝利を何としても信じなくてはならない。弁士は大和民族の優位を是が非でも主張する。信念派の考えでは、武力戦は終わったが、ブラジルでは思想戦が続き、祖国をめぐる二つの解釈が火花を散らしている。アンシエッタ島に流された臣道連盟行動派に同情しながら、「大和民族の誇り」を守る決意を叫ぶ。在伯青年は聖戦に際して国家に御奉仕こそできなかったが、「今や新しき時代の青年として、祖国日本の理念を、熱血なる我等青年の双肩に荷い、せめて思想戦の勝利者たらんとして、真剣に起つ時が来たのであります。身体を練磨し、真の日本精神を鍛えよ。理想に邁進する熱血溢るる青年諸君よ——互いに扶け合い、新しき時代の青年として、邁進しようではありませんか（拍手）」。演説の最後は「此の一つ道こそ我等在伯青年に与えられたる重大な使命である事を絶叫するものであります（拍手）」と相当高圧的に締めくくっている。

このような呼びかけは弁論のクライマックスだった。聴衆は呼びかけられるとピリッとなって話者と自分を重ねた。持ち時間七分（一二〇〇字前後）で、九回の拍手をもらっていて、後半ほどその頻度が高い。盛り上げ方がうまいということか。評によれば「英米の罪悪を非難し敗戦を辛辣に攻撃したことは、聴衆の熱狂的拍手を浴びるに効果があった」。優勝は内容もさることながら、「火を吐くような熱情」をもって語られたからだった。確かにこれは勧善懲悪の立川文庫の世界だった。記者も負けず劣らず講談調で報告している。

第二位「百錬の鉄」もまたアンシエッタ島投獄に憤怒し、「世界に比類なき光輝ある国体を冒し、剰さえ畏れ多くも御皇室に対し奉り、不敬なる言動を採りたる」「非国民」を糾弾するや、大喝采、そして「ソーダその通りだ！」の声。神風特攻隊の悲壮な死を思うとき、「日本人にあらずして、誰が感激の涙を流さざる者があるでありましょうか」と述べると、「満場大拍手、観衆は感泣す」。このように舞台も客席も胡乱な理性を捨てて熱狂に燃え上がった。芝居小屋と同じように、間髪を入れずに観衆は反応し、冴えない弁士には野次が飛んだ。ある審査員によれば「講演は理性に訴え……、雄弁は感情を刺激する」。雄弁は「聴衆に思惟の余裕を与えない[14]」。審査員はこのような基準で審査し、抽象的、文学的な論旨を嫌った。あくまでも明快で、直接的で煽情的な内容と話し方が評価された。敵と味方を鮮明にするのは、客受けの技術の要点で、随所に出てくる。弁論大会は知的・精神的・道徳的な装いをしているが、実際には感情喚起を目的とした、いいかえれば受けをねらった話芸を競う場だった。「百錬の鉄」の評には「論調極めて、極めて立派であったが、論旨に稍々雄弁大会向きでない個所があった」とある。具体的な指摘はないが、おそらく世界史における英雄の犠牲精神を讃える個所に現れる「現在世界幾億人の信徒が礼拝のシンボルとして敬仰する十字架上のイエスキリスト」ではないかと思う（『輝号』一九五〇年五月号、五八—五九頁）。

「百錬の鉄」の弁士は優勝者と同じように、絶叫を末尾に置いている。「嗚呼！　秀麗富士の峰は神州に聳え、桜花爛漫として八紘《ママ》に遍く、精魂は凝って百錬の鉄となり、鋭利鉄兜をも断つ可きでありましょう（拍手）。終りに臨み、謹んで靖国の御社深く、永えに眠る護国の英霊に対し厚き感謝を捧げると共に、東亜の盟主大日本よ、永遠に栄えあれと絶叫しつつ降壇するものであります（拍手）」。上位三人はいずれも祖国の正義と負け組侮辱に終始している。弁論の巧拙以前に、弁士が最も絶叫し、審査員と聴衆を興奮させたのが、この内容だったと思われる。負け組の公然たる攻撃は良き鬱憤晴らしになった。第三位の評には声量不足と「観衆に受け易い敗戦攻撃文句が、穏当であったことが、この弁士を可なり不利にしてをった」とある。大会の判定基準、観客の注目がどこらへんにあるかがうかがえる。

第四位「日語教育の覚醒を促す」は一九三〇年、四歳の時に渡伯した青年による。父兄に対して今こそ日本語教育を振興しなければ、子弟はどうなってしまうのか。学校がなければ家庭で教えよと二宮尊徳、福沢諭吉を例に説得する。「帰国、帰国と口ぐせにする父兄方よ……その方々は一体如何なる子弟を連れて帰ろうというのか（拍手）。一大飛躍と、八紘一宇の理想を持って進む祖国日本は、日本精神に溢れたる、しかも、強健にして教養ある人間以外は、絶対に要求して居ない筈であります（拍手）」。日本語教育に精神性を求める論調は日本生まれの主流を占めてきた。評に曰く、「採上げられている内容は極めて重大な問題であり、これを同胞に向って絶叫する弁士に敬意を評したい。論調も亦巧みであった。雄弁大会で、こうした問題を論ずるのは非常に難かしいことであるが、よくぞその困難を克服したのは弁士の技倆を物語るものである」。私の考えでは一〇位までの弁論で意味ある提言を行っているのはこれだけだ。立派な評を得たにもかかわらず、第四位に終わったところに、大会の指針が浮き彫りにされている。

声量や身振りについての寸評も目立つ。第二回大会では「大たんなゼスチュアも不自然でなく巧みであったか、聊《ママ》か多きに過ぎる感があった」、「真一文字にと右手を突き出したゼスチュアにも、敢えて言えば今少し研究の余地あり」、第三回大会では「上体を心もち斜めにし、語調に力を入れる時、強く肩をはずませるのは、無意識にして自然な、最も効果的なゼスチュアであった」、「身体を少し動かし過ぎるのが気になった」、「ゼスチュアがまだ練れないナマのところがあったが、寧ろ素朴にやった方が良かった」、「発声に無理があった」というように具体的なコメントが出ている。⑮ 弁論大会が話芸の競技会であることはここでますます明らかになる。六〇年代には論旨二〇〇点、声量一〇〇点、発声の調子一〇〇点、態度一〇〇点となっていた。一体、どのようないきさつでこの配点になったのか好奇心が湧いてくる（一九六五年二月二五日付『日毎』）。

第二世が吾れ日本人の雄叫びは満場を圧し聴衆声なし
空白の時代に遭いし第二世が巧みに駆使す正しき日本語
年若き弁士の高論卓説に心足りつつ恍惚ときく

いずれも『光輝』一九五二年四月号に掲載されていて、弁論大会の会場の雰囲気、一世の期待がよく表されている。戦前、準二世が日本語を話すことは自然のことと一般に見なされていたが（親子の言葉の壁が少しずつ高くなっていたが）、一部には一九四一年からの日本語教育禁止令により、また一部には祖国敗戦のニュースにより、戦後、子弟の日本語離れは（特に都市部では）急速に進んでいた。戦前の弁士はほとんど例外なく日本語の強い環境に育ったが、空白の十年間に社会構成、言語生活は大きく変わった。戦後の弁士は日本語教育の空白期を経験したり、ポルトガル語優先の環境で精神形成を果たしてきた。日本語の伝承は自明ではなくなり、親は言語教育の重要性を思い知った。顔と言葉が一致しなくなった。ポルトガル語しか話さない二世の同化を攻撃する論調も一部にはあり、弁論大会はいわば母国語の防波堤と見なされた。一九五二年になると、さすがに公然とブラジルの移民政策や負け組を非難する場としては存続できなくなり、「伯国国家を誹謗するな」「政治を批判するな」「時局を論じるな」というような規約を設けなくてはならなかった（三月一八日付『日毎』）。確かに全伯青年連盟の一九五二年大会の原稿では、日本精神讃仰は維持されていても、認識派誹謗はそれまでよりも薄められている（『輝号』同年四月号）。思想戦はここでも鎮静に向かっていた[16]。

これと関連していると思われるが、一九五三年には「徒らな美辞麗句の抽象論と難解な漢語羅列の大言壮語を避け、比較的内容を現実に即した具体論本位」の大会がスザノ・ウルッペ区で持たれた[17]。「学芸弁論大会」という聞き慣れない名称を用いている所以かもしれない。参加二五名中、過半数が女性だった。賞を得た二人（一六、七歳）は「僕」と自称し、雄弁の本流「我々」「我等」からすると軽く聞こえる。いずれもたとえ話から切り出し、平易な語り口で審査基準を満たしている。一人は「第二世と日本語」と題して、ポルトガル語の他に父母の言葉を学ぶ重要性を論じ、もう一人は「当てになる人物たれ」と責任感について語った。他の弁士はコロンブスのスペイン宮廷での歓迎祝賀会でのあいさつを引用して、「大目標をもて」と主張した。いずれも日本文化を大切にしよう、遠大な理想を持てという戦前からあった論調だが、勝ち組雄弁を席巻するいわゆる「八紘一宇語」は登場しない。比較的若年者層の参加を想定したからか、認識派の企画なのか、事情はわからないが、後で述べるお話大会や日本語スピーチ・コンテストの先駆といえる。ただし勇ましい民族主義が行進するような大会がなくなったわけではない。弁士の日本語能力がしだいに落ちて、たいていは戦前移民である添削者の影響力が強くなると、日系社会の趨勢とは別にこの傾向が維持された。[18]

ふつつかな私ではありますが……

日本では女性の弁論者は数の上では少数派に属し、時には「女だてらに」というような男性の聴衆の好奇の眼にさらされた。しかし廃娼運動、婦人矯風会、婦人参政運動、青鞜などの台頭とともに、婦人向けの演説書や婦人雄弁会も現れた。明治二〇年の『婦人演説指南』には「婦人の演説は論旨よりも第一着に音声調子或いは綺語を以て聴衆に感情を発さすもの」「壇上に臨む時は勉めて脆弱の容を示し平凡の処女の如く柔和を表し偖て諸君よ諸君よと一言を発するに際し気力と共に勢位を示すべし」「婦人の演説は粗暴過激なる言語を廃し勉めて謙退辞譲の言語を用い愛敬を求むべし」というような心得が記されている。[19]人前に立つこと自体が因襲的な婦人の領分を超えているというのだ。壇上にあってはまず女らしさを演じたうえで、「活発なる精神」を発揮せよという忠告である。

日本語新聞によれば、戦前から女性の弁士は見つけられる。男性と女性ではもちろん内容や言葉遣いに違いがあり、男性が「諸君！」と呼びかけるところを「皆さん！」と呼びかけたり、「ふつつかな私」というような謙遜語がよく使われた。一番大きな違いは「女性の立場から」「日本女性として」というような自分の性別をはっきり打ち出す主張をしている。逆に「大和男子として」「日本男児として」という内容は「大和民族として」「日本人として」のなかに暗黙のうちに含まれていた。女性は「徴つきの」性別だった。

上で論じた一九五〇年の第一回全伯雄弁選手権大会では、第五位、第九位、第十位に女子が入っている。第五位「女子青年としての覚悟」の弁士はブラジル生まれの一九歳で、マリリヤ青年会女子部の会員として「皆様にお話し致す次第でございます」と腰低く話し始めた。青年部への感謝をくどくど述べ、「思想戦」と「経済戦」に際して日本男子に劣らぬ働きを果たしたい、そのために「全伯青年連盟を絶対に信頼し、万一、自分一個に悩みがあり、解決に苦しむ時は、父兄に是を打明け、青年会に訴えて自分の心の汚れと、悩みを清算して、正々堂々と進軍の一員たらんと覚悟するものでございます（拍手）」。おそらく、青年会、その上部組織の青年連盟のなかで女子部は怪訝な目で見られていて、このような誓約書的弁論を持ち出したのだろう。最近、ある邦人娘の破廉恥事件があったが、それは「私達第二世女子青年の全体にかかわる恥辱でなくて、なんでありましょう！（拍手、ソーダの声あり）」。これは日本語新聞紙上で「桃色事件」と揶揄された二世娘とブラジル人との駆け落ち事件を指していて、弁士は聴衆の激怒を発散させることに成功した。彼女はついで、山内一豊の妻、杉野兵曹長の妻、南郷少佐の妻を引き合いにだして、日本婦人の範がブラジルにも現れることを期待する。故事は弁論に格調を与え、日本の女子道徳への全面的ないし盲目的信頼を言挙げした。「私達は、親の娘であり、自分の体ではありますが、皇民としての自覚がすべてだと弁士は胸を張った。「ブラジル生まれだが、心は大和民族、それも総べて日本人は天皇陛下の赤子でございます（拍手）」。評によれば「態度に重々しさを欠く点がないではなかった。しかし、女性の身で、而も二世という特別の条件の下に育ちながら、男性に較べて少しも劣らない程立派であった」。審査員の重厚好み、男性中心、日本生まれ中心がよくわかる。

第九位「愛郷の一筋」の女性は「女子の身でこの栄ある壇上に立たせてもらい、私の拙なき所信を披露して、皆様の御批判を仰ぎたいと思います」と男性に腰を曲げて語り始めた（第十位の女性もまったく同じ）。「女であり、ブラジルで生れて何等の学識も無い私」は日本のことを雑誌や映画でしか知らない。それでも父母の国に「無量の有難さを痛感する」。皇室を戴く一大家族、万古に揺るぎなき大日本帝国というつもの言葉に続いて、杉野兵曹長の妻、川添巡査の妻、木村重成の妻の名前を出す（木村重成の妻は第十位の弁論にも登場）。農漁村で働く無名の妻こそが一大家族の礎で、「真赤な愛郷の熱情に燃えて、精進を続け、咲いて誇らぬ大和撫子」を讃える。「女性の皆さん！　たとえ如何なる場合と云えども、私達は決して、日本女性の純心を汚してはならないのであります（拍手）」。評は「祖国軍隊が強いのは、銃後に逞しい女性があるからである。戦争に限らず、女性の力は偉大である」と男性に仕える女性の働きを認めている。

一九五一年の第二回大会参加者は女子が多く、第三回大会では男女別々に審査表彰した（第二回大会で女性が第二、三位を取り、その台頭が主催者を印象づけたのかもしれない）。「二世嬢の弁満場を味方にし」（『輝号』一九五一年八月号）とあるように、女性弁士に観客は比較的甘く（審査員の判断は別だが）、登壇しやすい雰囲気ができてきたようだ。たぶんのど自慢やカラオケで起きたように、一般に男性よりも女性のほうが練習する時間を取りやすかったのだろう。女子の数的優位はその後も続いた。勝ち組の勢いがしだいに衰え、雄叫びは滑稽に映ってきたのかもしれない。

弁論はほとんどどれも切羽詰った調子だが、『輝号』掲載の原稿のなかで唯一、笑いを取ったのが、女性弁士による第二回大会の第二位「二世も亦日本人なり」だった。日本人学校を視察に来た督学官が、あなたたちは日本人かブラジル人かと尋ねると、一人の女子生徒が「エウ、ソウ、ブラジレイラ」（私はブラジル人）と模範的に答えた。すると彼は雛がパン窯で卵を産んだらそれはパンか雛かと質問し、「生まれたところはどこでも、皆様は日本人」と言った。督学官はむやみな同化論者でなく、日本人であることの徳義をわきまえていたという小話で、笑いが起き「猛烈な拍手」に変わったという。またひめゆり部隊の哀話を日本女性の美徳、犠牲精神の鑑として語り、「感激的主題とはいえ、殆んど物語りに終始するこのような内容は、兎角論調に力を欠くものであるが……」とやや難癖をつけられたり（沖縄人子弟）、バスで出会った日本人女性がカトリックでもないのに、十字架や教会にお辞儀をしているのはなぜか訊ねたら、故郷からの悲しい手紙を受け取って以来、英霊や市民の犠牲の冥福を祈る気持ちが湧いてきたと体験談を語ったのに感動したというのも女性だった。[20]

この二人は「私」と自称し「皆さん」と相手を呼び、絶叫場面がないか少なく、講演に近い調子で一編を語り通している。「拍手」の場面も少なかったようだ。女性は日本精神発揚という点では男性と変わらないが、「諸君！」と一方的に叫ぶ男性の雄弁にはない語り口（雌弁？）を大会に持ち込んだ。女性に期待される「柔らかさ」を従順に受け入れただけという評価もあるかもしれないが、審査員や聴衆に対して国士気取りの男性とは違う態度で接したことから、巧まずして生み出された語り口と私は考えている。一高生も軍人も参考にできないために、自分の体験に引きつけて編み出された話の運びは、雄叫びとは異なる技術を要する。これもまた日本の女性弁士から学んだのだろうか。

女性の台頭は一九五二年の第三回全伯大会で初めて設けられたポルトガル語部門でも見られる。「農地からの脱出」（"O exodo dos campos"）と題して、農村から都会へ人口が移動することがいかに国家や日系社会にとって打撃かを説いた女性が優勝した。彼女の主張はこの時期の日系社会の状況と戦前の農本主義との葛藤を的確に示したものだが、天皇崇拝、大和民族礼讃が出てこない。[21]エジプトや古代ローマの事例が引かれてはいるものの、論点はブラジルの農業の危機、戦前九割は農業に従事してきた日系社会の急激な変質だった。ポルトガル語部門の弁論に日本礼讃調のものがあったのかどうかはわからない。二つの部門は全く違う性格を持っていたと想像される。「万世一系」であれ「八紘一宇」であれ、皇国思想用語は訳しようがなかった。わかりやすく述べると（たとえば「永遠に途断えない血筋」や「一つ屋根の下の全世界」）、有難味も緊張感も失われた。大半の用語はこの文脈でしか使えない符号だったから、ほかの日本語に置き換えることもできなかった。融通のきかない言語体系をポルトガル語に訳すことは不可能だった。日本精神（その精髄にある皇国思想）は日本語以外で伝えることはできない。皇国思想は翻訳を拒絶する。これが多くの教育者の確固たる信念だった。第二言語として日本語を学ぶ子弟が増え、日常生活での日本語の役割が低下してくると、教育者はこの意見をひっくり返して日本語教育を正当化した。つまり日本語は日本精神だけ伝えればよい、と。正しい日本語と日本思想の場、弁論大会は民族集団のなかで閉じた言語コミュニケーションだった。

一九五八年のある地方大会について「相も変わらず活弁口調」「女子部では小学生のお話口調が多かった」と評されている（六月四日付『日伯毎日』）。男女差が顕著に表れている。すでに男の「活弁口調」が時代遅れになっている兆候とお話大会への接近が見られる。都市では少しずつ自分の言葉で平明に話す傾向が始まっていたが、ノロエステ線奥地では一九七〇年代になっても永井柳太郎調が好まれたという（一九七〇年三月三日付『日毎』）。敗戦をしぶしぶ認めるうちに、勝ち組の激烈調が消えていき、弁論大会自体も以前の熱を帯びなくなった。皆無になったのではないが。

Ⅲ　戦後移民の時代

オウム論争

一九六〇年代には強硬な信念派の弁論は姿を消していった。日本語普及会の藤井卓治は「大獅子吼型の雄弁は今、説得型の雄弁に移行した」と述べて、「舌端火を吐く大雄弁」が既に過去の遺物となったと宣言している（「弁論大会をきいて」一九六六年五月四日付『日毎』）。この大会の日本語部門審査委員長に選ばれた鈴木威は、「バス・ガールのような発声をしたり、むやみに大喝したりして、日本的たらしめようとした傾向」をやめ、ありのままの表現法でやるよう提言している（「弁論大会に思う」一九六五年六月一五日付『日毎』）。日本語モノリンガルが主力だった時代と違い、この時期には二、三世が、第二言語を磨く励みに弁論大会を利用していた。また日本語とポルトガル語部門は大体同じ数の参加者枠を設けた。

一九六五年大会の日本語部門審査員は、内容が次の三つしかなくて工夫がないと総評している。①ブラジル生まれだが日本文化を継承することが自分たちの使命であるとするもの、②工業化が進むなかで農業を維持する決意を述べ、ブラジル人との協力とそのための理想的な青年生活を示唆するもの、③身辺雑事から人生訓を述べたもの（とりの・しろく「全伯弁論をきく」一九六五年二月二五日付『日毎』）。

第11回バストス青年支部対抗弁論大会（1956年3月25日 於バストス産業会館）
（本田たね子氏蔵）

このうち①が三分の二を占めたという。

鈴木威は自分とあまりにかけ離れた演題を避け、身近なところから出発すべきで、ブラジルについてもっと語ったらどうかと注文している（一九六五年六月一五日付『日毎』）。これは指導者の添削に対する苦言である。かつて日本語しかできない弁士が日本の雄弁参考書を下敷きに作文したのに対して、第二言語として学習する弁士は教師に最終的なチェックを求めた。作文力が足りない場合には、全文を指導者に依存せざるを得なかった。そのためおうおうにして作文代読になりがちだった。指導者は自分たちが二、三〇年前読んだ内容の作文を与え、認識派が先導する戦後の流れに一矢を報いようとした。民族主義は日本から見れば保守的だが、同化を黙認ないし是認するブラジルの主流社会に対する批判になった。こうして民族回帰的で天下国家を論ずるような弁論が、第二言語を用いて二、三世の口から発せられた。

一九六六年、この習慣を『パウリスタ新聞』が添削者を「バケモノ」、演説者を「パパガイオ（オウム）」と呼んだことから論争が起こった。弁論大会とは自分の意見を開陳するというよりも、話し方を競う場で、作文は読み上げの演技のための台本になっているような感を一部の識者は受けた。信念派にルーツを持つ全伯青年連盟と認識派の中から生まれた日本語普及会の間の積もり積もった水面下の衝突が、爆発したように思える。あるベテラン添削者はこう応酬した。戦後ミンシュシュギに走ったものもしょせんはオウムにすぎない、真似るだけの能力があればまずほめるのが教育の本筋である、たとえ他人の書いたものでも熱心に練習している姿に水をさしてはならない、温情をもって対せよ、と。[22] これに対して、この投書は地方大会で喝采を浴びた演出家（添削者）が中央大会で恥をかいたために腹を立てているだけだという反論があり、ブラジルの弁論大会が日本国内と雰囲気が異なることを指摘する。「一度パラナ地方での弁論大会をみた時……立板に水を流す如く、棒読み式か、ヘンにキザな演出か、心打たれるという所には大分程遠」かった。[23] 日本語が十分でない二世が大仰な弁論を掲げることに論者は不自然さを感じた。彼には若い青年よりも後ろで糸を引く老獪な演出家のための大会に映った。この論争に対して翌年、参加者の側から改めて弁論大会の意義を問いなおしたのが、次の大会で優勝したマリリアの安永孝道だった（安永家は天皇帰一の家族として有名）。「私は善良なるブラジル国民として、私の体内につたわっている日本人のすぐれたものを生かすことによって、日本民族としての、世界使命に忠実でありたいと希うものであります。それには、日本語を習得し、日本の歴史を知り思想や道徳を学ぶことは日本人として最も大切なることであると信ずるものであります」（一九六七年二月二八日付『サンパウロ』)。

善良なる日本民族にしてブラジル国民である日系人が、日本の美点をブラジルに注ぎ込むという理想は、戦前以来、永住を正当化するために掲げられてきた。五〇年代初頭から弁論大会でも浪曲でも映画(『南米の広野に叫ぶ』)でもしばしばこの理想が描かれてきた。同化を拒絶しないが、根っこはスープのなかに溶け込ませない。このアクロバットが実現困難であるからこそ、理想として輝いた。弁論の七分間の持ち時間では、要点に突っ込むには至らず、総論をなでるしかないが。一九六〇年代以降の日系子弟は一般にポルトガル語を第一言語として育てられた。彼らは日本語とポルトガル語の間のコミュニケーションの相手や方法が全くちがうことを明確に理解した。平仮名とローマ字を併用して原稿を暗記したかもしれない。弁論大会はますます論旨よりも語調や態度を重視せざるをえなくなった。弁論大会はますます外国語のスピーチ・コンテストに変貌していったが、参加者の(祖)父母の言語を競うという点が他と違った。指導者はそこに大会の存在意義を求め、民族文化普及の刺激にしようとした。次に小学生の弁論大会である児童お話大会について述べたい。

児童お話大会

戦前の学芸会から教科書を棒読みする「話し方」という演目はあったが、それがいつごろ人前で自前の作文を読む「お話」に変化し、またいつごろ「お話」だけで構成された「お話大会」に変化したのかはわからない。伯国日語学校連合会(日学連)によれば、一九五五年にサンパウロ市ドン・ペードロ二世校で第一回児童お話大会が開催され、日本語、ポルトガル語部門合わせて約一五〇名の参加を見た。[24]

児童の日常会話が日伯両語が混じって乱れているのを正したいというのが主催者の趣旨で、日本語については「お話」と「対話」の二部門が設けられた。前者は一人で話すのだが、日学連編纂の教科書を読み上げる児童が多かった。後者は二人が椅子に座ってやりとりする。大会によってやや変動はあるが、基本的にはA組（六—七歳、幼稚部）、B組（八—九歳、幼年部）、C組（一〇—一一歳、中年部A）、D組（一二—一三歳、中年部B）、E組（一四—一五歳、少年部）、F組（一六歳以上）とカテゴリーが分けられている（これは六年間の小学校生活を二年ごとに低・中・高学年と区分する——三年ごとに前学年・後学年と分けたりせずに——日本の習慣と連動し、カラオケ大会や運動会のような小学生の参加する大会でも踏襲されている）。外部審査員として招かれた武本由夫（歌人、文芸雑誌編集長）は声のよしあし、態度、材料よりも話の調子を重く見たと講評で述べている。第二回お話発表会（一九五九年、於サンパウロ西本願寺）、第三回全伯お話大会（一九六二年、於サンフランシスコ劇場）と数年ごとに開催し、その後も継続している。

児童が自分の考えや感じたことを広く人前で話すことは、作文能力や弁論能力を高めるうえで有益であり、日本語学習の刺激になる——教師も父兄もこの意見に反対はすまい。しかし現実に起きたことは、弁論大会と同じように、教師の添削した模範作文をいかにまちがいなく暗唱し話すかを判定するコンテストだった。一九六五年、ある日本語教師はお話大会の入賞者を集めて反省会を開いたが、予想に反して、子どもたちはほとんど意見を述べることができなかった。お話大会は自発性や創造性を無視し、原稿を棒読みするオウム、蓄音機のような大人の基準に合わせ褒章を求める子どもしか生み出さない。必ずしも子どもの会話能力を高めない。「本当に『お話』を上達させたいのだったら、先ず、児童の日常生活の中にこそ指導が徹底されなければならない。特設した非生活的な条件の中でしても無意味、無効

みすず 新刊案内

2008. 7

封印の島　上下

ヴィクトリア・ヒスロップ
中村妙子訳

深い愛情によって結ばれた両親を見てロンドンで生まれ育ったアレクシスは二五歳。仕事にも恋人との関係にも確信をもてずにいる自分に比べ、一八歳でギリシャから嫁いできた母は、異国で平凡な主婦としての日々を確かな足取りで歩んできた。母が結婚前どんな少女時代を送り、どんなふうに人生に立ち向かってきたのか、それがわかりさえしたら……夫にも娘にも語ることのなかった母の過去を求めてクレタ島を訪れたアレクシスの前に、母から娘、その娘へと三代にわたって手渡されるいのちの連鎖、ハンセン病という宿命に翻弄されながら、やがて浄化と再生へ向かってゆく、家族の肖像が呼び醒まされる。

実在するかつてのハンセン病コロニー、スピナロンガ島からインスパイアされた壮大なスケールのデビュー作は、刊行後、時をおかず世界二十数カ国でベストセラーの階段を駆け昇り、二〇〇七年度「ブリティッシュ・ブック・アワード」の新人賞に輝いた。

四六判　総四四〇頁　上二九四〇円・下二七三〇円（税込）

谷中、花と墓地

E・G・サイデンステッカー

「どの国においても、墓地は美しい。東京の墓地も例に漏れない。しかし、私の見た限りでは、ほかの国では見られない特色がいくつかある。第一は、花の季節になると町中でもっとも賑やかな場所となることである。まるで盛り場。死者と生者が交流して花を楽しんでいるといった感じである。

……………

町を散歩するとき、昔から金のたっぷりある界隈よりあまり裕福でない所の方が好きである。谷中の墓地の中でもっとも惨めな墓は、高橋お伝のものであろう。墓地の端っこの公衆便所のそばで今にも滑ってなくなりそうな感じである。私はここが大好きで、側に立ってお伝の顔を想像して、ご苦労さまと言いたくなる」

東京は湯島に住みなして、三社祭の見世物化を憂い、四季の桜・藤・朝顔を愛でながら、浮世を眺め暮らす。古今の日本文化を味得した米国生まれの文人による極上の随筆34篇。

四六判　二〇八頁　二五二〇円（税込）

Doing 思想史

テツオ・ナジタ
平野克弥編訳／三橋修・笠井昭文・沢田博訳

歴史のなかに忘れ去られた孤軍の思想家たちが、ナジタの手にかかると、現代のグローバルな問題群に立ち向かう梃子に変身し、新しいメッセージを持って迫ってくる。徳川時代を生きた安藤昌益、山片蟠桃、緒方洪庵、富永仲基、二宮尊徳…。

「講」とは何だったのか。協同組合とは、信用金庫とは何か。倫理の脱落は防げるか。「自然」の権利を復権できるか。漢字に閉じ込められたイデオロギーを解き放つには…。日本の近世近代の経済史・社会史に明るい著者の思想史の冒険であり、グローバリズムの先を見据えた、深い思索と展望を伝える。

ハワイ移民の出自をはじめて語る「自分史と歴史」を含む、立教大学の集中講義《Doing 思想史》を中核として、「アジア研究の視座」「安藤昌益」「翻訳と思想史」「近代日本の「伝統的」講」「自然は人権の源である、しかし自然は権利を持たない」など、講義・講演から厳選した11編。

四六判　二五六頁　三三六〇円（税込）

叛逆としての科学

本を語り、文化を読む22章

フリーマン・ダイソン
柴田裕之訳

奔放な想像力と鋭利な哲学的思索で知られる物理学者ダイソンが、科学者の革新性と保守性をめぐって綴る精選書評・エッセイ集。

「ラマンやボース、サハといった、今世紀のインドの偉大な物理学者にとって、科学はまずイギリス支配に対する、そしてまたヒンドゥー教の宿命論的な価値観に対する、二重の叛逆だった。」第一章は、文化的束縛への叛逆としての科学について瞑想し、さらに科学のビジョン自体がときに科学者を束縛してしまう皮肉について、著者独特の視点から論じる。ほかにも、「神は研究室にいるのか」「二種類の歴史」などの章題が示すとおり、広汎な話題が縦横に語られる。

読んでいて頭のなかで快哉を叫んだり、大声で異議を唱えたりせずにはいられない。そうやってさんざん掻き回された頭の中に、読後、何かがしがみついている。その何かが、目に映る世界を変えている。本物の科学エッセイを読む醍醐味を堪能できる一冊。

四六判　三四四頁　三三六〇円（税込）

であろう」。原稿なし、メモにもとづくお話の指導が必要と彼は提言する。[25] しかしこれは実現しなかったようだ。青年にとっての弁論と同じように、お話は舞台をしつらえたうえでの発話行為で、教師の指導によって初めて現実化する言葉の形態だった。

お話大会はオウム批判が飛び出した点で弁論大会と似ている。言いかえると子どもの生活体験を適切に表現することを指導しなくてはならないのに、「単に表現する時の『語調』だの『態度』ばかり指導するのは本末転倒」である。弁論大会でもただ立板に水を流すような棒読み式が幅を利かせたように、お話大会でも「本の朗読か演説をしているような、一気呵成にすべるようにとばしている調子の児童が多かった[26]」。子どもの自発性や創造性は尊重しなくてはならないが、ポルトガル語環境では日本語作文能力は大人の期待するほど伸びない。青年のニホンゴとまったく同じことが進行していた。

お話の内容が教師の思惑によって子どもらしくなくなっている、という批判の一方で、高学年になっても児童語を使っているのは聞き苦しいという批判もあった。子どもの日本語の作文や弁論能力は大人の、とりわけ審査員の期待するそれぞれの年齢の日本的子どものイメージに合うことは少なかったのだ。そして「息苦しい審査制[27]」がお話大会の存在の根底にあり、入賞することとさせることが大人の目的だった。大人が確かめたいのは子どもの意見ではなく、日本語の語りの型の伝承だった。一世にとって「おはよう」とあいさつする子どものほうが、「ボンジア」とあいさつする子どもよりかわいげがあったのと同じように、日本語の響き自体が大人を安心させ、その安心感がお話大会では何よりも重要だった。

また弁論大会と同じように女性優位なのは（一九八一年の日学連の大会では出場一五四名中、男子四三名、女子一一〇名）、日本語学校の生徒の男女比と関わっているだろう。

お話大会は弁論大会に似ているだけでなく、子どものカラオケ大会にも似ている。どちらも大人の思惑が強く、オウム的な複写能力に順位をつける「強い競争原理」がはたらいているからだ。お話の内容、歌詞の内容は大雑把にわかっていればよく、演技がどれだけ「本当らしい」かが入賞を決める。童謡歌手に期待される「子どもらしさ」も歌謡曲（チビッコ）歌手に期待される「大人顔負け」も、けっして個々の人格から生まれたものではないように、お話大会の話し手に期待されるイメージも日本の児童雑誌から抜き出されてきたような標準タイプで、大人の想像するような「日本の」子どもに近づけば近づくほど高い賞がもらえる。カラオケ大会で歌の教師が審査員をつとめたように、お話大会でも日本語教師が審査員をつとめる。添削を禁止すれば子どもの「生の」表現力を審査することができるだろうが、それでは指導のしようがなく教師の存在理由がなくなる。無審査制にすれば、教師が介入する度合いは減るだろうが、それでは父兄や子どもにはりあいがなくなる。強い競争原理は大人や子どもを動機づけるだけでなく、大人と子ども、教師と生徒という上下関係を維持するのに不可欠な条件である。

一般的にいって一世が望む日本文化の継承とは、「オウム」を再生産していくことを意味した。それは何も彼らがかくべつ郷愁にかられているとか、日本に固執しているということではない。型を重んじる日本文化自体が「オウム」に価値を認める文化で、彼らはその価値観をブラジルで発揮しているにすぎない。お話大会や弁論大会だけでなく、さまざまな「大会」という形で「日本性」を純粋に演出することを、祖国の文化の普及と考えた。そのような催しのための本当らしい演技者を育てること、これが日本的教育である。住居、家族関係、食物、そして言葉までもがブラジル化していく日常生活、そこに束の間の〈日本〉をつくりだすこと、ここに一世が主導権を握る世界の本質がある。その集まりに加わる二、三世は一世の思惑にしたがうしかない。「オウム」とは「日本」を演じている、あるいは演じさせられている子弟のことだが、審査員や日本語教師になっている戦前の青年もまた、かつては日本で出版された模範作文を読み上げる「オウム」でしかなかった。「オウム」であることが彼らにとって日本文化に対する忠誠を意味したのだ。模倣の内容ではなくその行為それ自体が父兄にとっては「日本性」を意味した。お話大会は子ども文化と言葉文化の交点に位置しながら、日系社会の根本的な特徴、異なる文脈における同じ型の再生産を体現している。

おわりに――弁論大会の退場

お話大会の台頭は弁論大会の没落と同時に進んだ。日本語弁論大会を必要とした時代は一九六〇年代には終わった。一九七三年二月七日付『パウリスタ』の社説「弁論大会は魅力ないか」は、文化協会主催の催しのなかで「もっとも不人気なもののひとつになってしまった」と述べている。「ほんのひと握りの聴衆を前にして壇上で肩を張り、こぶしを振っているのは異様である」。弁論大会だけでなく、講談、浪曲、芝居など日本語の舞台表現は歌を除いてことごとく衰退を余儀なくされている。日本語を第一言語とする世代が漸減するにつれ、日本語学習者人口も減り、日常会話のレベルで満足する層が大半を占めるようになった。

弁論大会はただ日本語を正確に要領よく話して聞かせるというだけでなく、大人の期待する若者らしい政治的・道徳的・思想的理想をまさに「肩を張り、こぶしを振って」叫ぶことが暗黙の規則になっていた。それがとりわけ顕著だったのは、信念派の大会だった。発話で聴衆を酔わせると同時に自分もそれに酔うナルシシズムが、覚醒や覚悟を促す強い語調に表れている。正邪を真っ二つに分けたレトリックは単純明快で、孤立する人々の潜在的な不安を解き放った。内容よりも声の激烈さとそれにふさわしい身振り、同じ信念の者が集まっているという場が話者と聴衆を感動させた。しかし時が下るにつれて、天皇帰一は主張しづらくなり（心では思っていても）、民族思想を日本語で語れるだけの言語能力を持った若者が減っていった。先の『パウリスタ』の社説をみると、一九七三年のテーマは日系人として何かを語るのではなく、もっとあたりさわりのない事柄になっていたらしい。アマゾン縦断道路建設にたずさわった同世代に続け、青年会活動はバイレばかりが能ではない、親を老人ホームに預けてはならない……。これではこぶしを振り上げようがない。壇の上から下へ言葉が滝のように落ちていくのではなく、聴衆に一緒に社会問題を考えてもらおうという態度が顕著になっていった。

「弁論大会の老化」は避けがたいことだった。添削者は若返りようがなかったし、弁論できるだけの日本語能力をもった青年は減っていったから。移民史のなかで約半世紀を生きた弁論大会はこうして沈黙のうちに退場していった。日本語を外国語として学ぶ者たちの大会が、現在も日本語普及協会や日本の官庁の主催で行われているニホンゴ・コンテストである。内容も雰囲気もかつての弁論大会とは断絶している。弁論大会が日本語モノリンガルの共同体に根を持つことが改めて浮き彫りにされる。日本語は弁論大会という制度込みでブラジルに渡った。ハワイやペルーではどうだったのだろうか。他の移住国の歴史をひもとくことで、ブラジル固有の言語学的・社会学的条件、近代日本語の社会学的特徴がもっと明らかになるだろう。

註

(1) 日本の演説史については以下の文献を参照。芳賀綏『言論一〇〇年日本人はこう話した』三省堂、一九八五年、第一章。宮武外骨『日本演説史』、『宮武外骨著作集第二巻』河出書房新社、一九八七年所収。高橋安光『近代の雄弁』法政大学出版局、一九八五年、第四章。柳田國男「国語史論」『柳田國男全集21』ちくま文庫、一九九〇年所収。

(2) 牧原憲夫『客分と国民のあいだ――近代民衆の政治意識』吉川弘文館、一九九八年、八七頁以下。

(3) 加藤周一「明治初期の文体」、加藤周一・前田愛編『文体 日本近代思想体系一六』岩波書店、一九八九年、四五二頁。

(4) 一九一四年三月一日付『読売新聞』掲載の記事「議会の雄弁家」は、犬養毅、尾崎行雄らベテランをしのぐ新顔が現れないことを嘆いている。それによれば、議会政治の隆盛と雄弁の隆盛は互いに関連していて、昨今の雄弁家の不在は議会政治の衰退を暗示していると警鐘を鳴らしている。「吾等は帝国議会の演説を聴いて議員何れも千編《ママ》一律の形式に捕らわれ居るを感じたり。まづ前弁者の事まで説き及びたる長々しき前置を設け、形容詞を附し、故辞を加へ、冗言多々なれども語る所は只一語的のくどくどしき速記者泣かせの演説多し」。雄弁の最高権威たる帝国議会が始まって四半世紀、すでに形骸化が始まっていた。このような内容もさることながら、この記事の文体自体が二重否定、対照、比喩、修辞的疑問、故事などを多用し、演説調（「冗言多々」）になっていることが興味深い。この種の言語形式がいかに生まれたのか、最近議論の活発な言文一致の発明といかに係わっているのか。

（5） 井上義和の三論文参照。「第二次弁論ブームの展開と雄弁青年の析出——一九〇〇—一九三〇年を中心として」『教育・社会・文化』第六号、一九九九年、五三—六一頁、「文学青年と雄弁青年——『明治四〇年代』からの知識青年層再検討」『ソシオロジ』四五巻三号、二〇〇一年二月号、八五—一〇一頁、「英雄主義の系譜——『雄弁』と『冒険』の明治四十年代」、竹内洋・稲垣恭子編『不良・ヒーロー・左傾——教育と逸脱の社会学』人文書院、二〇〇二年、六〇—八二頁。他に秋田摩紀子「視線の攻防、視線の快楽——近代日本の演説指南書にみる知識人の『身振り』」『近代教育フォーラム』一三号、二〇〇四年、二一一—二二五頁。これらについては佐藤卓己、佐藤八寿子両氏の教示を得た。

（6）『移民の生活の歴史』、サンパウロ人文科学研究所、一九七〇年、四七六頁以下。

（7） 半田知雄「ブラジル日系社会における日本語の問題(2)」『言語生活』一九八〇年一一月号、六一頁。

（8） たとえば翌年のプレジデンテ・ブルデンチの大会では、「憂国の志士」「武士的硬気を発揮せよ」「スポーツ精神に生きよ」「人生の三要素」「武士道」「珈琲園主は何処へ行く」というような演題があった（一九三二年三月三日付『時報』）。同じ時期の文化植民地の大会演目は以下のとおり。「吾等の理想郷」、「真剣の努力」（世界的不況打破）、「感想」（実地農学）、「飜量《ママ》の発揮」（不況時の覚悟）、「現在の苦い体験を唯一の資本として堅実なる第一歩を」、「新鮮なる回想」（進化せる神と人間生活）、「民族の危機」（信仰）。そのほか父兄による大会所感と「衛生に就いて」（清潔な便所の設置）があった（一九三二年一月八日付『時報』）。不景気が重く圧しかかっていた様子がうかがえる。

（9） 一九三四、五年の遠藤書店（サンパウロ）の新聞広告から弁論大会用と思われるものをいくつか挙げる。仁木英波『日本精神と武士道』、佐田正人『自己修養独立自尊の道』、鍵山誠之祐『浜口雄幸大論弁集』、茅原華山『日本国民に遺言す』、広幡忠雄『演説は此の調子』、青年雄弁会編『現代青年雄弁集』、増田義一『青年と修養』、松岡洋右『青年よ起て』、仁木松雄『日本精神作与講話』。一九三〇年一〇月九日付『日伯』によれば、サンパウロ市内四軒の日系商店が扱った一八五五冊の雑誌のなかで、『雄弁』は四八冊で九位につけている。

(10) 半田、前掲書、四八六—八七頁。

(11) 『時報』をめぐると、チエテ大会については女子部優等賞「御国と共にいかん」(一月二八日付)、男子部一等「農道の讃歌」(一月三一日付)、汎ジュキア線大会については、男子部一等「青年の覚悟」(五月一六日付)、女子部一等「隣人愛」(五月一八日付)、大会への感想(五月一一日付)が記事になっている。

(12) 『輝号』一九五一年六月号、五八—五九頁。同誌のコラム欄「閃光」は、石黒在外事務所長(日伯国交回復前の総領事にあたる役職)が二世はポルトガル語を優先し日本語学習は二次的でよいと発言したことに怒り、雄弁大会の出場者が不利な環境のなかで、よくぞこれだけ日本語を学んだというのに強く心を打たれたと続け、「日本語を知らない者から民族意識を見え出す《ママ》ことは、不幸にして殆んどない」と言い切っている(『輝号』一九五二年四月号、五二頁)。終戦直後の弁論大会で、ある認識派の父親が、二世の間では一世(信念派)に頼っていられないと言っているとぶつと、日本人会の副会長が「君は非国民だ、青年を前に日本敗戦を語る奴があるか」と壇上で躍りかかり、場内騒然となった(細川末葉「終戦前後」『コロニア文学』五号、一九六七年一一月号、四一—四四頁)。弁論大会が「思想戦」の戦場であった時代のエピソードで、「喉しぼる二世弁論大会　やじりて又ひとりの絶交にあう」という短歌は、これに似た状況を描いているのかもしれない(細江仙子『二世』短歌新聞社、一九六七年)。

(13) 『輝号』一九五〇年五月号、五四—六五頁、六月号、四八—五九頁。

(14) 『輝号』一九五二年五月号、三〇頁。『輝号』一九五〇年六月号、四九頁。声の力が論理を越えて訴えるところに雄弁の真の力があるとする意見は根強い。「雄弁を後で原稿で読むと、耳で聴いた時とは丸で異って失望を感ずることがある。それは論述が論理的でないからである。また余り論理学的な話し方は、力がなくて聴衆に感激を与えない」(老員「全伯青雄弁大会の弁論を聴き」『輝号』一九五一年六月号、六一頁)。

(15) 『輝号』一九五一年六月号、六二、七一頁。『同』一九五二年四月号、三二、三四、三六、四〇頁。

(16) 一九五三年の第四回マリリア大会の演題を並べる（『青年』一九五三年五月号、五一―六五頁、同年六月号、六八―八三頁）。男子部第一位「日本精神を磨け」、第二位「真の雄弁に学ばんとして」、第三位「誇りを堅持せよ」「梅酢の日の丸」、第四位「瞼に光る一滴」、第五位「全伯青年連盟の使命」、第六位「青年よ、自尊心を持って進まん」、第七位「金字塔の下に立ちて」、第八位「大和民族の誇りを保て」、第九位「農村を守れ」、女子部第一位「家庭を守れ」、第二位「真実の幸福を求めて」、第三位「農村生活の改善を望む」、第四位「温故知新」、第五位「目醒めよ女性」、第六位「感謝と私達の進むべき道」、第七位「真理の花」、第八位「起て！偉大なる女性の力を信じて」、第九位「新しき建設」、第十位「愛に生きよ」。

(17) 『旭号』一九五三年一〇月号、一一二―一一七頁。

(18) この時代の題目をいくつかあげる。五一年ウライ――「女性の覚悟」「血を呼び覚ますもの」「真の理想と誤れる理想」「一粒の麦死なずば」「移民史と我等の覚悟」。五四年マリンガ――「移民の青年」「八つの道具」「未来の母」「真心」「邦人社会の道徳を再建せよ」（五一年一二月二日付『日毎』、五四年六月四日付『日毎』）。一九五四年の聖市創立四百年祝賀青年弁論大会（サンパウロ教育研究会主催）で受賞した演目は、男子部では「農民魂の感性を目指して」「我等の急務」「二世の立場を訴えて」「百発の空砲より一発の実弾」、女子部では「私達の仕事」「なお母は強し」「親の恩愛に報いよ」（『旭号』一九五四年三月号、七八―九二頁）。少し後の勝ち組系の大会の入賞演題は、男子部では「民族の感激」「大信念の下に」「先駆者の英霊に応えて」「第二世の名に誇る」、女子部では「親の恩愛に報いよ」「母の霊に捧ぐ」「忍び難きを忍ぶ所以」。

論題の調子は六〇年代後半になっても変わらない。全伯弁論大会の題目をみると、一九六五年――「農業芸術に生きる」「国家改革の非常時に際して」「団体組織に生きる道」「日本語教育の重要性について」「道徳精神の高揚と日本語教育」「小さな親切運動への道」「尊い記念掛」「日本語教育と家庭」「この言葉に学ぶ」「日本語を学ぶ意義」。一九七〇年――「青年弁論の価値」「天災と農業」「民族的使命」「会館建設に思う」「明日への前進」「ブラジル生活一〇年」「女性の美徳」「私の信条」「土に生きる」「沖縄を正しく教えよう」。一九七二年――「日本を見て」「独立一五〇周年を迎えて」「まずは実践だ」、女子は「曽祖父を偲ぶ」「日本語と青年会」「水難に想う」（一九六五年二月二四日付、一九七〇年三月三日付、一九七二年二月八日付の全て『日毎』）。一九七二年の場合はポルトガル語部門もわかっていて、男子は「言語コミュニケーションの重要性」「社会悪としての麻薬中毒を避けよう」「宇宙の征服」、女子は「科学と人類の問題」「国民の概観」。日本語とポルトガル語では内容がだいぶ違う。また一九七一年の大会では、三島由紀夫の割腹自殺を殉死と論じ、憂国の情を受け継ぐべしという論者がいた（一九七一年二月一六日付『パウリスタ』）。

(19)　高橋安光、前掲書、二五〇頁以下より引用。婦人演説家の事始については、宮武外骨『明治演説史』、前掲書、三八頁。「寄席へでも出る積りなるか」「舌の滑べる者はお尻も軽くなる」という批判があったという。

(20)　『輝号』一九五二年五月号、二六―三〇頁。

(21)　『輝号』一九五二年四月号、四一―四四頁。ポルトガル語の原稿は『旭号』（一九五四年六月号、八〇―八七頁）にも掲載されている。第一位を獲得した女性は「二世の教育」と題し、モノリンガルの一世と違い、二世はバイリンガルとして「新しい用語、新しい心がまえ mentalidades、新しい思考形式」を持ち、ブラジル人の子弟をつくるだけでなく、新しいブラジルを作り出す役割を負っていると二世教師の重要性を強調している。彼女自身教師なのだろう。二位の男性は「二世、その自己実現と思考」と題して、日本人は勤勉な民族（人種）raça で社会的な民主主義をブラジルにもたらし、今や農工商業に進出してブラジルに尽くせと励ましている。第三位の女性は第二の家庭としての学校の重要性を説き、良き個人が良き家庭を作り、良き家庭が良き祖国の礎になると展開している。弁論は自民族を誹謗するような主張と決して相容れない。優秀性を皇国思想におくか、国民性におくかでトーンはずいぶん変わる。

(22)　小林車山「パパガイオ談義」一九六六年三月二九日付『パウリスタ』。彼はこれまで一二件の添削を引き受けたが、演説者の自作は二件にとどまる。青年は舞台にあがることが楽しみだし、そこで一席述べればすでに大会や本人の目的は達せられるのだから、批判は無意味というのが松田生「弁論大会と審査員」（一九六七年二月七日付『パウリスタ』)。この考えにしたがえば弁論大会は演芸会や浪曲大会と変わりはない。また日本民族の美点を論じて何が悪いというのは村上重美「〝バケモノ〟談義」(一九六六年四月一二日付『サンパウロ』)。もっと意地悪く、弁論大会なるものがまだ続いていたのか、と述べるのは佐藤金兵衛「コロニアの正しい方向」(一九六六年五月一八日付『パウリスタ』)。ブラジル日本語普及会を代表して、藤井卓司は全伯青年連盟が日本精神の継承を重視するあまり、演説者が口マネでも構わないとしているのは、弁論大会の趣旨に反すると述べ、さらに「日本民族」という言葉の乱用を批判している(「弁論大会をきいて」一九六六年五月四―七日付『日伯毎日』)。勝ち負け対立は根深く残った。

(23) 岡村十字星「舞台裏のケンカ」(一九六六年四月一九日付『パウリスタ』)。
(24) 伯国日語学校連合会編『幾山河(全伯日語教育史)』伯国日語学校連合会、一九六六年、一四七―五四頁。
(25) 小原陽吉「『児童のお話会』とその功罪」一九六五年一月二〇日付『パウリスタ』。
(26) 二木《ふたつき》秀人「日本語は死なず」一九八一年七月二四日付『日毎』。
(27) 永田泰三「第五回全伯児童お話大会のために」一九六八年六月二八日付『日毎』。

5　日本ツピ同祖論――幻語学による移民創成神話

ツピ語はブラジルでは厳密な研究対象になることがまったくなかった
（アルツール・ネイヴァ『国語研究』一九四〇）

ツパン、ツピ、それ以上のことはわかんない
ぼくがどこからきたのか忘れてしまった
（「東京のブラジル人」ペドロ・ルイス＆ア・パレージの歌）

言語を想像することは生活の形態を想像することだ
（ルードウィヒ・ウィトゲンシュタイン『哲学的探究』）

はじめに――運命の出会い

一九〇八年六月一八日、サントス港に笠戸丸が横付けし、最初の日本人移民が大地に下り立つ。翌朝、サンパウロに向かう列車が海岸山脈の急斜面にさしかかろうとするころ、既に二年あまりブラジルに滞在していたサンパウロ州移民収容所の書記兼通訳、鈴木貞次郎が、座席の上に立ち上がって大声で叫んだ。「皆、ききたまえ。ブラジルには日本人に似た土人がおるぞ」。不安と疲労でだまりこくっていた移民はギョッとして鈴木の顔を見やった。彼の顔はコーヒー園での生活のために浅黒く、その土人が眼前にいるかのような錯覚を起こさせた。私は思わず質問した。「その土人は日本語を話すんですか」。鈴木はばかにするかのように私を見すくめ、その眼光に耐えきれず、私は別の車両に移った。車内のあちこちから、日本人に似た土人ってどんな顔をしてるのかしら、早く見たいな、というような声がささやきだした。外の風景はいつのまにか原始林に変わっている。むきだしの岩石が突然現れる。その岩の上にふんどし一つでかがんでいる土人の幻が私の前に現れた。「そうだ、おれは生涯ブラジルにいて、日本人に似た土人の言葉を研究しよう。それがおれの運命の仕事だ」。直観が全身の血管を走った。体が熱くなった。(1)

香山六郎(一八八六年熊本生まれ―一九七六年サンパウロ没)は、日本大学予科殖民科でスペイン語を学び、在学中に学生記者として、平塚雷鳥、与謝野晶子、大町桂月、徳富蘇峰、堺利彦、幸徳秋水らに会った経験を持つ。『大阪朝日』の通信員という肩書きを持って笠戸丸に乗り込んだ。四〇日間の航海の間に謄写版の新聞『笠戸丸新聞』を発行した。これは日系ブラジル移民史上最初の新聞として知られている。彼の信玄袋のなかには漢文で『大学』『中庸』『論語』『孟子』の四書一冊、『荘子』『言志四録』『李大伯詩集』『碧巌集上・下』、和文で大西祝『論理学』、夏目漱石『漾虚集』、西行『山家集』、『新訳聖書』、『題言集』、『壇ノ浦夜戦史』、英文の『ニュー・テスタメント』が入っていた[2]。このうち船中では漱石の漢詩集『漾虚集』を読むつもりで肩かけ袋に入れていた。彼は和漢の古典を知的栄養に、人生の大いなる転換を迎えようとしていた。一九二一年（大正一〇年）には週刊（後に日刊）の『聖州新報』を当時日系人の多かったサンパウロ州の中都市バウルーで出版し、一九四一年、ブラジル政府が外国語出版を禁止するまで続いた（一九三五年にサンパウロに移転）。この禁止令を聞くや、彼はそれまできちんと保存してあった『聖州新報』をすべて焼き払ったと伝えられている。新聞事業にかけた意気込みがよくわかる逸話である。一九五〇年ごろに視力をほとんど失い、それに続いて聴力もほとんど失った。しかし自分史や日々の雑記を書きつづけ、日系ブラジル新聞界の父として尊敬されている。他にも俳句の会を指導し、何冊かの句集を編纂している。彼はまたブラジル到着の翌日に現れた先住民の幻を心にとどめ、ブラジルの先住民ツピ族の言語を研究し、三冊の本を上梓した。

香山六郎．出典：香山六郎『香山六郎回想録』サンパウロ人文科学研究所，1976.

『ツピ単語集』（出版社名なし〔印刷は帝国書院〕、東京、一九五一年、以下『単語集』と略）
『ツピイ音語ニエムの語原意味で人類音語構成一音一音を意味感性研究』（第一篇、東京書店、サンパウロ、一九七〇年、以下『ニエム一』と略）
『同』（第二篇、自費出版、サンパウロ、一九七三年、以下『ニエム二』と略）[3]。

ツピ族はアマゾン流域にもともと居住し、後に海岸部、ブラジル南西部に移動した先住民の総称だが（またその名の部族もいた）、ヨーロッパ人により征服されて、純粋な部族としてはほとんど生存していない。彼らは多くのブラジル航海記に描かれ、高貴で喜びに満ちた食人のイメージを後代に伝えた。ツピ語は一九世紀初めごろまで、ヨーロッパ人との交易に用いられ、ブラジルのポルトガル語には多くの単語に残っている。かつてはツピ語とパラグアイの準公用語グアラニ語はツピ・グアラニ語族にまとめられていたが、現在では別々の系統として扱うのが普通である。後で述べるように、ツピは三人種の混血によるブラジル国民創成譚の一端を担う象徴的な部族の名になった。

香山の説によれば、①原日本人＝原ツピ人がポリネシアに住んでいた、②数千年前に彼らは日本とブラジルに移動した、③日本に移った人々は文字を持ち文明化され、もともとの言語を忘れたが、ブラジルに渡った片割れはもともとの文化を保持した。だから日本語とツピ語は同じ源に発す。百家争鳴の日本語起原論の珍説のひとつと片付ける向きもあるだろう。しかし本国の起原論とは根本から異なる。ブラジルの正式な国民として日本移民を認めようという意図に貫かれ、少数民族の言語をブラジル史のなかで正統化する目的で、香山は二つの言語を対応づけたからだ。これはあまたの日本語起原論とも、ブラジル人のツピ研究とも異なる。日系人は一九〇八年に初めてブラジル史に登場するが、その兄弟はヨーロッパ人の到着のずっと以前から南米大陸に住んでいた。つまり新参者ではない。言葉の類縁性から日系人が実は国民の正統な構成分子であると証明しようとした。

「ブラジル人になること」はたとえ人種的民主主義を標榜する国であっても、アジアの容姿をもつ人々にとってはたやすいことではない。考古学的な想像力を戦略的に用いることによって、日本人がいかにしてブラジル人になりうるか、香山の一見奇矯な論は、二重の帰属意識をひとつに調停することをもくろんでいる。この章では人種と言語に関する香山の思想と仮説を再構築し、言語学者が耳を貸さないような理論の背後に潜む日系ブラジル人の自己認識について論じる。

I　類似の幻想

幻語学と日本語の起原

国語の起原を探ると国の起原にぶつかり、創成神話の領域に踏み込まざるをえない。その探求には人種、国民、民族、地理、歴史、文学、そしてもちろん言語についてのさまざまな予断が交錯する。それに夢中になるのは大学の言語学者というよりも言語熱病患者で、こじつけと見えるような独自の説を「証明する」。言語学や歴史学のうちの採れるところだけをつまみあげて生まれた説は、科学というよりも物語に似ている。作り話と科学の中間の領域をシルヴァン・オーローらは幻想言語学と呼んでいる。「公式の学問が少しずつ形成されるうちに科学の領域のなかからへりのほうへ追いやり、時にはつまはじきにすることすらあった全ての言説と全ての実践」に関する領域である。[4] ここでは幻語学と洒落てみたい。この領域には言語の起原と普遍言語のほかにうわごと、いいまちがい、伝達不能言語、小説のなかの発明言語などが含まれる。幻語学では、近代科学の絶対的な前提、即ち研究対象から主観や個人性を排除することは一時宙づりにされる。発明されたシステムは時には著者の伝記とごちゃまぜになり、また発見されたとされる事柄はその著者の挙げた実例以外には適用できないこともある。核にあるのは、近代科学が要求するような客観的な真理の価値ではなく、「学問の過去をはっきり拒絶する」著者の独自性（特異性）にある（同、一八頁）。彼らは言語学の正統派を無視する。彼らは「意味するものの直線性を拒絶し、実用論的な軸と統語論的な軸を混同し、独特のやりかたで言語を分節し、意味するものに限りない解釈を過剰に付け足す」。さらに想像の言語と「それに外在する要素、たとえば世界、セックス、人々の天分」を無理に結びつける傾向が強い（同、一三三頁）。

このような歴史と科学の亀裂にもかかわらず、幻語学者の位置する独自の位置は厳密に歴史によって、もっと正確にいえば、歴史の余白によって条件づけられている。なぜならば彼らの知識はどんなに通常の科学からは逸脱し、どんなに出口のない主観的な構築物に迷いこんでも、ある時代の思考枠を決定する公理群からは逃れられないからだ。私たちが幻語学に見いだすのは思考枠の無視や放棄ではなく、その濫用でありねじりである。香山の著作は造語、個人的語法、論理の飛躍に満ち、研究対象と仮説に関するカテゴリー的誤謬を示している。読者は論理と直観、仮定と結論、個人的追想と客観的記述、そしてとりわけ想像と現実との混乱にあふれた迷路のなかに迷いこむ。香山の場合、見かけの類似に匹敵した言語的な類似を証明するという言語学と遺伝学の錯綜した目的を立てて、結論が幻想と食い違っているときには、その場限りの理論がたてられた。

幻語学の課題はいかにして言葉の熱中症患者に見える著者たちが近代言語学の正統的な対象を構築するのに失敗したのかを問いながら、彼らを言語研究のより広い領域のなかで位置づけることにある。彼らは逸脱的（excentric）であり、また逆に地震の中心にいる（epicentric）。科学的言説の限界を指し示し、科学と幻想の境界線をぼやかし、また乗り越える。その結果、幻語学は周辺的な地点から中心の力を測り、諸科学自体の前提条件をくつがえす。幻語学にとって「諸言語の起原についての省察で問題になるのは、言語の実際の起原ではなく、言語についての原初的な幻像《ファンタズム》である。言語と物事の透明な結びつき、普遍性、一言も言いもらさない直接的な伝達である」（一九頁）。

私の意図は香山の著作を近代科学に照らし合わせて正すことにはなく、いかにして言語学の知識を濫用しつつ、言語の起原、民族の起原を論じうるかということにある。⑤彼の論は泥沼にはまりこんだエセ科学ではなく、個人的な体験と集団的な感情に根ざした物語で、科学の顔をした作り話に近い。彼は自由に使える唯一の言語、日本語のブラジルにおける政治的な位置、自分の発言の限界をはっきり自覚していた。ブラジルにおける日本語出版物はすべて国民と民族の摩擦に関わらざるをえない。一世は母国語が外国語であることをつねに自覚させられた。彼らの母国語――選択したのではなく出自による言語――は、ブラジルの国語によって包囲されている。一世ははるか彼方の起原にあこがれ、望むと望まざるとにかかわらず、ブラジルの単一言語体制に疑義を挟む。

言語の起原と普遍言語はしっかり結びあっている。意味論的な透明性、普遍性、直接的伝達、完全な速習と翻訳が保証された理想言語を探し求めている。円滑なコミュニケーションが疑問視されるときに、ユートピア的言語が混乱を補うために作りだされる。ヨーロッパの言語文化における最大の神話＝ユートピアはアダムの言語、つまりそれぞれの単語と音が完璧に物事自体の本性と対応している聖なる言語である。ウンベルト・エーコが証明しているように、バベルの塔の崩壊に集約された言語の複数性とそれによって引き起こされた混乱のゆえに、エデンの完全言語を復活させようという数知れぬ試みが歴史を通じてなされてきた。[6] ヨーロッパの幻語学はこのような知的歴史に属し、それぞれの著者が直面した言語学的な混乱に対してさまざまな解決を与えようとしてきた。

ヨーロッパではヘブライ語、サンスクリット語、ケルト語、バスク語のようないくつかの特権的な語を繰り返し諸言語の起原に措定している。[7] ギリシア語・ラテン語のさらに先にさかのぼろうとする時に呼び出されるのが、これら〈外〉の言語だった。言語の起原の探求はつねに神話的な想像力に依存している。ツピ学の歴史のなかでは、ツピ語とすべての古代語がナイル河のトゥラン族から派生しているという独特の説が唱えられた。この部族が南米に移動して、ツピになったというのだ。この目を見張るような理論の背後にある政治的な意味は、ブラジルのインディオが原始人ではなく、由緒正しい古代文明の子孫だということにあるだろう。[8]

日本の神話にはバベルの塔は存在しない。最初の言葉をもたらした神も存在しない。世界の始まりからアマテラスの一族は言葉の混乱に見舞われたことはなかった。言葉の起原が問題になることはほとんどなく、日本語の起原、言語の起原は明治以降の国民意識、民族意識の形成のなかで、人類学、考古学が「日本人種」の起原を探るのと並行して、知識人の深い関心として立ち上がってきた。日本語学者ロイ・アンドリュー・ミラーは「日本語としかじかの言語――たいていは日本から地理的に遠くはなれていて日本語との関連性がありえそうもない言語だが――との系統的な関係を『発見』したと『報告』……する記事を見ない新聞や週刊誌を拾い上げることは稀である」と誇張している。(9) 日本語の起原への高い関心は、日本人が基本的にモノリンガルで、日本語が日本の国土の外では使われていないし、国土のなかでは他の言語が並存していないため、国民意識の強力な指標になることから説明できる。民族、国土、言語のほぼ完全な一致が見られるからこそ、日本語の起原は日本人の起原と同じ意味を持つ。「人種と言語の同一性(10)」を自明視する思想が言語ナショナリズムの基本にある。これは複数国で話されているいわゆる国際語、逆に一国内の一部でしか話されていないいわゆる部族語・地域語と比べてみればはっきりする。

興味深いことに、知る限りの日本人の起原論は、どれも太古の昔にどこかよそから人間の集団が列島に渡ってきたと述べ、列島に原人類が登場した後、北や南に散ってそれぞれの地に定着していったという説は聞いたことがない。人類学者や考古学者には一笑に付されるに違いないが、起原論が歴史観や人間観に依存していることを思うと、自生の起原説の不在は文明的にも仏教的にも辺土・小島という意識が生まれた六、七世紀にさかのぼる自意識を反映しているのかもしれない。同じように、アイヌ語なりドラヴィダ語なりが民族移動とともに列島に現れて、日本語が混交してできあがったという説は限りなくあっても、日本語からそれらが派生したとか、縄文語（?）こそアジアの祖語であるという説はまだ見ない。(11) アルタイ語族というが、本当は日本語族のなかにモンゴル語ほかの諸言語が含まれているという説がなぜ出てこないのか。香山は日本人が列島の外からやってきたという日本語起原論の暗黙の前提にもとづき、ツピ同祖説を打ち出した。ツピ語学者のウォルフ・ディートリヒによれば、「印欧諸語の分野での経験からいって、単一の祖語 proto-language を再構築することは仮説的な構築に終わり、決して歴史的な現実にはならないだろう(12)」。これはまったく正しいが、香山のツピ＝日本語祖語論を再構築することは、移民の知性史のテーマとして検討に値する。

二重の所属、ひとつの祖先

香山のツピ語熱は一部には、単一言語生活《モノリンガリズム》から来ている。たった一つの言語を話すことは本国にいる限り、自明のことだが、いったん国を出ると、言語的な孤立に苛まれることになる。外国でモノリンガルであることは、一方的な接触を認めることである。言語は身体的な見かけと同じように、一世の日本人意識の決定要因の一つだった。言語的弱者でなければ、香山はツピ語を必要としなかったかもしれない。香山はほとんど全員が日本語しか読み書きできない共同体のなかで、ポルトガル語（とスペイン語）をきちんと読め、会話にあまり不自由のない特権的なグループに属した。とはいえ、青年期に学校で学んだ外国語の運用能力が第一言語に比べて劣っていたことは明らかで、バイリンガルというよりは、複数の外国語を理解できるモノリンガルに留まった。これが彼の人生と想像力を限定すると同時に可能にした。彼のツピ論は nipo-brasileiro というハイフン付きの存在を再定義する緊張に彼が迫られていたことを語っている。日本ツピ同祖説は日本とブラジル双方において、彼の所属する共同体が占める位置が周辺的であることを民族の創世記に立ち返ってつなぎとめ、保証する物語といえる。

彼は日系ブラジル人の二重の所属を魔法のカギ、ツピ族を登場させて一挙に解決しようと試みた。ツピは原ブラジル人であると同時に原日本人である。つまり国民の祖先であると同時に民族の祖先であると証明することで、日本人でありブラジル人であるという摩擦の多い二重の籍を丸く収めようとした。日本人をツピと同一視する発想の出発点にあったのは、容貌の類似性だった。ツピ三部作の冒頭で彼はこう書き記している。

ツピー・グアラニー土人の容貌、それは全く私共日本人そっくりだと、一眼みて忘れられなくなった。見れば見る程日本人そっくりだ。現ブラジル人も、欧州人も「此処の土人と日本人はよう似てるぞ」と噂している。土人とも日本人との仲でも、接すれば欧州人よりも一層和やかにお互ニコニコを仕合うのである。ツピー・グアラニー土人も日本人も、源をただせば太平洋の同じポリネシア系の人間の胤を、約四千年前からうけ継いで、今日に到って再会したからであろうか。土人ツピー・グアラニー語は、日本の大昔の人々が喋ってた言葉と同じでなかったろうか（『単語集』一頁）。

香山の空想は地理と歴史を横断している。日本人はついに兄弟部族の土地に到着した。このような感情移入は香山の幻想考古学にとって重要である。「ツピ」という言葉がツピ語で「祖先」を意味することは、二つの人種・民族の神話的な関係をますます確信させることになった。ツピは自らの名称から明らかなように、祖先を崇拝している。そう仮定することで、彼は日本の民俗的な祖先信仰とのつながりを暗に認めている。冒頭でブラジル上陸翌日に見た土人の幻影が決定的だったことを紹介した。その九年後、一九一七年、日本ツピ同祖説が香山の心に刻まれる第二のエピソードが起きた。モンソン植民地に住んでいた時期の元旦、彼は前年の『大阪毎日』の正月号掲載の弓杖を持った全頁大の神武天皇図を、

左・上塚周平，右・香山六郎．1930 年代前半か．出典：藤崎康夫編集『写真・絵画集成 日本人移民2 ブラジル』日本図書センター，1997.

椰子の額縁に入れて入口の壁に掲げた。それを見てブラジル生まれの娘が一体誰なのか訊ねるので、「プリメイロ・インペラドール・ド・ジャポン」（日本の最初の皇帝）と説明した。インペラドールが何だかわからない子どもは「パレセ・ブグレ」（土人みたい、ブグレは征服者が先住民を指して使った侮蔑語）とつぶやいた。その誤解を叱るどころか、日本人には神々しく映る姿が、土人に見えたことを「私の植民生活にふさわしい神武天皇であった」と回想している[13]。神武は瑞穂の国を治めただけでなく、遠く南米大陸を治めた王の一族だと直感したに違いない。

日本人＝ツピ人のポリネシア起原説は一見、唐突だが、『ツピ単語集』の参考文献のなかの一冊、フランスの人類学者ポール・リヴェの『アメリカ人の諸起原』は次のように裏書きしている。「太平洋は〔人類の移動にとって〕障害ではなかった。それは逆にアジアとオセアニアと新世界の間の結び目だった。アメリカの東側の玄関には門も窓もないが西側の玄関は大きく開かれている。……新世界は先史時代から人種と民族の集まる中心だった[14]」。

『ニエム』執筆中に、香山はコンチキ号のセンセーショナルな冒険を知ったに違いない。日本民族の南太平洋起原説もお馴染みで、第一次大戦後、ミクロネシアを統治した時には、日本と現地の習俗や容貌の類似が繰り返し述べられた。香山が日本人とツピ族のゆりかごに措定したことは不思議ではない。言語熱病を体系的に論じたマリナ・ヤグエーリョはこう論じている。「もし失われた楽園にあこがれているならば、ポリネシア以外に言語の起原を想像することはできないだろう。ポリネシア語は私たちの最初の祖先が話した言葉である。そうでないならば、アメリカ・インディアンの神秘的な言語に、起原をふりあてられるだろう」(15)。香山の説は幻語起原説の世界的な蓄積のなかでは、異端というよりもまっとうな場所を占めているのかもしれない。

ツピ族――国民神話になった食人種

ツピがブラジルの国民創成モデルの構成分子でなければ、香山の同祖説はあまり意味を持たない。彼が出会う以前にツピは人類学的な分類呼称以上の政治的・文化的象徴性を担っていた。それだからこそ、彼は単に顔の似た先住民という以上に、日系人のブラジル国民化のカギを握る部族として扱った。ブラジル国民創成の支配的なモデルはヨーロッパ、アフリカ、アメリカ先住民、この三民族の混血を掲げている。ツピ族は植民地時代にヨーロッパ人によってほとんど絶滅されてしまったが、ブラジルの土着性の鮮明な象徴として使われてきた(16)。

ブラジルの独立（一八二二年）とそれに続く政治的な混乱の後、ブラジル歴史地理院が一八三八年に設立され、国民統合が探究された。ヨーロッパ人もアフリカ人奴隷も、あるいは混血人種も国民の重荷を担うにはふさわしくなかった。「インディオしか残っていなかった」と歴史家デヴィッド・ハバリーは説明する。「彼らはほとんどの海岸地帯では絶滅し、内陸部に追い込まれていた。このぼんやりと記憶に残っているだけの生きものにはとてつもない美徳と才能が備わっていると推定された」[17]。一八四〇年には、国民史家フランシスコ・アドルフォ・ジ・ヴェルナージェンは文学者に対して「ナショナリズムの精神を育成するために」ツピを知ろうと檄を飛ばした。ほとんど絶滅しかけていた先住民の文化を都会から称賛し、国民国家の基礎として正統化した。

一九世紀ブラジルの知識人はもはや先住民と直接接した宣教師や旅行者ではなく、国家を語る政治家、歴史家だった。彼の呼びかけに応えた作家のなかで最も代表的なのは、アントニオ・ゴンサルヴェスとジョゼ・ジ・アレンカールだった。前者は一八五七年にツピ語の辞書を編纂し、後者は一八六五年に白人男性とインジオ女性の結婚という「創成神話」（ドリス・ソマー）を創造した小説『イラセマ』を発表した。フランスとアメリカの文学の決定的な影響を受けながら、ブラジルの知識人はヨーロッパ人にとっての異国趣味でしか自らの国民モデルを打ち立てられないねじれを感じた[18]。

これに対して一九二〇年代の革命的な精神をもった若い反逆者は、ヨーロッパの知的秩序への服従を拒絶し、ブラジルの文化的独立を宣言した。それがモデルニズモだった。彼らによるツピ意識に関する最も挑発的なフレーズは、オズワルド・ジ・アンドラージの「食人宣言」（一九二八年）に見られる。「ツピかツピでないか、それが問題だ」(Tupi or not Tupi, that is a question)。ハムレットのセリフをユーモアと風刺をこめて書き換え、彼のサークルのたぶんだれも見たことのない部族を讃えた。この宣言はヨーロッパに対する新しい態度を示している。ツピはフランスの民族学者レヴィ＝ブリュールのキーワード「未開人の前論理的思考」を凝縮し、モデルニストの想像力のなかでは未開人の偶像破壊的な力を爆発させた。ヴィヴィアン・シェリングの言を借りれば、ツピはタブーからトーテムに変わった。(19) 一九二〇年代の都会の芸術家はツピの現状や現在の文化には無関心で、ただヨーロッパ中心主義をくつがえす力を彼らに与える象徴的な部族として利用した。ツピは彼らにとってはブラジルの未開性と文化的自律の符号だった。歴史家が純粋性の故に部族を国民のシンボルに選んだのならば、モデルニストはツピをいわば新種の国民文化カクテルのベースであると祝福した。彼らこそは、政治的制度から国語や宗教にいたるまであらゆることが借りものの国にあって、唯一、外からやってきたものではなかった。

征服しキリスト教化すべき異郷の生きものから、新しい国民意識を育成するために呼び出される文献学的な部族へ、そして未来のための想像上の部族へ。ツピはこのようにブラジルの知識人がブラジルについて考えるときにしばしば呼び起こされる符号として機能してきた。最近ではガブリエル・オ・ペンサドールの「音楽の祭り」、レニーニの「ツビツピ」、ペドロ・ルイス&ア・パレージの「東京のブラジル人」のようなポップ・ソングに登場している。絶滅した種族はブラジルらしさの原初的象徴として、現在でも生きている。香山がツピ観の変遷をどれだけ知っていたかはわからないが、ロマン主義的で国民意識の礎となるツピ像はよく理解していた。

II 『ツピ単語集』とロマン主義的国家像

語彙論的な想像力

香山の最初のツピ語論『ツピ語単語集』(一九五一年) は一三六頁の小冊子で、約二五〇〇語のツピ語日本語辞典の体裁を採っている。著者自身は語の選択基準を明確に述べていないが、鉱物(一〇〇語)、植物(九〇語)、水(七〇語)、魚(五〇語)、動物(五〇語)、昆虫(四〇語)、森林(四〇語)というように自然に関係する多くの単語を発見することができる。ツピ生活における自然を詳しく取り上げる傾向は、彼が参照した著者全般についてもいえる。原始人と自然を等号で結ぶことは、文明人と文化を等号で結ぶことと組になっている。香山は知らぬうちに、植民地主義的な知的体系に取り込まれていた。たとえば鉱物に関する語の大半は、ツピ語で「石」「固いもの」を意味する ita- という接頭語を持っている。香山が選んだ八〇の ita- のつく語には「小さい石」「尖った石」「丸い石」「色のついた石」「白い石」「小石」「穴のあいた小さい石」「山のように尖った石(急な山)」「石斧」「黄色い石(金)」「光る石(石英)」「実に光っている石(ダイヤモンド)」などがある。この長いリストはツピ地質学の豊かさを示すというよりも、鉱石に関する征服者の飽くことのない欲望を示しているだろう。

『単語集』はさらにブラジル語に定着したツピ語の動植物の名前がたいてい意味をもっていることを教えてくれる(たとえば「黒い果実」「蛇を食べる鷹」というような)。「イペー」という木の名前がその形と同じように「皮の厚い木」を意味し、「ツカン」(オオハシ)という鳥の名前が「つきだした嘴」を意味するのを知るのは楽しいことではないか。ポルトガル語が先住民の名詞を採用し、それを日本語が採用

ツピ語 (Tupy)	葡萄牙語 (Portugues)	日本語 (Jápones)
Inubia	O que sôa agradavel, inubia trombeta de guerra	戦の笛，イヌビヤの快よき響
Ipab, ibapab	Fruto da ponta	頂上の果
Ipadú	Coca, planta de que se servem os viajantes para mitigar a sêde.	旅人の喉をうるほす木の果
Ipanema	Agua ruim, imprestavel	汚れ水，航行不能
Ipatinga	Lagoa clara	晴朗湖
Ipaussú	Lagoa grande	大湖
Ipê, ypé	Arvore cascuda, ipê	イペの木
Ipeca, ypeca, ipeg	Pato	鴨の種の名
Iperoig	Zona dos tubaroes	鮫の海域
Ipecacuem, yapecang	Raiz p/ vomitar, ipecacuanha	吐根イペカクアニア
Iperuyg	Rio dos tubaroes	鮫川
Ipijuca	Lagoa de agua podre	腐沼
Iporú	Inudaçao	洪水
Ira, yra	Mel	蜂蜜
Irahy	Rio do mel	蜜河
Iracema	Saida do mel, nome feminino	蜜の流，女性の名に要ふ
Iraitó	Cera	蠟
Irajá, irayá	Cortiço, colmeia	蜜蜂の巣
Irapé	Leito do rio	河床
Iran	Agitado	興奮
Itapuau	Abelha que vive no alto das arvores	木の頂に巣つくる蜜蜂
Irapiranga	Mel vermelho	紅い蜜
Irára, irar	O que come mel, marta	蜜をなめるもの，貂
Irayá, ararú	Formiga branca, cupim	白蟻

(58)

ツピ語 (Tupy)	葡萄牙語 (Portugues)	日本語 (Jápones)
Iréré	Nome de aves aquaticas	水鳥の名
Iriri	Concha	貝
Iririhu	Rio das conchas	貝河
Iróba, iro, róba, ró, rob	Amargo	苦がい
Irohy	Agua fria	冷水
Irumoguara	Socio, companheiro	共同生活者
Iru, uru, ruru	Vaso	壺
Irupê, urupema	Cesto razo, peneira	篩
Itá	Pedra, o que é duro	石，固いもの
Itabapoau	Vespas assanhadas	怒つた群蜂
Itabayana	A morada das almas	墓
Itaberaba	Pedra reluzente, cristal	水晶
Itaberabaetê	Pedra reluzente verdadeira, diamante	金剛石
Itabira	Pedra levantada, serro empinado	峻嶮な山
Itabirito	Rocha siliciosa	硅石
Itaboca	Pedra furada	坑岩
Itaborahy	Rio do salto da pedra	飛石河
Itaborai	Pedrinha furada	穴あけ小石
Itabubui	Pedra que flutua, pedra pomes	軽石
Itacarambi	Pedra redonda	丸小石
Itacoatiara	Pedra pintada	彫刻ある岩
Itacurumi	O filho da pedra	子供石
Itacurumba	Pedrinhas	磊石
Itacuruçá	Cruz de pedra	石の十字架
Itacurur, ytacuru	Seixo	砂利
Itacyra	Enxada de pedra	石鍬
Itaem	Pedra hume	明礬石

(59)

『ツピ単語集』

するかぎり、翻訳は同語反復的になるか（「イペーはイペーである」）、冗漫にならざるをえない（「イペーは皮の厚い木である」）。通常の語彙の翻訳プロセス（未知の語に既知の意味をあてはめる、たとえば「イタとは石を意味する」というように）と違って、『単語集』のなかのツピ語に由来する動植物の名前はほとんど重要な情報を含んでいない。その意味で『単語集』は好事家の用にしかならない。日常語のなかに先住民の言葉が生きているという自覚をもつこと、それが彼の目的だった。

地名と歴史――遅れてきたロマン主義

『ツピ単語集』で一つ気がつくことは、地名が比較的多く（少なくとも五〇）収録されていることだ。読者はたとえば、香山が一〇年ほど住んだバウルーが、「泥の河」を意味することを知る。バ・ウ・ルーという音声だけでは無意味な都市は、「泥の河」という具体的な情景と結ばれる。これは土地に対する感情移入を深めるだろう（北海道の地名のアイヌ語解読と同じように）。地名のツピ語解読は、襖の下張り（パリンプセスト）解読と同じで、カブラルの「発見」に先立つ数千年前のブラジルの潜在的な地理学を掘り起こすことである。調べるうちに香山はツピ語学習が土地への愛着をもたらすことに気づいた。

香山が参照した資料のひとつ、二〇世紀前半の著述家テオドロ・サンパイオの『国土地理におけるツピ』によれば、「ツピ語では地名は普通、考え、エピソード、土地の特徴を翻訳するようなフレーズで作られる。それはその土地の環境の真の定義といえよう」。サンパイオにとって、ツピ語が先住民とヨーロッパ人の間の共通言語であった時代にさかのぼる地名の意味がわからなくなってしまい、いくつかの地名は「まったくの謎」に包まれている。「化石化した、ないし残酷なまでに汚されてしまった」[20]地名の意味を正書法と正音学の技術を通して再構築することは、「歴史の記念碑を救い出す」ことである。「救出」はもちろん人類学、民俗学が未開文化に介入するときにしばしば使われる言い回しで、文明（即ち研究者が所属する社会）の容赦のない侵略と未開のひ弱さを前提に、研究者は滅び去ろうとしている人類遺産を守る良心的な仲介者と自画自賛している。

地名の原意解明は現在はブラジルと呼ばれている土地に歴史的な厚みを与える。たとえばイパネマ（汚れ水）、ニテロイ（避難泊の湾）、イタケーラ（古岩）、ジャバクワラ（隠遁者の隠れ場）、ピラポーラ（魚の多い川）、モルンビ（青蠅）。地名の意味関係のおかげで、ブラジル史は西暦一五〇〇年の「発見」以前にさかのぼると暗に主張した。二〇世紀前半のツピ研究者は、範とするヨーロッパ史に対抗できるほど長い歴史性をブラジルに見出そうとしている。彼らは先住民の言語を野性の知によって話される固有の文法構造を持った統一的体系というよりも、音に意味を与えた先住民文化と、それを文字によって定着させ不滅なものとした征服者文化のやりとりの歴史的な証拠と見なした。文学者スティーヴン・グリーンブラットの言い方を借りれば、「インディアンの言葉をヨーロッパの文字で記すこと、それは逆説的にその土地を名づけ直す行為、つまりその土地の言語的領有への一歩である」[21]。無文字言語に文字を与えること自体が、ヨーロッパの言語、文字、認識、支配の体系に組み込むことを意味するのである。ツピ自体は二〇世紀にはほとんど絶滅していたが、彼らの文化は地名、用語体系のなかで今なお生き続けている。人は死に、名詞は生きる。サンパイオには大殺戮をとがめる視点はなく、言葉がしぶとく現在のブラジルにひっそり生存していることを評価する。似た理由で伝統的なツピ学者は語彙論と言語系統学を形態学と音声学よりも重んじてきた。実際の発音がどうであったのかではなく、宣教師らが書き記した語の分類、意味づけのほうが、ツピ文化のブラジル史における正当性を主張するのに好都合だった[22]。

サンパイオに比べると、香山の文章には救出よりも懐旧のほうが強い。たとえば以下の引用はサンパイオと共通した認識を示しながらも、ずっと甘ったるく聞こえる。

サン・パウロ州には言葉の異った各国移民がワンサと移り来た。斯くてツピ語は、伯国市民に忘られ出した。現在伯国市民中、ツピ語、グアラニー語を話す人は、純土人外殆んどない世相となっているが——伯国諸州都市の名に、市街到る処の町の名は、ツピ語でつけられ生きている。伯国鉄道線総駅三分の一の名に、到る処ツピ語は生きている。地名に、伯国市民日常生活の裡に、物の名に、動植物の名に、山や河や野の名としてツピ語は生ている。殊に伯国女性の名にツピ語は美くしく甘く朗らかに代々生きている（『単語集』一四頁）。

ポルトガル語が公用語になったからではなく、「言葉の異った各国移民」が集まったから、ツピ語が忘れられたという一言に、香山のサンパウロ州の言語状況に対する理解の一端がうかがえる。サンパイオがポルトガル系の、つまり主流社会の立場からツピ語の忘却を語ったのに対して、香山は日本人を含めた新移民もまた忘却に加担していることを述べている。日本人もまた「伯国市民」の義務として、日常語に残っているツピ語を取り戻す必要がある。またそうすることでまがうことなき「伯国市民」になりうる。サンパイオの論点をほとんど引き受けながらも微妙にずれて、少数民族という位置をひそかに表明している。

香山のツピ・イメージと知識は全体としてロマン主義譲りで、かつてのツピ学者には広まっていたが、同時代の人類学者には拒絶された「高貴な野蛮人」イメージから抜け出していない[23]。彼は遅れてきたロマン主義者だった。香山が参照したプリニオ・アイローザの言を借りれば、私たちブラジル人の祖先の言語は野蛮な言語でもなければ、「獣のような連中の言葉」でもない。

すべてのツピ語の単語やフレーズはきわめて自発的で、明晰で、簡単で、論理的に翻訳できる。もし直接理解できないとしたら、それは単語が何世紀にもわたって歪められてきたり、まちがって表記されてきたからだ[24]。

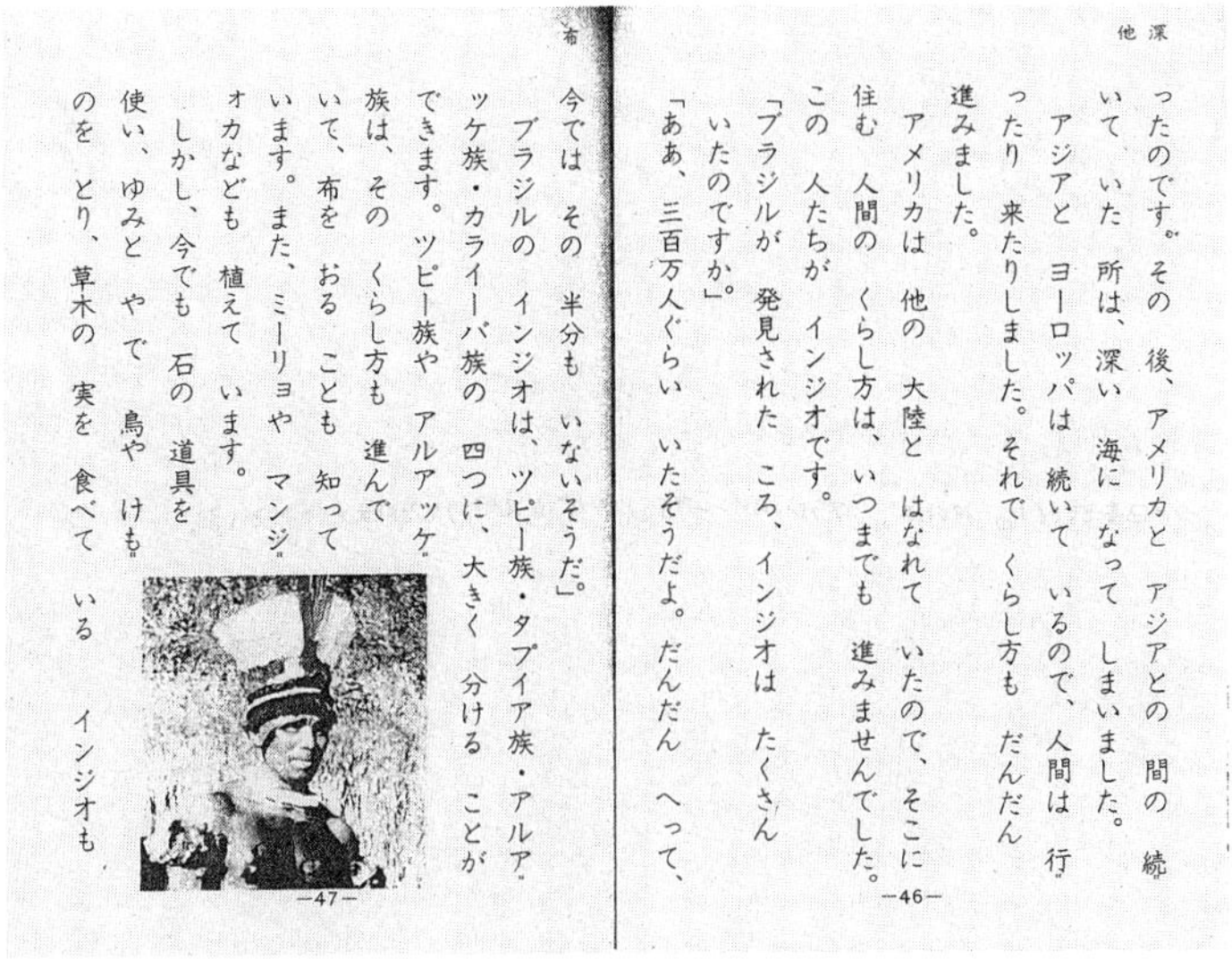
深
他
ったのです。その　後、アメリカと　アジアとの　間の　続
いて　いた　所は、深い　海に　なって　しまいました。
アジアと　ヨーロッパは　続いて　いるので、人間は　行
ったり　来たりしました。それで　くらし方も　だんだん
進みました。
アメリカは　他の　大陸と　はなれて　いたので、そこに
住む　人間の　くらし方は、いつまでも　進みませんでした。
この　人たちが　インジオです。
「ブラジルが　発見された　ころ、インジオは　たくさん
いたのですか。」
「ああ、三百万人ぐらい　いたそうだよ。だんだん　へって、
—46—
布
今では　その　半分も　いないそうだ。」
ブラジルの　インジオは、ツピー族・タプイア族・アルア
ツケ族・カライーバ族の　四つに、大きく　分ける　ことが
できます。ツピー族や　アルアッケ
族は、その　くらし方も　進んで
いて、布を　おる　ことも　知って
います。また、ミーリョや　マンジ
オカなども　植えて　います。
しかし、今でも　石の　道具を
使い、ゆみと　やで　鳥や　けも
のを　とり、草木の　実を　食べて　いる　インジオも
—47—

『日本語 6』1961 年．「ブラジルのインジオ」．ツピは文明的な部族とされている．

文明語への翻訳可能性はアイローザにとってツピの知性の表れだった。そしてこれまで野蛮語扱いされてきたのは、かつてのヨーロッパ人の誤記、誤解による。彼はこのようにツピ語を理想化する。「ツピ語は」――アイローザはイエズス会のフィゲーラ神父の有名な言葉を引用する――「優しく典雅であると同時に奇妙でまた豊かな言語である」（同上、五九頁）。

ロマン主義は二〇世紀に入っても国民思想の重要な構成分子である。再びテオドロ・サンパイオを引くと、「私はこの本のなかでブラジル人がその土地の過去に示す愛情、彼らが原始の住民、国の主人たちから引き継いだものに対する敬意を知りたいと思ったり示したいと思う欲求を調べたい。……ここにこそ国思いの気持ちがある。……アメリカの種族は破れ去ったとはいっても、すべてを失ったわけではない。子孫

の血のなかからその成分がなくなってしまうならば、原始の住民の記憶は文明が勝利を誇示している場所の名前とともに消えてしまうだろう」[25]。過去に対するこのようなノスタルジックな見解は「原始の住民」が払った血みどろの犠牲をまったく見落としている。そして先住民を「国土地理」の指標におとしめている。ツピとその敵の部族タプヤを同一視しているイエズス会士を非難しながら、サンパイオは高貴な野蛮人と卑しい野蛮人を区別する。

> 歴史的にいっても民族誌的にいってもツピ族はひとつの民族集団 grupo ethnico で、南米にあってひとつの同じ言語を話す。それを非常にたくさんの民衆 povos diversos から成り、たくさんの言葉を話す通常タプヤと呼ばれている部族と混同してはならない。ツピの名はこの観点からいって民族の名称である。タプヤにはこのようなことはけっして起きなかった。ツピはみずからの言語をもつ偉大な民族 nação である。タプヤはけっしてそうではない。それは民族でもなければ言語でもない（傍点引用者）[26]。

善良なる野蛮人は一つの言語、一つの文化という近代国家の理想形態を採用している。ツピは文化的に統一のとれたエスニック集団で、一つの民族《ネーション》を形成していた。それに対してタプヤは言葉もばらばらな有象無象 povo の集団にすぎない。povo（英語の people に相当）には民族 nação のような社会的組織はなく、未開度が高いとサンパイオは述べたいのである（同じように、支配人への従順と反抗をもとに先住民の善悪を分ける発想は、台湾の日本人統治者の文書にも見出せる）。ツピはブラジル原住民のチャンピオンに抜擢された。サンパイオの発想は彼の国家の理想を反映している。国民とは唯一の言語を話すべきである。[27]ツピに関する純粋主義的な幻想は、今世紀初頭のサンパウロ自慢の最も有名な歴史家の一人、アフォンソ・ジ・フレイタスの論考にも見られる。香山が参照した書物によれば、ツピ語（ニエムガツー）は、

> 美しい言葉 lingua boa、民の言葉 lingua de gente だ。まじりっけのない話し言葉で、ブラジル原住民が地上に現れると同時に現れ、彼らによって作られた。よその文化の影響はない。……ニエムガツーは純粋な言語であるために、唯一の源泉から発し、ほかの言語との混合がまったくないと著者は考える。特にブラジルのポルトガル語の話し言葉の原型に対して、何千万と推定されている語彙を供給し、言葉を豊かにしたその瞠目すべき貢献があるので、ツピ研究はラテン語と同じように、ましていわんやギリシア語以上に、知ったり研究したりしなくてはならない。[28]

古典教育を受けた知識人は、このように野蛮人の言葉をその純粋性やブラジル語の語彙に対する貢献から、ラテン語やギリシア語の高みにまでもちあげようとした。非ヨーロッパの人種や文化に対する彼の態度はあいまいだ。彼は原住民がサンパウロ州の最初の構成要素としてその文化を豊かにしたことを認めながら、同時に近代的な社会秩序からは除外する。

そしてグアラニの血、ツピ・グアラニの血のなかにこそ、サンパウロ州民の最初の基本的な要素

が融合された。ツピ・グアラニはサンパウロとブラジルにおいて接ぎ木の台木だった。固い核をもつ豊かな果汁をもっていて、花が咲き乱れるようなポルトガルの接ぎ木がそこに接がれたのだ。私たちは国民的統一とブラジル人民の天分と気安さの類似を彼らに負っていることを否定することはできない。……ポルトガルと原住民というふたつの民族的要素の同化が始まって、また征服者が先住民の力を新しい国民性の建設に関する物質的作業に借り出せば出すほど、ツピ・グアラニの文明は統合され、新しい構成要素が新生ブラジル国民ができあがるなかで現れてきた（三二一―三二二頁）。

ブラジルの国民文化はポルトガル人と先住民の美しい協力によって生まれてきたと語るフレイタスは、「ツピ・グアラニの血」が「物質的作業」のためにどれだけ流されたか、なぜ、いかにしてかつてはサンパウロ州中で通用していた先住民の言語がポルトガル語に暴力的にすげ替えられたのかについて、まったく無視している。その一方でヨーロッパに盲目的に追従することに警告を発し、ブラジルの国民主義を提起している。原始人はヨーロッパ文化に対するブラジル性の「示差的特徴」として機能している。したがってツピに対する彼の同情心は人道的というよりも戦略的だ。私の興味をひくのは、彼が単に文献学的に意味の深い部族と向かい合っているだけでなく、サンパウロにヨーロッパ、中東、そして日本から世紀の変わり目に膨大な数の移民が到着し、まざまざと存在しているのを目のあたりにしているということだ。サンパウロの貴族として彼は「文明世界のほとんどすべての人種の要素が溶け込むるつぼ」（三二六頁）を讃え、新移民をサンパウロの輝ける未来のための決定的なエネルギーとして評価している。日本人も西洋を同化して先進化した黄色人種として評価されている。しかし人種的な雑多なものからいかにしてひとつの統一的な国民意識が形成されるのだろうか。彼は答える。時間がたてば（四九頁）。

フレイタスにとって、ツピはサンパウロの模範グループで、世界各地から到着してきた新参者が従わなくてはならない先例だった。彼はツピがブラジルに対するのと同じように、だれにも生まれた土地に対する特別の愛着があると信じている。新移民はブラジルに生まれたならば、ブラジルに同化しなくてはならない。国民意識は「自然契約」の問題だった。彼は有色人種を軽蔑していない。なぜなら彼らもまた文学、音楽芸術などで偉大な天分を示すからだ。彼の言によればすべての人種は平等だが、それぞれの文明度は違う。白人が物理的にはそれ以外の人種よりもずっと美しいことは疑い得ない。「白人の美を否定することは美意識を感じないということだ」（三五頁）。彼のツピ称賛はヨーロッパ人の優位を認めたうえでの留保つきだった。これに対して日系人の立場からツピを讃えることは、必ずしも既存の統合的な（るつぼ型の）国民観に与することを意味しなかった。

移民社会の分裂と牧歌的な夢想

これまで香山をブラジルの国民主義＝ロマン主義的な思潮のなかで位置づけてきたが、重大な違いもある。ブラジル人の著者にとって、いかに先住民は多様な民族・人種が混在するブラジルにあって国民的な所属感を確立するのに貢献しうるか、ということに関心があった。そのために血塗られた歴史的な過去を、正統化された神話に転換した。ツピ語が「膠着言語」であるばかりでなく、ツピ族自体が「膠着的」であることを期待された。つまり見えない部族は、目に見えない接着剤として、カブラル以前の過去を一手に引き受け、ヨーロッパ人、アフリカ人、その他の民族を張り合わせる役割を担った。誰もが勝手に国民の礎であると思いこみ、利用することができた。ほとんど消滅してしまったからこそ、同化の見本と見なされた。ブラジル人が国民創成以前の過去を思い出すときの共通項となった。

これに対して香山はブラジル国民の正統な一部として日本人を人種的に、歴史的に認めるためにツピを呼び覚ました。ブラジルの人種的平等を肯定することが、ブラジル市民になるためのパスポートであるかのように諸手を挙げて賛同している。[29] もしツピがブラジル国民の正統な一分子であるなら、その兄弟もまた定義上真のブラジル人になる。容貌が似ているのだから、言語もまた類似しているに違いない。ツピと日本人の想像上の親族関係を証明することが、彼のツピ研究の基本にあった。ツピの数ある美徳のなかでも、とりわけ「真の連合協同体社会」(『単語集』八頁)を礼賛した。平和な民族の言語を学ぶことは彼らの高貴なる心を学ぶことを含む。彼は「土人平和の日の生活」を次のように想像した。

土人は毎朝早く起きた。先づ流れに行って沐浴した。朝食後仕事に出掛けた。耕作に、漁労に、狩猟に、部落社会の食料補給である。婦女は家屋で働いた。夜は屋の焚き火のほとりに集まった。火をいじる若者共にそのオカ〔家屋〕の長老が、何かと話すならわしであった(『単語集』八頁)。

この部分はアンジオーニ・コスタの『ブラジル考古学入門』から来ているが、香山はいくつかの創作を加えている。[30] コスタは女が家事に専念しているとも、夜には焚き火に集まって物語の会があるとも書いていない。この二つの創作は戦前の開拓前線の理想化された生活を喚起させる。

逆に香山によるツピの生活の描写には、一六世紀以来、どのヨーロッパ人の本にも描かれた慣習が削除されている。それは食人である。彼が参照した著作にもはっきりと言及されているにもかかわらず、(31) 彼はそれを読者に再話することを拒んだ。もちろん語彙集というテクストの形式は必ずしも歴史的、あるいは民族誌的な正確さを要求しないが、香山は悪名高い慣習を無視し、故意にツピの牧歌的なイメージを強調した。つまり彼は太古のツピ族から近過去の日系移民まで共同体的な生活が連続していることを証明するために、懐かしき野性生活に関係するものだけを拾い上げた。共同体的なイメージは単に高貴なる野蛮人の決まり文句をいただいたという以外に、勝ち組負け組の分裂にも関係しているように思われる。

よく論じられてきたように、民族集団の分裂は「海外同胞」から「日系ブラジル人」へ生活針路と自己認識を変えるのに甚大な影響を及ぼした。戦前からブラジル永住論を説き、ポルトガル語の情報の信憑性を疑わなかった香山は、認識運動の重要な後ろ盾として、日系社会の社会・政治的な状況を案じ、世界観の改訂を読者に知らせる役割を自覚していた。『単語集』出版の時期にはテロリズムこそ収まったものの、日本勝利の信念を悪用する詐欺事件（偽宮様事件、旧円売り事件）が勃発し、いまだ日系人の生活基盤、価値体系は揺れていた。いつ排日運動がぶり返すかわからないような社会的・民族的な緊張の下で『ツピ単語集』は完成された。起原においては日本人だが、ブラジル社会の一員でもあることを両立させる起死回生の神話が日本ツピ同祖論だった。

香山は眉をつりあげて演説したわけではない。遊びの精神が執筆の背景に顔を出している。それは『単語集』の「はしがき」からわかる。「この土語の意味が解って喋られたら、聞かれたら、喋る人、聞く人の中に詩的情緒もユウモア気分も沸き、人々の心を和やかにするんでなかろうかと、特に邦人コロニアのために出版した」（五頁、傍点引用者）。『単語集』は単に言語学的ディレッタンティズムなのではなく、「詩的情緒」と「ユウモア気分」によって緊張を緩和し、民族集団を統合するための呼びかけだった。香山が毒露という号をもつ俳人であったことは、ツピ語研究に大きく影響している。この詩的情緒やユーモアへの性向はほかの言語狂にはあまりない。彼らはえてして完璧なコミュニケーョンや完全なシステムに偏執し、長々と細々と自分の創作した言語について説明する。香山は直観が論理に先行し、詩的でユーモラスな結果が得られたならば、そこでしばしば推論をやめてしまう。

無文字言語と漢字

『単語集』の巻末に簡単な文法解説がある。著者がプリニオ・アイローザの『ツピの基本概念』を主に参照したことはセクションの順や実例からわかる。しかし説明は不適切なことが多い。一部分はポルトガル語のまま引用されていたり、訳語だけあげれば十分なところにわざわざ冠詞をつけていたりする。単語のレベルではある程度の知識は得られるが、文のレベルではほとんど何もわからない。とりわけ日本語にないポルトガル語の文法カテゴリー（冠詞、代名詞、動詞活用、比較級・最上級など）について触れているのは、日本人読者にとってはまったく無駄な説明だろう。たとえばツピ語には冠詞がないし、日本語にもない。この言及にはどんな意味があるのだろう。もし彼が言語学を真に理解していたならば、冠詞のセクションは省いたにちがいない。彼はポルトガル語の本を盲目的に翻訳しただけだった。

しかしこのツピ文法概略には一つだけ、彼の独創が見られる。それは漢字の偏とツピ語の単語の構成を関係づけた点である。ツピ語には単音語で物事の基本をあらわす「根原音」（それを含む「根原音語」）

があり、多くの単語はそれを組み合わせて作られていた。たとえば ita の音は「石」、ca は「家」を指すので itaca は「石の家」即ち「洞窟」を指す。pira は「魚」、juba は「黄金色」を意味するので、pirajuba は「黄金色の魚」、yby は「大地」、ryry は「震える」を指すので ybyryry は「地震」を指す。このような合成はヨーロッパ語でも日本語でも起きるが、抽象表現に乏しいツピ語では、ほとんどの単語が具体的な身の回りの生活と結びつき、たいていはこのような根原音の組み合わせで表現された。香山は根原音を漢字の偏にあてはめて理解した。たとえば水、川、液を意味する y 音は水偏、種、根、玉、頭を意味する a 音は玉偏、人、人類を意味する ab 音は人偏、魚を意味する pira 音は魚偏、葉、草木、森林を意味する ca 音は草木偏というように。そして大胆にも「ツピ人は（根原音の）音で漢字の偏を現わしてた」（『単語集』一二一頁）と結論した。二つの民族が言語や居場所の違いにもかかわらず、同じような方法で世界を知覚していたと彼は推論した。

彼にすれば、これで無文字言語から地球の反対側の書記体系への巨大な飛躍を論理的に証明したことになった。彼の確信は多くのツピ語の単語がどこかで日本語に対応していることで裏付けされた。「ツピ語の音も意味も全く日本語通りなものをさがし出した」（『単語集』一三五頁）。たとえばアロゥ（わろう（笑う））、イコー（行こう）、トリ（鳥の一種）、モロ（諸）、チイチイ（燕の鳴き声の擬音）、ウラ（裏、浦）、ヤニ（樹脂（ヤニ））、ヌフー（野）など。「ヨイヤ、ヨイヤ」は「そうお、そうだ」と訳されている。yoia を本文で探すとポルトガル語で igualdade（平等）、日本語で「同様」とある。この段階で既にまったくの誤訳といってよいが、二回重ねて祭りばやしのように用いているのは、「ユウモア気分」なのかもしれない。

さらに日本の地名と同じツピ語も見つかった。たとえばカイ（甲斐＝焼けてる）、イナ（伊那＝騒ぐ）、インバ（印旛＝空き家）、チバ（千葉＝地帯）、カマクア（鎌倉＝突き出し胸）。彼はツピ語の音の並びかたが日本語に似ていることに驚いている。これは偶然ではなく、根拠のあることだと考えるようになった。文法解説の最後におかれた「素人感からしてのツピ語と日本語」は二〇年後の二巻本の出版を予告している。

葡語を通して南米土族ツピの言葉を日本語に訳してみたら、ツピ語の音も意味も全く日本語通りなものをさがし出したので、ここに発表することにした。日本の古代語で今も地方の方言として、のこっている言葉とツピ語と比較研究したら、屹度幾多のポリネシア語というものが表れるんでないかと思う（『単語集』一二三五頁）。

ずいぶん唐突にポリネシア語が言及されているが、ポール・リヴェの理論に深い関心を抱いていた証左になる。この「比較研究」が彼の生涯の仕事になった。彼は『単語集』に満足することができなかった。なぜならポルトガル語の本に依存したため、日本人とツピ族の共通の起源というブラジルに到着した次の日に得た直観を証明しそこねたからだ。

私は原語学者ではない、特に語学には才能うすい人間であるから、ツピー土語と古い日本の前人語が、判然と同じだとは断言出来ないが、今度葡語を通じてツピー土語を日本語に訳してみて、素人感から、よう似ているとは云える。だが、土人と日本人との容貌ほどそっくりだとは、言葉の上からは未だいい辛い。それで葡語の仲介で、現在の日本語とツピー語との対訳比較研究の小径をここに拓いたまでである（『単語集』一頁、傍点引用者）。

「原語学」が「言語学」の誤植なのか、それとは別の彼の発明（語源学？・語根学？）なのかはわからない。いずれにせよ、彼の次の課題は容貌の類似を証明するに足る言語学的な類似を明らかにすることだった。生物学と言語学の双方で先住民と日本人の親族関係が証明できれば、ブラジル国土に日本人がいることを正統化するだけでなく、まったきブラジル国民の一部と認定されることもできる。日系人は東洋的容貌の故に、ブラジルへの同化の努力がずっと裏切られてきた過去を持つ。「容貌はしばしば簡単なカテゴリー化を許してしまう」からである[32]。「ジャポネース」という社会的カテゴリーはブラジル社会が与えたもので、移民やその子孫が自身で選んだものではない。先住民の代表と縁組ができれば、固定評価の容貌が値段交渉可能になる。ブラジル人になるための目に見える根拠になる。似た民族は似た言語を話すという確信に導かれて、香山は二つの言語の語彙の一対一対応——「同音同意味語」と呼んでいる——を見つけ出そうと研究に乗り出した。

Ⅲ 『ニエム』——世界の祖語に向けて

ツピ語を聞き日本語で理解する

南米新大陸ブラジル国森林地帯に住むツピイ（祖先）族等が今も文字なく喋くる音語は葡人先覚者の研究葡文献に依り私はこれが郡島《ママ》日本音語であり亜細亜支那大陸支那音語であると研究感性《ママ》し得た。

『単語集』から二〇年、『ニエム一』の白いそっけない表紙には、このような一文が印刷されている。その間に彼は二つの言語の同根性に何も疑いを持たなくなっていた。そして近代言語学に対してずっと大胆な態度を取っている。言語学は機械的な説明しかしないとむげに退けている。「私は日本の言語学文法には無智と云っていい位の無教育者である。西洋流の言語学——音韻法則に就いても全くの、無智漢で音痴である」（『ニエム一』四頁）。『単語集』にあった言語学に対する敬意をすっかり捨てて完全に開き直っている。太古のツピ族も日本人も品詞分類や音韻規則や統語法を知らずに話していたのだから、言語学の教えることは音と意味の間の直接的関係にとって二次的なものにすぎない。しかしポルトガル語の本が唯一の参考書だったので、不信感があっても、捨てることはできなかった。彼は西洋の言語学を信頼しなかったが、それを放棄もせず、ただ自分の目的のために濫用した。

『ツピイ音語ニエムの語原意味で人類音語構成一音一音を意味感性研究』という人を煙に巻くような

題名も新しい態度の表れで、『単語集』のように「ツピ語」と表示するのではなく、ツピ語で「言葉」を意味する「ニエム」nheen, nheeng を全面的に使っている。これは話者の立場からツピ語を論じていると自認していることを示している。日本語でたとえるなら、科学者の使う「言語」ではなく、和語の「言葉」「ことのは」を論じると宣言するようなものだ。科学的説明に対する疑心暗鬼は、ブラジルと日本をおおっている西洋科学に対する嫌疑から生まれている。

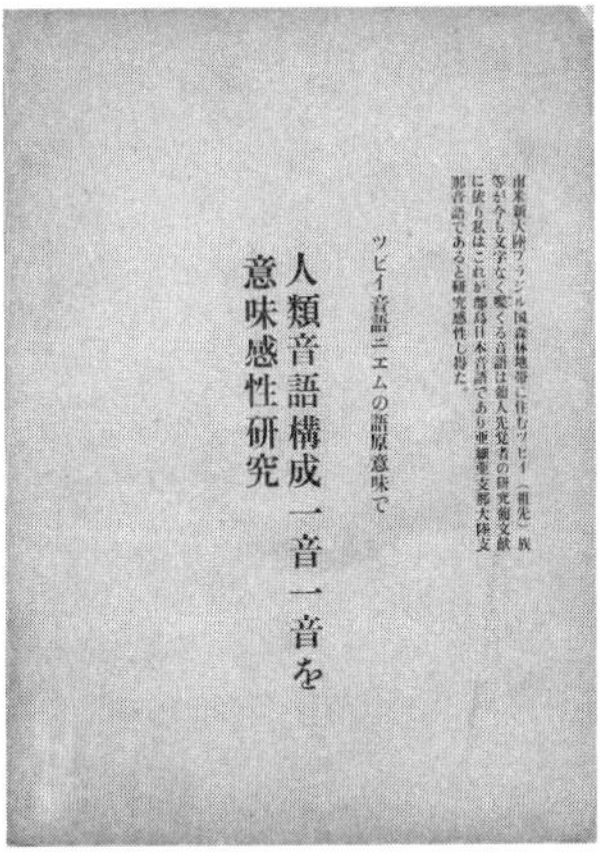

『ニエム』第一巻.

> 私は次の如く研究を私なりに創《ママ》めている。これは名詞だ、代名詞だ、これは形容詞でこれは動詞だ、助動詞だ、否副詞だなどと区別したりするのではない。西洋流の言語学音韻も今から一万年も前からあったものではなかろうし、日本のそれらも今から約百年足らずの前から西洋流言語学を真似てデッチあげたものであるとか。そうした法則に準じては文字もないニエムと日本語を対照、比較することは何うかと私はニエム研究を西洋式の言語法則にあけ《ママ》はめず研究して居る。グラマチカ〔文法〕葡文献には何等たよらぬことにしてすすめている者である。私の研究法はニエムと日本語との同音、同意味語のとりあげから始めた……(『ニエム一』四頁)。

初めに音と意味の神話的な照応ありき。本を閉じてニエムの響きに耳を傾けよ。ニエムは古代日本語の起原でもなければそこからの派生言語でもない。それはまさしく香山の祖先が数千年前の狩猟採集生活のなかで使っていた言語そのものなのだ。「ツピー、ガラニー両族の今も真裸——石器使用、深林に果物採集——弓矢で狩猟生活の音語が、我々日本人祖先のシャ婆生活喋音語と同音同意味語であると対照研究したのである」（『ニエム一』二頁）。「音語」は「無文字言語」「音素」のような意味、「シャ婆生活喋音語」は古代話し言葉のような意味である。ニエムは現代日本語の下に隠れている音と意味の組み合わせから成っている。

ポルトガル人植民者はツピ語の音を正しく聞き取れなかったと彼は考えた。そのためにポルトガル語文献を信用できなかった。『単語集』によれば、ポルトガル人のアルファベット表記では「土人ツピーの音声にはポルトガル人式のF、H、J、I、VやZ等の音がききとれず、又R音も強くはなく、軽く使用されていると聴きとった」（一五頁）。たとえばツピ人発音「ヤグアラ」（豹）を yaguara, jaguar, jaguara のように表記した。「イヤシ」（月）は yacy, jacy とつづられたが、「ポ人にはききなれぬ音声」なので、その表記には「苦心惨憺の痕」が見られる。ツピ語のアクセントもポルトガル人のつけかたには誤りが多い。彼はツピ語と似ている日本語を聞きなれている日本人こそもっと正確にツピ語を聞き取れると期待している。「日本民族によう似た容貌のツピー・グアラニー族―日本語根と同じポル《ママ》ネシア語根とされる（?）ツピー族の言葉を直接土人から日本人の語根学者がきいて、その聴覚神経のテクニコ〔テクニック〕にうったえ、科学的に研究したら、と私は期待している」（一五頁）。ツピ語研究には日本人のほうが有利である。彼はたぶん話されたツピ語を聞いたことはないが、ポルトガル語で分析する学者に不満を感じていた。ただしポルトガル語から今度は日本語に転写するときに音素（またその表記）

の逸脱・脱落の可能性（たとえばF音とH音がともにハ行音になる、L音とR音がともにラ行音になるなど）についでは何も述べていない。

ひらめきの瞬間

いかにして香山は音と意味の照応を確信したのか。ひらめきの瞬間は、ツピ語の「イコ」がなぜ日本語でも「行こう」を意味するのか考えているときにやってきた。彼の参照したツピ・ポルトガル語辞典によればツピ語の「イ」は「水、小さい」を意味し、「コ」は「此処、叩く、踏む、砕く、渇く、産む、育つ、保つ、滋養」の意味がある。『単語集』はここまで記している。「イ」の二つの意味と「コ」の九つの意味から、「イコ」には一八の意味の組み合わせが可能になる。水渇く、水叩く、水滋養、水踏む、水育つ、水うむ、水保つ……（「イ」のもう一つの意味「小さい」は都合よく無視される）。そしてある時、霊感が全身を貫く。

〔イコとは〕こうした必要性の感性からの音感？　と私は茫然として居た。次の瞬間、私の原始林開拓生活の実感――森林を伐木中喉が乾き遠くの谷底の泉に水を呑みに行った――き渇感と、呑んだ後の満足感とが私をイコの意味を始めて体得させた。
「アッ、これが言葉なんだ。人間の喋る音声語なんだ――イコ・イコ・イコ・イコ・イコ・イコ」と私は独語声張り上げ、イコ・イコと叫びつづけた。
人間の喋る音声語

その一音、一音に意味が漬けられて居るんだろ——私はそれを研究感性しようと——私は盲目の眼が光に会ったように全身の血が沸った（『ニエム一』九—一〇頁）。

感覚データが音と意味の絆を直観させるというこのエピソードは、ヘレン・ケラーの「ウォーター」のエピソードを思い出させる。彼女はある日、家庭教師が一方の手につづったw-a-t-e-rという文字が、もう一つの手に感じるほとばしるような物質と照応しているのを発見する。彼女は自伝のなかで最も有名なクライマックスで語る。「私は何か忘れられていたようなもやもやした意識を感じた。思考が帰ってくるようなスリル。そして言葉の神秘が何だか私に開かれたのだ。そのとき私はw-a-t-e-rが私の手を流れる冷たくてすばらしいものを意味することを知った。その活き活きした言葉は私の魂を目覚めさせ、魂に光、ふるさと、喜びを与えた。魂に自由を与えた！」。マーク・フリーマンはこの有名なエピソードを「意味自体の意味」の発見と解釈している。「言葉のない感覚から本当の思考が浮かび上がってきたのだ」[33]。今やヘレンは水だけでなくあらゆる物事に名前があることを直観し、もっと重要なことはすべての名前が文字と音を持つことを洞察した。「言語の獲得とはすでに意味のある世界に名前を与えるというだけではない。もっと意味深いことなのだと彼女は気がついた。むしろ……言語は本当にひとつの世界を作り出すのだ」。彼女は自分にもまた名前があることに気がついた。そしてまさにその瞬間に彼女は主体として、「今や省察の対象になりうることができる連続的な存在」として生まれ変わった。フリーマンはヘレンの有名な挿話に、言語によって構築された意味のある世界の発見による自己の劇的な誕生を見出した。ヘレン・ケラーはその瞬間、文字体系と音と指示対象の照応を把握した。

外見は似ているが、二つのひらめきのエピソードには大きな違いが存在する。香山の発見は感覚与件の直接的な把握ではなく、その追憶にもとづいていたことだ。原始林における長い間忘れられた瞬間は、事後的に「ツピになる」決定的な瞬間として脚光を浴び、彼の個人的な存在とその背後にある何万年もの過去を結びつけるリンクを確信させた。もっと意味のある違いは彼が「意味自身の意味」をつかんだのではなく、ひとつの意味をつかんだにすぎないことだ。しかし一つの事例だけでもそこから二つの言語の語彙レベルでの全体的な照応を敷衍するには十分だった。いかに彼が感じたかが、彼のツピ世界を構築した。音素と意味素の区別もなければ、文脈による意味の変移も統語法もない。彼の造語「音語」は音と意味の通常の関係から切り離されていること、音にだけ着目しその他の言語学的な関心（構造、歴史、文法など）を退けていることを示す。

「イコ」のエピソードが示すように、彼のツピ学には自伝的な過去がよく登場する。「これは私のブラジル原始林開拓生活殖民生活五十余年の体験にかく《ママ》ニエムの山川、草木石――鳥獣名、ニエム構成分子音各自固有特殊意味による分解――感性による認識である」（『ニエム一』三頁）。確かに彼は五〇年間ブラジルに住んだが（「殖民生活」）、そのなかで「原始林開拓生活」は数年にすぎない。『回想録』には先住民との出会いについては何も書かれていないので、彼が実際に会った可能性は少ない。開拓地に先住民の墓とおぼしき塚を見つけたときの写真が残るだけである[34]。開拓者としての自伝的過去を誇張することで、彼は原始民族との否定できない親和性をもった自己イメージを創作する。意味の単位としてのシラブルの接合を省察しながら、彼は最も信頼のおける根拠として追憶を利用した。省察と追憶は彼にとっては同時に起きた。ツピについて書くことは他者について調査することではなかった。むしろ祖先の視点に立って自分の物語を書くことだった。重要なことは想定された意味と彼の感覚との照応だった。これが合致したときに、「人類音語構成一音一音」が「意味感性研究」できた。語の音と指示対象が脳のなかでぴったり合ったときの神話的な閃き。香山はこの直感、ただそれに導かれてニエムを「研究感性」した。

「研究感性」「意味感性」という造語は、彼が自分で感じたことをいかに重視しているかを仄めかしている。「実感」のなかに「言語体系」が構築されている。それは「感情的科学」だった。ツピ語と日本語の対応、それに香山の実体験との対応、「研究」は通常の意味の科学的な実践ではなく、思索中の音素をめぐって自分の半生を振り返ることだった。真理はすべて香山の感覚の中にあり、彼の個人科学には他人の入り込む余地がなかった。もはや言語学への未練はない。『ニエム』は俳号の「香山毒露」の名義で発表されている。彼は「ユウモア気分」を湛えた／讃えた詩学的な挑戦であることに自覚的だった。

音素中心のアプローチは、彼が視力を失ったことと関係するかもしれない。『ニエム二』（一頁）によれば、在伯三五年の読書係桜庭マス江の「静粛な声で毎日午后一時間ずつ（週に五回）明瞭によむで貰」うのを日課としていた。ツピ語はツピ人にとってと同じく、もはや文字を参照して理解するものではなくなった。文法でなく単語、単語でなく音素。香山にとってのツピ語は、音と意味の対応をイロハ順にならべた暗号解読表以外の何物でもなくなった。アルファベット順のツピ・ポルトガル語辞書をイロハ順に並べ替える作業はかなり複雑だったはずだが、日本語に読みかえるのに不可欠の手順だった。また濁音はアイウエオ順で並べ、その存在意義について独自の結論を導いている。ダ（炎）ク（むさぼる）、ニ（皺・夜明け）ゴ（育った、乾いた）リ（含む、流れる）を「感性」し、濁音とは「物の古層」であると仮定し、現在では感じられなくなった意味の古層を指していると結論している（『ニエムー』三二頁）。

偶然から照応へ

香山はツピ語—ポルトガル語—日本語という二重の翻訳プロセスのなかで、一つの日本語のシラブルにたくさんの意味を結びつけ、その結果生まれてきた両義性を意味論的な関連を密にするのに利用した。『ニエムー』の大部分はツピ—日本語の照応に費やされている。まず彼はひとつひとつの日本語の音素がツピ語で何を意味しているのかを示す。イは水、小、ロは大、太、強、固い、肉、ハは把、液、破、傷、刃、覇……というように、ツピ語の一音一音の意味がポルトガル語・日本語併記でしるされる。この一シラブル音は「音語」と独自の言葉で呼ばれる。

彼は二つの言語の間に一対一の音素の照応があると前提した。ポルトガル語の指示はツピ語から日本語に意味を橋渡しする一種の中間的な暗号解読格子として機能した。ポルトガル語文献が、日本語のシラブルの意味を教えてくれないときには彼はほかのシラブルの例から推論した。彼の謎めいた言語学的冒険はホ音の意味措定の手順にはっきりしている。ホ音はポルトガル語文献にはない。そこで香山はホのつくほかの語からパズルを解くように、ホは「布、キレ」であると結論する。その根拠は、①ポルトガル語文献には「ホエ」に「そろそろ歩く」とあるが、「ホエ」はホ（布）エ（考える）が合わさってできた語であると考えられる。なぜなら、(イ)吠える犬はそろそろ歩く、(ロ)『忠臣蔵』の「一力茶屋の段」で大石由良之助が祇園で目かくし鬼をするとき、「手のなる方へ《ホエ》」と芸妓のほうへ「そろそろ歩く」、

(ハ)ツピの全裸生活では布をまとった者は樹木の枝に布をひっかけたりしないように、そろそろ歩くしかない。だから「ホエ」は「そろそろ歩く」になる。②ホ（布）イ（小さい）ト（人肉）が「文字化け」（後述）したのが乞食（日本語の「ほいと」）、③ホ（布）オ（大）ウ（呑む）＝法王、という例もある。④古代の全裸世界ではホ（布）をたくさん着ている人がいれば皆が布を珍しがり手にとった。これが「文字化け」すると「惚れる」になる。これらを続けて連想するとホ音は「布」と解釈できる（『ニエム一』二七―二八頁）。意味のたどれない推論だが、思い出と同音異義語と日本語の連想をごちゃまぜにして、「音語意味」を確定しようと格闘していることはわかる。「構成分子音語各自特殊固有意味から一音一音感性」（『ニエム一』一一九頁）する作業を通して、イロハすべての音に何らかの意味を対照させるのに成功した[35]。ツピには既に国民的象徴性が投入されていて、そこから派生する恣意的な意味と解釈をいくらでも吸収できた。ツピ語はどんな意味でも蓄えられ、どんな想像力にも耐えうる全能の古代語だった。

香山にとって日本語は日常生活では意識されない音と意味の意表をつく組み合わせから成り立ち、一語一語が呪文のように解きほぐされなくてはならない詩だった。自然言語が音素と意味素の二重分節によって成り立っているという構造言語学の基本を彼は無視し、一音ごとに意味が宿っていると前提した。音象徴論にはよくある考え方である。「コ」という音を『単語集』で見てみると、ポルトガル語文献では三つの別の単語として挙げている。同音多義語なのか、ツピ語では全く別の語がポルトガル語の表記では同じになってしまうのか、彼はあえて何も述べない。香山の「感性する」ツピ語には、たとえていえば「橋」も「端」も「箸」も区別はなく、ハ音とシ音がならんでいる、その事実だけで「意味感性」するには十分だった。漢字に転写するときに、各音素の多義性がエスカレートすることはいうまでもない。ひとつの漢字にはたくさんの読み方があり、ひとつの音にいくつかの漢字があてはめうるからだ。三つの言語の同音異義語、異音同義語もまた、音と意味の組み合わせの可能性を級数的に増やすのに力を貸した。

一音一音に複数の意味が対応できた以上、二音節、三音節の語に応用するのは簡単だ。意味を見つけ出すことではなく、適切な意味を選ぶことが彼の課題となった。たとえば「イタミ」はイタ（石）ミ（幼い）で砂の意味になるが、日本語では鉄器時代に石が叩き潰され、砕かれるときの石に対する。「群島大衆の哀愁感覚」がイタ（石）イ（小）になり、「痛い」になった。

もちろんイタは日本語では板になる。「イタ（石）の音語は、鉄鋸が木幹を板に切り裂き出したので、板文字化してしまった日本語である」（『ニエム一』一三二頁）。鋸の言及は謎だが、音素ごとのツピ語の意味が合成して、日本語の単語になることを香山は「文字化（け）」と呼んだ。あらかじめ存在した音の組み合わせに文字表記がつくこととも（文字化）、同じ音の別の文字表記がつくこと（文字化け）とも受け取れる。「〔弥生時代に〕耕作生活世中になってニエム（音語）が文字化けして多く新語が流行し始めた」（『ニエム一』一三二頁）とあり、日本語の語彙の増加とはツピ語の文字化けが激しくなる過程と捉えていたことがわかる。「文字化け」を使えばどんな語彙も何らかのかたちでつないでいくことができた。たとえば「仏陀焚く」が「文字化け」して、ニエムの「ブッ叩く」（ブッ（風）タタ（炎）ク（むさぼる））になったと説いている（『ニエム一』一三四頁）。突拍子もない例では「アラビヤ」（ア（丸い）ラ（収穫、筋、騒ぐ）ビヤ（心））が「日比谷」に「文字化け」したとか、「ママクウナ」（インカの人名）が「飯喰うな」になったという記述もある（『ニエム一』一四八、一五〇頁）。「文字化け」を利用すれば「痛い」を「遺体」や「居たい」「射たい」「位タイ」に読み替えることも可能だし、もっと苦しい語呂合わせも可能だった。同意味の音は交換できるという「法則」は香山の理論に大きな柔軟性を与えている。祖語の音は変わらないが、表記する文字はいくらでも変わる。彼のニエム理論にはこのような暗黙の前提があったとしか思えない。

ツピ語で読む古代日本史

『ニエム一』には数百語の多きにわたってこのような解釈（「音語意味」）が列挙されている。理論的には香山はすべての現存する日本語の単語について切り貼り方法論を適用することができた。しかしそうはしなかった。彼の語彙の選択は民族や言語についての彼の思想を明らかにする。論理がずいぶん錯綜したものであっても、語彙の選択はつねに首尾一貫していた。彼は近代文明や抽象語を体系的に除外し、地名、固有名詞、古代史を優遇した（『ニエム一』一二五―一三九頁）。いいかえるとツピ語は自然や民族の起原と親和性があると彼は考えた。

ニエムから日本語への架け橋はおおよそ次のように書かれている。ニ（波たたす）エ（話す、暗い、考え違い）ム（協同、親類、上手、移る、反対）。ここからどういう飛躍でか、彼はニエムが中国で象形文字化して「念」になっていると結論する（『ニエム一』一二〇頁）。しいてたどれば、十数の意味のなかから「波たたす（外から見えない?）」「話す」「協同」あたりが圧縮されたのかもしれない。ニエムとネンの音の類似かもしれない。ニエムが念に通じるならば、ツピ人は日本人に近い言葉観（言葉感）を持っていたに違いない。「ニエム、日本語が、文字化けして言葉―コトバになる」（『ニエム一』一二〇頁）。コ（育つ、生む、保つ、砕く、乾く、茲、踏む、突く、滋養）ト（穴包む）バ（場）トバ（顔）。顔は体中で一番穴を包む場である、と解釈される。したがってコトバとは生む顔―保つ顔―育つ顔―乾く顔―突く顔―砕く顔―踏む顔―滋養顔……の意味になる。言葉とは眼、耳、口が生まれ育つ、保つ……ようなものらしい。ついでにいえば、紀貫之が言葉を「コトソバ」と呼んだのは、「ソバ」の音語がニエムでは「葉」であることによっている。なぜ念が顔や葉につながるのか「文字化け」のつながりがまったく見えないが、香山の考えでは「ニエム」は円滑に「ことば」に重なっていった。

文字についての記述は次のように展開されている。中国より漢字が渡ってくる以前から文字を持つ氏族がいて、それは現在の九州の大衆のなかに「遺音語する」（『ニエム一』一二二頁）。文字とはモ（曲がる）ジ（集まった）で蛇を「音味」する（「音味」が「意味」の誤字なのか、新たな概念なのかは不明）。蛇文字を持つ超古代語を想定していたのかもしれない。

「娑婆」とはシヤ（集める、果実）ア（解放）バ（場）で、果実採集生活を意味する。耕作段階に達すると、ウ（喰）ジ（集まった）ゾ（獣）ク（たしか）、氏族が台頭し、トー（人肉）ソウ（獣肉）、闘争を続けたが、ヤ（果実）マ（処）ト（穴包む）、大和王朝が成立して平和に収まった（同一二二頁）。このように歴史的キーワードをニエムで解釈していくスタイルが彼の考古学、古代史だった（およそ奈良時代までが解釈されている）。たとえば橿原はカシワラ＝コシアラ（昔）＝コ（生む、育つ）シ（光）アラ（太陽）で、アマテラス神話と適合する。同じように考古学的用語には次のようなツピ語のメッセージが隠れている。

縄文＝ジ（集まった）ヨ（子孫）モ（作る）ム（協同）

弥生＝ヤ（果実）ヨ（子孫）イ（小）
神＝カ（草木）ミ（身）
奈良の都＝ナ（粒）ラ（収穫）ノ（野）ミヤ（おろか）コ（砕く、乾く、此処、育つ、保つ、生む、滋養）
猿太彦＝サ（知らせん、叫ぶ）ル（持つ、消ゆ）タ（火であった）ヒ（乾く、干す）コ（育つ）

このような語義解釈は豊かな自然と優しい心をもった人々の調和した古代日本のイメージをもたらす。猿太彦については「協同殖民地帯森林伐採焼払開拓の経験から」、伐採した森林の木々を乾燥して焼き払う仕事のために、朝鮮方面より招かれた指導者の氏族の名前だったと「感性」している（『ニエムー』一三二頁）。すべての語がこのような体験に裏打ちされているわけではなく、おそらく解釈してみたものの「実感」のわかない例のほうが多かったのだろう。うまくいったと彼が感じた例だけが著作に記されたと考えられる。

彼は『万葉集』の解釈にも挑んでいる（『ニエムー』一三七頁）。「八雲たつ　出雲八重垣　妻籠めに八重垣つくる　その八重垣を」は――

ヤ（果実）ク（たしか）モ（曲がる）タ（日）ツ（転ぶ）イ（水）ツ（落ちた、コロンだ）モ（作り、通る、曲がる）ヤ（果実、木の実）エ（甘い）ガ（家）キ（子孫）ツ（転ぶ）マ（者）ゴ（産んだ）メ（いつも）ニ（波たたす）ヤ（果実、木の実）エ（甘い）ガ（家）キ（子孫）ツ（転ぶ）ク（たしか）ル（持つ）ソ（芽生える）ノ（野）ヤ（果実、木の実）エ（甘い）ガ（家）キ（子孫）

ることはなかった。ツピ語を通して日本語を発明する（あるいはその逆）ような仕事は、「きわめてたやすい」としても言語や民族についての彼独自の思想について私たちに洞察を与えてくれないわけではない。

Ⅳ　ツピ単一起原説

世界の祖語の探求

もしツピ語がはるかはなれたアジアの一言語の原初的要素を保持しているならば、世界の祖語であってもおかしくない。いや、そうに違いない。彼は『ニエム一』の後半と『ニエム二』で諸言語にツピ解読格子を広げた。一言語の起原から諸言語の起原へと思索を伸ばした時にどれだけ大きな飛躍があったのか、自覚していなかったかもしれない。あらゆる言語は類縁性を持ち、人類は一つの祖語の地域的なヴァリエーションを話していることになる。言語の単一起原説に彼は考えることなくうなずいた。

最初に取り組んだのはブラジルの地名だった。実際にツピ語に由来する地名はもちろんだが、ヨーロッパ語系の「パウリスタ（サンパウロ州の形容詞形）」も「感性」された。「パ（羽皆）ウ（土）リ（居、流れ）ス（移る、変る）タ（火、竿）」。「この音語意味はアルゼンチンのパタゴニアの名をもじって呼ばれた」（『ニエム一』一四〇頁）と謎の注釈がつけられている。「ラ（印づける）プラ（充実）タ（火）」（『ニエム一』一四二頁）の注に、プラタがラテン語で銀の意味を持つとあるが、それがこのツピ語と矛盾することには何も述べられていない。アムデスは「アム（たましい、霊魂）デ（声、名乗った）ス（さわぐ、変る、移る)」。ツピは太平洋岸より山脈をこえてやってきたので、「魂名乗った者が移る」という語義に合う(『ニエム一』一四五頁)。日本の古代史のツピ語釈義に頁をさいたように、南米の記述ではインカ帝国関連の人名、遺跡名の読み替えがずいぶん多い。たとえば「イ(水)ン(黒)カ(草木、森林)」でニエムでは「腐れ」の意味となる(『ニエム一』一四五頁)。インカ帝国には否定的なイメージを抱いていたのかもしれない。

この要領で世界中の国名、地名、人名が解釈される。『単語集』以来の固有名詞に対する興味が最後まで持続した。ツピ語の普遍性は固有名詞の解読にいつものようによく発揮された。いったん「イスラエル」という国名の意味がツピ語で解釈されたならば、それはヘブライ語がツピのシラブル的意味論によって読みうることを証明している。彼はこう信じていたように思われる。固有名詞に挑戦したあと、彼は多くの言語の一般名詞をツピ語で読んだ。一体、彼は固有名の論理的な特異性について意識していたのだろうか。

『ニエム一』で扱ったのは日本語、中国語、朝鮮語、アイヌ語、マレイ語、シリア語、ポルトガル語、英語、『ニエム二』で扱ったのはフランス語、スペイン語、イタリア語、ドイツ語、ロシア語、ヘブライ語、合計一四の言語を調べた。『ニエム二』巻頭(一頁)の解説によれば、それぞれの言語を彼の俳句仲間、渡部南仙子が六カ国語のそれぞれを話すブラジル人より聞き取ってきた「音語」をもとにしている。つまり辞書もアルファベットの助けも借りず、渡部の耳が捉えた音素の列を片仮名で表した文字列が香山の一次資料だった。アルファベットよりも日本人の耳で聴き取った片仮名のほうが、ニエムに忠実と彼は考えていたから、ドイツ語やヘブライ語も片仮名で表記したほうがニエムには近い。ニエムの音を聞き取り、そこに一音ずつ直接指示された意味を日本語にあてはめて読み解くことが香山の仕事だった。水を例に香山の解読結果を示す。

ミヅ（日本語）＝ミ（少、おさない、身、頂）ヅ（落ちた、ころんだ）
スイ（中国語）＝ス（移り、かわり）イ（土、水、居）
アグワ（ポルトガル語）＝ア（所、物、者）グ（たしかだ）ワ（呑む、丸い、呑むもの）
ワアタア（英語）＝ワ（呑むもの）ア（芽生え、切る、放つ）タ（火）ア（放つ、切る）
オウ（フランス語）＝オ（大、多）ウ（土、呑む）
ヴアセル（ドイツ語）＝ヴ（水筋）ア（芽生える、放つ）セ（甘い、人、私、味）ル（持つ、呑む、沈む、消える）

このように彼はすべての言語を片仮名に書き直し、ツピ語の一音一音の意味をあてはめていった。日本化（片仮名表記）とツピ化（一シラブルの意味対照表）によって彼は普遍的な翻訳体系を作りあげた。日本語に転写できるかぎり翻訳できない語はない。しかし意味論的な構成について解釈を示すことはなかった。彼は「ワ・ア・タ・ア」が「呑むもの・芽生え・火・放つ」というような意味をもっていると述べる以上のことしかしなかった。

小さな表記のちがい——たとえばミズとミヅ、アグアとアグワ、イウプラテスとユフラテス、シリイアとシリア、ルシヤとロシヤ——はもちろん異なるニエムに対応した（『ニエム一』一五〇、一五一頁）。

メソポタミヤにはメソポタルミヤと「感性すべきか?」とあったり、「マイタカパック」(インカの人名)には「マイ・タ・カ・パ・ツ・ク」と「マイタ・カ・パ・ツ・ク」という二つの読みを提示しているので(同一四八、一五〇頁)、香山自身には「音語意味」の妥当性についてばくぜんとした基準があったことが察せられる。一音節、二音節、三音節の「音語」があるため、語の区切りには複数の可能性が生まれる。首尾一貫した法則はなく、ただ羅列された意味の集合が、どこかで指示対象を言い表していると納得がいったものが掲載されているのだろう。極端な場合には区切り方や複数の対応語の選択によって、矛盾が生ずると彼が感じたものもあった。「アルタイ」は、①人、在、持つ、子供、②人、者、消ゆ、子供、③人、者、喰、子供の三種類の読み方ができる(『ニエム一』一五九頁)。これは「言葉の矛盾の例である」と注がついている。何と何が矛盾なのかははっきりしないが、「アルタイ」を「感性」しながら、何かが腑に落ちなかったことだけは確かだ。

彼の自由な連想力は平和な裸族やはるかなる母国に舞っていった。起原の探究はつねにけがれなき過去への憧れに支えられている。ノスタルジアや感情を受け入れず、対象を主体からすっかり切り離して観察する近代言語学を拒絶した。彼にはツピ語はただ貴重な音と意味の組み合わせから成り、言語学的な幻想を刺激する原料をかかえているにすぎなかった。それは私的な音声象徴説(フォノシンボリズム)の秘密の宝の箱だった。

音声象徴説と単一起原説

彼の出発点、『単語集』は語彙の翻訳のオーソドックスなプロセスから成り立っている。つまりひとつの言語体系から別の言語体系へとある語の意味を移す作業で成り立っている。それは意味論的な照応(少なくとも近接性)の透明性によって二つ(実際にはポルトガル語を介しているので三つ)の異なった言語体系を関係づけることを前提としている。それぞれの体系内の意味するものとされるものとの関係は、近代言語学の教えにしたがって恣意的と考えられている。

『ニエム一』はそれとはまったく違う仮説から始まっている。意味するものとされるものとの関係には関連があり、その上位の体系と体系の間にも関与性がある。言語学では有契的 motivated 関与と呼ぶ。言語音は指示対象のある側面を模倣し、必然的な関連を持っている。石という対象を「イタ」と呼ぶのは、その対象が「イタ」性を持っているから。それを「イシ」とか「stone」と呼ぶ言語があるが、どちらも古代にさかのぼれば、「イタ」性から派生していることが証明される。言語学の視点から解釈すれば、彼はこのように理屈づけたことになる。言語の音と意味の間はとりわけ共感覚で結ばれている(言語音は指示対象から得られる感覚データと共通点を持つ)。「イコ」のひらめきはその模範例だろう。なぜなら彼は二つのシラブル(イとコ)が追憶のなかの渇きの感覚と適合していることを発見したからだ。彼は原ツピ＝日本語のなかに類似の原理と音声学的な模倣関係(ミメシス)を認める。通常の翻訳のプロセスが異なる言語における語彙の間の意味の同一性を想定しているのに対し、香山幻語学では一つの音声はどの言語かにかかわらず、同一の意味を持つ。意味を強調するのか、音を強調するのかが違う。『ニエム一』で彼が興味をもったのは、日本語あるいはツピ語における音声と意味の間の関与性ではなく、二つの言語の音声の間の関与性だった。意味素と音素を同一視し、構造言語学の二重分節を否定し、音声象徴説に近い。つまり意味は本性的に音のなかに知覚されるという考え方だ。(37)

音声象徴説ではたいてい言語的な音とそれが表示する物事の本性間の類縁関係を追求する（たとえばオノマトペ、アナグラム、母音と子音の色彩など）。しかし香山はその類縁関係を言語間の体系に応用する。彼は母語における音と意味の関係を自然のものと受け取る一方、外国語の場合には、幻想的な構築を刺激する仕掛けと考える。彼が日本語とツピ語に見出すものは、「意味するものと意味されるものの間の最大の融合、そして内容と伝達媒体の最小の区別を特徴とする太古の表現の形式」である(38)。

通訳の体験から、香山は支配言語と従属言語の力関係、母国語の疎外について熟知していた。生まれ育った場所の言語を外国語と認めることは、舌＝言葉にフォークを刺されたように感じることだ。言語の牢獄から逃げる一つの方法は他者の言葉を習得することである。「マスターする」、つまり主人《マスター》の位置を確保することである。しかしそれよりももっとラジカルな方法はブラジル人でさえ、単一言語使用者で、ポルトガル語という牢獄に押し込められていると主張することである。彼らはあらゆる言語がツピ語という祖語から等しく切り離されていることにまだ気づいていない。ポルトガル語とツピ語の関連をもっと自覚すれば、つまり滅ぼされた未開人の立場から今のブラジルを見るならば、日系人をもっと暖かく迎えるに違いない。香山のツピ研究はその思考実験だった。

香山にとって日本語もポルトガル語も越えた大元にある原語がツピ語だった。ツピ族は原日本人、原ブラジル人の双方を代表している。ツピを通して人種の平和な融合というブラジル神話の祝福の輪に日系人もまた加わることができる。ツピのお墨付きで国民創成譚から除外されたグループが正統なブラジル人であると証明できる。考古学的想像力、生物学的類似を戦略的に用いることで、ブラジル国民になろうとした。『単語集』では分裂した移民社会に平和を取り戻す意図が隠されていて、本自体も民族集団内部に向けられていたが、二巻本『ニエム』はもっとあからさまにブラジルの人種平等を肯定し、内容自体は外に向けて書かれている（日本語である限り、読者は日系人にほとんど限られたが）。ツピに対する言及は香山にとって、少数民族集団を認めさせるための「準対抗的神話」である。なぜ「準」なのかといえば、彼は既存の支配集団が自らのために作った物語を潜在的に転覆させるような新たな対抗的な物語を作りだすことを意図していなかったからだ。彼の意図は支配的な秩序にその末端であれ参加することだった。『ニエム二』の末尾のパラグラフでエスペラントについて述べている部分ほど、香山の人種的民主主義礼賛を如実に示している文章はない。

　一八〇〇年代の中頃一頃一時欧州方面のザメンホフ氏講説エスペラムト国際通用語が流行した。でもでも《ママ》私はブラジル国が世界各国異民族移入等を区別せず平等視して世界人類一汎理想を実現しつつある様だ。各国異民族言語も屹度数世紀後位には葡文献のこのツピィ音語構成文字一音一音固有意味全般に承認されるだろうと私は安保《ママ》する（三五頁）。

　ツピはブラジルの人種平等、世界平和を象徴している。私たちは彼らを蘇らせることはできないが、世界の人々がそれぞれの異なる言葉を一音一音ツピの音声象徴体系にしたがって「感性する」ようになれば、そこに人類共通のコミュニケーションが生まれ、世界に本当に平和がやってくるだろう。ツピがかつてそうだったように……。香山はツピの牧歌的な生活が世界の人々のふるさとになることを望んだ。人類の誰もがツピ語の派生語を話していることを感じ取れば、国の間のいさかいはなくなり、人々の間の誤解はなくなる。エスペラントのような人工語ではなく、世界の祖語に立ち返ること、そこに彼は完璧なコミュニケーションへの道を見出した。

おわりに

香山は隠遁してますますツピ語に没頭した。渡部南仙子によれば、時々受け取る手紙は赤と青でツピ語の解釈が書き込まれていて、ただでさえ読みづらい書面が判読不明になっていた。何が書いてあるのか確かめに会いに行くことを楽しみにしている風であったという。机と本箱は誰にも触らせず、たくさんの帳面の表紙は型紙を貼った大きな文字が書かれ、それを指でさぐって「あ」の部、「い」の部と判別した。項目ごとにしおりが挟み込まれていた。筆箱の鉛筆の配列も厳格に定まっていて、厚紙で作った罫箋の縦切りの紙に合わせて左手で紙を押さえ右手の鉛筆の先で書くのだが、おうおうにして字が重なり、他人には読めなかった。(39) 南仙子の『俳感断想』には香山毒露の序があり、俳人に向かって君は樹木でいうなら、ペロウバ（ペ皮+ロ苦い、大きい+ウバ樹木）ではなく、グワランタン（グたしか+ア食うもの、大きい+ラ各筋+ム共同+タン固い）のような男だと書いている。真意は不明だが、香山の頭脳がツピ語解読に占められていたことがわかる。すべての言語はツピ語を通じる。この確信は揺るぎなかった。香山の呼びかけは彼の共同体の外にはまったく響かなかったし、その内部でも一部の言葉好きの奇想と見なされるに留まった。彼の知的な労苦と楽しみはほとんど完璧に彼の書斎のなかで完結した。大学教育を受けた家族はまともに取り合わなかった。

これまでいかにして香山が近代科学と訣別し、また同時に彼の幻想が無根拠に浮いているわけではなく、思想として彼の体験した歴史的条件に深く根ざしているかについて長々と議論してきた。ツピを土台とした世界観は日系ブラジル社会の政治的、心情的、言語的な状況とそこから脱出する理想を体現している。一番目の舌で日本語を話しながら、二番目の舌ではツピ語も話している。さらに無数の舌が世界中の言葉を話している。ある音素のつながりはすべての言語に通じている。失われた起原へのすべての回帰と同じように、香山の発想はロマン主義的である。日系ブラジル人の名前は彼らの生まれた土地の歴史にも、養子縁組して引き取られた土地の歴史にも書き込まれていない。その現実に対抗して、日本とブラジルの双方から周辺的な位置に追いやられた半絶滅民族が、実は世界のへそであることを、全言語の祖語としてツピ語（したがってその近しい姉妹言語である日本語）を立てることで証明している。ツピ語の意味をさまざまな単語にふりわけながら、彼は世界を名づけ、世界をツピの目で観察し、ツピの耳で言葉を聞き、ツピが知覚し、ツピが「感性」したように世界を感じる。そうすることで、彼は言語の限界、生きられた世界の限界をつき崩そうとした。

註

（1）『香山六郎回想録』サンパウロ人文科学研究所、一九七六年、四三五頁より要約。『ニエム一』一―二頁にもほぼ同じ内容の記述がある。この章は以下の拙論を書き直した。"Speaking in the Tongue of the Antipode:

Japanese-Brazilian Fantasy on the Origin of Language", in Jeffrey Lesser (ed.), *Searching for Home Abroad. Japanese-Brazilians and Transnationalism,* Duke University Press, Durham and London, 2003, pp. 21-45.

（2） 前掲『回想録』一二一頁。同じ頁には持参の品物のリストが下着、歯ブラシ、耳かきまで掲げられている。この几帳面な記録癖なしには、ツピ語研究はありえなかっただろう。香山らしき筆者によるツピ語研究の発端が一九二五年五月八日付『聖報』に見える。それによるとピンポンはピンポポゲ pinbopoge（飛び跳ねる）から来た。この種の連想は香山の研究の基本にある。モントーヤのグアラニ語字解（脚注(3)参照）が言及されている。香山のツピへの関心はこのころから既に始まっていたようだ。

（3） この三冊は香山の娘むこで、サンパウロ人文科学研究所の脇坂勝則氏の手をわずらわせて入手した。彼は香山の文献探索や書写の援助をし（『ニエム一』八頁）、出版事情についても詳しく、貴重な情報を得ることができた。深く感謝の意を表したい。

香山は『単語集』（三一四頁）で次の十件の参考文献を挙げている（一部データ追加、誤記訂正）。

1. Padre Antonio Ruiz de Montoya, *Vocabulario y Arte y Tesoro : Guarany (o Tupi) -Español* (1639)
2. Plinio Ayrosa, *Primeiras Nações de Tupi,* Centro do Professorado Paulista, São Paulo (1933)
3. Baptista de Castro, *Vocabulario Tupy-Guarany* (1936)
4. Theodoro Sampaio, *O Tupí na Geographia Nacional,* Secçaõ Graphica da Escola de Aprendizes Artifices, Bahia (1928)
5. *Diccionario Guarany-Castellano* （出版年、著者不明）
6. P. Antonio Guasch, *Diccionario Castellano-Guarani y Guaraní-Castellano,* Ediciones Loyola, Sevilla (1961 [1948])
7. Affonso Antônio de Freitas, "Os Guayanas de Piratininga", *Etnographia Paulista* (1910)
8. Afonso de Ecragnolle Taunay, *Os Indios Caingangs : Monographia* （出版年不明）

9. Angione [Angyone] Costa, *Introdução á Arqueologia Brasileira : Etnografia e Historia*, Biblioteca Pedagógica Brasileira, Editora Brasilana, series 5, vol. 34 (1934)

10. Paul Rivet, *As Origens do Homen Americano*, Instituto Progresso Editorial

このなかで私が参照できたのは五件（2、4、6、9、それに10のフランス語版）にすぎない。香山のツピ学再構築が不十分なことは認めるが、致命的ではないだろう。『単語集』の採用語の大半はアイローザかサンパイオの著作に拠っているし、グアシュの辞書はあまり香山の執筆には貢献していないので、私が参照できなかった1、3、5の辞書の貢献も無視できる範囲内だろう。アフォンソ・アントニオ・ジ・フレイタスの「ピラチニンガのグアヤナ族」も、彼の同時代の著作『ニェンガツ語彙集』*Vocabulário Nheengatú*, Companhia Editora Nacional, São Paulo (1936) のグアヤナ族についての記述から判断する限り、それほど重要ではなかったようだ。

なお、香山時代のツピ語の系統学については、Plinio Ayrosa, *Estudos Tupinológicos*, Instituto de Estudos Brasileiros, São Paulo, 1967 ならびに、Vicente Chermont de Miranda, *Estudos sôbre Nhêmgatú*, Imprensa Nacional, Rio de Janeiro, 1946 を参照。

（4） Sylvain Auroux, Jean-Claude Chevalier, Nicole Jacques-Chaqui & Christine Marchello-Nizia, eds., *La Linguistique Fantastique*, Clims-Denoël, Paris, 1985, p. 11.

（5） この問題の歴史については坂本百大『言語起源論の新展開』（大修館書店、一九九一年）参照。私は言語活動の起原に関する脳科学や遺伝学の成果を否定しない。生命の進化のある段階で身振り、声、音などによる意思伝達が始まったことを推測することはできる。しかしそこから世界の祖語を記述できる予感はまだしない。

（6） Umberto Eco, *La Búsqueda de la Lengua Perfecta*, Crítica, Barcelona, 1994. 神学者ラッセル・フレーザーは『アダムの言語』の冒頭で、次のように述べている（神学者はアダムは文字を使わなかったとしている）。「エデンの園でアダムはひとつの単語がひとつの物事の根源の意味 root meaning を何ら混乱をきたさずに伝えるようなひとつの言語を話していた。彼の言語は記号的だった。それは物事の表面を無視した。あるいは通り抜けたというべきかもしれない。なぜなら表面はさまざまな形をしているために混乱をきたしているからだ。アダムの言語は直接的に、矢のように、内的な本性につきささり、即座に、そして永遠にそれを照らす」(Russell Frazer, *The Language of Adam: On the Limits and Systems of Discourse*, Columbia University Press, New York, 1977, p. ix).「根源の意味」を持った無文字言語という点で、香山のツピ語概念と遠くない。ヨーロッパ語文化のなかで普遍言語を構築する試みはすべて、エデンの園への言語学的な回帰ということもできよう。普遍言語を呼びかける者はしばしば「バベル」を諸悪の根源と見なした。たとえばベーシック・イングリッシュ（八五〇語から成る単純化された英語）の採用を呼びかけるC. K. Ogden, *Debabelization*, Kegan Paul, Trench, & Trubner, London, 1931, ヨーロッパ全土にフランス語の採用を呼びかけるAlbert Counson, *De Babel à Paris ou l'universalité de la langue française*, L'Académie Royale de Langue et de Litérature Françaises, Bruxelles, 1925参照。

（7） ケルト語、バスク語起原については、Sylvain Auroux et al. *op. cit.* 所収の以下の論文参照。Patrice Bergheaud, "Le Mirage Celtique: Antiquaires et Linguistes en Grande-Bretagne au XVIIIe Siècle" (pp. 51-60); Ramon Sarmiento, "Le Basque et la Racine du Savoir" (pp. 61-73). ほかに、Marina Yaguello, *Lunatic Lovers of Language: Imaginary Languages and Their Inventors*, Athlone Press, London, 1991, p. 21 (translated by Catherine Slater) 参照。

（8） Francisco Adolpho de Vernhagen, *L'origine touranienne des Américains Tupis-Caribes et des Anciens Egyptiens montrée principalmente part la philologie comparée*, Librairie I. et R. de Faesy & Frick, Vienne, 1876. ヴェルナージェンはツピ語のrha, ioh, siuという単語がそれぞれ古代エジプト語でそれぞれ太陽、月、星を意味することを発見した（pp. 27-29, 137-38）。ツピの主神、ツパン（雷の神）は古代エジプト語のト・パン（国のパン）と共鳴している。この「パン」は「ケン」とも発音され、これはギリシア神話のジュピター（雷の神）に対応する（pp. 62-63）。この歴史家によれば、ツピは紀元前五世紀ないし六世紀にエジプトから移動した。最も古い移民は最も遠い土地、ブラジル南部にたどり着いた。その結果、ツピ語にはギリシア語、アッシリア語、フェニキア語など古代の言語が含まれている。彼はさらにモンゴル語、タルタル語、バスク語、アラビア語、ハンガリー語、マレイ語などとツピ語の語彙的な対応を発見した。香山の研究との類似性は明白である。

面白いことにヴェルナージェンはツピと西欧語との対応には触れていない。彼の言語系統学は異国の、もしくは古代の言語に限られていた。彼はまたツピが「祖先」を意味することを詳しく調べ、ツピとはエジプト生まれの異国のアダムであると結論している（九頁）。彼は文明の征服が各言語の形成に伴うと考え、エジプト（トゥラン）帝国が拡大したために、その言語がセム諸語に影響したと論じている。彼の古代エジプト学はもちろんナポレオン遠征以降の考古学から多くを借用している。さらに興味をひくのは、このトゥラン説がアラブ系ブラジル人（レバノン、シリア系）のアイデンティティにも影を落としていることだ（Jeffrey Lesser, *Negotiating National Identity: Immigrants, Minorities, and the Struggle for Ethnicity in Brazil*, Duke University Press, Durham and London, 1999, p. 43）。ツピは遅れてやってきた非ヨーロッパ系移民の複合的なアイデンティティの神話的な拠り所として、それぞれのやりかたで活用された。言語はその手順の核心をつく場面で登用された。

（9）Roy Andrew Miller, *Origins of the Japanese Language: Lectures in Japan during the Academic Year 1977*, University of Washington Press, Seattle, 1980, p. 18. ミラーは「日本語の起原」熱を批判する一方で、日本語アルタイ語族のなかで系統づける仕事も残している。Roy Andrew Miller, *Japanese and the Other Altaic Languages*, University of Chicago Press, Chicago, 1971. 科学的な日本語系統学の現況については、アレキサンダー・ボビン、長田俊樹共編『日本語系統論の現在』（国際日本文化研究センター、二〇〇三年）参照。

（10）Roy Andrew Miller, *The Japanese Language in Contemporary Japan: Some Sociolinguistic Observations*, Hoover Institution, Washington, D. C., 1977, chap. 6.

（11）印欧語族という概念を作り出すのに寄与したジョーンズ卿の仕事を振り返る論集の序文によれば、「〔世界中に存在する諸言語の九九パーセントのなかから〕どのようにでたらめにひとつを選んでも、少なくともひとつの系統学的な親戚が一致した意見として見つかる」。そのため「結局、系統樹の説は事実上は単なる仮説にすぎず、不完全なものと一般に認められている」(Sydney M. Lamb & E. Douglas Mitchell (eds.), *Sprung from Some Common Sources : Investigations into the Prehistory of Languages*, Stanford University Press, Palo Alto, 1991, pp. 7-8). M・ルーレンによる最近の系統樹の試みもまた例外ではない (Merritt Ruhlen, *The Origin of Language : Tracting the Evolution of the Mother Tongue*, John Wiley and Sons, New York, 1994). なぜなら彼は考古学的な前提と言語の起原を首尾一貫した基準なしに混同している。

(12) Wolf Dietrich, *More Evidence for an Internal Classification of Tupi-Guarani Languages*. Gebr. Mann Verlag, Berlin, 1990, p. 7-8, note 2.

(13) 前掲『香山六郎回想録』二七九頁。

(14) Paul Rivet, *Les origins de l'homme américaine*, Gallimard, Paris, 1957, p. 173.

(15) Marina Yaguello, *op. cit.*, p. 22.

(16) John Geipel, "Brazil's Unforked Tongue", *History Today*, 43, 1993, pp. 11-14. ジャン・ド・レリー『ブラジル旅行記』二宮敬訳、『大航海時代叢書第Ⅱ期第二〇巻フランスとアメリカ大陸二』(岩波書店、一九八七年)二三六頁以下。レリーの著作を歴史学と民族学の緊張のなかで読み取ったMichel de Certeau, *The Writing of History*, Columbia University Press, New York, 1988, pp. 209-243 (ツピ語については二三三頁) は、香山が頼ったツピの象徴性を考える大きなヒントになった。

(17) David T. Haberly, *Three Sad Races : Racial Identity and National Consciousness in Brazilin Literature*, Cambridge University Press, Cambridge, 1983, pp. 16-17.

(18) Doris Sommer, *Foundational Fictions : The National Romances of Latin America*, University of California Press, Berkeley, 1991. 先住民イメージと国民文学の建設については、Renata R. Mautner Wasserman, *Exotic Nations : Literature and Cultural Identity in the United States and Brazil 1830-1930*, Cornell University Press, Ithaca and London, 1994 も参照。

（19）　Vivian Shering, *A Presença do Povo na Cultura Brasileira : Ensaio sobre o Pensamento de Mário de Andrade e Paulo Freire*, Ed. UNICAMP, Campinas, 1991, p. 95.

（20）　Theodoro Sampaio, *O Tupí na Geographia Nacional, op. cit.*, p. ii, p. xxxiv. ツピ語はジェツリオ・ヴァルガス政権下の国語論のなかでも、イデオロギー的な原ブラジル語として持ち出されている。エピグラフで引いたArthur Neiva, *Estudos da Lingua Nacional*, Companhia Editora Nacional, São Paulo, 1940 参照。

（21）　スティーヴン・グリーンブラット『驚異と占有――新世界の驚き』荒木正純訳、みすず書房、一九九四年、一六四―一六五頁。

（22）　興味深い例外として、ブラジルのポルトガル語の鼻音化がツピの影響であるとするマリオ・ジ・アンドラージがいる。Mário de Andrade, *Aspectos da Música Brasileira*, Villa Rica, Belo Horizonte, 1991.

（23）　Gaile McGregor, *The Noble Savage in the New World Garden. Notes Toward a Syntactics of Place*, University of Toronto Press, Toronto, 1988.

（24）　Plinio Ayrosa, *Primeiras Nações de Tupi, op. cit.*, p. 99.

（25）　Theodoro Sampaio, *O Tupí na Geographia Nacional, op. cit.*, p. i-ii.

（26）　*op. cit.*, p. ix.

（27）　E. Bradford Burns, *Nationalism in Brazil : A Historical Survey*, Frederick A. Praeger, New York, 1968, chapters 3-6.

（28）　Affonso Antônio de Freitas, *Vocabulário Nheengatú, op. cit.*, pp. 53-54.

（29）　社会学者はブラジルの人種的平等に対して懐疑的である。George Reid Andrews, *Blacks and Whites in São Paulo, Brazil 1888-1988*, University of Wisconsin Press, Madison, 1991 ; Roger Bastide and Florestan Fernandes, *Brancos e Negos em São Paulo*, Companhia Editora Nacional, São Paulo, 1959 ; Florestan Fernandes, *O Negro no Mundo dos Brancos*, Difusão Européa do Livro, São Paulo, 1972 ; Pierre-Michel Fontaine (ed.), *Race, Class, and Power in*

Brazil, Center for Afro-American Studies, University of California, Los Angeles, 1985; David J. Hellwig (ed.), *African-American Reflections on Brazil's Racial Paradise*, Temple University Press, Philadelphia, 1992; Thomas E. Skidmore, *Black into White: Race and Nationality in Brazilain Thought*, Duke University Press, Durham, N. C., 1993 [1973]; Howard Winant, *Racial Conditions: Politics, Theory, Comparison*, University of Minnesota Press, Minneapolis, 1994. ブラジルの「人種」問題は白人と黒人のスペクトラムのなかに限られ、先住民とアジア系については「民族的」ethnic 摩擦という別のカテゴリーで論じられる。これは香山のツピ学にとって非常に重要な論点である。これについては、Jeffrey Lesser, *Negotiating National Identity*, *op. cit.*, pp. 10-11. 参照。

（30） Angyone Costa, *Introdução á Arqueologia Brasileira: Etnografia e Historia*, *op. cit.*, p. 255.

（31） Plinio Ayrosa, *Primeiras Noções de Tupi*, *op. cit.*, p. 22; Angyone Costa, *op. cit.*, p. 264.

（32） Jeffrey Lesser, *Negotiating National Identity*, *op. cit.*, p. 169. 他に一五、一〇八頁も参照。

（33） Mark Freeman, *Rewriting the Self: History, Memory, Narrative*, Routledge, London, 1993, p. 56. ヘレン・ケラーの自伝の引用もここから。

（34） 『農業とブラジル』一九二八年九月号（プロミッソン開拓十周年記念号）。キャプションによれば、一二、三年前、野蛮種族はその土饅頭の墓を残して山奥に去り、日本人植民者はそこにお宮を建てた。先駆移民は先住民を追いたてただけで、接触らしい接触はなかったようだ。その鳥居には供養と支配の両方の意味が込められている。香山のツピ学と動機が共通している。

（35） ツピ語源学のルールのひとつについて、テオドロ・サンパイオは次のように書いている。「膠着された諸要素に語源学的に蓄えられた語彙を分解すること、それはつねに簡単に切り離したり付け合わせたりできる。こうして翻訳される状態にある」（Theodoro Sampaio, *O Tupi na Geographia Nacional*, *op. cit.*, p. 129.）。これはまさに香山の方法論である。サンパイオはツピ語や日本語のような膠着言語は、ポルトガル語のような屈折言語よりも進化が遅れていると考えた。

(36)　Marina Yaguello, *op. cit.*, p. 98.

(37)　Tzvetan Todorov, "Le Sens des Sons", *Poétique*, 11, 1972, pp. 273-308 ; Fernando Dogana, *Suono e Senso : Fondamenti Teorici ed Empirici del Simbolismo Fonetico*, Franco Angeli, Milano, 1983.

(38)　Dogana, *op. cit.*, p. 288.

(39)　渡部南仙子『俳感断想』自費出版、一九七一年、二二六―二二七頁。最近では文筆家の則近正義が、香山より『ツピ単語集』を贈られた日の感激を記している。当時、則近や地元の知的な友人は、この本を片手に身近な地名のツピ語の原意をよく話していたという（「香山さんとの思い出」『国境地帯』一七号、二〇〇七年三月号、三八―四〇頁）。香山と親しかった安藤全八は「地名に残れるツピー土語」（一九三六年一一月一〇日・一七日付『聖報』）でアグアペイ、アニャンガバウ、アバレー、ブタンタン、グリルーリョス、ピンドラーマ、エメボイなど日系人に馴染みの地名を解説している。また「最近国粋思想の勃興に従って古代ブラジルの研究が盛んになり殊にツピーグワラニ語に対して注意が向けられてきたことは面白い現象である」と述べて、アルツール・ネイヴァらこの時期のツピを利用した愛国主義に触れている（例として挙げているのは、ブラジルの少年団の挨拶の「アナウェー」で、これはツピ語の栄あれ、万歳の意）。一九五九年、岡忠雄は『ツピ単語集』を参考にしながら次のように語釈している（「ツピ語と万葉言葉」六月一〇日付『パウリスタ』）。敷島はシ（光る）キ（子孫）シマ（輝く）、「しらぬひの筑紫の国」は、シ又はシア（光る　シアはシラに「転音」）ヌ（野）ヒ（水）ツ（平野）キ（子孫　キはクに転音）シ（輝く）と読めるので「豊かな水と平野のある輝かしい子孫の国」となって北九州の枕詞となる。「あおによし」はアバ（人　アオに転音）ニシンガ（ざわめく）ヨ（子孫）シ（生）と読めるので「人々が多く集まり子孫の繁栄する」となって当時の奈良を形容する。このほか池田義夫「謎のツピー語」（一九七六年八月から一一月にかけて『パウリスタ』連載）では、古代エジプト語や沖縄語も動員して同じような方式の解釈をしている。彼によるとツピ語のウナ（黒）とバーラ（海）が合わさって（例えばリオのグワナバーラ湾）、黒潮の国の「海原」になった。古代日本語ではバラ、パラ（原）

が海をさし、それがマラーマールと転訛してポルトガル語のmar（海）になった（一九七六年一一月二日付）。ツピ語研究者にとって万葉言葉は、それ以上さかのぼれない日本語の零度だった。他にも無署名記事がツピ語で日本の方言を読むことを勧めている（一九六三年二月二六日付『日毎』）。これらの著者にとって、香山の著作は絶対の権威を誇った。彼の死後、言語マニアのツピ語への関心は薄れたようだ。ほかに一九五六年五月一六日付『日毎』にツピ語にあけくれる香山の日々が記されている。

最近になって、晩年の西脇順三郎が中国語とギリシア語の類縁性を音素の配列の類似から証明するのに夢中だったというのを知った（四方田犬彦「西脇順三郎と完全言語の夢」『翻訳と雑神』人文書院、二〇〇七年、四九―七六頁）。東西の高度な文芸語が実はひとつの根から発していると証明したかったらしい。香山とは異なる目的だが、類似語彙のリストを飽くことなく拡大するという手順は同じだ。また二〇〇六年、日本語ラテン語同祖説が出ている（与謝野達『ラテン語と日本語の語源的関係』）。香山は決して孤立した言語狂というわけではない。

Ⅲ　芸能

6　ブラジルの「バタフライ歌手」――異国趣味と民族主義がすれ違うオペラ

キモノはあちらでは服装、こちらでは仮装《ファンタジア》
（「日本の通り」、ハロルド・ロボとクリストバン・ジ・アレンカール作、一九四四年のカルナバル・ソング）

序幕

一九三八年、ローマの市民の祭りで、野上弥生子は山車の行列の中に日本を讃える一台を見た。反り返った中国風の屋根の家、赤や水色のキモノ、帯を団扇のように背負い花模様の日傘をさした女たちとハカマもどきをつけた若者、編み笠風をかぶった男たちが一〇人ばかり乗っていた。「すべてはマダム・バタフライである」。彼女は盟邦のつきあいといってもこの程度の認識かとがっかりした。数ヵ月後、パリでこのオペラを観劇した時には、女客が眼を拭き、鼻をすするのを見た。日頃はバタフライで日本婦人を代表させたくないと思っていたくせに、その晩は大いに感謝した。(1) プッチーニのオペラが流布させたステレオタイプは日本人にとっては快くない。しかしそれに感激する西洋人を見ると、それもあながち悪くないと思い直す。他のオペラならば舞台の出来を論評するだけで済むのだが、このオペラに関しては民族意識を傷つけられたりなでられたりする。このどっちつかずの感情は、現在でも多くの日本人観客が持つのではないだろうか。

ジャコモ・プッチーニの『蝶々夫人』（一九〇四年ミラノ初演）はオペラの標準レパートリーのなかで、唯一日本を舞台にしている。世紀の変わり目のアメリカ人とフランス人とイタリア人のニッポン・イメージが重なりあって生まれたチョーチョーサンは、誰よりも有名なムスメになった。『カルメン』や『サロメ』と同じように、『蝶々夫人』の物語は、〈西〉の男と〈東〉の女の上下関係を軸に展開する。舞台をより本物らしくし、また異国情緒豊かにするために、日本人ソプラノをタイトル・ロールにあてる劇団もあり、海外ではほとんど蝶々さんしか演じない日本人歌手さえ存在する。彼女らは（本人は望まないだろうが）「バタフライ歌手」と呼ばれることがある。生まれながらに役柄と本人の国籍が合っているので、「バタフライ歌手」は本物であると期待された。同時にオペラ劇場ではめったに見ない日本人女性を見てやろうという好奇心をかきたてた。役柄と本人の人種の過剰決定性は、本物らしさと異国趣味の双方に関わっている。

蝶々さんの役は日本人のソプラノにとって、今でも国際舞台にのるためのパスポートだろう。一度は蝶々さんにならなければ、国際的な歌手とは認められない。しかし「バタフライ歌手」としての成功は、必ずしもそれ以外の役での成功を保証しない。この作品が書かれなかったならば、多くの日本人ソプラノの運命が変わっていたにちがいない。日本ではヨーロッパ女性の役をこなすのに、海外ではほとんどこの役しか与えられないことは、その肌の色、容貌が各国人の入り混じった配役陣のなかでは重要であることを暗示している。全員が日本人の配役では気づかれない人種的な出自が、国際的な名声に一役買

サンパウロ市立劇場．出典：十蔵寺宗雄編『移民講座 第2巻 南米案内 上 ブラジル篇』日本植民協会，1932．

っている。[2]

本章は戦前ブラジルで公演した三人の「バタフライ歌手」の人種と民族の意味を、日本語新聞とポルトガル新聞の記事の比較から検討する。[3] 移民が自らの民族的・国民的欲望と想像力をいかに「国際的な」同国人に投影したか、その一方で非日系の観客が可愛いムスメをめぐるオリエンタルな幻想にひたっていたか、この受容のはっきりした違いに移民の自己認識を探るカギが潜んでいる。本章はその点を掘り下げ、異国趣味と民族主義が出会う点として、日本人歌手を捉える。国内で蝶々さんを演じる限り、彼女たちが「同国人」と受け取られることはない。対照的に、海外では「同国人」であることは象徴的な「われら」という意義を持つ。移民は三人のソプラノの成功に日本人としての誇りを感じ、ブラジル社会から日系人へ送られた喝采と受け取った。

ひとことつけ加えておくと、戦前のサンパウロは非常にオペラが盛んで、一九一一年開場の市立劇場（テアトロ・ムニシパル）では一九一二年から二六年にかけて八八作品、計二七〇回のオペラ上演があり、ガリ＝クルチ、ストルキオ、ムツィオ、ベサンツォーニ、カルーソ、スキパ、ジーリなどヨーロッパの第一級が舞台に立った。[4] ほとんどすべてリオの大劇場を巡業した。二都市はオペラの国際興行サーキットに組み込まれていて、耳の肥えた批評家と観客が日本人ソプラノを迎えた。以下のポルトガル語新聞の引用は、豊かなオペラ生活から生まれてきたことを頭の片隅において読んでもらいたい。

第一幕　三浦環、一九二一年

第一場　可愛いお人形さん

三浦環．左は化学者 田丸節郎（元東京工業大学教授）．ニューヨークにて．（田丸謙二氏蔵）

最初に南米の土をふんだ日本人歌手は三浦環（一八八四年東京生まれ――一九四六年東京没）だった。[5] 彼女は一九一五年、ロンドンで蝶々夫人を歌って海外デビューを果たし、一九三五年にパレルモで蝶々夫人の二千回目の公演を祝っている。最初の、そして生粋の「バタフライ歌手」だった。一九二一年（大正一〇年）、七月三日にプラタ号でリオ・デ・ジャネイロにイタリアの歌劇団の一員として到着、パリのオペラ座をモデルに建設され、ブラジルで最も格式の高かった市立劇場《テアトロ・ムニシパル》で公演した。彼女は一座の呼び物で、リオの新聞は早速「本物の『お人形さん』の魅力的な立像」、「最も純粋な日本の金属でできた小さな人形」、「ミニチュア像」と呼んだ[6]。リオの代表的な新聞は一座の幕開け公演『蝶々夫人』（七月五日）の批評の四分の三を彼女に割くほどだった。アルツール・インバサイのためらいがちな賞賛によれば――

> 三浦環嬢はまだ若さにあふれ初々しく、我々がまだ見慣れないためにまちがっているかもしれないが、平均よりやや低い体つきの、フランス語でいうプティット・ファム〔小さな女〕なのは見まちがえようがない[7]。

　批評家は彼女の身体的な見かけや身振り表情に注目する。当時、リオで日系人に出会うことはめずらしく、彼は環が本当に若々しいのか、見かけだけなのか判断に困っている。同じ批評家は初日当日の同じ新聞では、環が舞台でも実生活でも素朴で甘く優しく繊細なものを愛する小さな人形のようだと述べている。そして彼女の出現が貞奴や早川雪洲の出現と同じような興奮を世界各地で巻き起こしたと、当時映像を通して知られていた二人の日本人アーチストを引き合いに出している。

　繰り返し彼女の背の低さが言及されているのは、チョーチョーサンのイメージとも日本人のイメージとも合う。当時の重要な知識人であったギレルメ・デ・アルメイダは、サンパウロの日本人街（コンデ街）探訪のなかで、出窓に飾られた「ミニアチュアー庭木」（盆栽）を見て次のように記している。「大きな自然を、大きな樹木を小さく小さく造り変えるに特意《ママ》な黄色い小人達の店、店、店」。店のなかで素晴らしいのは人形屋で、大人も子どももみな「あの人形とちっとも変らない。……何と小さくて人形らしいことよ[8]」。ハンガリー系、ユダヤ系、フィンランド系などサンパウロの新移民がおりなす異国趣味のルポのなかで、日本人は徹底的に珍奇な種族として描かれている。とりわけ小ささはヨーロッパ移民にはない特徴として強調されている。

スーザン・スチュワートによれば、ミニチュアのミニチュアらしさは客体の意味を大きくし、無垢な幼年期、完璧で閉じた世界、現実との虚構の関係、外側と切り離された内面的な親しさ、ほんの一瞬に凝縮された永遠の夢見心地を喚起する。(9)「ミニチュア」は必ずしも背丈の低い人であるとは限らず、むしろ観察者と観察された対象の間の隠喩的な関係と結びつき、親密性、情熱、欲望喚起を内に含んでいる。ミニチュアであるかどうかは、実際の大小よりも客体に対する主体の幻想によって定義される。単に背の低い日本人男性は、初版台本のピンカートンの悪辣な言葉を引用すれば「小人」「ピグミー」にすぎない。(10)ただ女性だけがミニチュアになりうる。彼女は西洋の観察者を脅かさず、悪印象を与えず、つき従う存在と見なされているからだ。

彼女は小柄だったが、そのミニチュア性は実際の身長よりも、愛玩したいというブラジル人の欲望から作られたように思える。また日本女性のミニチュア・イメージは、島国というところから来ているかもしれない。スチュワートを続ければ、「ミニチュアの世界は絶対的な境界線が引かれている限り、グロテスクなものに汚されず、完璧なままでいられる」点で島と似ている。人形の家、鉄道模型、フィギュア収集、どれも現実から隔絶した小宇宙を構築し、ファンはその宇宙の主の立場にいる。「絶対的な境界線」が海と島、西洋と日本、男性と女性の間に引かれている。そして異国趣味的な欲望に不可欠な溝を生み出している。貞節で子どものようなチョーチョーサンは、探検者によって侵入される処女島の隠喩になっている。初日の批評を再び引用すると――

彼女は絵からぬけでてきたかのような古典的で純粋なタイプの日本女性で、地のままはそれほど完璧というわけではないが、容姿顔つきに手を加えて印象的な美を作りだし、ニッポン美のモデルになっている。

可愛らしさ、みめうるわしさは芸術家にとって重要ではあるけれど、成功したキャリアを積むのに欠かせない、また無視できない要素というわけではない。いうまでもなく彼女にとってこの自然の与えたものは貴重なものだが、オペラ歌手の第一に必要なことに付随する二次的な質にすぎない。三浦環嬢はこの第一の条件にとりわけ恵まれている。

回りくどい言い方だが、評者は環の容姿にとりわけ注目し、その芸術については二次的に言及しているにすぎない。「日本美」beleza japonesa ではなく、「ニッポン美」beleza niponica とわざわざ書いて、読者の異国趣味をかきたてている。オペラ歌手にとって見かけは声ほど大事ではないと強調すればするほど、かえってこの日の環は声以外の要素が目立っていたことが仄めかされる。

このソプラノ・リリコは音域の広い声をもっていたが、低音部がやや弱かった。高音部は彼女が楽にだせて、安定していて美しく響いた。何度かやや不安定な場面もあったし、聞きづらいこともあった。それを補うように、芸術性豊かに、胸に迫るほど感情豊かに歌った。旋律のフレーズは表現力があり人間のさまざまな気持ちを伝えていた。

環は晩年、声の弱さを日本女性の繊細さの表現と逆手に取って言い返している。本人の言によれば、彼女が第一幕のアリア「幸せなの」をピアニシモで歌うのを聴いたイタリアのテノール、アレッサンドロ・ボンチは感激を伝えに楽屋にやってきたという。外国の歌手は日本女性の優しい気持ちがわからないので、楽譜どおりに強く歌いがちだが、それでは親からの勘当と愛する夫への愛の間で揺れる蝶々夫人の複雑な心情を表現できないと環は述べている。「ピアニッシモはフォルテよりもっともっと六ヶ敷いものでございます」[11]。環はこのように役柄と国籍の一致を盾に声の弱さを弁護した。確かにこの場面ではピアニシモが一五歳の日本ムスメならではの苦悶にふさわしいのかもしれないが、それと対比すべきフォルティシモを要求される別の場面ではどうだったのだろう。録音では劇場での響きかたまで推測できないが、体格的にいって迫力を期待できなかったのではないだろうか。その声の不十分さを補ってあまりあるのが演技力だった。

しかし主役はただ音楽の雄弁さによって、蝶々夫人の清らかなまごころ、不幸にあってなお深い狂おしいばかりの愛、魂のなかにとざされ心をひきさくような不安の思いを伝えたわけではなかった。類稀なドラマの才能も忘れてはならない。ひとつひとつの身振り、表情、目や口の動きがすばらしいまでに意味を喚起し理解させたのだ。これらの価値が一人のアーチストにすべて備わっていることはめずらしく、三浦環嬢の蝶々夫人に観客すべてが心から惜しみない拍手をし、それればかりか彼女が優雅でわれわれの興味をかきたてたのは自然のことだった。

アルツール・インバサイの評をまとめれば、環はお人形さんのように小柄で、演技力に優れ、声は弱かった。このような全体像はあとの二人のソプラノにもあてはまる。三人は声の弱さを容姿と身振りの本物らしさで補った。数年後、彼女のリサイタルを見た作曲家藤井清水は、「明瞭な日本語の発音」とともに、日本人離れした「あの舞台馴れた婉転たるヂェスチュアーの巧妙さとチャーム」に舌を巻いている。(12) 広い意味での愛嬌が舞台表現に不可欠であることを彼女は長い海外経験から覚えたのだろうが、時には客への媚と取られかねない場合もあった。

第二場　ゲイシャ

サンパウロに移動してからの三浦環の人気はものすごく、ブラジルのソフトドリンク、グアラナの新聞広告に載るほどだった。(13) そこではつり目と丸顔を強調したキモノ女性が「バンザイ!」と叫んでいる。八月七日、市立劇場での圧倒的な初日成功のあとで、『コレイオ・パウリスターノ』紙は「ゲイシャとのインタビュー」という記事を掲載した。

マダム・タマキ・ミウラ?

ハイ、ワタシ、タマキ・ミウラ、デス。(14)

インタビューはたどたどしいイタリア語で行われた。彼女は記者のようにフランス語を話せなかったし、記者は彼女のように英語ができなかったからだ。ここでも彼女は「アーモンドの目」をした「おちびちゃん」minuscula、「子どものように小さくて白い手」、「ミモザのようにかわいらしいバタフライ」と呼ばれている。本物のチョーチョーサンがそこにいるかのように記者は錯覚し興奮した。

芸術について訊ねると、生き人形 boneca viva は突然、顔を真っ赤にした。ちっちゃくかわいらしい mignon 体は太いオビで脇を締めた緑の絹のキモノの下で動いた。語っているのは環ではなく、劇場で見た、観客を圧倒し虜にしたバタフライだった。彼女は舞台に生き、自らドラマを繰り広げている。

「生き人形」という表現、フランス語のミニョンという形容詞は掌に乗るような小ささ、扱いやすさ、上品さを印象づけている。彼女のミニチュアぶりはノスタルジアと結びつき、素朴で無垢な過去、失ったモノ、取り戻せない土地を喚起する。

彼女の国の音楽は外からの混じり気のない純粋な音楽で、人々は耳で覚える。その美しい歌はサムライの勇敢な行い、桜の花の下の甘い牧歌を彼女に思い出させる。それは書かれてはいないが、日本人みんなの思い出に記されている。彼女は伝統の純化された愛に生きている。美しきお国の曲は親から子どもへ、何年も何世代にもわたって、何も変わることなく、決して朽ちることなく伝えられていく。

サムライと桜というお定まりの象徴（どちらもオペラに登場する）のほかに、インタビュー記事は西洋の影響に汚されていない純粋な日本音楽、人から人へ伝えられ、昔から凍結した伝統について書き記す。この文脈では、楽譜のない音楽は下等であるというより口伝だからこそ文化の真髄が純粋に伝えられると神秘化されている。小さい頃から邦楽の習い事をしたとソプラノは語ったのだろうが、記者の夢想が加わっているように思える。彼女は自国と西洋の音楽の伝統の違いに敏感で、初めて西洋音楽を聴いたときの感動が、その学習のきっかけになったと説明している。

記事は続く。「彼女は多くのことを学ばなければならなかったが、いつも西洋芸術を知り感じることに成功した」。つまり正しく身につけた伝統は、西洋芸術の感受性を育てるのに役立った。独自性は普遍性のなかに組み込まれる。これは異国趣味の根本的な美学である。環とジャーナリストの関係は、邦楽の素材とプッチーニの関係と似ている。彼女は西洋人が料理しやすいかたちで自己を提示した。自分の異国趣味を計算し、オフステージの人格、立ち居振る舞い、発言がどう解釈されるのかに聡かった。彼女は日本人のレッテルが、チョーチョーサンを演じるうえで長所であることを知り尽くしている。そのうえでインタビュー記事がオフステージに彼女の日本人的ペルソナを宣伝することも知っている。記事のなかの「私」は旅する芸術家の生活を蝶々にたとえている。「私は疲れることとなしに飛び続ける蝶々、今日はしばしここに留まったかと思えば明日はまたあちら、いつもいつも去っていくのです。スポットライトを浴びて現れ、外の世界に姿を見せ、いつも歌いいつも微笑み……」。チョーチョーサンと蝶と日本人ソプラノの過剰な同一化は読者の夢想にぴたりとはまった。

ジャーナリストの異国的な演出と環の日本憧憬は一つに溶け合って、読者は彼女がプッチーニのメロドラマに寄せる愛着を理解することができた。

私のかぼそい話し相手は自分の国のことを話す段になると、それまで聞いたことがないほど優しい声になって、顔には、特に目には懐かしさの表情が浮かんだ。はるか彼方の母国に対するノスタルジックな憧れ。彼女の思いは遠い国に飛んだ。伝説の国、そこに住むムスメと同じぐらい小さく傷つきやすい紙でできたちっちゃな家の国。

彼はだれが先生なのかをたずねた。すると彼女は我に返った。「そのときになって環は目（何てちっちゃな！）をあけてぼんやりした表情になった。まるで夢からさめたように、どこにいるのかまったくわからない様子だった」。「紙の家」のイメージは（西洋人に差し出された）日本女性のもろさと、「紙の上の結婚」の都合のよさをピンカートンが嬉しそうに話すオペラの第一幕から来ている。彼女の夢想は記者による平凡な質問によってさえぎられるが、そのとき彼女はかえって西洋人がもっとも期待する表情を見せる。つまりつぶらな瞳をこちらに向けたというのだ。ちっちゃなムスメのちっちゃなお目々。彼女はブラジル人が想像し欲望する理想の日本女性として劇的に描かれている。記事は日本趣味まるだしのフィナーレを迎える。

私は立ち上がった。行かなければならない。さもないといつまでもここにいて、ゲイシャが「ハイ」というのを聞くことになるだろう――サヨナラ！　彼女に向けたお別れの言葉、それは彼女に生まれ故郷を思い起こさせただろう。そして大海原にさまよう自分を思い起こさせただろう。それに動かされてタマキのコトバがつぶやくように、歌うように繰り返した――サヨナラ！

長居をすれば、彼女がゲイシャのように自分を迎え入れるかもしれない。記者はエロスの誘惑に抗しながら、海外で最も知られた日本語の単語を彼女に向ける。記者はロティの人物のように、いわば日本人に変装した。サヨナラ。この言葉が彼女の琴線に触れた、郷愁をかきたてたと彼は自信を持っている。他者へのナルシシズム的な変身はどんなに一時的で気まぐれであったとしても、彼の共謀者の的確な反応を得た。彼女は彼が始めた劇に参加し、期待どおりに振る舞った。彼女の「サヨナラ」はチョーチョーサンとゲイシャとムスメの口から発せられたといってよい。環は記者が心に描く日本女性の定型を模倣し、彼の欲望と想像力に合わせて演技した。何度も繰り返すが、どこまで環が協力したのか、記者の創作が入っているかわからない。次に日系人の新聞から三浦環の評判を聞いてみよう。

第三場　文化外交官

「全市の人気が沸き返るばかりである」。サンパウロの初日を二日後に控えた『伯西刺爾時報』はこう伝えている（一九二一年八月五日付）。彼女は日系社会が迎える最初の同胞芸術家だったから、その滞在は大きなセンセーションを呼んだ。彼女の市立劇場出演は、移民社会にとって最初の大きな芸術的な出来事だった⑮。

ポルトガル語紙と違って、日本語紙が舞台評よりも舞台の外のソプラノの活動や人柄を大きく扱ったのは、彼女がオペラ歌手というより名士の扱いを受けたことを示している。環は八月一三日に『時報』社長黒石清作宅でお茶の会と記念撮影、その晩に総領事を招いて晩餐会。六日昼にサンパウロの日系上流階層が集まって作った日本倶楽部で婦人会主催の歓迎会、二〇日には総領事邸で婦人を招いて甘酒会を開いた。客人の少ない日系社交界の花形となったことが日本語新聞からわかる。彼女もそれに応えて日系人のクラブ、小学校、スポーツクラブに寄付した。

「僅か二回の出演で全市の空気を日本化した」と誇る記事によれば、環は「外国人が観て珍しいと思い、悲しいと感じ、巧妙だと褒める丈ではな」い。

日本人たる私共が観ても、日本婦人の優しさと、良人思いの愛情と、マサカの時の決心とを明瞭に顕し日本婦人は女としての素質に於いて世界何処の婦人にも優る所あっても劣る所なきを最も雄弁に物語っている（八月二一日付『時報』）。

この見方に従うと、『蝶々夫人』は異人種間のメロドラマや異国趣味のロマンスというよりも、娘、妻、母の三つの役割に関して日本女性の礼儀、貞淑、美徳を外国人に教える教育劇だった。たとえ不実の夫であっても貞節をつくし、名誉のために命を犠牲にする理想を体現していた。センチメンタルな犠牲者である以上に、日本女性の鑑、海外同胞にすれば、全世界に誇るべき道徳的モデルを体現していた⑯。

環はこの理想そのものを生きていると『時報』は讃えた。「持って生まれた優しい日本婦人の特性と、同情の深いネーチュアとが芸術的天才に加わって人心を引きつける」。ブラジルの記者と同様、日本人の記者もまた舞台の役柄と本人を等号で結んでいる。チョーチョーサンと三浦環を民族的な理想に沿って解釈した。記事は続いて、環が「世界の後進国たる日本の為に気炎を吐き世界に対する日本宣伝を行なうと云う目的と努力とが芸術の進歩を補《たす》け」、「国民外交を最も鮮やかに発揮しつつある」と結論している。明治政府は富国強兵、殖産興業など「後進国」のレトリックを使って、政治・経済・軍事力を増加する政策を取ってきた。そのような国づくりの事業の一環に「芸術の進歩」もあった。芸術は普遍的であり、環に対するブラジル人の喝采はまさに彼女が普遍的な域に達した芸術家であることを証明していると『時報』は胸を張った。

「音楽は国境のない世界の言葉だとは有名なワグネルが自己の哲学思想を言葉に依って発表せる時の叫びであるが、誠其通り音楽ほど人心を動かし教化に力あるものは他に其類少ない」(一九二一年八月一二日付『時報』)。先ほどから引用している環賛美の記事はこのように書き出している。ワグナーだろうが、ベートーヴェンだろうが、ニーチェだろうが構わない。音楽の普遍性を保証する権威であれば。普遍的音楽(即ち西洋芸術音楽)を掌中に収めたソプラノは、世界を「教化」する力を手にしたも同然で、彼女を擁する民族もまた文化的な世界征服の一歩を印している。日本人がブラジルに到着して一三年目にして初めて、同胞がブラジル人、それも上等な人々の敬愛を受けている。記者は高揚感を隠さない。

普遍主義は定義上、すべての境界を消す。イマニュエル・ウォーラーステインが述べているように、この観念は西ヨーロッパに端を発する「歴史的資本主義の世界システム」が領土や経済を拡張していく過程と歩みを一にして作り出され、科学主義と人種差別が内に含まれている。つまりキリスト教の人類観が深く関わっている。彼は「普遍主義は強者から弱者への贈り物」と書いている。[17] この贈り物は贈られた側にすれば厄介物で、受け入れれば劣等性を認めたことになるし、拒絶すれば将来、劣位をひっくり返すかもしれない武器を捨てたことになる。明治のエリートは贈り物を受け入れることを決意した。環の舞台演技は劣った「日本芸術」を優れたオペラの普遍主義と折り合いをつけたと『時報』は書いているのだが、そのオペラの表現自体には何ら日本の芸術が関係していなかったところに矛盾があった（日本の旋律や衣装が採用されてはいたが）。芸術の普遍的な領域に進出することは、政治の領域で西洋に伍すことを暗に意味している。環の芸術が進歩しているという期待は、日本の限りない進歩と拡張への期待とそれほど遠くない。まさにこの意味で彼女は優れた国民外交を繰り広げていた。

日本語新聞の記事は環を文化外交官と見なし、彼女の芸術的才能以上に、日本女性の生まれながらの美徳を讃えた。彼女は国民を代表する日本人だった。日本人も非日本人も彼女の民族や国民をまじめに扱い、舞台の役柄と本人とを同一視したが、その解釈は正反対だった。西洋人にとって『蝶々夫人』はイタリア人のつくった異国趣味の演目で、歌手が日本人であることは役柄の正統性を印象づけはしても、日本文化の評価に拡大されることはなかった。むしろイタリア・オペラに所属すると見なしただろう。ブラジル人が珍奇な人形と見たのに対して、海外同胞は理想の日本女性と見なし、その卓越した芸が西洋に日本の文化を宣伝していると見なした。

本国の日本人と異なり、海外では社会・文化の生活実践の越えがたい違いから、移民はつねに非日本人と交渉し続けなくてはならなかった。まちがいなく多くの困難にぶつかったが、従うべき役割モデルはほとんどなかった。一九二一年の段階では、移民界の英雄はいなかった。本国の日本人にとって環の成功は彼女個人の業績と解釈されたが、移民にとって、ブラジル人の喝采は国の芸術的な可能性を象徴するものであり、強い自信をもたらした。彼女はいわば日の丸を背負わされた。ちょうど海外同胞もブラジル社会への同化のむずかしさから、つねに日本人であることを自覚させられ、日の丸を背負わされたのと同じように。

第四場　コスモポリタンな女性

『時報』の男性記者が環の潜在的宣伝力を大きく取り上げたのに対して、同紙に最初に定期的に寄稿していたきよ子という筆名の女性は、「三浦環夫人に肖って世界的に伸びよ」と題されたコラム記事で、海外の日本女性の理想として描いた。環の立ち居振る舞い、優雅で手慣れた社交性は、これからのコスモポリタンな女性の鑑だった。

自分の職業は世界的芸術であるからでもありませうが、少しも日本人と外国人との間に差別を措かず、自分の善と信じる所は毫も渋滞なく行って抜けると同時に、他の善い所は直ちに受入れて自己修養の具となす……〔彼女と話していると〕急に狭い地下室から広々とした野原へでも出た様に、気も心も晴々いたします。
私共も職業こそ違へ、海外に活動すると云ふ点は三浦環さんと同様でありますから、最早や窮屈な尻込主義や、非社会的な我執や人の性悪なりと云ふ東洋主義なぞから離れて世界的に、悠ったりと伸び拡がり、世界何国の人も皆是れ我が隣人なりと云ふ態度で、親しく且つ楽しく交際すると同時に、影口《ママ》や、悪口や、邪推なぞを断じて為ないと云ふ、世界的新日本人に成り改まって人生生活の真意義を味はふ様にしたいものであります（八月一九日付、傍点引用者）。

同じ時期の本国の女性は、たぶん環と自分を重ねることはなかっただろう。同胞のよしみを感じるどころか、彼女は舞台活動を続けるために帝大出の医師と離婚し、時に別の男と浮名をはせる芸能人だったはずだ。[18] 海外で出会ったからこそ、国籍が第一の属性として浮上し、海外同胞として共感の絆を結ぶことになった。大正時代、オペラ歌手が一般女性の憧れの職業だったとは思えない（若い声楽家に対する主に男性の好奇心はあったにしても）。きよ子は海外で出会ったからこそ、環に感服したように思える。きよ子は「職業こそ違へ、海外に活動する」点で同じ人生を歩んでいると誇らしげに書いている。彼女のいう「職業」の意味も「私共」の範囲も取りづらいが、記者なり文筆家なりの自負が強く、選民層の妻たちに呼びかけていると考えるのが自然だ。移民の大半を占めた農村の女性に向けたメッセージとは思えない。女性読者に日系社会という「狭い地下室」から、ブラジル社会という「広々とした野原」に飛び出すよう強く勧めている。「私共は女ですけれども、一旦世界の舞台に乗出した以上は、もう日本に居った時の様に引込み思案の女ではいけません。何処までも一家を両肩で荷うて立つ丈の覚悟が必要であります」（「伯国に嫁入りした私共」一九一九年二月二八日付『時報』、傍点引用者）。海外生活とは大きな「舞台」だった。それはつねにブラジル人に見られている。ブラジル人に対して恥ずかしくない日本人でありたいという強い自己意識を伴った。東洋の男尊女卑を捨てて西洋の男女平等を学ばなくてはならない、腰の落ち着かぬイタリア女をたしなめ、虚栄心に満ちたフランス女、おてんばなアメリカ女を反面教師とし、ドイツ女性の質実剛健に学べと、きよ子は他の記事で女性読者を啓蒙した。(19) ブラジルは「第二の故郷」であり、永住するほうが子どもたちにとって幸せであるから、つとめて日本式教育を表に出さず、ブラジル式に同化するよう呼びかけてもいる。女性による最初の定着論だろう。ブラジルは無限の大資源を持ち、大和民族が掘り起こすべきであると満州開拓と同じ論で植民を肯定した。これは移民の定着がブラジル政府の心証をよくするという領事館筋の思惑を反映し、腰かけ移民に対する警告になっている。(20) 彼女にとって環は海外日本女性の他にない手本だった。

世界的ソプラノは豊富な海外体験を話すのがうまく、小さな日系社交界の婦人たちはたちまちその魅力にとりつかれてしまった。環の生き生きした会話はきよ子にとって「活動写真のフィッタ（フィルム）の様」なものだった。そのうえでなお「日本婦人の奥ゆかしい交際振り」を発揮しているとほめちぎっている（八月一九日付）。彼女は同胞女性の引っ込み思案、陰口、非社交性を「東洋主義」として批判し、万国の人と仲良く交際する（またそれを嬉々として話す）環の姿に「世界的新日本人」の理想を見出す。きよ子が賛嘆するのは、この歌手が「日本人と外国人との間に差別を措かず、自分の善と信じる所は毫も渋滞なく行って抜けると同時に、他の善い所は直ちに受入れて自己修養の具となす」点だった。家庭にとじこもりがちで社交性に欠ける日本女性は環を見習わなくてはいけない。「東洋流の尻込主義」を排し、「積極主義」に転じようと勇ましくあおりつつ、家庭の外で何をすべきなのか彼女は何も述べない。

きよ子がここで引っ込み思案を日本人ではなく、「東洋人」の欠点と呼んでいるのに興味が引かれる。

ひとつの効果は表現を柔らかにすることである。非社交性は日本人だけの欠点ではなく、東洋人全体の欠点である。こう記すことで日本人読者はいくらか気持ちが軽くなったかもしれない。あるいはきよ子はブラジル人のカテゴリーで自分を「東洋人」と自認し、同胞に呼びかけたのかもしれない。日本にいる限り、たとえば中国やインドと同じ範疇に自分をくくることはめったにない。あるいは西洋人がそれらをひっくるめることに抵抗を感じ、中国人との混同はいつでも憤慨の種である。しかし移民はヨーロッパ系が支配する国に住み、否応なく国籍と同時に肌の色のレベルで自己を認識させられる日々を送っている。西洋のなかにいることで日本と東洋の違いが一時棚上げにされる。この違いこそが国内では日本人の誇りを生み出す微妙でかつ決定的な違いであるのに。(21) 日本人と東洋人の認識論的な境界がぼやけ、西洋人にとっての一般化された他者に自分をあてはめている。「東洋人としての日本人」は「日本人としての東洋人」に逆転する契機をつねにはらんでいる。帝国主義は東洋を日本化する国家計画だった。

きよ子の考える「世界的新日本人」は「世界何国の人も皆是れ我が隣人なり」という博愛的・社交的態度と同時に（おそらく環の各国歴訪話が刺激になったのだろう）、具体的にはブラジル社会への同化を読者に呼びかけていると考えられる。これはブラジル政府、日本政府の方針に合った。一九〇八年に移民は始まったものの、ブラジル生活の困難から数年後にはほとんど新来者が途絶する事態に陥り、第一次大戦後にようやく入植者の数が増え始めたところだった。移民の同化は日伯関係にとって必須事項だった。

また日本にいて世界的歌手を「国の誇り」と思うのと、海外にいてそう信じるのとでは、いささかニュアンスの違いがある。きよ子は環の来伯以前にこう書いている。「〔環のパリ公演は〕環さんの名誉はもちろん、日本新芸術の為、万丈の気を吐けるもので私共日本人に取っては、実に歓喜に堪えないものがあります」（七月二三日付『時報』）。ここではまだ彼女をばくぜんと日本人の誇りと捉えているにすぎない。このような文章には日本国内でもよく出会うはずだ。しかし本人を目のあたりにして「海外に活動する」という点に境遇の一致を発見した。環のこなれた西洋的な（ときよ子の考える）社交術は「世界的新日本人」になるための実践的な手本だった。

同じ歌手に対するブラジル人と日本人の見方の違いはあまりに鮮やかである。どちらも役柄と本人を重ね合わせているが、お互いに相容れないほどはっきりと解釈が違っている。ブラジル人にとっては最初の日本人女性芸術家で、プッチーニのオペラが決定したムスメのイメージを投影した。在留邦人にとっては国際的成功を収めた同国人で、男性にとっては日本文化を宣伝する外交官、女性にとってはコスモポリタンな生き方をする新しい女、どちらにしても理想の日本女性の化身だった。

第二幕　喜波貞子、一九二四年

第一場　微笑むムスメ

ブラジルを訪れた第二の蝶々夫人、喜波貞子《きわていこ》（一九〇二年横浜生まれ―一九八三年ニース没）はオランダ人の父と日本人の母のもとに生まれ、一七歳のときにミラノに声楽を勉強しに出たあとは、一度も生まれた国へは帰らず、ポーランド系の夫と結婚し、第二次大戦に翻弄される劇的な人生を歩んだ末、晩年をずっと送ったニースで没した。彼女は一九二二年、リスボンのサン・カルロス劇場でデビューし、一九五三年の引退までに千回以上チョーチョーサンを演じた。(22)

一九二四年（大正一三年）六月四日、ブエノスアイレスのコロン劇場での成功を収めた後、トマソ・

ディ・サヴォイア号でリオ・デ・ジャネイロ港にイタリアのビローロ歌劇団とともに着岸した。そして六日、一五日、二一日に『蝶々夫人』、一二日、一四日に『ラ・ボエーム』、一八日に『イリス』で歌った。会場のジョアン・カエターノ劇場（別名サン・ペードロ劇場）はリオでは市立劇場に次ぐ格式を誇り、オペラやクラシックの有名演奏家が顔をならべていた。時代は下るが、エリゼッチ・カルドーゾやナラ・レオンのライブ盤で聞き覚えのある音楽ファンもいるだろう。

アルツール・インバサイは、馴染みのレトリックで彼女のリオ公演を評している。「本当の日本女性、ややくつろいだ容姿で何かをいいたげな顔をした小さなサイズのお人形[23]」。やはりここでもミニチュアぶりが問題だった。環の批評と同じく、「賞賛すべき、めったに見ることのないような才能」をほめているものの、「音量を要求される悲劇的、暴力的場面」には弱すぎる声だと苦言の声を漏らした。フィナーレの場面を指しているのだろう。サンパウロの環と同じように、初日の前にキモノに日本髪の彼女のあでやかな写真を添えた大きなインタビュー記事が載っている。劇団がどれだけ貞子の人気に期待し、リオのオペラ界もまた珍しい日本人歌手の登場を歓迎していたかがわかる。プレス受けを計算した衣装で撮影に臨み、そのなかで批評家は貞子のイメージを当時、知識人の日本趣味に決定的な影響を残したピエール・ロティの日本ムスメに重ね合わせている。

喜波貞子．出典：松永伍一著『蝶は還らず』ウェッジ文庫，2008.

「まったくまじり気のないフランス語」でインタビューが行われたからだろう。リオの教養層は一九世紀以来フランス好きで、市立劇場の建築はパリのオペラ座を模しているし、新聞の批評がフランス語で書かれたこともある。ロティはアナトール・フランスやユイスマンスと並んで、もっとも広く読まれていた作家だった。[24] 彼女のフランス語はオペラがイタリア人の作であることを忘れさせたようだ。

有名なソプラノを見たり聴いたりすると、偉大な作家ロティが蝶々夫人の国のたとえようもない詩を歌いかけているような芳香のする章、そのひとつを読んでいるかのような甘い印象を心底から経験する。ポール・クローデルが感動的な礼讃を送っているように、日本のすべてが光り輝き美しい微笑み、永遠の微笑みに包まれている。これがまさしく昨夜、テイコ・キワ嬢と握手を交わしたときに私たちが感じたことである。彼女が眼差しを上げると、私たちは繊細に、そして心をまどわされるような日本の微笑を優雅に、弧を描いた口元にたたえた表情がよぎるのを讃えた。[25]

文学的な幻想が実際の演技に先立ち、読者に共有されていた東洋趣味を刺激した。貞子の魅力はポール・クローデルが不滅にした「微笑み」に集約されていた（オペラ第一幕でも「微笑みは果物、花」と歌われる）。エキゾチカ作家が日本イメージを偽造し、日本に長く滞在した外交官が正しい日本文化を伝えたというわけではない。クローデルの『東方の認識』（一九一四年初版）もまた異国の芳香を漂わせた。「微笑み」はレハールの中国を舞台にしたオペレッタ『微笑みの国』からわかるように（現在のタイやバリの観光ポスターを見よ）、東洋の快い想像の最初に現れてくる表情だった。戦時中の日本の大陸歌謡でも「花売娘」シリーズをはじめ、微笑む現地娘はしじゅう歌われた。音楽学者エドガー・ポープは「歓迎する他者」と呼んでいる㉖。日本人と彼女たちが言葉で心を通じ合うわけではなく、いわば目と目で親しみを覚える間柄にあるだけだが、日本人側は現地を平定し東洋平和を取り戻した徴と読んだ。いうまでもなく、微笑む現地男性は歌の主題にはならない。異国の娘に歓迎される男といえば、ピンカートンもその仲間である。人種・民族の違いが征服する男性と征服される女性の場合に限って、敵対的などころかかえって友好的に（誘惑的に）働き、違いが表向きは中和された。テイコの微笑みは背丈と同じぐらい、ムスメのステレオタイプに合った。

第二場　東洋女性

リオ公演については、例外的に日本語批評が出ている。菱山大野という寄稿者の記事で、戦前、戦後を通じてブラジルの日本語新聞でこれほど詳しいオペラ評は他にない（「景子」と読み違えているのは残念）。

日本人には稀に見る濃艶の容姿を備え、動作温雅にして東洋人に持ち前の水々しき黒髪は情熱の権化として輝き、高尚の彩色を施せる薄絹のキモノを通して蠢く豊艶の肉体は人心を溶燗し幻惑し観衆は為に恍惚として遠く人事の外に誘われた。彼女が喜悦、憂愁、希望、疑惑……それ等の感情を表現するたびに、黒瞳勝ちの太い眼は、よく動き、よく輝きよく曇り、よく湿りてその変化のままに観衆を駆りて喜怒哀楽の情潮を干満せし悩殺せしめた（六月二七日付『日伯新聞』）。

たぶん菱山は「稀に見る濃艶の容姿」の一部が混血によることを知らなかった。ここでもまた「東洋人」の語が使われ、優雅な動作と黒髪が東洋人女性と結びつけられている。これは外国に住む日本人識者にある程度、共通する認識かもしれない。二二歳のソプラノは肉体と眼で観客を殺した。彼は演技についても言葉を惜しまない。「芸技変化に富み、嬢の軀は一進一退舞台面一杯に広大して見えた。一曲は一曲より光彩陸璃《ママ》たるものあり。嬢が愛児に擬した人形に対し傾倒する所の真摯な慈母の情緒は嫋々として尽きず観客の心臓を刳った」。そのために観客は「全く日本の空気の中に浸潤」し、「場面そのままの気分に感化して異国に在るの懐を抱」いた。第二幕の人形と戯れる場面は蝶々夫人自身がかりそめの夫に人形扱いされていた立場を逆転させ、彼女が生身の人間であることを思い起こさせる重要な場面だが、そこで貞子は迫真の演技を見せつけた。「一進一退」という表現からは舞台上をかなり激しく動き回ったことが想像できる。声についても雄弁は続く。「声量亦豊かに音律正調銀鈴の如き響きあり其の激越高調する時、呂律の抑揚鮮やかで巧みにぼかし余韻微妙に震い微細に入りて尚反響性の呂律を判ずる所真に声楽の蘊奥を極めたりものというを得可く、誰か又景子《ママ》嬢に優るものある可きやと憶わしめた」。

　オペラ歌手に対するこれほどの賛辞はめったに読むことがない。眼や髪の注意深い観察はフェティシュ的で、溶燗、幻惑、恍惚、悩殺とあらゆる形容を尽くして歌手の魅力を言葉にしている。菱山によれば、三浦環は日本ムスメの「表装を玩賞することに意を用い」ただけで、歌手としては貞子の足元にも及ばない（「二昔前の三浦環」というので、二三年前のブラジル公演よりも以前に見たのだろう）。若い貞子はこの時に既に芸を確立していると彼は太鼓判を押した。

　ビローロ歌劇団はリオ公演を終えて、六月末にはサンパウロに移動したが、出演の記事は見当たらない。折しもイシドーロ革命（軍部によるクーデター）が七月五日に起こり、公演が中止された模様である。[27]日本語では宿泊先エスプラナーダ・ホテルで『伯剌西爾時報』の記者とインタビューしたのが唯一の記事で、自分はまだ稽古中の身で舞台にあがれるわけではないが、周囲のすすめられるままに歌っていると謙遜している（六月二七日付『時報』）。「流暢な日本語でしかも恥ずかしそうに語った」という。記者がわざわざそういわなければならなかったのは、彼女に外国なまりがあったからだと想像する。流暢は外国語の場合に使われる評価で、若くしてヨーロッパに移り住んだ貞子は日本語を母語のようには話せなかったようだ。

第三幕　長谷川敏子、一九三六年と一九四〇年

第一場　女優

長谷川敏子. 出典:増井敬二著／昭和音楽大学オペラ研究所編『日本オペラ史 〜1952』水曜社, 2003.

　一九三六年、一九四〇年にブラジルを訪れた三人目の「バタフライ歌手」、長谷川敏子についてはほとんど何もわかっていない。彼女はカリフォルニア州サクラメント生まれの北米二世で、両親は静岡県人、父は一九二九年ごろ亡くなり、来伯当時は母と三人の弟がカリフォルニアに住んでいた。女医志願だったのが途中で歌手に方向転換し、ミ

ラノ留学した。一九三五年九月にボローニャでアンジェロ・フェラーリのタクトの下で、蝶々さんを歌ってデビューした後、ポルトガルからスウェーデンまで全ヨーロッパを巡業した。イタリアがファシズムから解放された直後の一九四四年一二月には、スカラ座で蝶々夫人を歌い、一九四七年にはナポリ、トリエステ、ジェノヴァなどで同じ役とイリスを歌っている。このように一九四〇年代にはイタリアである程度知られていた(28)。

彼女はジェノヴァ・リリカ・ビローロ歌劇団の一員として、一九三六年一二月二日にサンパウロに到着し、テアトロ・サンターナで『蝶々夫人』を九回、『ラ・ボエーム』を二回演じた。ビローロ歌劇団は貞子を抱えていた一座で、南米にしっかりした興行網を持っていたようで、すでに半年以上かけてブエノスアイレス、モンテビデオ、リオ・デ・ジャネイロなどを回っていた。長谷川はどのような事情かわからないが、サンパウロ公演をめがけてジェノヴァから単身ブラジルに乗り込んできた。抜擢は当たり、一二月九日の初日は売り切れ、その後も彼女は大人気を取った。そのため彼女のためにガラ・コンサートさえ企画されている。環、貞子と同じように、ポルトガル語新聞は声がか細い「お人形さん」と呼んだが、評者はこまやかな音色、柔軟な抑揚を讃えた。

ハセガワ嬢は美しい声を持っている。すばらしい音色で、しっかりとし、明瞭で非常に柔軟に表現の抑揚をつけている。それだけでなく、他で真似ようのない優雅で繊細な演技力を持っている。芸術家として彼女は役柄に完璧に同化し、演劇的な要求をすべて満たし、全生命を傾けている(29)。

しかし評者をもっとも感動させたのは、声よりも彼女の表情豊かな演技だった。『ラ・ボエーム』のミミ役は「輝かしいほど劇的」と評された。

芸術家としてトシコ嬢〔Tos-ki-ko と綴られている〕は……舞台の登場人物に生き、完璧に役柄に同一化している。真心、優雅、巧みな活発さ――それは彼女の持っている小さなお人形さんに映し出されている――ピンカートンといる場面、第一幕の婚礼の場面で感じるだろう。第二幕のアメリカ領事との対話の場面ではやさしさ、純真さ、子供っぽい喜びを見る。第三幕の物語には劇的な彩りが非常に強く刻み込まれている。これらすべては一人の卓越した女優ならではの舞台表現を形作っている。それはめったにないほど暗示力に富んでいた㉚。

敏子がチョーチョーサンを「生きている」という言い方は何度も出てくる。環の評と同じように、「やさしさ、純真さ、子供っぽい喜び」は歌手と役柄の双方に向けられている。しかし四年後、二度目のブラジル公演を行ったときには、演技過剰があだとなった。八月二〇日の唯一のリオ公演（『蝶々夫人』）の翌日の『ジアリオ・ジ・ノチシアス』紙は酷評した㉛。

……彼女は見かけは美しいし、高音も楽に出せるし音域の変化をたくみに歌いこなした。しかし声の表現に欠けているのだ。時には彼女の□□〔二語判読不能〕のイントネーションは歌詞の演劇的な意図と合わず、露骨にはっきりして陰影を失ってしまうことがあった。中音と低音部は軽くあまり重みがなく、そのために大きな感情表現力には欠けていた。彼女の声は主人公をめぐって進行する悲劇の要求する演劇性と必ずしも合わず、長谷川は美しく表現的に演ずることができなかった。わずかな例外をのぞけばこのオペラ歌手はむしろ俳優になることを望んだ。昨晩、長谷川敏子によって演じられたチョーチョーサンは、声よりも演劇的な質を優先させた。彼女は歌手というよりも女優だった。彼女のドラマチックな表現方法は非常に個人的で、バタフライに与えられている従来の特徴に限定されず、彼女は自分自身のパーソナリティを生きた役柄に多く与えた。彼女の東洋人ならではの特徴的な身振りは軽さ、繊細さに満ち、舞台の上をたえず「かわいらしい」mignon人形のようにすばしこく動き回った。それは優雅だった。しかし第二・三幕の劇的な場面になると、自信を強く持ちすぎて、悲痛な運命に対する反応が極端になって、アンバランスを生んだ。倒れたり、しまいには残酷な現実の重さに動転したり、絶望にうちひしがれたりした。第二幕からそれまでぼんやりしていた彼女の芸ががぜん光りだし、ハラキリによる死、ゆっくりとした悲痛に満ちた苦しみで頂点に達した（傍点引用者）[32]。

ここで「東洋人ならではの身振り」には皮肉がこめられている。彼女は芸術よりも自分の出自に寄りかかっているといいたいのだ。蝶々夫人のあるべき姿を越えて、自分で演技を作りすぎて舞台から浮いてしまった。これまでバタフライ歌手の正統性を支えてきた本人の出自と役柄の国籍の同一性が、ここでは逆効果を生んでいる。

リオでは不評を買ったが、サンパウロのポルトガル語新聞では演技過剰を弁護し、「本当の日本女性[33]」。

を代表していると見なされた。彼女の演技は本物で、自然だというのだが、このことは逆に彼女の歌唱の芸術性については述べ損なっている。敏子の演技の正統性（東洋的な身振り、外見、表情）は声が弱いときにはかえって邪魔になる。もちろん日本人でないソプラノが蝶々夫人をまずく演じることもある。しかし彼女たちの演技過剰は単に演技力の問題であるが、「バタフライ歌手」の場合には出自にからめた批判を受ける。演技が過剰であると見なされるときには、人種的な外見は余計なものとなる。肯定であれ否定であれ、「バタフライ歌手」は東洋の出自抜きでは判断されなかった。

第二場　理想の二世

日本語新聞は敏子の舞台の外の行動に頁を割いた。サンパウロの日系上流婦人のクラブ、水曜会の会員とエスプラナーダ・ホテルで会見したり、記者を招いてお茶の会を開いたりした。第一回の公演では、ピンカートン役はポルトガルのトーマス・アルセイデ、ハリス役のドメニコ・マクトロナルデはともに敏子には役不足で、間の抜けた場面を巧みに切り抜けた敏子の所作に感服、発音抑揚もイタリア領事のお墨付きと『時報』（一二月一七日付）は報じている。この時には総領事が敏子と座長とビローロを官邸に招きお茶会を開き、ムッソリーニになってイタリアも安くて秩序のある国になったが、反面、芸術家には困った政策もあるというような話をした（一二月一八日付『時報』）。「敏子嬢はムソリーニ崇拝者」という見出しもあり、領事館お声がかりの新聞は、彼女を同盟国のかけ橋として利用した。

彼女はコンサート音楽家としては珍しく、サンパウロ州に残り日系社会を回った。北米二世として好奇心なり親しみがあったのかもしれない。二度目の来伯では、サンパウロの国際見本市の音楽堂でトハンデリ「春」、ブッチペキヤ「コロンベッタ」、山田耕筰「鐘が鳴ります」、ネット「幸福の歌」の四曲を独唱し「何れも決定的好評を博した」（一一月一五日付『聖報』）。その後ノロエステ線の日系集団地を回り、一二月三日リンス（青年教育会主催）、五日カフェランジャ（青年会主催）、七日プロミッソン（青年連盟主催）、九日アラサツーバ（日本人会主催）で独唱会を開いた。リンスでは日系の医師の家に招待され、町の青年も集まって歓談し、余興で歌った（漬物や巻きずしをほおばったとある）。カフェランジャはこの中では一番小さく、ブラジル人の医師連中は本当にサンパウロ市立劇場で歌った歌手が来るのか半信半疑だった。ここでは映画館で歌った。プロミッソンでは日本人商店の倉庫で日本式の舞台装飾をこらし、市長、日本人会長の挨拶、花束贈呈の後に独唱、クラシック音楽の素養のある外人に深い感銘を与えた。リサイタルの後にバンドを呼んで日本人、外人まじえてのパーティーとなり、翌日未明まで踊った。またかつてここで青年会のハーモニカ楽団を率いていた日系人の家で花風呂につかった。アラサツーバでは映画館で歌ったが、反響がかえって音楽的な効果を与えていた。このようにそれぞれの町で日系人と非日系人の親睦をはかり、地元の日系指導者に満足を与えた（一二月一〇日付『日伯』、一二月一三日付『時報』[34]）。このような意図せぬ慰問によって、敏子は他の二人以上に移民社会に馴染んだ。

　環と同じように、日本語新聞は敏子を普遍芸術においても日本が優れていることを世界に知らしめる文化外交官として扱った。「立派な日本着、日本舞踊其の儘の手振り身ぶり、日本女性の礼儀作法に見ている日本人は胸のすく思いがした」。なにしろ外人の蝶々夫人ときたら「ヘンチクリンな服装、アフリカ土人の様な身ぶりに見ていておじ気を振るうが敏子さんはこうした点から真の日本人を認識させる立派な外交と宣伝を行ったと云える」（一九四〇年一一月一四日付『聖報』）。異国趣味に終わるところを彼女は救い出した。蝶々さんには「日本女性特有の腹芸が必要で、日本人でないと演出困難とされている」(一九四〇年九月三日付『時報』)。敏子はその正しい日本女性の姿を伝えた。敏子は記者の眼にはまさに礼儀正しく優美な身振りの大和撫子そのものだった。ふだんはオペラといっても一、三人しか邦人がいないが、敏子出演のときには一〇〇人以上いて、「同胞間にも西洋趣味の段々芽生えて来ることを認めて喜ばずにはいられませんでした」(一九三六年一二月一六日付『時報』)。こうして移民社会に対しては啓蒙者となり、ブラジル社会に対しては文化宣伝を行った。この「西洋趣味」が日本趣味のオペラに限られたのは皮肉かもしれない。

環と違うところは、敏子のアメリカ生まれが強調され(ポルトガル語新聞では一度も言及されなかった)、理想の二世と考えられたことだ。海外日本婦人としてではなく、「第二世」のモデルとなった。「第二世に有って欲しい　敏子さんの意気　日系の伯国青年には　是非肖って貰いたい」(一九四〇年一一月九日付『時報』)という見出しの記事によると、彼女は世界最大の文化都市ニューヨークで何の不自由なく文化を満喫してきたが、「日本人の血を以て此の世に生まれた事を最大の栄誉として誇りとし、何うかして父母の国血を受けた国に御恩報じをしたいと、それのみを念じて向上し努力しているのだと、徐々語られた」。そして「日本は父母の国であり血を受けた国であり、日本国民は次に来る世界文化の創造者として偉大な素質の持ち主ではないですか」と彼女がいうのをきいて、記者も「会心の笑みを浮かべずにはいられなかった」。一世はしばしば子どもたちがブラジルに同化していくのを非難し、なんとか日本精神を植えつけたいと願った。意地、根性、忍耐、忠孝、こういった日本人ならではの美徳がブラジル育ちには見られないというのだ。日本の社会構造の中でこそ意味をもつこうした精神性がなぜ外国でも要求されるのか、とブラジル生まれの子が聞けば、言葉につまりながらも日本が「血を受けた国」だからと答えるしかなかった。

最初の来訪では、サンパウロ学生連盟（中等教育以上を受けている日系子弟の集まり）と座談会をやり、日本女性には親からもらった日本の名前が一番よいと発言した（一九三七年一月一日付『聖報』）。外国名は牛馬の名前と変わらないと極言している。このような親日的態度が一世に受けたことはいうまでもない。新聞は彼女の日本食や風呂好きを好ましいエピソードとして伝えた。敏子はサンパウロ公演後も同市に滞在し、いつも日本人街の常盤旅館の食堂で食べた。好物はお茶漬け、ミラノでも日本食が食べたいと茶碗、箸、鍋、釜、鰹節削り、缶詰、醤油、梅干しを買い込んだ（一九三六年一二月八日付、一九三七年一月七日付『日伯』）。子どもの食べ物の好みがブラジル化していくのを懸念する親にはまさに頼もしい存在だった。彼女は「ハッキリした日本語」、「可愛い日本語」で話したとある。貞子の場合と同じく、おそらくややたどたどしいところがあったのだろうが、日本語を覚えない子どもに将来の不安を感じていた親は「嫁に欲しい」と思っただろう。敏子の言葉、嗜好、愛国主義は一世にとって理想だった。

一世は敏子を民族的誇りを体現した模範生として報道したが、その背景には二世の「不敬」を一世が糾弾した「菊花事件」に顕著に表れた二世の「ブラジル化」の問題があったと思われる。一九三五年一〇月、二世のオピニオン・リーダーが連盟のポルトガル語雑誌に、両親が生まれた国に敬意を払いつつ、それよりも自分が生を授かった国への忠誠を誓う論説を発表した。そこでは二世は日本とブラジルの媒介者と自覚し、やがてブラジル人になるべき子孫のために中間的な時期を通過していると記された。翌年八月、日本語に訳された時には、一世が内容を激しく攻撃した。翻訳によれば、「如何にして我等の父兄の祖国日本を我々は愛することが出来るか。遠く離れて目に見ることの出来ぬ国土の為に如何にして愛国心が生じ得るのか。我々は父兄の祖国に対して、出来得る限りの尊敬を持つことが出来る。しかしながら、菊花の国の為に愛国心は断じて起こり得ないのである」。[35]「菊花の国」は執筆者にとっては「日の昇る国」「桜の花の国」と同じような日本の修辞的な呼び名で、特に天皇に言及したわけではなかったが、新聞は不敬罪と激怒した。敏子の来訪は「菊花事件」の数ヵ月後で、『伯剌西爾時報』のような御用新聞は、舞台では「国際人」、舞台の外では「日本人」であることをことさら理想視したと思われる。一世は彼女を同胞社会向けには日系子弟の教育宣伝材料であり、ブラジル社会向けには日本芸術の宣伝材料だった。果たして長谷川の日本好きを二世がどう受け取ったのか、日本語新聞は何も伝えていない。

終幕

片思い、あるいは非対称な憧憬について

本論ではブラジル人と日系移民が日本人ソプラノと蝶々夫人役に対して、違ったイメージを抱いていたことを分析してきた。その違いは芸術的な質よりも歌手と観客の人種的・民族的出自とかかわっている。ブラジル人も移民も歌手と役柄の人種的出自の故に、歌手と役柄を混同してきたが、そこから彼らが作り出したイメージは正反対のものだった。ブラジル人にとって歌手はかわいらしいムスメ、彼方の土地からやってきたエロティックな女性だったのに対して、移民にとっては道徳や教育のモデルだった。ポルトガル語を読める一部の日本人は、ブラジルのメディアの扱いを知っていたはずだが、ブラジル人

は日本語新聞が存在することすらほとんど知らなかっただろう。言葉の壁は厳然として立ちはだかり、相容れない解釈は摩擦を起こすというよりも接触がないまま並存した。三人のソプラノに対する民族主義的な反応は、異国趣味の支配的言論に対抗するというよりも、移民社会内の民族感情を強化するだけで、移民とブラジル人の間に対話はなかった。

移民の民族意識は、地域的な諸条件の下で本国の国民意識を組み替えて作られる。その第一の条件は日本人ないし東洋人と周囲に見なされ、そのように振る舞うことを受け入れ側からも、同胞からも要求され、人種や国籍が自己意識の重要な要素を占めるようになったことである。移民の「東洋」認識も主流社会の東西二分法に由来する。日本語新聞の記事は、芸術そっちのけで、同国人である美点を語っていて、本国の批評とはずいぶん違う。言い換えれば、日本では日本人が歌うことがオペラ上演の自然な条件で、日本人であることは意味を持たない。バタフライ歌手の来訪は、共同体の統一感と日本との一体感を刺激した。蝶々夫人は真の日本女性を表象すると讃えられた。娘が非日系人と結婚することは、ほとんどの一世にとっては耐えがたいシナリオだったが、『蝶々夫人』の物語がその点で批判されたことはない。不実のアメリカ将校を攻撃したり、バタフライ歌手を西洋かぶれと批判する説教も聞かれなかった。彼女らは逆に西洋が憧れる東洋を実現した「国際的新日本人」の模範と担ぎ上げられた。

ところで音楽学者クリストフ・マーリンクは、ヨーロッパ音楽史における日本趣味を概観しながら「見知らぬ遠い国への音楽的な憧憬、東洋に対する西洋の憧憬と西洋に対する東洋の憧憬が音楽のなかに描かれている」のに驚いている。(36) それを示すために、彼はカスパル・フリードリヒの『窓辺の女』と『蝶々夫人』の初演時のポスターを並べている。女が（前者は西洋人、後者は日本人）窓の外を眺めている図の相補性から、西洋も東洋も遠くの国への憧れが根底にあると論じている。しかし『蝶々夫人』のポスターが示すのは、「西洋に対する東洋の憧憬」ではなく、「西洋に憧れる東洋に対する西洋の憧憬」ではないだろうか。このポスターは様式からいっても、主題からいってもまちがいなく西洋美術史に所属する。憧れる主体は西洋にほかならない。窓はロマン主義の伝統のなかでは内側と外側、こことあそこを媒介し、憧憬 Sehnsucht の象徴であり、ポスターのキモノ女性のアイコンは、アメリカの中尉を辛抱強く待つ日本女性に対する西洋の欲望を具体化している。

マーリンクよりもピン・フイ・リャオの『蝶々夫人』『トゥーランドット』分析が私の考えに近い。この二作は「東洋よりも西洋自身について多くを語っている。なぜなら西洋は自らの東洋を発明し、構築し、指図しているからだ[37]」。サイードのオリエンタリズム論の方向に沿って、憧憬は想像力のなかで二分された二つの世界の政治学と無縁ではないとリャオは述べる。二つの反対向きの憧憬は、平等でもなければ素朴に相補的でもない。「西洋に対する東洋の憧憬」は明治啓蒙主義の根底にあり、少なくともエリート層の近代的な心向きを作り出していった（ただし西洋文明への憧憬は西洋人に対する脅威と表裏の関係にあった）。一方、「東洋に対する西洋の憧憬」はプッチーニのオペラがその最たる例だが、たいてい異国趣

『蝶々夫人』初演時のポスター．

味を越えることはない。しかし自画像とは食い違っていても、自分たちの文化に対する誇りをくすぐる。遅れているはずの日本にも美点があったことに気づかされるからだ。これは『蝶々夫人』に対する日本の好意的な受容史がよく示している[38]。

「バタフライ歌手」に対する対照的な反応は、「西洋に憧れる東洋に対する西洋の憧憬」(ポルトガル語新聞)と「東洋に憧れる西洋に対する東洋の憧憬」(日本語新聞)の対比と見ることができる。両者は相補的ではあっても対等とはいえない。オペラはあくまでも西洋の芸術で、そのあらかじめ出来上がった舞台の上で日本人は演技し、書かなくてはならないからだ。バタフライ歌手はオペラ文化全体から見れば、西洋がお膳立てをした舞台に彩を添える以上のはたらきを見せるわけではない。日本人にとってだけ民族的な意味を持つ。実際、彼女たちは舞台ではもてはやされても、オペラ歌手にとってもうひとつの重要な名声と収入の源、録音業界ではほとんど無視された(三浦環の録音の大半は海外を引き揚げてから国内市場向けに作られた)。声よりも外見や出自が売り物だったことを示しているだろう。

異国趣味と民族主義とは鏡像のように、写真のネガとポジのように向かい合っているわけではなく、そのどちらもが互いの歪んだ像(アナモルフォシス)で、互いの一部を誇張したり矮小化している。その結果、歪められたイメージが対象そのものと見間違えられるようなグロテスクな乱反射のなかで自己と他者がねじれている。異国趣味は他者の像、民族(国民)主義は自らの像といわれるが、実態はその逆で、前者は自己の内部の想像から生まれ、後者は他者の現前から作られる。東洋趣味が日本の民族主義を刺激することはあっても、その逆はない。バタフライ歌手は二つの相補的だが対等ではない憧憬がすれちがう特異な地点で歌い演技した。

註

（1）野上弥生子『欧米の旅』（岩波文庫、二〇〇一年）（上）三一二頁、（中）三〇一頁。

（2）歌手だけでなく、日本人演出家にとってもこの作品は試金石になっている。たとえば浅利慶太演出の一九八五年スカラ座の舞台（林康子のソプラノ、森英恵の衣装、高田一郎の舞台装置）。浅利は部屋に上がるときには靴をぬぐというような「本物の」日本の習慣を採りいれた。このような「海外の誤解を正す」趣向は、岡村喬生演出で現在でも行われている。最近の演出から日米関係、男女関係の政治性を問う森岡実穂「プッチーニ『蝶々夫人』における『日本』の政治的表象とジェンダー」（氏家幹人他編『日本近代国家の成立とジェンダー』柏書房、二〇〇三年、二九三―三二五頁）、〈西〉の男と〈東〉の女の性的ロマンスの系譜をたどる小川さくえ『オリエンタリズムとジェンダー』（法政大学出版局、二〇〇七年）のような新しい読みも現れている。本章は以下の拙論を書き直した。"Nationalizing Chô-Chô-San : The Signification of 'Butterfly Singers' in a Japanese-Brazilian Community", *Japanese Studies*, vol. 19/3, 1999, pp. 253-682.

（3）日本人ソプラノは戦後もブラジルを訪れて蝶々夫人を演じているが、日本語新聞は歌謡曲の歌手の来訪ほどには関心を示さなかった（一九五九年山口和子、一九六五年今井久仁恵、一九六六年東敦子、一九七四年林康子など）。来訪芸能人が珍しくなくなり、オペラ歌手の存在はかすんでしまった。

（4）Nicolau Sevcenko, *Orfeu Extático na Metrópole. São Paulo Sociedade e Cultura nos Frementes Anos 20*, Companhia das Letras, São Paulo, 1992, p. 232. 元は F. Cenni, *Italianos no Brasil*, Martins, São Paulo, s. d. より。

（5）田辺久之『考証　三浦環』近代文芸社、一九九五年。ブラジル公演については二二五頁に一行記されているのみ。典拠は環の旅日記「唄ひつつ世界をめぐる」（『新小説』一九二二年六月号、一―二六頁、特に二三頁）。当然、田辺ほど文献調査したわけではないほかの伝記（吉本明光、瀬戸内晴美ほか）は南米公演に触れていない。

（6） *Jornal do Brasil*, 一九二一年七月五日、六日付。

（7） Arthur Imbassahy, *Jornal do Brasil*, 一九二一年七月六日付。彼女のほかにピンカートンはアンジェロ・ミニゲッティ、スズキにフローラ・ペリーニ、領事にサルヴァドール・ペルシケッティ、指揮にジノ・マリヌッツィという配役だった。環はその後、六日、一〇日に『蝶々夫人』を再演、一八日、一九日に中国を舞台にしたグラン・ギニョール風の一幕オペラ『預言』（フランコ・レオーニ作曲）に出演した。

（8） 「サンパウロの国際色」（刈岡巴宇郎訳）『ブラジル』一九三三年一一月号、一〇七頁。訳者は一九三〇年に人口が百万を超えた「世界移民のメトロポール」サンパウロを紹介しようというのだが、なぜ日本人を黄色い小人扱いする文章が、移民振興団体（日伯協会）の機関誌に掲載されたのか理解に苦しむ。

（9） Susan Stewart, *On Longing. Narratives of the Miniature, the Gigantic, the Souvenir, the Collection*, Duke University Press, Durham, 1993, pp. 37-69.

（10） Arthur Groos, "Lieutenant F. B. Pinkerton : Problems in the Genesis of an Operatic Hero, *Italica*, 64, 1987, p. 657. ピンカートンは「リス」scoiattolo と「ちっちゃなおもちゃ」giocattollo の韻を踏んで、「花嫁」を描いている（第一幕）。彼こそが半分生きていて、半分無生物の小さな被造物を操作する。第二幕では赤ん坊をあやしながら蝶々さん自ら人形と戯れる。母としての喜びを表現するだけでなく、子どもっぽい無垢を暗示する小道具で、彼女とピンカートンの二重唱で歌われているような日本人の小さい物好き（「私たちは小さな物に慣れ親しんだ者でございます」）を視覚的に追認する。人形はミニチュア化した蝶々さん、またその延長で日本女性の換喩である。「日本人形のよう」という言葉を彼女はあちこちで受け取り、好意的に解釈していた（吉本明光編『お蝶夫人』大空社、一九九六年（一九四七年）、八九頁）。洋行前の環について、小林愛雄《ちかお》は「音楽のアンダアスタンディングがあるのにかかわらず、振となると古い日本の女の型を脱していません」と述べている（「歌劇『魔笛』の上場に就て」『歌舞伎』一九一三年六月号、九八頁）。幼少期の踊りの稽古が深く身についていたのだろう。これは蝶々夫人役では良い方にはたらいた。

(11)　吉本明光編『お蝶夫人』大空社、一九九六年（一九四七年）、一八六頁。環の小さな声量については、渡欧前の証言がある（ヨーロッパで技術的な飛躍を遂げたはずなので、ブラジル公演評を裏付けるには妥当ではないかもしれないが）。筆者は海外のプリマドンナと環を比べて、「体格の大小強弱の差異がある、従て音量の上に懸隔がある、プリマドンナの唇頭から慄え出て、高潮に達した際のメロディーには、全劇場の群衆の心理を唯一つの恍惚たる精神の流れに溶解せしむる、可也長い瞬《モーメント》間がつづくが、環女史のは、かかる瞬《モーメント》間を感ぜしむる事が至って少い、併し声調そのものは、日本の唱歌者としては慥かに優れたもので、容易に得難いものであろうとは思っている」（中村生〔星湖〕「須磨子嬢と環女史の前途」『中央公論』一九一二年七月号、一二七頁）。同じ三浦環小特集では、白樺派の画家有島壬生馬が「二三のノーテ・アックーティ〔高い音符〕を覇持《ソステネーレ》するに困難は是非ないとしても、声音の質も美しく、音量も邦人としては饒かである」（「ソプラノ・リリコに適した柴田夫人」、一三四頁）と評している。「邦人として」という但し書きがなければ、音量が不足していると読める。環の身長は明らかではないが、「衆に比して身長《せい》の低い」という評もある（〔上司〕小剣「二つの名花」、一三二頁）。西洋の舞台でピアニシモに表現の真髄を求めたのは、身体的な制限のなかで大柄なライバルに伍していくために身につけた戦術だったろう。

(12)　藤井清水「民衆と音楽」『詩と音楽』一九二二年九月号、九五―九六頁。

(13)　「三浦環嬢がきのうのマチネーにオペラ『蝶々夫人』で当地初お目見えした。このプッチーニ作品の人気、議論の余地ある音楽的価値もさることながら、日出ずる帝国の本当の娘が主役を演じるということが当地の社交界に大きな好奇心を呼び覚まし、午後の公演は満員の人を集めた。多くの名士が『蝶々夫人』に殺到したのも無理はない。そして歌手陣が実に粒揃いですばらしい公演になった。公演の栄誉を受けたのが文句なしに三浦環嬢であったことはいうまでもない。彼女は美しい気質を与えられたきわめて知的なアーチストであることがわかった。彼女の歌いかたには役柄に生命を与えるようなほんとうに小さな細部や微妙なニュアンスをきわだたせるような細心の注意が払われ、自分の思うがままに歌い、彼女のような「かわいらしい《ミニヨン》」タイプがとりわけ魅力を発揮する真実の役柄創造をおこなった。まさに賞賛に値する彼女の仕事を軽視すべきではない。なんども熱狂的な拍手が上演中にすばらしい女性歌手に向けられた」(*Correio Paulistano* 八月八日付)。

このような熱狂の一部が、その前年の一二月にサンパウロで開かれた日本美術展が引き起こした日本ブームに負っていることは否定できないだろう(このブームについては、Nicolau Sevcenko, *op. cit.*, p. 236参照)。日本ブームは一九〇八年、リオ・デ・ジャネイロで熱烈に歓迎された貞奴の記録映画にさかのぼることができる(彼女の映像のみを上演する映画館があった)。Vicente de Paula Araújo, *A Bela Época do Cinema Brasileiro*, Ed. Perspectiva, São Paulo, 1976, p. 264.『蝶々夫人』に対する貞奴の影響については以下の二論文参照。Arthur Groos, “De Sadayakko a Cio-Cio-San : il Teatro Musicale Giapponese e *Madama Butterfly*,” in *Madama Butterfly*, Milano, Teatro alla Scala, 1996, pp. 71-97 ; Arthur Groos, “Cio-Cio-San and Sadayakko : Japanese Musical Theater in *Madama Butterfly*”, *Monumenta Nipponica*, 54, 1999, pp. 53ff.

(14) *Correio Paulistano*, 一九二一年八月一四日付。彼女のサンパウロ公演はその後、一〇日、一四日、一五日(『預言』)と続いた。

(15) サンパウロ市の邦人社会は領事館、新聞社、学校関係の上流層と洗濯屋、大工、小売店などに従事する下流層とに大きく分かれ、ふだんからオペラに関心を持っていたのはごくわずかだけだった。『時報』は観劇を勧めると同時にマナーに気をつけるよう、下層民に向かって注意を促している。「日本人の好劇連も此の機会を逸せず見物に出懸けらるるが宜しかるべし、但し劇場内では静粛を保ち日本流に喧騒を醸して外人に嫌われざる様注意するが必要である」(八月五日付『時報』)。劇場で静粛を保つ習慣は日本にはあまりなかった(特に大衆的な劇場では)。エリート層が外国人(ヨーロッパ系)に対する恥を盾に、民俗的な習慣を禁止するのは明治初頭から続いているが、移民は実際に外国人のなかで暮らしていて、つねにより上から見下ろされているような環境にあった（拙著『シネマ屋、ブラジルを行く』新潮社、一九九八年、六七頁以下参照）。まして環が出演するのは市の最も格式高い劇場である。一人の行儀知らずが同胞社会全体の評価につながることを、エリート層——礼儀に関して同化を果たした層——は心配した。海外で暮らすことは、否応なく日本人意識を持たされることで、大なり小なり日の丸を背負わされることだった。

(16) これは環の蝶々夫人観でもある。彼女は「貞淑で愛情のこまやかな日本婦人の美点を欧米の人々にお知らせすることを考え」て役作りをしたと語っている（吉本明光編、前掲書、五八頁）。西洋人の想像した日本なので、純日本式に気張っても不調和になるだけと割り切り、「日本人の気持と姿をオペラに調和」させることに心を砕いた。例えば帯は日本流に結ぶと猫背に見えるので平らに結ぶ一方、婚礼の場面では原作にはない白い内掛けで三三九度の盃をするように工夫して、日本の風俗習慣を紹介することにつとめた。このような先駆者ならではの苦心あってこそ、二〇年近く海外の劇場に出演することができた。それを過小評価すべきではない。環の公演と同じころ、大正のオペラの重要な翻訳家小林愛雄はこのオペラをアメリカ人士官の虚偽が蝶々夫人の純愛に対して凱歌を上げる悲劇と見て、女の浮気心から引き起こされた悲劇『カヴァレリア・ルスティカーナ』と対比している（「近代音楽より見たる両性問題」『新小説』一九二二年七月号、一一九—一二七頁）。一方、舞踊評論家永田龍雄は『ミカド』とならべて東洋の幻想を横取りしただけの作で、一文の価値はないと打ち捨てている（「泰西の舞台に表れた『東洋』」『新小説』一九二五年七月号、一一一—一一九頁）。上演されないうちから日本でもこの作品について好奇心あふれる議論が行われていた。環の海外での成功はその大きな刺激剤だった。

(17) イマニュエル・ウォーラーステイン『史的システムとしての資本主義』岩波書店、一九九七年、一一五頁。

(18) 離婚スキャンダルについては、倉田喜弘『明治大正の民衆娯楽』岩波書店、一九八〇年、一八三頁以下参照。環の「女優に就きて」（『中央公論』一九一一年一二月号、九九—一〇一頁）は、女優に対する誹謗中傷がジャーナリズムを賑わすなか、それが事実無根であると否定し、女優には「可愛らしさ」と同時に「威厳」が必要であると記している。後者は男性に対して愛顧を求めるようなへりくだった態度をやめ、自分の意志を通すことを指す。日本の男性には女性に対する「ガランテリー」が欠けているので、つけこまれないためにはなおさら威厳という「甲冑」で防備しなくてはならない。威厳は女性の権利というよりは、敬意を持って男性に遇せられるために必要な心の姿勢で、とりわけ女優のような人目につきやすい分、傷つけられやすい職業についている者にはなくてはならない。彼女は夫への失望を日本男性への失望へと拡大解釈し、西洋的な男女関係、女優に対する敬意の確立を望んでいる。日本語記事から想像される彼女の西洋人に対する態度、西洋人から受ける敬意からして、その後の西洋生活でおそらくこの初心を貫いたと思われる。環は同じ記事で日本では、海外と逆にコンサート歌手がオペラ歌手よりも高く評価されることに憤っている（オペラには豊かな声量、化粧と所作の術の総合が必要なのに）。

環の世評が変わるのは一九二〇年の凱旋帰国以降だろう。たとえば『音楽界』（同年六月号、四〇—四四頁）の絶賛。そこで抄訳されているニューヨーク、サンフランシスコの新聞評からは、それまでの数年間に彼女が芸を工夫し、ほぼ完成されたことがうかがえる（動き回る所作、中音域の不自然さの克服など）。翌年の南米巡業では押しも押されぬプリマドンナだった。

(19) 一九一九年五月八日、一六日、一三日、六月一三日、一〇日、一九二〇年一月一三日、四月一六日付の『時報』参照。

(20) 日本では養子は男子の恥とされるが、そんな狭量な考えは捨てて、社会の調和に役立つことを考え、「養国」ブラジルに帰化するほうが日本のためにもブラジルのためにもよい。この時期、『時報』はこのような帰化を促す社説を次々出した（一九二〇年七月九日、一六日、一三日、三〇日、八月一七日付）。この体のいい切り捨てに同調した読者はめったにいなかった。

(21) Stephen Tanaka, *Japan's Orient. Rendering Pasts into History*, University of California Press, Berkeley-London-

New York, 1993 参照。環の話術は最晩年でも聴衆を楽しませた（吉本明光、前掲書、三三二頁）。

（22） 松永伍一『蝶は還らず』毎日新聞社、一九九〇年。

（23） *Jornal do Brasil*, 一九二四年六月七日付。

（24） Jeffrely D. Needell, *A Tropical Belle Epoque. Elite Culture and Society in Turn-of-the-Century Rio de Janeiro*, Cambridge University Press, Cambridge, 1987, pp. 43, 78, 198ff.

（25） *Correio da Manhã*, 一九二四年六月五日付。ロティの小説では、フランス人（時にロティの分身）は異国女性とほとんど語学の壁を感じさせない。仕草や表情（微笑みはとりわけ重要）で気持ちを伝え理解し、流暢なフランス語訳で物語が進む。「サヨナラ」のようなキーワードを現地語でつづることで、神秘感を漂わせる技法はお手の物だ。Irene L. Szyliowicz, *Pierre Loti and the Oriental Woman*, St. Martin's Press, New York, 1988, p. 53. 参照。環や貞子とのインタビュー記事は、ロティの手法を応用し、好ましい違和感の効果を上げている。

（26） エドガー・W・ポープ「戦時の歌謡曲にみる中国の〈他者〉と日本の〈自我〉」『ユリイカ』一九九九年三月号、二〇〇—二一〇頁。

（27）『日伯』の記者であった田中馳山は、日本の雑誌に貞子の蝶々夫人が評判をとっていると書いている（「ブラジル革命戦見物（二）」『新青年』一九二五年六月号、一二四—一三〇頁）。彼女のサンパウロ公演についてこれまで見つけた唯一の言及だが、私がポルトガル語新聞の記事を見落とした可能性はある。

（28） 一九三六年一二月三日付『時報』、一九四一年四月一日付『ブラジル朝日』。津田太平「欧州で歌う伊藤敦子と長谷川敏子」『音楽世界』一九四一年四月号、七四—七五頁。声楽修業を兼ねてヨーロッパを旅行していた津田は、一九三八年一〇月、トリノで彼女の『蝶々夫人』を聴いている。ヨーロッパでは毎年、モンテカルロ、ワルシャワ、アムステルダムなどに呼ばれていて、トリノ公演も三日前に売り切れで立ち見を余儀なくされたという。リスボンでのピンカートンは、ビクター赤盤歌手アレキサンドル・ジリアンニだった。一九四一年四月一日付『ブラジル朝日』にセビリアの春祭りで、蝶々夫人を歌う写真がある。増井敬二『日本オペラ史

～1952』（昭和音楽大学オペラ研究所編、水曜社、二〇〇三年、二八八、三七五頁）によれば、敏子はスカラ座で最初に歌った日本人（日系人）だった。日系ブラジル最初のテノール歌手、パオロ・モリは一九五〇年代半ば、ミラノで敏子に会っている。そのときには半ば引退していたという（一九九四年三月のインタビュー）。

(29) *O Estado de São Paulo*, 一九三六年一二月一〇日付。

(30) *O Estado de São Paulo*, 一九三六年一二月一一日付。

(31) 彼女は船が遅れたため、『蝶々夫人』の初日を逃したことは大きいが、それよりも劇団には「ブラジルのうぐいす」ビドゥ・サヤン、オペラ映画で日本でも人気の高かったヤン・キープラという二人の看板歌手がいて、敏子の存在はかすみがちだった。このシーズンはヨーロッパの戦禍のために南米の音楽界は大盛況で、トスカニーニとストコフスキーが相次いで来伯し、サンパウロでは彼女の後にティト・スキパが登場している。リオでの不評のなかには、枢軸国に対する反感も含まれていたかもしれない。

(32) *Diario de Noticias*, 一九四〇年八月二一日付。

(33) *O Estado de São Paulo*, 一九四〇年九月一五日付。このサンパウロ公演では一一月九日の『ラ・ボエーム』、一〇日の『蝶々』（サンターナ劇場）が敏子の最後の公演だった（マスカーニの日本物オペラ『イリス』も計画され、東山絹織物店で着物一切を調達したが中止になった）。

(34) このほか、一九三七年一月上旬にサントスのコリゼオ劇場で二回公演した。敏子は翌年一〇月二九日、南米最後のペルー公演を終えてイタリアへ帰る途中、一日だけサントスに寄り、サンパウロ総領事館あてに国防費を寄託した。そして入れ違いでサントスに到着する藤原義江と会えないのを残念がったという。

(35) 前山隆『エスニシティとブラジル日系人――文化人類学的研究』御茶の水書房、一九九六年、三五四頁より引用。他に同書、二二六頁参照。

(36) Christoph-Hellmut Mahling, "The 'Japanese Image' in Opera, Operetta and Instrumental Music at the End of the

19th and During the 20th Century," in Yoshihiko Tokumaru *et al.* (eds.), *Tradition and its Future in Music. Report of SIMS 1990 Osaka*, Mita Press, Tokyo-Osaka, 1991, p. 373.

(37)　Ping-Hui Liao, "Of Writing Words for Music Which Is Already Made: *Madama Butterfly, Turandot*, and Orientalism," *Cultural Critique*, 16, 1990, p. 59.

(38)　日本の『蝶々夫人』に対する批判的受容史については、ピンカートンの国の研究者が先行している。Arthur Groos, "Return of the Native: Japan in *Madama Butterfly/Madama Butterfly* in Japan," *Cambridge Opera Journal*, 1/2, 1989, pp. 167-194.

　蝶々夫人は下田の唐人お吉と同じように、アメリカ人に陵辱された現地妻というより、国交のために自らを犠牲にした悲劇の女性として容易にメロドラマの主人公になりえた。日本を舞台にしたもうひとつの有名作『ミカド』が初演当時から外務省を通して上演禁止を訴えるような動きがあり、国内上演がほとんどできないのと対照的に、『蝶々夫人』の国際的評価はそのまま日本国内に定着した。それに反対したのが、パラマウント社のシルヴィア・シドニー主演の映画化（一九三三年帝国劇場封切）を国辱として拒絶した近衛秀麿だった。彼は大和撫子に対する認識不足だとハリウッドで力説した（一九三七年九月一九日付『日伯』）。近衛案によると、第一幕の音楽はプッチーニ自身ではなくその筆法で日本的音楽をふんだんに取り入れた自分の作曲によるものとし、主役には日本の女優を使い日本でロケをする。筋書きも現代に移し、長崎ではなく日本情緒の深い京都を舞台とし、ピンカートンも海軍士官ではなくアメリカの音楽家とする。そして日本への演奏旅行中に知り合った蝶々さんと恋に落ちるが、彼は帰国する。しかしこれに発奮して歌姫となった蝶々さんが世界行脚にでて、アメリカで奇しくもピンカートンの指揮するオーケストラで盛大な演奏会を開き、ついには彼の胸に帰りハッピーエンド。まるでミュージカルだ。

　ある日系人はハリウッド版『蝶々夫人』を見に行ったときに偶然、その日の昼に出会った姉妹（たぶん白人）と出っくわし、あいさつをかわす。彼はぽーっとなって「国際恋愛、ラブシーン、ラブシーンの乱舞」と有頂天になった(一九三三年一一月二九日付『時報』)。彼はピンカートンの立場から鑑賞したのだろうか。「国際恋愛」の機会が日常的に転がる環境ならではの感情移入の例だ。この映画の評が『時報』にある(一九三三年七月一七日)。今さらバタフライの精神的矛盾に腹を立ててもノレンにヒジオシのようなもので、それよりも伊藤道郎に日本の雰囲気作りを頼んだ努力を買いたい。「飽くまでセンチメンタルな『夢見る東洋』の歌劇に向かうことが、一等、難のないことだしそしてそれは充分に貴方達を快適にするでしょう」。日系人が内容の不満を騒いでもしかたないというのは、ずいぶんさめた見方だ(これと逆に、田中路子主演の『ヨシワラ』は、日本国内のボイコットが領事館を通して日系社会にも及んだ)。

7　サンバの墓場で盆踊り——見た、踊った、化けた

逃げる追ふ走った去ったカルナバル（『農業のブラジル』一九三〇年二月号）

カルナバル臍中心の社会観（古田土白雲『古田土白雲遺句選集』一九八〇年）

日本人はサンバができるか

一九九四年のカルナバル直前、『フォーリャ・ジ・サンパウロ』紙は読者に尋ねた。サンパウロは「サンバの墓場」ですか。この文句はヴィニシウス・ジ・モラエスやカエターノ・ヴェローゾが使った皮肉で、リオやバイーアに比べてこの冷たい近代都市にサンバの熱っぽさがないという意味を含んでいる。リオの一五歳の少女はもちろんそのとおりと答えた。なぜなら「世界中からやってきた移民であふれた都市、日系人《ジャポネース》でいっぱいの都市だから」。「ジャポネースはサンバができるか」と問われると、「絶対ありえない」(1)。サンバがリオで発展し、リオっ子がそのことに誇りを持ち、サンパウロに対抗心を燃やしていることを考えると、彼女の返答は予想どおりである。サンバはアフロブラジル社会と歴史的に

も、イメージの上でも強く結びついている。写真から見ると彼女はヨーロッパ系だが、サンバを自分たちリオっ子の、そしてブラジルの文化と誇りにしている。日本人にしか寿司は握れない、韓国人にしかキムチは作れない、黒人にしかブルースは歌えないというのと同じような発想で、サンバを踊れないというのは、正統なブラジル人ではないという意味を言外に含んでいる。彼女にとって移民、とりわけ日系人がブラジル国民の外に置かれた。なぜレバノン系でもイタリア系でもアルメニア系でもなく、日系がサンバを踊れない移民の代表として名指されているのか。ここに私は興味を持つ。この章は前半では日系人から見たカルナバルの文化史を彼らの参加体験、ブラジル観を分析し、後半では逆にブラジル人のパレード（デスフィーレ）に描かれた日本移民像を国民の想像力に放り込まれた民族的な類型として追ってみる。相補的な領域から日系社会とカルナバル、国民文化と少数民族という問題に明かりをあてたい。

これまでのカルナバル研究の多くはリオのパレードとそれを行う団体、エスコーラ・ジ・サンバ（「サンバ学校」、以下エスコーラと略記）に捧げられてきた。サンパウロの場合もリオの研究の大枠を大体そのまま利用して、アフロブラジル的な表現の真髄、あるいは産業による搾取というような論点が長く論じられてきた。それに対して本章は一九一〇年代から今日まで、日系移民がカルナバルで何を経験し、それをどう解釈してきたかを探ることで、従来の白と黒の二色刷りの地図に別の色を加えようと思う。もしリオの女学生がいうように、サンパウロに各国の移民が集まってカルナバルを実践しているならば、リオには見られない要素なり解釈が生まれても不思議はない。ポルトガルとアフリカ（と申し訳程度に先住民）の混血を国民意識の基礎とする立場から見れば非正統的かもしれないが、その大枠につけ加えたり、変更するような視点が、日系人のカルナバル参加・観察の研究からは期待できるだろう。「サンバを踊れない」ジャポネースという類型は、「ほんとうのブラジル人ではない」を暗に含み、従来の国民文化像から導かれる民族観である。本章はサンパウロの現実や社会観がそこに収まらない方向、多民族主義に進んでいることを示す。

前半では日系人のカルナバル参加・観察をサロンと路上に分けて歴史的に論じる。サロンでは一九二〇年代からほぼ日系人だけが集まるバイレ（ダンスパーティー）が開かれた。民族的空間を形成しながら、ブラジルの習慣に適応した。バイレに溶け込めない一世はサンバを盆踊りに見立てて、同化の困難を訴えた。路上では一九一〇年代から群集に紛れつつ、ブラジル人の振る舞いを鋭く、またユーモアをもって観察した。路上のカルナバルは過剰な自己呈示の場で、公館筋は国民の代表であるという自覚を持って、礼儀正しく行動することを求めたが、それと同時に過度に同化することを戒めた。カルナバルはブラジルの国民行事で、日系人はその行動規範に従ったが、随所で民族的な考えや行動パターンがにじみ出た。その摩擦に完全に同化しきれない彼らの周辺的な位置が反映していると思われる。論文の後半は日本をテーマにしたパレードを振り返り、主流社会が日系社会をどう表象してきたのかを歌詞、山車（アレゴリア）の飾りつけ、衣装などから探る。パレードの多くは移民の記念の年に企画され、日系移民に捧げられている。カルナバル全体からすればほんのわずかな例だが、日系移民の存在が一九八〇年代ごろからブラジル人（とりわけサンパウロ州民）の国民的想像力のなかでしかるべき認知を受けてきたことを教えてくれる。

分析の前提にブラジルの社会的な空間を〈道〉Rua と〈家《うち》〉Casa に分けて論じた人類学者ロベルト・

ダマータの場所論がある。〈道〉は肌の色も出自も雑多な匿名の群衆が無秩序に、即興的に動き回り金を稼ぎ、労働しだまし合う危険な場で、〈家〉は顔見知りが年齢や性別による規則を守って行動し安息する場だ。〈道〉では娼婦やぺてん師が待ち受け、情熱と新奇なものが爆発する。貧困層から富豪まで、有象無象がごった返し、モノを取り引きし、議会を開き、警察が人々を統べている。人と人の関係は法をはじめとする定式化された規則が定める。いっぽう〈家〉では家族が情愛によって結ばれ既存のものを保守する傾向にあり、年齢や性別や身分による階層序列がはっきりしていて（台所には男は入れない、召使は主人一家の後に、または別の部屋で食事するなど）、家長の権威が人々をまとめている。人々はお互いの関係をすでに確かめあっている。二つの象徴的な場は窓やベランダによって媒介されている(2)。

〈家〉と〈道〉は公と私という英独仏の社会学・人類学で論じられてきた二分法を空間の隠喩で指し示しただけではない。公／私は論理的にも、倫理的にも一貫している。ユルゲン・ハーバーマスがいうように、公の誕生は合理的な社会思想、個人という存在のしかたの確立、それにともなう正義や公正の概念と切り離せない。つまりこの二分法が最もきちんと見えるのは個人主義や合理主義の進んだ社会である。〈家〉と〈道〉という二つの宇宙は、マックス・ウェーバーが合理化以前の社会に想定した「二重の倫理」に関わり、ブラジル社会構造の軸になって、生活哲学、人間関係、活動様式、時間感覚など目にみえない領域の多面性をもたらしている。混乱のなかの秩序というブラジル生活の驚くべき特徴をこの理論はうまくつかんでいる。ダマータが「ブラジルのジレンマ」と呼ぶとらえどころのない仕組みは、矛盾と亀裂をはらんではいるが、とつぜん調和と統一が見出せるような（あるいはそのように見える）瞬間がくる。カルナバルはワールドカップとともにその稀な瞬間を体現する。日系人はそのなかで最もブラジル人らしく行動すると同時に、民族回帰を示してきた。また非日系人はその機会を捉えて、日本イメージを最も絵画的に表出してきた。

本論に入る前にブラジルのカルナバルの歴史と人種的民主主義について少し述べておきたい。どちらも日系人の参加や表象をあらかじめ枠づけていて、彼らは好むと好まざるとにかかわらず、このお膳立てのなかでブラジル人になる（なったつもりになる）しかない。

道からスタジアムへ——カルナバル小史

現在ではリオ・デ・ジャネイロの壮麗無比なパレードがブラジルのカルナバル（そしてブラジルのイメージ全体）の代名詞となっているが、実際には多くのかたちのカルナバルが過去にも現在にも共存している。地域ごとの伝統も違う。もともとはポルトガルの山車や行列の祭り（エントルード）から始まり、首都リオでも一九世紀前半まではそれが踏襲されていた。大多数の階層は路上でサンバと呼ばれる音楽とダンスに熱中したり、香水をかけあったり（世紀の変わり目までは水のかけあい）、紙吹雪（コンフェッチ）、紙テープ（セルペンチーナ）をまき散らすのが一般的だった。少数のブルジョア層はサロンでヨーロッパの流儀で仮面舞踏会に興じていた。打楽器を多用し、乱舞（ヨーロッパ的な基準からすれば）する貧民層のサンバ集会を小カルナバル、ブルジョア層の壮麗な集まりを大カルナバルと通称し、両者が混じり合うことはまずなかった。サンバに対するブルジョア層の嫌悪、侮蔑は数多くの文献から確かめることができる。

小カルナバルは奴隷制廃止（一八八八年）以降の黒人の社会生活の近代化、合理化、都市化に伴い、しだいに組織的に行われるようになった。植民地時代の黒人奴隷の教会の信徒の団体や隣人の団体から発展して、旗や団体の色や集会場を設け、リーダーや幹事を選出するようになった。これをふつうリオではランショ rancho、サンパウロではコルドン cordão と呼んだ（太紐《コルドン》で行列を囲んだことに由来）。コルドンは聖地参りを企画したり、互助的な積立金制度を持つような町内会としての側面もあった。カルナバルの行列に際して経路を定めたり、旗を掲げたりという定型化が少しずつ進んだ。一九二〇―三〇年代になって、政府が黒人や黒人との混血層ににじり寄るようになると、アフロブラジル系の音楽とダンスが国民文化の象徴として選ばれた。(3) サンバが解放奴隷の卑しい文化から国民文化に昇格するのと連動して、大カルナバルはヨーロッパの貧弱なコピーと見なされ、逆に小カルナバルこそが他のどこにもないブラジル独自の文化形態と評価されるようになった。首都のカルナバルが他の地方の規範となった。ただし北東部のように独自のカルナバルを維持した地方もある。

規模、経済、文化的な意味に関して、大と小は根本から逆転した。このような社会と政治の環境の変化にともなって、町内会的な組織から発展して、エスコーラ・ジ・サンバが結成された。これは名称が語るように、カルナバルのサンバによるパレードを目的とする組織で、旗やチームの色を決め、専門的な音楽家、作詞作曲家がついて、見世物性、形式性を高めた。一九三五年にはリオのパレードは州政府（観光局）管轄の公式行事になり、小カルナバルの伝統にあった政府批判の歌詞は禁止され、ブラジルの歴史、地理、人物を讃える歌詞が義務化した。作者のわかっているサンバのみを演奏し、その歌詞をあらかじめ新聞社に提出する義務や持ち時間が定められ、管楽器は使用不可というような現在のパレードの輪郭はこの時に作られた。マスメディアが報道し、観光業界のみならず、レコードや映画業界もこの年に一度の大イベントに投資するようになった。競技制を導入して、見世物としての興奮を高めた。一九三七年に始まる独裁者ジェッツリオ・ヴァルガス大統領の全体主義的統制（「新体制」）は、それまで以上にカルナバルとサンバを国民意識昂揚に利用した。目抜き通りがリオのカルナバルの主会場となり、一部には見物席が設けられ、国際的な観光スポットとなった。一九八四年には年に四日間のパレードのためだけに使われる専用のスタジアム、サンボードロモが建設され、競技はますます壮麗になり、観光客を集めるようになった。小カルナバルが街角から大通りへ、そしてスタジアムへ空間を横切っていくさまは、カルナバルが官僚主義化し産業化し、国民的でかつ商業的な行事に変成していくさまを映し出している。あるエスコーラは企業として経営されるに至った(4)。

サンパウロは二〇世紀初頭のコーヒー景気でイタリア系、ドイツ系、日系をはじめとする新移民を吸収して膨張したため、首都リオに比べて黒人奴隷、また黒人との混血の数は少なかった。とはいえ、リオに近いため、アフロブラジル系の行き来は途絶えたことがなく、カルナバルの歴史は大体リオの歴史を少し遅れて繰り返した。一九一四年に最初のコルドンが記録されている。カルナバルの時には集会場から街の中心までコルドンの色でそろえた衣装で行進し、沿道には観客が集まった。到着地点の広場では最も人が集まり、コルドンは見世物を披露した。コルドンの中にはルートは不定で、帰りには各自市電に乗って帰ったものもあり、組織はゆるやかだった。サンパウロで最初のエスコーラ・ジ・サンバは一九三七年、ラヴァペス地区に生まれた。一九四〇年代から目抜き通りチラデンチス大通りで競技制のパレードが放送局と新聞社の主催で行われた。一九六八年、サンパウロ・エスコーラ・ジ・サンバ協会が発足し、パレードは市の管轄下に置かれた。リオの先例に似せたサンボードロモは一九八〇年代末に

完成した。パレードの美学に関して、サンパウロは完全にリオに追随している。(5)

カルナバルの神話と効用

カルナバルは万人平等の理念が実現する場と見なされている。カルナバルが国民統合の象徴に選ばれてからは、この傾向はますます強くなっている。多数の国民を動員するこの行事は、群衆が主役になる場とされている。ブラジル人の自国観を長く検討してきたロベルト・ダマータによれば、ブラジルは階層序列構造が強く支配し、各自はその階段のなかで、自分の場をはっきり自覚し、それを確保して生きている。ブラジル人は社会のなかを移動しても「場違い」にならぬよう、周囲との関係を調整しながら生きている。人は自己完結せずにつねに補完的な他者との距離を適切に保ち、階層序列を維持する。このような生き方、考え方はアメリカ合衆国のような平等社会とは相いれない。そこでは人は法律の下の平等、生まれながらの平等が保証されたひとつの独立した、そして自由な「個人」として扱われる。いいかえるとアメリカでは個が寄り集まって社会が生まれる。これに対してブラジルでは社会の特定の階層序列のなかに個が生まれる。アメリカが「平等だが分離する」社会であるならば、ブラジルは「不平等だが一体化した」社会を形づくっている。

この根本的な違いはニューオーリンズとブラジルのカルナバルの違いに現れている。平等社会のカルナバルは階層序列を作りだす方向に演出されるが、階層序列社会のカルナバルは平等化の方向に演出される。ニューオーリンズでは特定の場で特定の黒人集団が白人支配の社会を揶揄するような祭りをする。白人は見物客でしかない。これに対してリオでは街路にも宴は広がり、誰もが参加する。この対照にダマータは注目する。エスコーラのパレードではブラジルの歴史や神話を題材にすることが義務づけられている。これは黒人がその歴史に参加しているという意識と結びついている。カルナバルの間、日常生活で各自を位置づけている階層序列の座標は消滅し、平等が獲得される。法や秩序の代わりに共感や理解が人々を結びつける。カルナバルは日常性に欠けてものを逆転し、もうひとつの可能な社会を暗示する。しかしこれは束の間のことでしかない。ダマータはカルナバルが社会批判として機能することを認めるが、それが日常性に平等をもたらすことにはならないと考える。しかしそれはカルナバルを安全弁の役目におとしめることではない。カルナバルはブラジルの男女観、死生観、人種観、家族観、金銭観、宗教観などを相対化し、ブラジル人の生に喜びや充実した意味を与えるからだ。階層序列によって定められた日常とそれから解放されたカルナバルという二つの時間の相の交替が、ブラジルをブラジルらしくしている⑥。

これに対してサンパウロの人類学者マリア・イザウラ・ペレイラ・ジ・ケイロスは、カルナバルではかえって日常の秩序が強化されていると主張する。彼女が注目するのはサロン会場の警備、特権的な群衆に安全を保証するロープなど、群衆が一体になっていると考えられている場に歴然と区別が持ち込まれている事実だ。そして警察による暴力、群衆の間の暴力は日常よりもはっきりと見え、けっして反転理論が唱えるようなユートピアが実現されているわけではない。「社会経済的な壁、男性による女性の支配、権威の威厳、あらゆる種類の偏見――特に有色人種に対する偏見――が活発に生きつづけているのだ。……ふつういわれていることとは反対に、儀式はけっして――一時的でさえも――社会の枠組みを無効にしない。祝祭を生きている人々の頭のなかでだけ消えるのだ。儀式は彼らのなかに、祝祭が日常とは違う現実に入れ代わっているという感情を吹き込むが、実はその日常的な現実がすべての行動を命令し続けているのだ」(7)。彼女はダマータ＝バフチン的な理解が歴史の移り変わりを無視し、固定化していると批判する。カルナバルの国民化は、黒人層が白人文化を取り入れ、白人が黒人文化を「自分の国民のもの」と自覚し、巨大な群衆のできごととなって初めて起こった。彼女は国民行事としてのカルナバルという概念と実践が、一九二〇年代から三〇年代にかけて発明された伝統であり、神話であると結論する。

彼女によれば神話とは「ある社会の感情や願望をイメージで翻訳すること」で、社会的に重要な心情の表象の全体から成り立っている(8)。神話は適切な行動によって実現することができる一種のユートピアだが、もっと現実に根ざして社会の願望を構成している。「ブラジルのカルナバルの神話分析は、経験の所与（実際の社会にたいする不満）から現実を説明する物語で、集団的願望（「別の」社会への欲望）と混ぜ合わされている。そして想像の未来により近づくために、認識の客観的な側面と感情の主観的側面を集約させる」(9)。黒人が主体となった今世紀の民衆的カルナバルでは、単に楽しくすごしたい、逆転した世界に飛んでしまいたいという欲求だけでなく、大通りを闊歩できる正しいブラジル人になりたいという「集団的願望」が儀式的なシンボリズムに強く現れている。貧困層が「ブラジル」の一部と意識すること、言いかえると社会のなかでのけ者扱いされていないと感じること、これが彼ら自身にとっても、また支配者層にとっても、カルナバルの大きな目的となった。カルナバルはとりわけ人種教育の装置となった。人種的民主主義の概念の発生とカルナバルの国民主義化は切り離せない。どちらもブラジル的想像力、ブラジル的アイデンティティの根源に触れる。後で検討するように、日系人がこの四日間、人種平等を体験し、ブラジル国民の一部と感じるのも同じメカニズムによる。

I 〈道〉のカルナバル

群衆にもまれて

カルナバルはどの日本人移民にとっても、移住前には想像だにつかなかった異様な体験だっただろう。日本語新聞の文芸欄はその時期、たいていカルナバルをお題にしたので、膨大な作が記録されている。それを集めてアンソロジーを編んだらずいぶんおもしろい風物詩になるだろう。その最初期のものが一九一八年、ブラジル最初の日本語新聞『週刊南米』（二月二六日付、同紙は一九一六年創刊）に見える。

カルナヴァル香水の雨降らしけり
不景気の何処にさりしや謝肉祭
騒ぐ人に各々趣味のカルナヴァル

当時の路上のカルナバルは仮装、香水のかけあい、紙吹雪が代表的な遊びで、移民はまず人ごみに紛れて騒ぐ（ないし騒ぐのを傍観する）ことで、見慣れぬ風習に参加した。農園ではバイレが連日開かれ、日本人の大方は遠巻きにして、一部は踊りの輪に参加した。許容度の高い行動パターンから「無礼講」と訳されたこともある。一部では「平民祭り」「極楽境」とも呼ばれた。それぞれ階級や仏教用語に引きつけた訳語として興味深い。カルナバルは今も昔もエロティックな欲望で渦巻いていて、男性移民もそこにはいち早く適応した。異国の女に大手を振って接近できるチャンスだった。

嬌声と嬌嬉と嬌笑！
ファンタジア〔仮装〕の胸もはだけ／狂熱の紅の唇も乾き／のぞかせる腋毛も汗ばむ／歓楽の高潮！
歓楽の音！／ジャズバンド
半裸体に仮装した／淫蕩なましろい豊満のししむら／我が胸にふっくらと／えもいわれぬ匂は《ママ》しの丘陵触るる／我に与えし女の手のあたたかみ／なやましの声！（一九二六年二月二六日付『時報』）

町内会や有志が揃いの仮装をして繰り出す習慣は、ポルトガルのカルナバルにさかのぼる。仮装は植民地時代からカルナバルの大きな要素で、性別・階級・人種・民族を好きなように入れ換えた扮装で、人々は繰り出した。非日系人がキモノを着たり日本人がブラジルの扮装をする自由があった。

日本着のニグロ不細工踊り行く（一九三九年三月二八日付『聖報』）
伯美人振袖姿振りを見せ（『農業のブラジル』一九三〇年二月号）
カルナバルマスクをとればギャポネース（『農業のブラジル』一九三〇年二月号）

バストス丸．商人組合の造作で，乗客には非日系人が多い．出典：『在伯同胞活動実況大写真帖』竹下写真館，1938.（サンパウロ日本移民史料館蔵）

日系人の仮装には大きくわけてブラジル化（ピエロ、バイア女、インディオなど）と日本化（素浪人、菅笠、鳥追などいずれも村芝居や演芸会の定番）の二つの方向がある。仮装は遊びに属し、その外見は本人の内面的な同化・非同化とは無関係で、扮装はバイア女に扮したら同化し、菅笠ならば日本回帰しているというような単純な事柄ではない。カルナバルへの意志的参加が既に適応の心持ちを示している。仮装の外見は自己認識よりもカルナバル観に関わっている。ある年のバウルーのカルナバルでは、日本人助産婦が籠から放たれた鳥のようにいきいきとして「棒縞の御召に、帯を蝶結びにし、白足袋に空気草履をはき、桃色のパラソルを持」って闊歩していたという（一九二七年三月四日付『聖報』）。彼女にはカルナバルは仮装の場というより、晴れ着の場だった。彼女は久しぶりのお召し物に心がうきうきしていたのだろう。ブラジル人は盛装というより、異国趣味をふりまく仮装と見なしたかもしれない。

人口がふくらみ、生活ネットワークが充実し、経済的・心理的余裕ができた一九三〇年代には、日系人も独自の行列を組織することがあった。サンパウロ市内で料亭の女給が水兵服やキモノを着たり、日の丸をかざして行進したこともあった。日本人が集団で入植したバストス、あるいは日本人街を形成していたサンパウロ市内では笠戸丸の山車が出た。笠戸丸は彼らの起原の象徴で、ブラジル定着の歴史を確認する意味を持った。一九三八年発行の『在伯同胞活動実況大写真帖』(竹下写真館)にはバストス丸、カルナバル丸に日系人が水夫の仮装やそろいのハッピを着て乗りこんだ写真がある。笠戸丸の山車は入植祭や移民祭に欠かせなかった。鳥居や富士山が母国の象徴であるのに対して、笠戸丸は日系移民の起原神話で、日系人はよくメイフラワー号にたとえた(たとえばブラジル日本移民史料館の解説)。わかりやすい象徴操作の場、カルナバルにはもってこいの題材だった[10]。

一九三〇年代には、日本移民の存在はサンパウロ市民にもすっかり馴染んだ。一九三七年にはサンパウロ市内の一流ホテル、テルミヌス・ホテルには朱塗りの大鳥居が出現、「千客万来」と書かれた提灯がかかり、廊下から食堂まで桜の造花で飾られた。食堂の正面に火を吹く火山の模型があり、桜の花の間にボンボリを配し、ダンスホールでは藤棚が気分を盛り上げた。「日本人が見ても少しもおかしくない立派な出来ばえ」で「異国情緒満喫」にオスナオスナの客足だと『日伯』はいう(二月一六日付)。翌年に出た山車には太鼓橋をかたどったものがあり、その上で日系の娘がブラジル人にまじってチャイナ・ドレスを着ていた(三月三日付『聖報』)。日本と中国の区別はブラジル人にはどうでもよかった。つまり「東洋」趣味。この時期にはその種のカルナバル・ソングがいくつか出ている。日系人の存在のほかに、中国情勢が新聞の国際面で話題になっていたことが、この時期の東洋趣味を刺激したに違いない。

礼儀の人種

カルナバルではすべてが許される。しかし逸脱にもきまりはある。移民にはその節度がわからず、問題を起こしたこともあった。隊列を組んで見物の後ろから押し寄せ、痴漢をはたらいた日系人がたたきのめされたり、奥地からでてきて車に女を乗せてお大尽の気分を出したまではよかったが、路傍の女にいたずらをして警官にひきずりおろされた者もいた（一九三四年二月二一日付『日本新聞』[11]）。このほか浴衣がけの見物人を恥知らずな連中と非難する記事もある（一九三四年二月二一日付『日本』）。それは仮装ではなく、ただ外国で着るには品のない衣装だった（著者は面白いことに女の浴衣はまだ許せるとしている）。着ている側からすれば、カルナバルとは盆踊りに他ならなかった。無恥な農村出身者を啓蒙する立場にいると自覚していた論者は、警告を発している。

日本人はブラジルの良習慣に馴染むと共に、何処までも礼儀の人種として外人一般から敬意を払わるるよう、此の晴れ舞台とも云うべきカルナヴァルに於いて、それを示すを忘れて貰いたくない。……吾々は如何なる程度まで調和し〔て〕行くべきかを考うべき必要もあるようである（一九二八年二月二八日付『時報』）。

筆者は〈道〉のカルナバルを「礼儀の人種」として、一等国民として、ブラジル社会の正規の構成員

カルナバル丸.「カルナバール 変装のハッピ姿も勇ましく」(バストス, Carnaval丸と名づけられた造作物). 出典:『在伯同胞活動実況大写真帖』1938.

として自己呈示する「晴れ舞台」と考えた。「外人一般」と出会う世界なので、日本人は礼儀を示し、尊敬を受けるよう努めなくてはならない。日本人はカルナバルでも羽目を外してはならなかった。日系人に対する一般の軽視をはねかえすには、このような礼節が必要だと筆者は考えた。日常生活において、彼らはなるべくブラジル人の注意を引かないように行動していた。一個人としてよりも、ジャポネースという民族カテゴリーに関連づけて行為のひとつひとつが解釈されがちだったからだ。一人の無礼なふるまいが集団全体の悪い評価につながることを心配していた。日本的な礼儀が彼にとって普遍的な価値をもっていたからこそ、「礼儀の人種」という自己イメージが生まれてきた。ここでいう「ブラジルの良習慣」とは、直接的には自動車のパレードを指し、間接的には中産階級から上の習慣を指し、筆者の社会的上昇志向と関わる。「外人一般」といっても念頭にあったのは、中産階級から上に認められることだった。

礼儀が過ぎるとかえって「調和」を乱すことになる。ある女性は「私は日本婦人ですよ、と云った民族意識が過度に働いたせいか日本美が、十分に発揮されなかったのみならず、イヤに勝気を現して、香水でも注ぎ掛けるなら承知しないぞと云ったような硬さを示せる所に却ってその美を害ねたるの感を禁じ得なかったのです」（一九三七年二月二四日付『時報』）。ライバル紙『日伯』の三浦鑿《さく》の後述の記事内容を裏づけている。当時のカルナバルではふざけ気分で見知らぬ同士でもかまわず香水をかけ合う[12]。日本の祭りにはこの習慣はなく（水をかける祭りはある）、この婦人は意味がわからず、むくれてしまったのだろう。彼女にはカルナバルの冗談関係、許容された無礼が理解できなかった。それを筆者はせっかく「日本美」（キモノを着ていた？）をアピールしたにもかかわらず、国際交流に失敗したと注釈した。ここでいう「日本美」はブラジル人を魅惑する日本女性らしさということで、外交的に有効な仕掛けだった。また彼女の「硬さ」、ブラジルの習慣を拒絶する態度を「民族意識」と呼んでいるのは面白い。日本婦人はカルナバルでは「民族意識」を持ちすぎてはいけないし、「日本美」を発揮しなくてはならない。カルナバルむずかしい選択を迫られた。どこまでブラジル人のように振る舞えばよいのか、どこまで日本人らしさを残せばよいのか、その「調和」は一部の移民には大きな問題だった。

万人平等の神話

黒坊も白坊も、トルコもジャポンも何もない、カルナバルはすべてを平等にする（一九三六年二月二

カルナバル青年船.「カルナバール 青年処女会は男女連合艦隊を作った」(バストス). 出典:『在伯同胞活動実況大写真帖』1938.

五日付『聖報』)。

数多善男善女の心の底に迸る/純真の叫びの統合した平和の合唱……/群集の純真の叫の統合創造する/永久不滅の行進曲を奏でむ……(一九二四年二月二九日付『日伯』)。

カルナバルの平等主義はこのように諸手を挙げて賛美された。多様な肌の色の群衆にもまれた体験が反映しているだろう。群衆は心底はしゃぎ、至福に酔っている。その高揚感は日系人をも包んだ。だが同時にこの公式的な言い方には、ブラジル国民の正式なメンバーになりたいという願望が隠されているように見える。日ごろの不快な人種体験を棚上げにして、日系人はのけ者ではないと自分に言い聞かせている(日本語の文章は本当に聞かせたい相手、ブラジル人には届かない)。ふだんなら「黒坊」や「白坊」や「トルコ」との違いに敏感なのに、この時ばかりは自分に対する、そして自分たちが抱く偏見に蓋をする。ふだんは差別している「黒坊」もまた、この四日間は自分たちと同じ平等な民であると宣言する。公定文化になったためにカルナバル賛歌はブラジル賛歌と重なる。適応の度合いには違いがあっても、ブラジル生活を肯定する姿勢が、上の国ぼめに表れている。もちろん「踊り抜く人種無差別今日一日」（一九三九年三月二八日付『聖報』）と詠まれているように、この平等が期間限定であることも了解していた。一年のうち黒人が「黒い引け目」を感じなくてすむのはこのときだけと日系人は踊り歌う黒人を観察したが（一九四〇年二月六日付『時報』）、彼ら自身も「黄色い憂鬱」（一九三四年二月一四日付『日伯』）をこの四日間、吹き飛ばそうとしていた。一年の蓄財をこの日に蕩尽することはないが、人種的平等の一大ページェントに参加・観察し、ペレイラ・ジ・ケイロスのいう意味でのブラジルの「神話」をまず借り、その後には自分のものとした。神話と現実、そのどちらに対しても彼らは既存の体制に寄生するしかない。日ごろの人種的孤立感を束の間鎮めるのが、カルナバルだった。

自動車のパレード

日本と同じように、一九二〇年代はブラジルでもモータリゼーションが進んだ。自家用車は新興ブルジョア層のステータス・シンボルとなり、目抜き通りを飾った車でパレードした。サンバの展開を中心に論じられてきたカルナバル史ではあまり言及されないので、いつごろ始まりいつごろ終わったのかは定かではない。自動車の行列はそれまで貧困層の〈小〉カルナバルが支配してきた〈道〉に、ブルジョア層がサロンから飛び出してくる兆候だったかもしれない。即興的にコルドンなり有志なりが練り歩い

「邦人盛装の自動車の勢揃い」(バストス).
出典：『在伯同胞活動実況大写真帖』1938.

ていた時代から、ある程度組織立って大通りの空間を利用することが始まった。自動車行列では、富裕層が見られる対象だが、やがて彼らはサンバの行列を見物する側に回る。それまで仮装した人々は誰もが見て見られる関係にあったのが、自動車行列では一方的な視線しかない。スペクタクル社会の特徴がそこには顔を出している。一九二九年、アマゾン開拓で名高い辻小太郎は、サンパウロ州の中都市バウルーでそれに出くわした。

午後七時頃になると何十台とも知れぬ自動車が、各々変装者を乗せて行列を始める。行列の中には一家が打揃って加わっているのもあれば、恋仲同志の若い男女が乗っているのもあり、茶目達のみが乗ったのもあり、可愛い小さな女の子達のみが乗っているのもあり、自動車は何れも装飾されていて、一、二間の間隔を隔てて引続く。自動車からは行列を見るため街路を埋めた人群に向けて香水が振り撒かれる。五彩のサーペンタイン〔紙テープ〕が投げられる。地上からは又車上へ向けて香水を撒き返し、テープを投げ返す。中には四五人の娘が調子を合して元気よく歌を歌いながら通る。斯くて行列は同じ場所を何回となく巡廻し九時頃まで続ける。テープが何寸という程地上に積る。[13]

これとは別に辻はサンバの一団も見ている。「一個の音楽隊を先頭にして幾旒かの旗を押し立てて足取り面白く踊り歩く黒人少女の行列もある。随分と費用も掛け、調子を合すのには苦労をしただろうと思われる程、具合よく唄い踊るのであった」。ブルジョア層の自動車のパレードと貧困層のサンバのパレードとが共存していた。永く生き残ったのは、後者だった。

『時報』が日本人が自動車のパレードに参加するようになったことを経済的な上昇の徴と喜んでいるのに対して（一九二八年二月二四日付）、『日伯』は自動車のパレードを階級差の見せびらかしと糾弾した。「カルナバルの資本主義化」（一九二七年三月一日付『日伯』）の筆者（たぶん三浦鑿）は「この最も非階級的なそして最も無邪気なカルナバル祭すらも、遂に資本主義の焰々たる潮に襲はれていることを発見して、つくづく、資本主義の世なる哉と今更の如く感慨これを久しうした」と昨今の変化を突いている。だいぶ以前からブラジルに滞在している筆者は、かつての真に平等を味わえたカルナバルをずいぶん素朴に理想化しながら懐かしんでいる。

見よ！　あのカルナバ〔ル〕を、それは一年の中たった三日にしろこの日は富めるも貧しきも何等かけ隔てなく社会的階級の区別が消滅して共に打ち興じることの出来るカルナバルを。そこには社会の総てが平等に現出する、だが、この様なカルナバルは已に過去の夢なのだ。懐かしきありし日の物語りなのだ、吾々貧乏人が、トリアングロ街に於て、パウリスタ通りでそしてブラス街で、まざまざと見せつけられたものは、決してあのように楽しきカルナバルではなかった。

　機械は階級を生んだ、自動車の発明はカルナバル祭をして遂に階級的なものにしてしまった。自動車の美々しく装へる金持の男女が喜々として戯れる様を見ないか、カルナバルは吾が物なりとの得意満面な彼等の表情を見ないか。

　機械は無産者の生活圏を縮少する、自動車といふ金持の所有物によって無産者は完全にカルナバル劇に出演する役割から駆逐されてしまったのだ、そうして与えられたものはただ疲労と羨望のみである。

　総べての人間が一様に面白おかしく街々を練り歩いたであらう昔のカルナバルでは、誰もが同等な価値に於て愉快と喜悦とを享楽したに違いない、そのころのカルナバルのなんとなく懐かしきこよと《ママ》。


　富の象徴、自動車が国民の象徴、サンバに大通りを譲るのは、カルナバルの政治的な大変換を示している。それはサンバを踊る当人が大通りに侵入したのではなく、自動車に乗る階層が国民統合の利便のために〈道〉を明け渡したのである。サンバ連中に大舞台を与えつつ、しっかりと管理し、社会の上層部に利するような体制を作り上げた。

Ⅱ　〈家〉のカルナバル

日系人サロンのバイレ

一九二四年、合衆国のアジア移民封鎖に伴って、日本政府は渡航費全額支給をしてブラジルに移民を送り出す制度を始めた。それにより二〇年代後半から移民の数は急増し、昭和大恐慌の影響で三〇年代前半に戦前のピークを迎えた。二〇年代にはブラジル生まれ、ないし幼いうちにブラジルに連れて来られた子どもが青年期に達していて、言葉や習慣のうえでブラジルに馴染んだ最初の世代を形成しつつあった。このような背景からその時期には道のカルナバル参加に加えて、日系人が独自にサロンでバイレを開くようになった。これは二つの顔を持っていた。つまり参加者、主催者、場所に関しては「日本民族的」なのだが、音楽、ダンス、キリスト教の暦、飾りつけなどに関しては「ブラジル国民的」だった。このような二重性を持つ催しはいくつかある。これは排除と統合という日系社会の相反する特徴を反映している。

バイレは青年会が主催する行事だった（青年会は大体、一九二〇年代後半から本格的に組織される）。ダンスは日本ではモダンな娯楽で、限られた層にしか広がっていなかった。移住前にダンスを経験した者はほとんどいなかったから、よほど好奇心の強い若い一世か、ブラジル生まれ・育ちの世代が率先しなければ日系人のバイレが開かれることはなかっただろう。日本語新聞を読む限り、一九二九年、ノロエステ線の中都市プロミッソンの青年連盟が、日系人経営のバール（バー、飲み屋）で主催した日伯合同バイレの記事が早い（サンパウロではもっと前からあったかもしれない）。「珍しくも一二、三名の日本娘さんが加わったので、一層青年組の興を添えたものと見え、一晩とも暁近く迄夢中に踊り続ける盛会であった。尚当夜のバイレの催しが伯人間に非常な好印象を与えた事は確かである」（二月二二日付『聖報』）。「珍しく」とあるので、それまでにもバイレが開かれていたと思われる。このようにバイレ開催は移民社会の適応をブラジル人に印象づけた（と彼らは想像した）。日本娘が十分に出席したために、青年組も楽しかったし、ブラジル人は「非常な好印象」を持ったと読めないことはない。同化を示すことは、民族に対する評価を高めることを彼らは知っていた。

女性の確保は主催者の仕事だったようで、一九三四年、サンパウロ青年会がブラジル拓殖会社の協賛で開いたカルナバル前夜祭バイレ（於日本倶楽部）では、娘さんを多数誘いあわせるよう新聞記事まで出た（二月七日付『日本』）。しかし当日は思った以上に集まってしまった。時間がたつとブラジル人が押し込んできて「完全にバイレ・ブラジレイロとなって日本人ノックアウトとなる始末。騒ぎが大きくなればなる程、日本娘のすましたのは相手にされず、壁の花が増えたとは嘆かわしい次第。日本娘もエロが売り物の女給軍となると、鼻下長を集めて、ボニータ、フェイア（美醜）の如何に拘わらず大モテ。あの種の女を入場させたのは怪しからぬと憤慨する家長もあるから次回は招待方法も厳選主義となるらしい」（二月一四日付『日本』）。

たぶん例年招待に応じる女性が少なく（家長が娘を出したがらず）、女給まで呼んだところ、このような不測の事態に至ったのだろう。『日伯』は三〇〇名ほどの参加者があり、「七八分は伯国人で日本人特にムスメサンの割に少なかったことは遺憾だった」（二月一四日付）と報じているので、女性はそれでも足りなかったのかもしれない。社交に慣れていないお嬢さんよりも、料亭やバールの人さばきに慣れた

バストスのカルナバル・バンド(1938 年). ギターの黒人以外は全員日本人の約 11 人編成.
(生田目善助旧蔵)

女性のほうに非日系人の人気が集まったのは当然だったが、家長が商売女を嫌悪したことも理解できる。戦前の大連でも日満親善舞踏会に芸者を呼んだことが問題になったことがある。商売女と善良な家庭の子女とは混じり合ってはならなかった。

非日系人の参加は同化の証明として歓迎される一方で、民族的な一体性を損ねると嫌われることもあった。ブラジルの国民行事の周辺部でいまだ十分に統合されていない少数民族が並行して行う催し、この位置が非日系人のあいまいな存在に反映している。たとえば上記のバイレは当初、青年は日頃の「黄色い憂鬱」をふきとばし、「日本人の日本人による日本人のためのバイレ」を開こうと息まいた（一九三四年二月一四日付『日伯』）。つまり見かけはブラジルのバイレと同じ音楽や衣装だが、そこに日系人だけが集まり、少数のブラジル人が日系人の親善・同化への意気込みを理解するようなバイレが期待された。それが意に反してブラジル人優位になってしまったので、青年はかえって「憂鬱」を深くしたかもしれない。カルナバルは表面的には民族無差別を表明する機会だが、少数民族からすれば、ブラジル人にならなくてはならない機会でもあった。「日本人の日本人による日本人のためのバイレ」は、明らかに「万民平等」の建前とは矛盾する。〈家〉の空間に必要な親密さ、安全、安心、秩序は、日系人がブラジル社会のなかで目立った身体的な特徴をもち続けるかぎり、「民族的な」サロンでないと得られなかった。仮装が民族的アイデンティティをぼかしてくれるのではなく、集まっているのが同胞だけということが、民族的な緊張を忘れさせてくれた[14]。

日系人のカルナバル・バイレを最も痛烈に皮肉ったのは、三浦鑿だった[15]。成り上がりの日系人には大通りのパレードに出しても恥ずかしくないような女性は一人もいないし、男だけで勇ましくタクシーに乗って出ても洗濯屋、パステウ屋（揚げぎょうざのようなスナックを売る露天商、洗濯屋とともに都市下層日系人の典型的な職業）とはやしたてられることはまちがいないので、日系人の集まる仮装バイレにしけこむのが一番だ（一九三八年二月二五日付『日伯』）。三浦はさらに仮装といってもブラジル人のネタを知らないから、昔の芝居種が相変わらずだし、香水のかけあいもやられたらやり返せのようで楽しくない。いっそカルナバルの頼母子講でもやったらどうだ、上流の集まる日本倶楽部のバイレも去年の仮装を洗ってきたような連中は追い返すぐらい本格的にしたらどうかと毒づく。帰国希望者がこの四日間のために散財するのはそれほど賢明とは思えず、おつきあい程度の参加に留めるのは合理的な選択だが、永住論者はその結果である貧相さに苛立った。彼の考えでは、カルナバルはいまだ十分に日系移民の文化的な習慣に組み込まれていなかった。カルナバル期間中といえども、日ごろの差別が存在するので、日系人だけで集まることにも一定の意義があると三浦は認めていた。

カルナバルと盆踊り

戦前のサンパウロ青年会のバイレでは、「日頃ダンスなど嗜まぬ連中までも円陣を作って盆踊りの要領で踊りに踊」ったとある（一九三六年二月一四日付『日伯』）。ある年齢から上の者は会場の片隅で盆踊りを踊っていた。ブラジル人優勢の会場の一角で、音楽と雰囲気をまったく無視して盆踊りに興じる日系人。彼らは陽気さというカルナバルの真髄を異なるダンスで体験し、表現している。ずっと下って「カルナバルとは西洋の盆踊り」（一九六二年四月一三日付『日毎』）と歌われているように、日系人が馬鹿騒ぎとして唯一カルナバルと比較できるのが盆踊りだった。一九六五年にも、青地に赤で「祭」と染めぬいたハッピを揃えて、阿波踊りの要領でサンバを踊り新来青年の一団が日系サロンに現れた（一九六五年三月二日付『サンパウロ』[16]）。カルナバルといいながら、実際には盆踊りがからだの作法の基本にあった。盆踊りに対する懐かしさは次のような二つの短詩によく表されている。

盆来てもおどりとならぬかりずまい（一九一八年三月二日付『週刊南米』）
盆踊り移民ということ忘れおり（一九六四年四月一日付『日毎』）

笠戸丸から一〇年目ではまだ農場に点々と住む者がほとんどで、盆踊りを開くような組織力はなかった。ブラジルはあくまでも「かりずまい」であったから、それも仕方ないと諦めていた。ちょうど日本

「東京音頭を踊りつめる日本の処女達」(ギター，ハーモニカ，ヴァイオリン等の楽団が伴奏している．レコードでなく楽団伴奏の「東京音頭」は珍しい)．
出典：『在伯同胞活動実況大写真帖』1938．

に出稼ぎに来たブラジル人が、バイレなしでカルナバルをすごさなくてはならないようなものだ。これに対して一九六〇年代は一世もまだ多く、各地でやぐらを組んで日本より寄贈された、ブラジルで作られた祭り太鼓を打って盛大に大会が開かれた。踊っている間はブラジルにいることを忘れるほど、母国情緒にひたることができた。そしてただ郷土の踊りというだけでなく、盆踊りが前提としている人間関係、社交形態が一世の心情に合った。「カルナバルとは西洋の盆踊り」といいながらも、カルナバルのダンスのなかに溶け込めた一世は少ない。バイレでは特に観察者であることを強いられ、相変わらず異人、移民であることを強く意識させられた。平たくいえば、サンバのリズムに乗れなかった。バイレのさなかに円陣を組んでブラジルの音楽に合わせて盆踊りを始めた一世は、地球の対蹠点にある二つの祭りを強引に圧縮した。

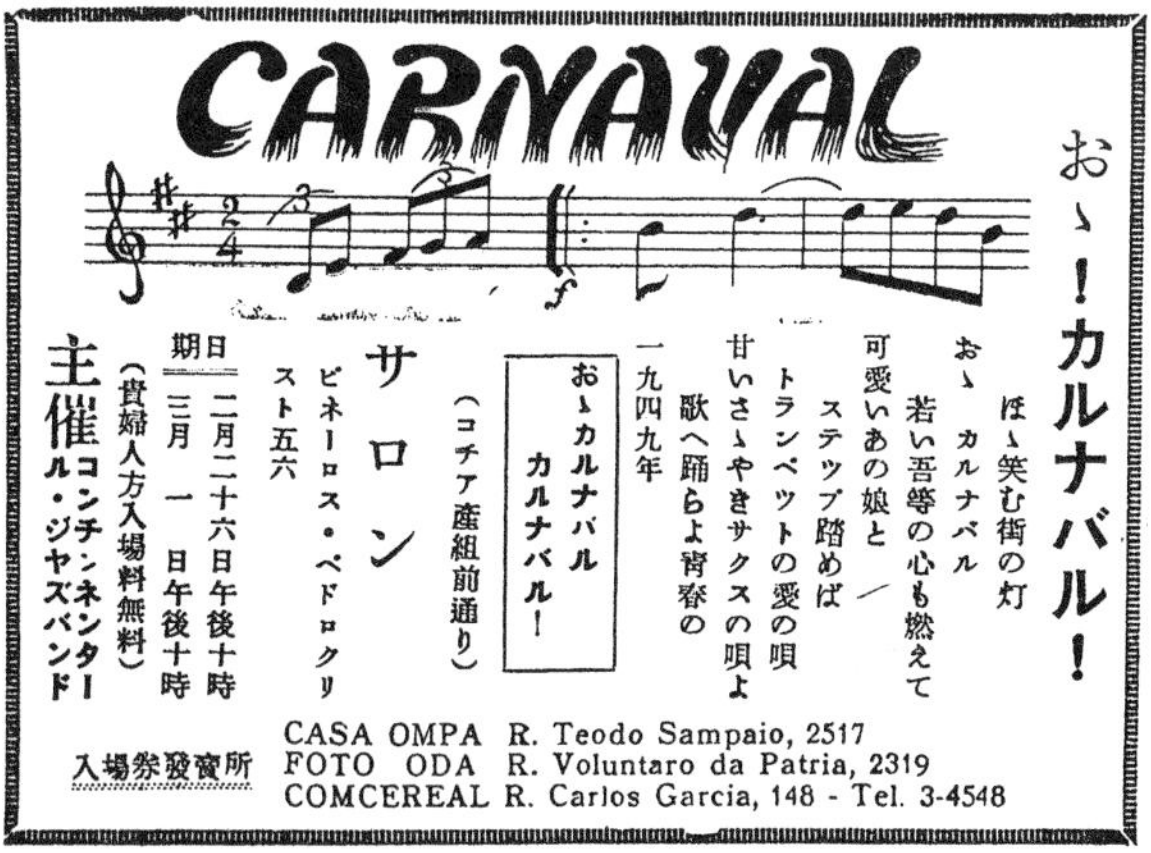

バイレ広告（『パウリスタ新聞』1949年2月17日付）．

戦後のバイレ

第二次大戦後、二世は一世のしがらみから逃れた独自の親睦団体を結成し、スポーツ大会、パーティー、音楽会、演劇、のど自慢大会などを主催するようになった。会報を出したり、非日系人を認めたり、大きなスポーツ娯楽施設を持っていたり、一世の組織と連携したり、会員資格や活動内容や規模にはいろいろあった。日本の農村組織を再現した戦前の日本人会とその傘下にある青年会、処女会とは活動目的も会員の意識もずいぶん違った⑰。カルナバルのバイレは資金的にも、社交的にも重要な年中行事だった。戦前よりもブラジル生まれの世代、ポルトガル語を話す若者層が増え（戦争中、日本語教育が公式に禁止された影響が大きい）、生活様式、社交の範囲、考え方にブラジル化が顕著に進んだ。たとえば一九五二年、サンパウロのサクラ倶楽部で開かれたカルナバル・バイレは、勝ち組負け組の抗争がだいたい収まったころだけに、相当なにぎわいを見せた。

激しい情熱のサンバに炎の渦となってめぐり狂い、意味のない嬌声と叫びのコーラスが場内を圧している。吹雪のように投げられるコンフェッテと香水の雨の下にスクラム組んだ幾組もの男女が波のように踊って行く後ろからは、頰と頰をしっかり押しつけた一組のピエロが行く。長い振り袖に菅笠をかぶった乙女が、白リボンに赤い帽子をかぶった青年の胸にもたれて踊って行く。鳥追姿の女や可愛いインジオ、コルドン〔列〕を作った男装の乙女達が首を前後に振りながら蛇のように流れて行く。そこには何らの意識もなくただサンバの曲だけがリズムになって、淑女も紳士も人妻もすべての人が踊り狂っているのだ。場内の広場には踊り疲れた幾組の男女達が、雨上がりの街路に座って一夜の恋に語《ママ》っている。真っ赤な唇のあとを頰につけた騎士姿の若い青年は、ビッショリと汗に濡れた乙女の肩を抱きながら酔いしれた人のように唄っている（一九五二年二月二八日付『日毎』）。

新聞から推測する限り、戦前にはこれだけ大きな日系カルナバルのバイレはなかった。サンバ、嬌声、香水、紙吹雪、仮装、恋、接吻……。この記述だけからは、日系人の集まりとはわからない。三浦が痛罵した頃と違い、ブラジル風の仮装もだいぶ見られるし、若者は大胆に求愛の場に利用している。これは日本の敗北により、父母の世代が固執した日本との舫が解け、日本人の顔、言葉を恥じ、そこから離れようとした二世の増加の現れかもしれない[18]。ブラジル流は新時代、新世代の宣言のようなものだった。「郷愁を持たぬ軽さでカルナバル」（一九五六年五月一六日付『日毎』）と一世は二世の浮かれ調子を歌った。

サクラ倶楽部の終戦直後のカルナバル（コンチネンタル・ジャズ・バンド）
（生田目善助旧蔵）

いいかえれば、日本に心を縛られているために、一世は軽やかにふるまえなかった。

このようなカルナバルのバイレを一九六〇年代以降、サンパウロ市内だけで四つないし五つの二世クラブが開いている。日本語が聞こえることも年毎に稀になっていっただろう。そこに集まる若者は「家にいるような気がする」「友だちが皆日系だから」「日系社会とのコンタクトを密にしたいから」というような理由で集まる（一九八五年二月二一日付『パウリスタ』）。非日系の参加者はほとんど例外なく日系人と結婚していたり、その家族・親戚・友人・恋人で、日常生活からの断絶というよりもその延長として、パーティーに参加している。

ディスコとなったバイレ

一九九四年、私はサンパウロの有力な二世クラブのひとつ、アニャンゲーラ・ニッケイ・クラブのカルナバル・パーティーに参加した。売店や入口には日系クラブのいつもの役員が立っていて、運動会やカラオケ大会のような催しを思い起こさせる。このような「家族的な」雰囲気は客にとって不可欠な要素だ。人々は民族的な絆で結ばれているので、階級で（いいかえると入場料で）選別された一般サロンの客よりもずっと〈家〉であると感じている。トップレスやわいせつな挑発やふざけ合いや女装や同性愛が見られないのも、大人のモラルが浸透し広い意味での家族の相互監視が行き届いているからだろう。少女がふだんよりもいくらか「露出度」が高いといっても、サロン全体には健全な雰囲気が保たれている。仮装が少なく、その工夫や種類も大したことはなく、少しでも奇抜な恰好をすると、ほかのサロン以上に目立つ。大胆な仮装の大半は非日系だった。このことはエスコーラのパレード（後述）に参加した日系人が扮装のままサロンになだれこむと、一般客がよけたということからも確かめられる（ウィリアム・キムラの談、一九九四年二月のインタビュー）。彼らの仮装ははるかに仰々しく、派手で、一目で区別がつく。日系サロンは〈道〉から「土足で」（そのままの扮装で）乗り込んではならない場所だった。これに対して一般のカルナバル・サロンでは会場の色彩をあでやかにする人気者として歓迎される。

マルシャ（マーチ、急速で単純なダンスを伴なう）を演奏するカルナバルの標準的なバンドの生演奏と録音を使うディスコ、ハウスが大体一時間ごとに交替した。マルシャの演奏中は、ほかのサロンと同じように、人が蛇のように連なったり切れたり、友人とはぐれたり新しい知り合いをつくったりしながら幾重にも交錯している。バンドの一つは六〇年代末から七〇年代初頭にかけて活躍した日系人のロック・バンド、アパトゥッタで歌っていた二世リカルド・カワウチ率いるア・バ・ダ・ジ・テーラで、近藤真彦の「ギンギラギンにさりげなく」やチェッカーズの「涙のリクエスト」のような日本のポップ・ソングを日本語で歌った[19]。若い頃にはこのニッケイ・クラブが主催する週末パーティーでよく演奏していた日系社会の名士で、同世代の観客にとっては懐かしさがこみ上げてきただろう。マルシャとＪポップの融合は「文化の混合」をわかりやすく示している。

しかし場内の約半分を占める一五歳ぐらいから二五歳ぐらいまでの三、四世は、ブラジル音楽の間は休憩し、むしろ国際的なジャンルの時に反応し踊り出した。聞けば県人会館などで週末、日系パーティーでサウンドを担当しているいつものＤＪ、スタッフが入っているという。かつて一世が盆踊りに興じたように、若い子孫はハウスに興じている。盆踊りとハウス、どちらもブラジルのカルナバルの規範にはない外来の要素である。日系のパーティーはサンバを排除しないが、それと並行して民族的な振り付け、「国際的な」ビートを許容する。この併置にこそ日系社会の中間的な位置が映し出されているように思う。若者はマルシャでブラジル人と一体化し、ハウスでそこからの違和感と世代的な連帯を感じ取っているかのようだ。

カルナバル期間中のハウス、テクノのイベントは「もうひとつの《オルタナティヴ》カルナバル」と呼ばれることがある（*Noticias Populares*, 一九九八年二月二六日付）。主催者によれば、「クラバーは一年中踊っている。なんでカルナバルの間だけはだめなんだ」といい、客は「私はカルナバルが大嫌い。全然好きになれない。だから今日はここに来た」「カルナバルの浮かれ調子は偽善的だ、ぼくはやりたいときにどんな音楽とでも騒ぎたい」と国民行事に背を向ける。客は髪を派手に染めたり、タトゥーをしたり、唇にリングをつけているような「オルタナティヴな」ファッションの若者である。つまりカルナバルを無視することと自体がブラジルでは対抗的で、体制の外側にいることの表明である。

日系パーティーでハウスに浮かれる若者には、そのような刺激的な外見は見当たらなかった。大人が通常のカルナバル音楽で踊る空間に来ていること自体、国民文化の枠に順応した、いわば「飼い馴らされた」若者であることを示している。彼らはサンバ、マルシャを否定しているわけではない。ただその独占を快く思っていないだけなのだ。ブラジル音楽と交替で流すことで、主流社会の熱狂を肯定しつつ、それに収まらない余剰の部分とわたりをつけようとしている。日系人であることが既に「オルタナティヴ」なことだった。盆踊りのように民族回帰するのではなく、逆に世代的連帯を通して、公認の国民文化の外に出ようとしている。[20]

Ⅲ　パレードに見る日本の表象

一九七九、八〇年――フロール・ダ・ペーニャ

本章の後半ではエスコーラ・ジ・サンバのパレードに現れた日本のイメージ、日系人の参加について述べる。[21]パレードはバイレと違って、必然的にブラジル社会のど真ん中に身を曝さなくてはならない。これは単に数万の観客やマスメディアの視線が集まるというだけでなく、ブラジルの国民的想像力の渦に巻き込まれるということを意味する。サロンが日系人の管理の下でブラジル性を操作できる場であるのに対して、パレードはブラジル国民が日本性を操作する場で、日系人ならびに日本イメージは既存の物理的、想像的、美的枠組みのなかに投げ込まれるしかない。

上で述べたように、一九六八年、サンパウロ市観光局がエスコーラを公認したことで、カルナバルは

公認化・産業化が進み、経済的にも人材的にも外から入りやすい催しに変わり、黒人共同体の地域性とのつながりは薄れていった。中産階級から上にも、また非黒人にも開かれ、老日本人夫婦が見物するようになった。『サンパウロ新聞』ポルトガル語欄によれば、彼らは「サンバがかつてはヤクザっぽさの同意語だったのが、今では日本人とその子孫の家族が参加する事柄になったことを証明する明確な兆候である」(一九八六年二月一一日付)[22]。ヤクザっぽさと仮に訳したmalandragemは、日本のヤクザに当たるリオのチンピラ、ワルmalandroの機転の利いた即興的行動や敏速な頭脳を含む行動様式で、サンバの社会的イメージと切り離せない。これはブラジルの生活術、哲学の本質を突くとロベルト・ダマータは分析している。チンピラはサンバの生まれた黒人下層社会の犯罪者すれすれの黒人男性で、類型的には白のスーツに赤のシャツを鮮やかに着こなし、酒とバクチとケンカに強く、セクシーな歌とダンスで女を口説く。日本や香港の映画のなかの様式化されたヤクザ、ギャングに対応するだろう。サンバの経済的・人種的出自をロマンティックに想像させる人物像である。日系人の参加はサンバが健全化した証拠であると日系記者は肯定的に捉えた。別の見方をすれば、サンバがスペクタクル社会にすっかり取り込まれた証拠ともいえる。

日本語新聞からわかる限りで最初のまとまった日系人の参加は、一九七五年のウニードス・ダ・ガルボン・ブエノ(ガルボン・ブエノ連合)のパレードである(ガルボン・ブエノ通りはリベルダージの目抜き通り)。このエスコーラは一九五七年にリベルダージに作られ、地区のカルナバルに出場していたが、七〇年代はじめ、財政難のため解散。そのころまでは地元日系人との接触はあまりなかった。七三年に再び結成され、七四年に日系人を加えるようになった。その中心になったマサヨシ・ヤマモト、通称ジヨアン・ジャポネースは一九三八年東京生まれで、二歳の時にブラジルに連れて来られたという戦前最後の移民の一人である。[23]すでにリベルダージに隣接するビシーガ地区のフィオ・ジ・オーロ（金の糸）とカンブチ地区のインペリオ（帝国）で演奏していた（一九七四年五月二三日付『サンパウロ』ポルトガル語欄、一九七九年三月二日付『日伯』ポルトガル語欄）。彼は黒人と結婚し、娘がサンパウロの有力なエスコーラのひとつヴァイ・ヴァイに参加したというから、家庭では妻の影響力が大きかったと思われる。外婚で主流文化に同化するのは通則で、またウニードスのアントニオ・ヒロシ・クマガイは、わかっている限りでは最初の日系カルナバル歌手（プーシャドール）で、八〇年代初めまで地元の名物男だった。[24]

一九七九年、第三グループの小エスコーラ、フロール・ダ・ペーニャ（ペーニャ地区の花）が日系人をテーマにした最初の試み「日が昇る国の子どもたち――移民七〇周年」というパレードを企画した。一九七八年六月には七〇周年記念式典がパカエンブー競技場で開かれたほか、主な日系集団地でブラジル独立記念日に、笠戸丸の山車や日本舞踊の群舞がくりだした。このような民族的祭典は、日系人の存在感、ブラジル人としての正統性を総責任者のマノエル・メンデス・ネトに植えつけたにちがいない。「日本人がブラジルに来てからのことを皆に知ってもらいたいし、それをある形でたたえたいということのほかに、うちのエスコーラは日本人、いや彼らの子孫、二世や三世が入ってきて参加している。そういうエスコーラの試みでもあるわけです」。彼らの練習場は中央市場のそばにあり、日系人の農家や仲買人が働く姿をメンバーは見慣れていた。自主的に隣近所のエスコーラに加わる若い日系人が既にいたようだ。リーダーは続ける。「私たちは飽きてしまったのです。たぶん観客もそうにちがいありません。いつものウンバンダ、カンドンブレ、バイーア、アフロのテーマに。実際上、ほとんど例外なくどのエスコーラもそれを選びます。それを考えて七〇周年の移民について何かしてみようと決めたのです。……テーマは義務として純粋にブラジルのものでなくてはなりません。ブラジルの歴史か私たちの日常のことがらなら何でも。……〔日系をテーマにするのに〕大きな問題はありませんでした。メンバーは日本移民は我々の歴史の一部であることで一致したからです」（一九七八年九月七日付『サンパウロ』ポルトガル語欄、傍点引用者）。

　アフロブラジル文化を国民文化に選択した結果、パレードが黒人関連の主題に支配されることは避けがたい。パレードの主題として認めることは、サンパウロ市がブラジル文化として公認することを意味する。それまで前例のない日系史を観光局に提出する企画書に書くには、ちょっとした決断が必要だっただろうが、このエスコーラはありきたりのアフロ物ではない別の主題に向かうことに躊躇しなかった。歌詞の一部を引用する。

彼ら〔日系人〕は大地を耕し
綿を植えた
協力しあって
国民の進歩に尽くした
この民は我らの友だ　ラララ
兄弟のように抱き合おう
移民たちに

日本のコロニアに敬意を示そう　ラララ

（一九七九年二月七日付『サンパウロ新聞』のポルトガル語より拙訳）

農業への貢献が第一に讃えられている。ブラジルの大地に根をおろしたイメージは、商業活動が中心の韓国や台湾の移民にはない。もちろんパレードのサンバの幸福いっぱいの定式に則って、日系人への尊敬が高唱されている。エスコーラは広島神楽保存会に援助を求め、全長一〇メートル、デッキの上に紅白のテープ、ちょうちん、万国旗、花を飾りつけ煙をだす仕掛けまでついた笠戸丸の山車を作り、その上で神楽の色とりどりの鬼の面をつけた踊り子が太鼓や笛で舞うという趣向をこらした。神楽は「サンバのリズムによく似ている」ので「日本側の代表」として選ばれた（一九七九年二月一五日付『サンパウロ』）。もちろん衣装・意匠だけのことで、音楽的な混合はなかった。日系社会はフロール・ダ・ペーニャの期待ほどには協力的ではなく、ハッピやキモノがくりだす光景にはめぐりあえなかった（日系の商業界にはカルナバルを後援する習慣があまりなかった。またカルナバル記事がポルトガル語欄で主に取り上げられているように、一世の関心からは外れていた）。その結果、中国風の服装に落ちついたため、日系人は「若干のズレ」（二月二七日付『サンパウロ』）を感じないわけにはいかなかった。エスコーラ側は日中の混同におそらく気づいていたが、日本風衣装を揃える資金を欠いた(25)。

フロール・ダ・ペーニャはこの企画を気に入り、次の年には「リベルダージの過去と現在」を上演して、日本人街を讃えた。

リベルダージ、リベルダージ
その過去と現在
さあ讃えよう
栄光の遺産、伝統
ろうそくの灯と大きな屋敷
魔法に色どられた過去
奴隷のころから伝わる伝説
教会の祈り
あふれでる詩のモチーフ
旭日の新しい時代を開き
東洋人が我らの民衆と混じる
手工芸、演劇、太鼓の響き、ボヘミアン
とっても美しく素朴なちょうちんが
目抜き通りをてらす
そして我らに多くの喜びを与えてくれる現在
（一九八〇年二月一三日付『日毎』）

リベルダージは現在でこそ、東洋人街として知られているが（その中心ガルボン・ブエノ通りにちょうち

リベルダージ，街の中心．出典：藤崎康夫編集『写真・絵画集成 日本人移民 2 ブラジル』日本図書センター，1997.

ん風の街灯が灯されたのは一九六九年一一月)、かつては奴隷の処刑場で、エスツダンテス通りの奥まったところにあるカペラ・ドス・アフリートス(嘆きし者の礼拝堂)は、貧しい黒人奴隷の祈りの場だった。「ろうそくの灯」「奴隷のころから伝わる伝説」「教会の祈り」は、現在でもこの教会にいつもろうそくが捧げられていることを指している。また「大きな屋敷」は日本人が最初に住み着いたコンデ・デ・サルゼーダス通りの入り口にあるサルゼーダス伯爵の屋敷を指している。一九世紀に建てられた頃は、丘の上からあたりを一望するランドマークだったという。長い間、放置された屋敷は移民にとっても、元からの住民にとっても、良き時代を思い出させるよすがだった(26)。フロール・ダ・ペーニャは、街路の重層的な記憶を喚起し、日系移民のブラジル人としての正統性を歌っている。「東洋人」がブラジルの歴史の異分子ではなく、黒人奴隷や大農園主の記憶の積み重なった土地に住んでいることは、土地を耕すことと同じように、「日系移民がブラジル史の一部である」ことの証と見てよい。フロール・ダ・ペーニャはヨーロッパ＋アフリカ＋アメリカの国民混成図式にアジア＝東洋を加え、カルナバルでは初めて多民族ブラジル像を提示した。残念ながら、彼らの日系人への熱い共感は片思いに終わり、その後の日本語新聞で思い出されることはなかった。

一九八三年――バロッカ・ゾナ・スール

日系人と最も持続的な関係を保ったのが、リベルダージの南、ヴィラ・マリアーナに本拠をおくバロッカ・ゾナ・スール（南部地区の溝、どん底生活の意味も、一九七四年創設）だった。一九八二年、約五〇人の二、三世がパレードの中のひとつのサブグループ（アーラ＝翼）を作って登場した。男性は柔道着風、女性は「バロカ」と片仮名で刺繍をしたハッピ風の衣装で、やはり「バロカ」と書かれたのぼりやまといを振りかざした。先頭の女性がふつうならば宮廷風のていねいなおじぎをするところを、日の丸の扇子を片手に客席に日本流のおじぎをして喝采を浴びた。一九八四年には「サクラ」という日系人中心のアーラが登場し、日系人のアーラは奇をてらった異国趣味ではなく、バロッカの「伝統」に組み込まれていると日本語新聞のポルトガル語欄は讃えた（一九八四年三月九日付『日伯』）。この欄では「ブラジルは混血の国 pais mestiço」で始まるジョルジ・アマードの混血ナショナリズム宣言、「アーラ・サクラは東洋人種 raça oriental もまたサンバができることを証明し、エスコーラの最高のアーラのひとつだった」という『フォーリャ・ダ・タルジ』紙の記事が引用されている。『日伯』の編集部（二、三世）にとって「サンバができる」ことは明らかにブラジル国民であることの自己証明だった。「訛なしで」歌ったと『サンパウロ』が伝えているのも、同じように国民としての正統性を確保した自信を表している（一九八四年三月六日付、ポルトガル語欄）。訛なしの歌はちょうど「アメリカ人と区別がつかない」ブルースマンと同じように、同化の成功を示すが、同時によそ者であることも含んでいる。正統な側がそうでない側に「よく学んだ」とほめる時の決まり文句といえる。

「アーラ・サクラ」はたぶんサンパウロで唯一つの民族的《エスニック》なアーラで、「アーラ・スパゲッティ」、「アーラ・キムチ」などは聞いたことがない。バイーアの作家はるつぼ型の混血（「人種の混合」）を念頭においていたのに対して、二世はサラダボール型の多民族共存をブラジル社会への同化・統合と解釈していた。このすれ違いは見かけ以上に大きい。別の年のカルナバルの女王（毎年選ばれる象徴的な役割）は「バロッカは白人、黒人、日本人が別々にいるのではなく、人種の混合した mistura de raças パレードをやってくれました。これぞカルナバルです」（一九八六年二月一三日付『日伯』ポルトガル語欄）と語った。ジャポネースは白人、黒人、混血とは同じパレードに参加したが、別立てのグループを作っていた。彼女のいう「人種の混合」はリオや北東部の知識人が唱えてきた伝統的な混血概念とは相容れない点がある。

バロッカの日系人アーラはフロール・ダ・ペーニャのようにエスコーラ内から湧き上がったのではなく、日系の大学生が呼びかけた民族＝世代的運動の結果だった。彼らは相変わらず一世が支配する「別の世界」に二世が閉じこもっていることに疑問を持ち、親の世代からの精神的独立を目指した。戦前のサンパウロ学生連盟員と同じように、彼らは日系社会とブラジル社会の橋渡しになるべきであると自覚した。主導者の一人、フェリシア・オガワは二重の所属感に小さいころから悩んできたが、このころになってようやく解答を見つけた。

私はブラジル人。からだのスティグマや強い文化的遺産のために確かに特別だし、だいぶんふつうと違っているがブラジル人だ。私たち日系はみなブラジル人だ。思春期に多くの矛盾、アイデンティティの欠如やナショナリティの危機にぶつかったけれど、そして今でもある程度残っているけれど、私は完全にブラジル文化にアイデンティティを感じている。二世や日系の子孫にとって、東洋の側面を捨てないということは重要だと思う。何千年の文化であり、まだ私たちが教わる点は多いから。……なぜブラジル人はみな同じでなくてはならないのだろうか。なぜたったひとつのモデルに限定しなくてはならないのだろうか。大きな民族の混合が見られるブラジルでは不可能なことなのに。他人と同じになろうとしたときに問題は起きる。行動、生き方などを真似するときに。なぜ自分の人生を方向づけるのにひとつのモデルに執着するのだろう。一人一人が別々の人間なのだと各自がもっと意識をもつようになれば、もっと楽に生きられるのではないだろうか。自分を認めたり尊重するようになれば、他人との違いを認めたり尊重することを学ぶだろう。(27)

民族的な差異を認め伝統を尊重しながらブラジル人になるというのは新しい主張ではない。しかし彼女には一世とブラジル社会の橋わたしになるとか、ブラジル国家に日本人の長所をもって貢献する、というようなかつての二世の理想像にあった社会的・民族的責任感はない。複数の文化の並立を認めず、「たったひとつの」文化的モデルしかもたないブラジルのなかで、そのモデルに感情的には同一化できても、社会的にはそこから疎外されているという現実を彼女は考え直している。黒い髪や細長い眼というような「からだのスティグマ」は消すことができない。そのような人種的な徴づけを個人の差異をはかる前向きの道具にしようというのが彼女の結論だ。日本語で書かれた二世のアイデンティティ論はその読者として一世を想定せざるをえない。そのために民族主義的な論調になりがちだ。そして「二世かくあるべし」という弁論大会調に終わりがちだ。しかしポルトガル語で書かれたオガワの論文は「私個人」を強調し、顔や身振り以外はブラジル化していることを素直に述べる。彼女にとってバロッカへの参加は、正統なブラジル人になるためのパスポートだった。

オガワとともに行動したウィリアム・キムラの談によれば、二、三世にも「恥ずかしい」という気持ちがあっただけでなく、両親が出場を禁止した例がずいぶんあったという。一世にとってサンバは下品でエスコーラは危険だった。そしてエスコーラの方でも日系人にはサンバが踊れないという偏見があった。日系のアーラをつくることはどちらにとっても大きな冒険だった。日系参加者は自分たちで衣装を縫い、メンバーとの協調をはかった。

一九八二年の成功にどちらも満足し、翌年には移民七五周年を讃えるパレードを披露した。先頭の山車は扇状の蓮の葉の上に仏像が乗っている。次に普通ならば山高帽や白のスーツという正装で現れるパレードの役員の一団(コミッソン・ダ・フレンチ)は、刀を差し編み笠をかぶって挨拶。太鼓の一団は中国の宮殿をかたどった帽子をかぶり、つづいて総勢二五〇名の二世が富士山、桜、鶴という三つのアーラを象徴するハッピで登場。いずれも日の丸と同じ赤と白の配色だ。その後ろに提灯をつるした竿灯、さくらの花が行進し、さらに長崎おくんちに出てきそうな龍が煙をはきながらうねる。行列の山場には鳥居と太鼓橋の山車が登場し、金ぴかの神輿風の山車が続く。この二つの上にはエスコーラのコンクールで優勝した褐色の美女が立つ。そのまた後ろにはマルコ・ポーロや日系移民がブラジルにもたらした野菜などを衣装にあしらった日系、非日系のダンサー一三〇〇名の群舞が延々と続いた（一九八三年二月一五日付『サンパウロ』）。

輝く
太陽が輝く、月が輝く
バロッカが練り歩く
今日はお祭り、カルナバルだ
爆発する、高鳴るサンバとともに
東洋の開拓者の人々と

日本人は何をもってきたのか
海よ、海
巨大な大海原を
渡って、やってきた移民
その荷物のなかにもってきた

歌を、伝説を
魅惑を
信仰と賞賛を

農業で活躍する
仏教に守られながら
人生を守られながら
君が一杯のお茶を飲むなら
ぼくもいっしょに飲もう
サケを

アリガトー
どういたしまして
この歌は
バロッカが
君に捧げます

作詞作曲のヴェイイオ・ガビは語る。「ぼくは日本人を知っている。遠慮深い人たちだ。だから彼らを傷つけないようなサンバを作りたいと気を使った。でも簡単なことじゃない。はじめは日本語のフレーズがあったんだけど、サンバにして歌ってみて、意味を曲げてしまうように思えたんで、結局、二つのよく知られた単語を使うだけにしたんだ。つまりサケとアリガトーを」（一月一四日付『日毎』）。歌詞にはステレオタイプ（フジヤマ、ゲイシャ、サムライ……）がなく、移民のブラジルへの貢献が強調されている。作者の気づかいはこういうところにあるのだろう。

この歌をハッピ姿で歌ったプーシャドールの一人キヨユキ・アカミネ、通称キコはこれから数年間、ブラジルの歌を精力的に歌って、テレビ、ラジオに出演しカセットを録音した。黒人層のパーティー音楽パゴージにちなんで、「ジャパゴージ」という愛称をもらった。新聞は「新たな日本移民の一頁が開かれたような、劇的な雰囲気」とたたえた（一九八三年二月一五日付『サンパウロ』ポルトガル語欄）。「今後、日系人は純粋にブラジル的な祭りのなかで、決してエキゾチックではない。幸いにして日系人は祭りの一部になった。あとはただ参加する意志いかんにかかっている」（一九八三年二月一八日付『日毎』ポルトガル語欄）。ブラジル国民への統合はこのように祝福された。

残念ながらこの意志は定着しなかった。一時期は六〇〇人ほどの日系人が参加し、日系人のアーラはバロッカの名物となったが、一〇年後には自然消滅した（一九九三年二月二三日付『パウリスタ』）。日系人がアヴェニーダに出るには意識的な運動が必要で、オガワ、キムラらがいろいろな理由でバロッカから離れていった後を埋める者は少なかった。彼らに代わってバロッカには日本からの参加者が現れるようになった㉘。九〇年代には日本国内のブラジル音楽シーンが活発化してきたのを反映して、パレードへの参加、打楽器の学習を目的にブラジルを訪れる日本人が目立つようになった。彼らにはアフロブラジル文化を純粋な楽しみとして享受し、多くの日系人が抱いている人種偏見はない。ブラジル生まれは黒人ばかりの練習場に行くのが危険だと躊躇うことが多いが（親が行かせないこともある）、訪問者はむしろそのほうがホンモノのサンバが体験でき、冒険的だと喜ぶ。こうしてカルナバルは国際的に開かれ、以前にも増して健全化していった。

一九九四年——ウニードス・ド・カブスー

一九九四年にはリオのパレードに日本が初登場した。「ブラジル、私のブラジル風日本」を出品したウニードス・ド・カブスーによって、二〇〇〇人が参加し、三二のアーラ、四台の山車（アレゴリア）、二六人のお立ち台の女性（デスタッキ）をもつグループ1（有名エスコーラが所属するスペシャルに次ぐ第二の規模のカテゴリー）の標準的な規模のデスフィーレになった。日系人の参加は全体の約一割で、目立った場所はほとんど非日系人に占められた。

まず一三人のサムライが先頭の役員になり、最初の山車はエスコーラの色、白と青で塗り分けた銀色の笠戸丸、その後に太陽と月で飾った黒人女性（バイアーナ）のアーラが続く。演出責任者（カルナバレスコ）パウラ・ヴァニエによれば、ブラジルで昼ならば日本では夜、この詩的な距離を衣装は言い表している。次に「食べ物の山車」が「農業」の貢献を象徴的に表す。寿司や刺し身や野菜に囲まれた地上からの高さ一〇メートル、実質の高さ四メートルの醬油びんが中央に高々とそびえる。このびんの上ではテレビ俳優のギレルミ・カランがカブキ風の隈取りをして寿司屋の板前（スシマン）に扮する。山車の上の女性は海老や魚の踊るデザインのものをかぶっている。エスコーラの旗をもつ壮麗な女性（ポル

ウニードス・ド・カブスー(サムライ)．出典：『*Notícias do Japão*』1994年2月23日付．

タ・バンデイラ）は白塗りに日本風のかつらをかぶっている。ただしすその広がったスカートという一九世紀宮廷風の衣装はふつうのデスフィーレを踏襲している。彼女の周りを蝶のように舞う男性（メストレ・サーラ）は白塗りに陣羽織のような衣装をつけている。第三の山車にはお香、仏像、漆塗り、酒、七夕、茶道などがぎっしりと飾られ、キモノ女性や扇子を重ねたようなものをかぶった京劇風の衣装が目立つ。ユカタ、ハッピ、柔道着……その次が「アート」の山車で、格闘技、歌舞伎、桜、提灯、生け花、折り紙などが陳列されている。最後の山車はテレビ、ビデオ、携帯電話などのはりぼてがぎっしり並び、「ハイテク」日本を象徴する。その中にサッカーボールがあって山車の横腹には八年後の開催を示す「WORLD CUP JAPAN」と大きく書かれている。ジーコやアルシンドの活躍がテレビで伝えられ、日本でこのころ急に人気を得るようになったブラジルの国技は、新しい日本の象徴だった（二月一一日付『日毎』、*Notícias do Japão*, 二月九日付）。

朝日ののぼる頃、六月一八日
かばんを握りしめ、ブラジルに上陸した
彼らは最初の日本移民
東洋の文化をたずさえて
ブラジル政府の招待を受け
青い海を航海してきた
笠戸丸、最初の航海
新たな理想を探しながら

鋤をひき
穀物が育つ
米を植え、コーヒーを植える
お茶とブラジルを取り替える

（くりかえし）日本人の忍耐、カブスーは待っている
今日、本当のことを教えてあげよう
サヨナラ、サヨナラ

蚕、綿の袋にいれられた織物
科学、ひらめきの芸術、飾りの折り紙
模様のついた着物を着た芸者
心からの愛をこめて仕え、誘惑することを教えられた彼女たち
不吉な黴を逃れるお香
暑さを追いやる美しい扇

（くりかえし）坊さん、戦士、サムライ！
ブッダ、宗教のイメージ
柔道では私のブラジルがチャンピオン〔オリンピック優勝の非日系人を言及〕

テクノロジーが現れ
知性が乗り越える、もしもし
ビデオとカメラを持ってきて
テレビが電波をとらえる、みなさん、アリガトー
リベルダーデにいったなら、日本のかけらがそこにある
桜はみんなのお祭り

タナバタは愛の伝説
バンザイは何千年もの芸

（くりかえし）サッカーの国から旭日の帝国へ

サケとサンバを混ぜてみんなで楽しもう

サケとサンバを混ぜてみんなのカルナバルを楽しもう

ありったけのステレオタイプが投入されていて、息をつくひまもない。伝統や農業だけでなく、テクノロジー大国のイメージが最近の変化を示している。リオではほとんど日系人は目立たず、大方はテレビの車や電化製品のCMでしか日本のことを知らない。そのためにサンパウロ以上にステレオタイプ化しやすいし、中国との混同は避けがたい。民族的な違いよりも人種的な類似のほうがスペクタクルには描きやすい。「日本人には何となくピンとこない異質な感じ」（二月一〇日付『サンパウロ』）なのは、演出家もわかっていただろう。デスフィーレは少数の日系人向けではなく、大多数の非日系人向けに製作されているからだ。

実際、カルナバルでは「フランス人」が青白赤の国旗の色の衣装で代表されたり、「アフリカ人」が半裸の腰みの姿で代表される。「インジオ」でさえ、人類学者が目をおおいたくなるような、通りいっぺんの衣装で登場する。カルナバルはヤノマミ族、ニャンビクワラ族の文化紹介ではないのだから、彼らを実際にサンボードロモに集める必要はない。「我らブラジルの歴史の古層にいる未開人」というイメージを、半世紀間にできあがったひとつの強固な枠組みのなかで視覚的に表現すること、これがカルナバルのなかの「インジオ」という要素であり、類型化は表現の文法の中心を構成している。同じように「日本」は伝統の側としてゲイシャとサムライ、そして近代の側としてビデオと電話、このような最小の、ふつうならば相反するような要素の強引な組み合わせによって構成される。カルナバルの美学の中ではイメージの圧縮が顕著であることを考えれば、このパレードが相も変わらぬ日本イメージでしかないのを嘆く必要はない。これは正しい日本を紹介する場ではなく、文化的な表象を七〇分間の見世物として演出する場で、大多数のブラジル人が即座に納得できる日本の姿はこのパレードのアイテムぐらいなのだ。(29)

一九九八年——ヴァイ・ヴァイ

一九九八年の移民九〇周年には、サンパウロで最も伝統的なエスコーラのひとつ、ヴァイ・ヴァイが「バンザイ・ヴァイ・ヴァイ!」と題する日系人讃歌を捧げた。華美な衣装や山車だけでなく、有名人を山車の上に招くなどかなりの投資を行ったが、幸いにも優勝したためにそれは報われた。歌は日本からブラジルへの移民の旅を描き、「祖国」と「新しい母国」とをつなぐ架け橋になっていることを祝福する。

夢を渡って私は旅した
(私は外地生まれ criolê)

このすばらしい旅路で
私は天皇に変身した
多くの戦士、将軍、弓の引き手のなかで
白日夢を見た
演劇、文化、サケ
気が狂いそう
これが私の育った帝国
あまりにたくさんのすてきなことに
めまいがしそう
この夢の旅路
でも戦争ですっからかん
ひどい痛みとやりきれない悲しさ
破壊の「きのこ」
働く人の力を見た
元気満々で仕事に励み
国を再建した
自由の海を渡ってきた
夢はもうかなっている

「霧の街」(サンパウロ)に今はいる
喜びが爆発して目覚めた
ニンジャがコンピュータの画面で
太鼓をたたいているのを見た
(*Notícias Populares,* 一九九八年二月二六日付)

外地(現地)生まれ(クリオレ、スペイン語のクリオール)という宣言は、移民の中間的な、どっちつかずの感覚を微妙に言い表している(「私はクリオレ」というモットーはヴァイ・ヴァイの練習場の壁に掲げられている)。ちょうど新大陸生まれのポルトガル人に対して大航海時代より使われた言葉で呼ぶことで、ブラジル五百年の歴史のなかに日系人を迎え入れる姿勢をまず見せている。裏を返せば、日本がポルトガルと同じ資格で「本国」扱いされている。日本と日系人をブラジル史の正統な一部と見なすニュアンスに富んだ用語法といえる。二、三世に対してこの概念をあてはめることはめったになく、カルナバル向けレトリックと考えられる。

その外地生まれが、夢のなかで時間と空間の旅をする。伝統的な日本と近代的な日本の間に戦争、原爆があり、廃墟から国民の勤勉な仕事ぶりによって再生した。絵画的な過去とテクノロジー先端国たる現在が歌われ、過去の勇敢なサムライと現在のやる気あふれる良質の労働者が重なる。日本人は勤勉というイメージは戦前から流布していたようだが(少なくとも日本語文献はそう認識している)、一九八〇年代以降、日伯の経済格差が広がるにつれて、ブラジル人が従うべき模範として取り上げられることが多

ヴァイ・ヴァイ優勝記事.「日本の女の子はサンバの新パワー」
出典：『*Notícias Populares*』1998 年 2 月 26 日付.

くなった。あるサンパウロの銀行は「とっても日本的な私のブラジル人」という広告（サムライの扮装をした白人の写真）で、安心できる仕事ぶりを売り込んだ。冒頭のリオの女学生が思い描いているように、サンパウロとはジャポネースの州であるという固定観念が外には広がっているのをうまく使って、新しい肯定的な日系人イメージを銀行のイメージに転用した。かつての硫黄のように溶けない神秘的か奇妙な人種ではなく、厳しい労働倫理によってコンピュータ・ゲームを創造する優秀な人種と評価されるようになった。九〇年代末にはコンピュータがブラジルの中産階級の生活やビジネスに浸透したが、ヴァイ・ヴァイは日本製品の新たな輸入をいつもながらの幸福感で包み込んでいる。

六台の山車はサムライ、イケバナ、サケ（徳利）、ニンジャ、コンピュータなどで飾りつけられ、その上で半裸のゲイシャ、力士、キモノのダンサー、その他の日本風味の扮装をした演者が踊る。これらの核になる構成要素のほかに、白いジャージ上下を着たラジオ体操の老人（リベルダージ広場では毎朝、一世中心のラジオ・タイソー部が活動している）、阿波踊り、皿踊りなどの一団が、アーラをつくっている（二月二四日付『サンパウロ新聞』）。彼らはヴァイ・ヴァイが接触した日系の会から借り出されたが、特定の役柄のために動員されたグループを除くと、パレード全体で日系人の占める割合はそれほど多くないし、エスコーラを応援する日系人観客も皆無に等しかった。フロール・ダ・ペーニャの時と同じく、彼らを認知しようというヴァイ・ヴァイの意図、カルナバルの潜在力に懐疑的だったようだ。あるいは経済大国に対する期待が大きすぎたのかもしれない。

このパレードに唯一の日本（沖縄）から来た打楽器奏者として参加した女性は、日系人が全般にパレードに冷淡なのは、黒人に対する偏見があるからだと説明している（二月二四日付『サンパウロ』）。もしこれが正しいのなら、日系人はどこで偏見を学んできたのか。一世から受け継いだものなのか、社会生活で学習したのか。彼らの冷淡さは偏見ではなく、感性の問題かもしれない。ジャポネースは全般的にサンバやカルナバルにそれほど熱を入れないのかもしれない。

カルナバル親しめぬまま眺め居り（一九四八年三月四日付『パウリスタ』）
カルナバルダンスも知らず老いにけり（一九四九年四月二九日付『パウリスタ』）
カルナバル浮かれを知らぬ旧移民（『ブラジル川柳』一九八〇年五月号）

こうした川柳に写し出されている一世の距離感が家庭生活を通してブラジル生まれの子孫に影響したことはありうる。フェリシア・オガワたち二世学生はそれに反抗して、バロッカに参加した。参加を決意した者は不参加者を偏見の持ち主と斥け、自分たちには偏見がないと主張する。パレード参加は思想を試すリトマス紙となる。見物するのではなく、される側に立つ体験が、「ブラジル人になる」かけがえのない根拠となる。

宴の後に

カルナバルは両義的な宇宙だ。許容度の高い態度、過剰な性表現、仮面、見せかけの万民平等によって日常の秩序を逆転するが、同時に監視、競争、差別によって日常の秩序を強化する側面もある。その期間、日系共同体はサンバを踊ってブラジルらしさを表明する一方で、自らのサロンに集うことで民族的な境界線をしっかり維持している。日常の繰り返しから逃れる一方で、その延長にあって、他者から守られる必要性を感じている。

少数民族集団にとって自ら取り仕切る空間を作ることはつねに緊急を要する課題である。その民族的な空間で人は「うちにいる」と感じるだけでなく、そこをベースにして主流社会に向かってハイフン付きの存在を認めるよう訴えかける。この空間は現実の空間であると同時に、それに想像上対応する空間でもある。日系ブラジル人の場合、「道」も「サロン」も「パレード」も生身のからだを置きつつ、さまざまな観点から柔軟に想像力を働かせるような両面的な空間である。もちろんこれは彼らに限ったことではない。少数民族集団は自らの共同体と主流社会の両方に所属していると感じている。自分たちにとっては他者が支配する主流社会が、自分たちをやはり他者と見なしていると認識している。自らの他者性はそれとわかる視覚的、身体的、音楽的な表現を通して表現して、主流社会に認識される必要がある。パレードにおいて、日本的なモチーフはカルナバルの決まりきった型に混ぜ込まれるというよりも、付け加えられる。ブラジル人のカルナバルも日系ブラジル人のカルナバルも「ハイフン付きブラジル人の多重性の創造」と見ることができる。それぞれまったく違ったやりかたではあるが。[30]

カルナバルの乱痴気騒ぎ開放の一夜明くれば移民に戻る（『コロニア万葉集』）

お祭り騒ぎの中では「国民」に統合されるが、それが終わるやいつもの別扱いの「移民」に戻る。神話と日常の往復のなかで、日系人は自分たちのあいまいな居場所を確認する。沸騰熱だけがブラジル人としての一体感をもたらす。

カルナバルはブラジル性が最も強く表現される行事で、日系人は彼らなりのやりかたで国民意識と民族意識のダイナミックな二重性を演じる。日系人にとってサロン、道という二つのカルナバル空間は相補的だ。主流社会が日系サロンのカルナバル活動にほとんど気づかないように、日系共同体は主流社会のパレードに、たとえそれが日系人を認識させるよい機会であってもあまり熱中しない。カルナバルは人種・民族的に混合した国民国家の強い民衆賛美をひけらかすだけでなく、少数民族が主流社会への統合を示す貴重な機会を与える。それは単純素朴な国民国家の陳列棚であるというよりも、民族的所属と国民的所属が重なり合う場である。

註

（1） *A Folha de São Paulo* [*Folhateen*], 一九九四年一月一七日付。本論は以下の拙論を書き直した。“Dancing in the Tomb of Samba : Japanese-Brazilian Presence/Absence in the São Paulo Carnival”, in Hay-Kyung Um (ed.), *Diasporas and Interculturalism in Asian Performing Arts*, Routledge, London-New York, 2005, pp. 61-74.

（2） Roberto Da Matta, *Carnavais, Malandros e Heróis*, Zahar, Rio de Janeiro, 1979, chap. 1, pp. 70ff ; id., *A Casa e a Rua*, Guanabara Koogan, Rio de Janeiro, 1991, chap. 1.

（3） Hermano Viana, *O Mistério de Samba*, Jorge Zahar Editora-UFRJ, Rio de Janeiro, 1995.

（4） ブラジルのカルナバル文献は非常に豊かだが、その多くはリオを扱っている。Maria Laura de Castro Cavalcanti, *O Rito e o Tempo. Ensaios sobre o Carnaval*, Civilização Brasileira, Rio de Janeiro, 1999 ; Maria Clementina Pereira Cunha, *Ecos da Folia : Uma História Social do Carnaval Carioca entre 1880-1920*, Companha das Letras, São Paulo, 2001. 商業化、職業化が黒人文化の表明であったサンバをだめにしているという見方と、それにもかかわらず抵抗してルーツを保っているという見方がある。アリ・アラウジョは白人の参加や消費文化への組み込みが黒人文化としてのエスコーラ・ジ・サンバの正統性を脅かしていると主張する（Ari Araújo, *As Escolas de Samba. Um Episódio Antropofagico*, Vozes, Rio de Janeiro, 1978）、後者として、マリア・ジュリア・ゴールドヴェッセルは『サンバの宮殿』で、観光局やマスメディアの介入にもかかわらず、最も有名なエスコーラのひとつ、マンゲイラは黒人文化のルーツを守っていると主張している（Maria Júlia Goldwesser, *O Palácio do Samba*, Zahar, Rio de Janeiro, 1976）。J・S・レオポルジ（José Sávio Leopoldi, *Escola de Samba. Ritual e Sociedade*,

Vozes, Petrópolis, 1978）も同様。

（5）サンパウロのカルナバルについては以下を参照。Iêda Marques Britto, *Samba na Cidade de São Paulo (1900-1930) : Um Excercício de Resistencia Cultural*, FELCH-USP, São Paulo, 1986 ; Wilson Rodrigues de Moraes, *Escolas de Samba de São Paulo (Capital)*, Conselho Estadual de Artes e Ciência Humanas, São Paulo, 1978 ; José Geraldo Vinci de Moraes, *Sonoridades Paulistanas. A Música Popular na Cidade de São Paulo-Final do Século XIX ao Início do Século XX*, FUNARTE-Ed. Bienal, Rio de Janeiro, 1997 ; Maria Apparecida Urbano, Neuza Neif Nabhan and Yolanda Lhuller dos Santos, *Arte em Desfile. Escolas de Samba Paulistana*, EDICON, São Paulo, 1987.

（6）Roberto da Matta, *Universo do Carnaval : Imagens e Reflexões*, Ed. Pinakotheke, Rio de Janeiro, 1981.

（7）Maria Isaura Pereira de Queiroz, *Carnaval Brasileiro : O Vivido e o Mito*, Brasiliense, São Paulo, 1992, pp. 194-5.

（8）*op. cit.*, p. 183.

（9）*op. cit.*, p. 184.

（10）笠戸丸の山車はカルナバル以外でも日系関係の儀礼によく利用された。一九七八年のブラジル独立記念パレードにチラデンテス大通りに出た笠戸丸の山車は、全長一四・五メートル、幅三・六メートル、高さ四・三メートルというかなり大きなもので、ボート、浮袋、回転するスクリュー、タラップなどを備え、足回りには青い海と白い波頭を描いた幕（村芝居の背景に使われるような図柄）を垂らした。重要なことは船首にブラジル国旗、船尾に旭日旗をはためかせたことである（一九七八年九月一四日付『日毎』）。大漁船や七福神の宝船が私の目にはちらつく。

（11）「人込みで娘の尻をつめ《ママ》って見」（『農業のブラジル』一九三〇年二月号、六三頁）という川柳がある。「チト不良性キャット云うのが嬉しくて」と寸評がある。日系男性の一部は群衆に紛れると、圧迫感よりも解放感を味わった。日本ではふだんは身体接触に対して厳しい行動のきまりがあるが、いったん接触が不可避な状態になると一転して匿名性の特権を利用（乱用）する。「痴漢」は「チト不良性」という程度の単なるおふざけぐらいにしか理解されていない。これはブラジルの通念とは大いに異なる。

(12) 「よい娘程香水よけい浴び」「香水が仲をとりもつカルナバル」(『農業のブラジル』一九三〇年二月号)。

(13) 辻小太郎『ブラジルの同胞を訪ねて』日伯協会、一九三〇年、一四〇頁。

(14) バイレのほかに、日系人向けに演劇や映画をやることもあった。一九三二年、ノロエステ線リンスでは、地元の弥生演芸団が「カンナヴァルにこにこ大会」を二晩にわたって行い、「正直の頭に神宿る」「新紺屋高尾」「トランク事件」「新兵さん」「かんかん踊り」を上演した(二月一一日付『時報』)。このような会では「日伯親善」は考慮されない。

(15) これ以上望めない三浦伝、前山隆『風狂の記者——ブラジルの新聞人三浦鑿の生涯』(御茶の水書房、二〇〇二年)参照。

(16) ほかに「カルナバルどこか似ている阿波踊り」「カルナバル日本の祭思い出し」、「サンバ調に炭坑節を踊りもし」「料亭の謝肉祭とて盆踊り」「カルナヴァル乱れ太鼓に誘われて」のような短詩もある(それぞれ一九八七年四月一七日付『日毎』、一九六一年四月八日付『日毎』、一九八六年四月一一日付『日毎』、一九六五年四月一四日付『パウリスタ』、一九八〇年五月二一日付『パウリスタ』)。

(17) Ruth Corrêa Leite Cardoso, "O Papel das Associação Juvenis na Aculturação dos Japoneses," in Hiroshi Saito and Takashi Maeyama (eds.), *Assimilação e Integração dos Japoneses no Brasil*, Ed. Vozes and Ed. Universidade de São Paulo, Petrópolis and São Paulo, 1973, pp. 317-45.

(18) 前山隆『エスニシティとブラジル日系人——文化人類学的研究』御茶の水書房、一九九六年、三二一—二二頁。

(19) このバンドについてはMarcelo Tamada, "Música Japonesa dá Samba no Nikkei," *Notícias do Japão* (*Caderno 2*) 一九九四年二月一六日付。

(20) 昼間に開かれる子ども向けのバイレには、インディオやピエロに扮した子どもが少なくない。親の仮装はそれよりもずっと少ない。七五三で正装をさせたり、六月のサンジョン祭りで子どもがカウボーイや田舎娘の扮装をさせるのと同じで、仮装は日系人にとって子どもの文化として認められているように思える。「着せかえ人形」のような親の楽しみともいえよう。カルナバルのパーティーが若者に占められていくと、老人はつまはじきになる（非日系社会には老人が多く集まるカルナバルのパーティーもある）。

カニバルに背を向け籠もる老いの身を（一九六五年四月二一日付『日毎』）

（21）本題を外れるが、日本をテーマにしたカルナバルの歌は笠戸丸以前にさかのぼる。一九〇六年、「日本のケシ」という名前のランショ（小グループ）がすでに数年来、カバキーニョ、ギター、歌のセレナータを聞かせていた。彼らの歌にはこんなものがあった。「いてもたってもいられなくて／みんな花のつぼみを探してる／生まれたばかりの花／それが日本のケシ」。日露戦争後のパリの日本への関心の高まりが南米の大都市に伝染したものと思われる（同じころには貞奴の記録映画がリオで評判をとった）。この時点ではその日本人が、ブラジルにやってくるとは考えてもみなかっただろう。このグループは笠戸丸到着の四ヵ月前には「日本のケシ／一番愛された花／もちろんこの地上で一番愛された花／一番讃えられた花」と歌い、リオの町をゲイシャの仮装をしてパレードしたらしい（Jota Efegê, *Figuras e Coisas do Carnaval Carioca*, MEC-FUNARFTE, Rio de Janeiro, 1982, p. 242）。

時代は下って、日系移民が急増した一九二五年には「日出ずる国からは、移民さんがわんさとやって来る」という歌詞をサンパウロのカルナバルで聴いたとアンドウ・ゼンパチが記憶している（一九八〇年四月一〇日付『日毎』）。一九三〇年代にはサンパウロ州民は日系移民の姿に見慣れ、その分、いろいろな民族的冗談、ステレオタイプも流布していた。大レコード会社が年に一度のかきいれ時と発売するカルナバル・ソングは以前とは比べものにならないほど巷の話題となり、人々の耳元に鳴り響いた。カルメン・ミランダの歌った「ドーナ・ゲイシャ」（パウル・バルボーザ作詞、オズワルド・サンチャゴ作曲）は題名からわかるように、日本人をからかう内容を歌っている。その歌詞を『日伯』紙は次のように訳している。「一私を放して、ほっといて頂戴／私はドーナ・ゲイシャ〔ドーナは婦人に対する敬称〕よ／私は心はちゃんと日本に置いてあるわ　二そこ退いて、いけすかないブラジル人だこと／日本人は貴男方と違うのよ／私真に怒ってんのよ／蝶々夫人を支那人と結婚させたりしたら　三そんなのないワ、私は日本へ行って政府に苦情を言ってくるワ／日本では結婚しようとする時は父親がちゃんとモッサ〔娘〕を探すのよ」（一月三〇日付『日伯』、この曲の録音を聴かせてくれた田中勝則氏に感謝したい）。蝶々夫人云々は、この前の年に同じ作者が作った「リギリギリギレー」Lig-Lig-Lig-Lé のなかで「中国人……／もう上海まで／バタフライ探し／行かない／ここで／モレナ〔混血娘〕と誓い合う」と歌い、中国と日本を混同していたのを自ら訂正している（Edigar de Alencar, *O Carnaval Carioca Através da Música*, Francisco Alves, Rio de Janeiro, 1978, p. 256.)。ブラジルではこの種の返答歌が多い。

「いけすかないブラジル人」、「日本人はブラジル人と違う」が問題となって、禁止されるかもしれないと『日伯』は書いている。これらはブラジルに対する侮辱や日本人の非同化を暗示するので、ジェツリオ・ヴァルガス政府にとっては好ましからざる曲というわけだ。「いけすかない」と訳されている atravessado は「横切られた」という原意が転じて、「不実の」「手におえない」「贋の」「へんちくりん」というような意味合いがある（「横紙破り」「よこしま」の「よこ」のような語感）。この語は一九四四年、日本がブラジルの敵国であった時期のカルナバル・ソング「日本の通り」（ハロルド・ロボとクリストヴァン・デ・アレンカール作）では、日本の形容詞として用いられている。「あちらが真夜中なら／こちらは真昼／あちらでキモノがはやりなら／ここでは仮装／だからみんながいっている／ミカドの国では／なんでもかんでも／なんでもかんでもへんちくりん」（Edigar de Alencar, p. 306)。

一九三九年には「ジャポネジーニャ」（日本のかわいい娘）という歌があり、水谷まさるの軍国童謡「僕は軍人大好きよ」が引用されている。日系人が輸入したレコードが元になっているのだろう。中国を応援するナンセンスなマルシャも一九四三年に歌われた。「一シナの木は／シナの木は／どんな木かって／シナの木は／シナは固くて腐らない　二年鑑に書いてあった／ペキンに送ったとさ／モーニングを〔へなちょこの〕着た／

まるでペンギンみたいな日本人は　三ナンキン占拠した〔南京木綿のズボンをはいた〕／日本娘／七人の息子がいたけど／ちりちり頭をしていた　四ぼくは読んだよ／シナ役人〔マンダリン〕の娘の扇子に／「クロンボの足」〔アーモンド・ケーキの名前〕には／もうアーモンドを使わないんだって　五でも蔣介石が／ずっとこのまま〔勝っている〕なら／敵の皮をはいで／太鼓に使おう」（「シナの木」（ジョアン・デ・バーロとアルベルト・リベイロ作）。時代はずっと下って一九五七年には「〔西洋には飽きたから〕日本に行こう、日本人にはならないけど」と歌うナンセンス・ソング「オリエントに向かうマルシャ」（アタウフォ・アルヴェスとラマルチン・ボーボ作）が出ている（Edigar de Alencar, p. 302）。一九六〇年には「風がアキコの着物の裾をいたずらした／私は見たよ、彼女の美しいふくらはぎを」と歌う「アキコ・コダマの唄」が歌われたそうだ（一九六〇年二月二六日付『日毎』）。カルナバルは際物の歌の宝庫である。

異国趣味であれ諷刺であれ、日本はブラジルの歌の題材の小さな一角を占めてきた。このことが一九七〇年代以降もセコス＆モリャードスの「ヒロシマのバラ」、ジルベルト・ジルの「東洋」、ペドロ・ルイス＆ア・パレージの「日本の悲惨」、マルコス・ヴァーレの「もしもし」、ヴィニシウス・カントゥアーリアの「東京」など、ブラジルが日本についての知的な歌をたぶん他のどの国よりも生み続けている背景になっていると思う。日本は一部のブラジル人作詞作曲家の好奇心にひっかかる国といえる。

(22) Rodrigues de Moraes, *op. cit.*, p. 145. アナ・マリア・ロドリゲスはエスコーラに白人が混じることと、サンバの正統性、人種的民主主義について以下の本で細かく論じている（Ana Maria Rodrigues, *Samba Negro, Espoliação Branca*, HUCITEC, São Paulo, 1984, pp. 35ff）。

(23) ジョアンは男性の最も一般的な名前で、ジョアン・ジャポネースというあだ名は日本人の奴ぐらいの意味。書類記入例の「三菱太郎」や「愛媛花子」の太郎、花子と似ている。日系人は名前が覚えにくいので、ジャポネース（ひどい時にはジャポン）と通称されることが多かったが、それでは蔑称気味なのでジョアンをかぶせたのだろう。

(24) このほか一九八一年には二世のパレード参加者が十数人いた。まだニュースになるほど珍しかった(一九八一年三月六日付『日伯』ポルトガル語欄)。

(25) フロール・ダ・ペーニャの会長マネー・ダ・キンタ曰く、「日本の着物で踊るんだが、あちこちたのんだのに日本人が相談に乗ってくれない。困っちゃった。見様見まねで全員手分けをして着物をつくっているが、ヘンな着物になりやしないか、ちょっと心配だよ。恥をかいたら、日系コロニアにも申しわけないからねえ。それにしてもなぜ日系コロニアが消極的なのかわからないよ」(一九七九年二月六日付『日毎』ポルトガル語欄)。翌日の同紙によれば、パウリスツール(州観光局)の分配予算の三倍を既に使って笠戸丸の山車と九百人分の衣装などを作っているが、広島県人会とリベルダーデ商工会議所の他には、日系コロニアの後援がないと訴えている。他に徳島県から六〇人の観光客がカルナバルに参加し、鳴門踊りを見せる予定があった。

(26) リベルダーデの歴史については、市の歴史遺産課発行の書を参照のこと。*Liberdade* (Cadernos do IGEPAC-SP2), Departamento do Patrimônio Histórico, São Paulo, 1987.

(27) Felicia Megumi Ogawa, "Problemas de Identidade Socio-cultural no Brasil", *Cadernos*, n. 16, Nov. 1981, pp. 19-32, pp. 31f.

(28) 学生や若者の国際交換機関亜細亜山荘からやってきてバロッカ・ゾナ・スールに参加した日本人は、日系人のアーラではなくブラジル人の間に混じって参加したいと述べる。「日本からきて日系人の間でサンバを踊るのではそんなに意味はない。本物のブラジル人としての体験を味わってみたいのです」(一九九三年二月一九日付『日毎』)。日系人のアーラはブラジル人にとってばかりでなく、日本人にとっても本物とは考えられていない。日系人はひとつのアーラとして参加するのであれ、個人で参加するのであれ、パレードの正統性を問題にしない。現実では自分たちがブラジルの歴史や社会の一部になっていたとしても、カルナバル的枠組みのなかでは異端であることを知っているからだ。日系人は「日本からきた若者がこんなにブラジルに溶け込んでいるのに、日系人は恥ずかしがりやでコロニアに閉じこもり、いつもブラジル人の目を気にしている」というようなことをいう。

カラオケで歌える人のほうが大胆で、歌えない人のほうが引っ込み思案だと一概にいえないように、アヴェニーダへの参加だけで観光客が日系人よりも進取の気性に富んでいると結論することはできない。日本からの参加者に自己の所属の冒険はなく、演劇的・身体的な冒険があるだけだから。アヴェニーダの意味が違っていた。彼らには東洋的な容貌はスティグマではない。ブラジルに着いてよそ者であることは意識されても、日系人のようにそれが考えかたを方向づけることはない。民族的な葛藤や階層序列の観念がないので、彼らは素直に地元の組織のなかに加われる。リオでも地元の中産階級が近づかない貧民街のエスコーラに、彼らよりもずっと経済的な豊かな観光客がバスで乗りつけるのも、同じような理由による。

(29)　エスコーラ側は日系企業をあてにして一〇万ドルの予算を立てたが、スポンサーに立ったのはサンパウロに本社をもつサクラ醬油だけだった。三万五〇〇〇ドルの見返りに、彼らの商標であるサクラのデザインをつけた醬油ビンが山車に乗り、サクラ印のハッピの一団も登場した（*Notícias do Japão*, 一月九日付）。先頭を受け持つ笠戸丸にもサクラの名前がはいるはずだったが、これはカルナバルの規則にひっかかって取り止めた。一九七三年、リオの日航支店は会社名と名前の入ったハッピを作って、有名なエスコーラ、ポルテーラのパレードに出場しようとした。しかし観光局は本番での行進を許さず、一種の前夜祭ならよいと妥協案を出した（一九七三年二月二三日付『サンパウロ』）。カルナバルと日系企業のスポンサーについての考えかたの違いが、こうした摩擦に表れている。

エスコーラの責任者はある企業に交渉したとき、担当者が一万ドルを封筒にいれてくれたのかと思ったら、一万クルゼイロ・レアル（当時のレートで約二〇〇ドル）しかはいってなくて落胆したと語る。日系企業、日本企業のパレードに対する冷淡さは、フロール・ダ・ペーニャのころから見られる。これは経済大国に対する主催者側の期待過剰とともに、たぶん日系人の距離感と関わるだろう。

(30)　Jeffrey Lesser, *Negotiating National Identity : Immigrants, Minorities, and the Struggle for Ethnicity in Brazil*, Duke

University Press, Durham & London, 1999, p. 5.

8　移民史をうなる――日系ブラジル人の創作浪曲

移民史を綴るは苦闘の二字ばかり（一九五三年一月一日付『パウリスタ』）

はじめに

戦前移民の最大の楽しみのひとつが浪曲だった。これは日系商店のレコード広告やいくつもの文章から証明することができる。天狗たちは南米呑州、東家燕真、伯州雲春、京山円駒、桃中軒雲外、寿々喜一声などと好き勝手に名乗って、一九二〇年代後半から日本人のいる村々を巡業した。好きな浪曲師の物真似だったが、移民社会最初の「芸能人」といってもよい。本国と違って、興行界のまったくないさら地で、彼らは主に農業から転職し、生計を立てるにいたった。日本では弟子入り、襲名、独立というような興行界の約束事に則った出世の道筋をたどって浪曲師は成長していくが、ブラジルの場合は余興で聞かせるうちにだんだん腕前を認められ、本人も自信がつき、席のお呼びがかかるのがほとんどだった。

四〇年代には日系人の集会が禁止され、興行は途絶えたが、五〇年代になって息を吹き返した。ただし浪曲師は勝ち組の芸能と見られがちで、祖国の敗戦を認識する者が増えるにつれて、継子扱いされ、衰微をかこったと認識派の新聞『日伯毎日』は報じている（一九五〇年七月二九日付の「旅浪曲師の嘆き」）。同じころ日本で旧弊という意味で「封建的」のレッテルを貼られ、民主主義者から糾弾されたのと似ている。啓蒙家にはそう映ったかもしれないが、浪曲人気は根強く、一九五三年には第一回全伯素人浪曲大会がマリリア（臣道連盟の暗殺事件が始まった地方都市）で開催された。愛好家組織が設立されたために、活動は戦前より目立つようになり、各種芸能大会、祝賀会に欠かせない種目になった。ただしその聴き手は戦前生まれの一世にほぼ限られ、七〇年代には、縮小がしだいにはっきりしてきた。日本語を解さない世代にはカント・ブラヴォ＝力み唄（荒っぽい唄）と蔑称された。日本語を使いながらも、流行歌が節回しの面白さから、言葉の壁を乗り越えて歌い継がれたのとは対照的だ。稀にはローマ字で覚えた非日系人が浪曲大会に参加したこともあったが、例外中の例外で、二世の愛好家すら珍しい。その結果、浪曲団体も一世が完全に主導権を握っている。芸能種目のなかで講談、詩吟と並んで、世代交代できなかったもののひとつで、消滅は免れない。(1)

興味深いことに、全盛期を過ぎた一九六〇年代になって初めて日系人は自分たちの英雄に捧げる浪曲を創作した。ここではそれを「コロニア浪曲」と呼ぶことにする。コロニア浪曲は戦前移民が戦後の新しい歴史観、帰属感にそって、今立つ足場をふみしめ、先達を讃え、その霊に感謝し慰めようという明確な意図をもって作られた。そのうち次の作は録音が見つかっている（いずれもブラジル日本移民史料館所蔵）。(2)

花中軒水月『移民の父　故上塚周平翁血涙物語』（一九六二年）（全二枚）
天中軒満月『ブラジル邦人植民地創始者　平野運平苦闘物語』（一九六二年）
同　『田村幸重少年時代』（一九六三年）
同　『浪曲笠戸丸』（一九六八年）
（以後、それぞれ『上塚周平』『平野運平』『田村幸重』『笠戸丸』と略記）

『上塚周平』の作者花中軒水月（花田典幸　一九二二—八四年）は一九三三年（昭和八年）に一一歳で渡伯し、一九三五年ごろから近所の人の前で口演を開始、『鼠小僧次郎吉』『佐渡情話』などを覚えた。一九七九年から八三年まで「水月祭り」という浪曲家や日本舞踊家を集めた芸能大会を開催したというから、コロニア浪曲界の親分役だったとみてよい。上塚伝のほかに『平野運平伝』『水野龍』『下元健吉伝』『涙の日語教師　芳根哲子』を録音したというほど、創作に打ち込んだらしい（水野龍は笠戸丸に同乗していたブラジル拓殖会社重役、下元健吉はコチア農業組合の創立者、芳根哲子は不明）。一方、その他三作を録音した天中軒満月（菅原虎之助　一九一九—七三年）は戦後に活動を始め、一九五三年にサンパウロ浪曲協会創立に参加し、後に会長をつとめた。

浪曲の人気が高かったにもかかわらず、日系浪曲師はこのときまで一枚も録音していない。数種類の映画解説レコード、数十種の流行歌やハーモニカ・バンドが一九四〇年代末以降吹き込まれたのに、どうしたことだろう。水月の『上塚周平』は日系人による最初のＬＰで、発売元の竹内商会（アルタ・プレイ）は日本からのレコード輸入を扱うほか、五〇年代半ばから二世歌手や日本語童謡のシングルを発売している。片面二〇分余りのメディアの到来を待ち受けていたかのようなタイミングで、浪曲の録音が始まった。通常三〇分以上かかる浪曲は、ＬＰに向いている。日本から輸入された浪曲ＬＰが刺激になったのかもしれない。その制作プロセスは一切わかっていない。

本章はこれらの詞章から戦後の一世の歴史観、英雄像を探る。いずれも浪曲が描いてきた民族的・民俗的英雄の型にぴったりあてはまっている。小説や演劇以上に明確にコロニア意識が表現されたのは、英雄語りという浪曲のジャンルの規則が大きくはたらいているだろう。移民の英雄はその規則にそって造形されている。移民の英雄は本国の誰かに似ている。コロニア浪曲は明治に生まれた美談のジャンルに属す。美談とは国家なり共同体に尽くした実在の人物を借りた国家宣伝の一ジャンルで、読み手がその英雄的な振る舞いを血肉化し、自分の道徳規範とすることが期待されている。美徳の感化という目的や善悪はっきりした構成は偉人伝と踵を接しているが、忠君愛国の教訓がより鮮明に（露骨に）表れている。国語と修身の教科書で栄えたが、新聞、映画、講談などさまざまな大人向けのジャンルにも登場した。浪曲も美談の宝庫だった。英雄の死と鎮魂という平家琵琶、浄瑠璃語り、説教節以来の民俗的伝統をお国のための自己犠牲に応用するのはたやすかった。聴衆が教訓を文字通りに受け取ったかどうかは別の問題だが(3)。

「浪曲は周平伝や移住祭」「移民祭平野運平一代記」（梶本北民編『ブラジル季寄せ』日伯毎日新聞社、一九八一年）とあるように、一時期、この二作は笠戸丸到着の日を記念する移民祭（六月一八日）で人気を博したらしいが、一般にコロニア浪曲はそれほど上演機会を持たなかった。作者の死後、仲間に引き継がれた演目はなく、自然消滅していった。文学でも流行歌でも映画でも起きたことだが、聴衆は移民の試作品よりも、日本から輸入された完成品を好んだ（どの分野でも、創作を持続させる社会基盤に欠けていた）。識者がコロニア文化の独自性を掲げても、大半の移民は本国のものに傾いた。自分を振り返るよりも郷愁を癒やすのが大きな目的である以上、彼らの日本好みは避けがたかった。コロニア浪曲は残念ながら、作者の高邁な意図に見合った精神的・経済的な満足を得たとは思えない。本論は不遇な作者に対する遅ればせながらの敬意を込めて書かれる。

I　英雄をつくる

体験的移民史観と概念的移民史観

一九二一年東京植民地（最初の日本人建設集団地）生まれのジャーナリスト馬場謙介は、一九八五年、「コロニア人の移民史観」には「体験的移民史観」と「概念的移民史観」があると述べている。「体験的移民史観」は「拓友の屍を担ぎ、幾多の苦難坂を越え、身をもって移民史の実像を体験して来た老移民たち」の歴史観、「概念的移民史観」は「移民中期の準開拓者、もしくは見聞の域を出ない客観的歴史観」である。(4) 彼は少し前に出た『日本移民七十年史』が初期開拓民を蔑ろにしたことに怒り、今後、もっと芯のある体系的なコロニア史が書かれなくてはならないと声を上げた。コロニア浪曲は明らかに前者に属する。

開拓者の「体験」を伝えるために、先駆移民やその家族・遺族は資料をすすんで提供し、歴史家は移民の「正史」を書こう。初期移民が数少なくなり、史料の散逸を彼は問題視している。老人層に歴史の礎を築いたという自覚を促し、史料の提供を呼びかけている。いわば「笠戸丸は遠くなりにけり」という感慨から、遠くなった過去を記憶と事実によってたぐり寄せたいと思っていた。それは「棄民から貴民への証言」になる。馬場はこのように胸を張って、我々移民はすべて偉大な歴史の築き手であると宣誓している。差し出された史料は体験者の手から離れることで、皮肉なことに、外部者の見聞を広げ、客観性を目指す歴史記述に寄与する。

開拓民の苦労を神棚に祀る一方で、開拓がほぼ終わったあとの移民は、あたかも歴史の「実像」を体験してこなかったかのような馬場の口ぶり（開拓は歴史の開拓と原生林の開拓の両方を含んでいるようだ）は、戦前の植民文学の理念が歴史記述の祖形として半世紀以上生き残ったことを示している。中期移民（どの時期かは不明）ですら、正史の隅に置かれる歴史は、ちょうど幕末から日露戦争あたりまでを近代日本史の上り坂と見る史観と似ていないこともない。健全な礎が築かれるまでが歴史のハイライトで、後は付け足しであるかのような歴史観には馴染みがある。「貴民」の証明を得るという文句からわかるように、体験的移民史には民族的な自覚を高めることが求められた。自賛史と呼び換えてもよい。つまり知的な記述体系というより、弱い移民の実存の拠り所として頼りにされた。

体験的移民史観には、体験の歴史化（個人のか細い人生を大きな時間の流れ、共同体や社会の空間のなかで評価すること）と歴史の体験化（他人の書き物を「実感」をもって、つまり自分のこととして読むこと）が含まれている。〈わたし〉から〈我々〉へと、〈我々〉から〈わたし〉へという双方向の意識の運動が想定されている。突き放した文体ではなく、いわゆる「生きられた」文体が求められている。読み物として初期移民自身が自画像として納得できる（「実感」をもって読める）文章こそが期待され、史料批判や客観性の基準は問題外である。誇りを求めている点で、歴史観というよりも、歴史感に近い。時間と空間と死者との肯定的なつながりを感じさせることが、体験的史観の根本にある。「体験」の要になっているのは「拓友の屍」と「幾多の苦難坂」で、慰霊と慰労、死者と生者の慰めがこの史観の根底を流れている。慰めを目的としない歴史は、馬場の視野の外に放り出される。

馬場にとって移民史とは本書のように知的論議を弄ぶのではなく、先駆者の実体験を移民社会全体で記憶・記録し、彼らを追悼することで、浪曲はまさにうってつけの仲立ち、メディアだった。美談の主はすべて「貴民」で、その尊い死は日系社会の発展によって報われたと浪曲師はうなっている。浪曲の聴衆のはかばかしくない人生もまた無駄ではなく、移民史という立派な樹の下草となり、立派に後世に対する支えになっているとさとしている。美談の虚偽や陳腐さを暴くよりも、物語が一次的な聞き手（戦前移民）の情に訴える方法を探るほうが、概念的移民史のさらに外野（見聞についての見聞）から移民の来し方を覗き見している私たちには重要だろう。

永住覚悟と歴史意識

「想ひ出すは五十年　昔我等の先駆者が　汗と泪で今日の日を　迎えて呉れたコロニアの　歴史に泌む血涙を　綴る吾等の開拓史」（『上塚周平』）。花中軒水月は馬場謙介が今にも駆け寄ってきそうな文句で、コロニア浪曲第一作を語り出している。血と汗と泪は浪曲作法の第一条で、情に訴える移民史＝開拓史が明確に宣言されている。「コロニア」と自称しているように、ブラジルを第二の祖国とする決意が端々に聞かれ、先人たちの骸の上に我らが立っていることを確かめる鎮魂の響きが底流に流れている。海外在留民から日系人へ、出稼ぎから永住へという自己認識、人生設計の大変更は、創作の前提にある。その変更には祖国の敗戦を認識する必要があった。民族集団内のテロリズム、その結果としての排日運動という傷を克服して、敗戦はしぶしぶながら共通の了解となった。「ブラジルに骨を埋める」ことが、日本のためにもブラジルのためにも、家族や子孫のためにも望ましいという設計図が受け入れられた。一九五四年のサンパウロ市創立四〇〇周年記念祭と一九五八年の移民五〇周年記念式典が、ブラジル社会の正式なメンバーであるという自覚を日系人に植えつけた。同じ時期には永住決意の戦後移民が多く到着し、戦前移民の意識に感化した。コロニア浪曲はまず移民の帰属先の変更を前提としている。

コロニア浪曲は信念派が敗戦、その結果としての帰国の不可能性という現実を認め、かつて祖国に向けられた愛国心を日本とブラジルの両国にふり分ける離れ業を語ろうとしている。日本への信頼は致命傷を負いながらも息絶えることはなく、かえって「負けた者」の歴史意識を構築する背骨となって生き続けている。信念派はただ戦争に負けた国からの移民というだけでなく、勝ち組負け組抗争にも負けた二重の敗者だった。コロニア浪曲は一部の新興宗教の戦略と似て、ブラジルに良き日本精神を植え付け育てることで二つの国に貢献しようとしている。

もちろん晴々と出稼ぎから永住へ進路変更できた者は稀である。大半の移民は定着を周囲の状況からしかたなしに受け入れた。暗いトンネルをくぐって自信と勇気を蓄えたというような直線的な解釈は、多くの個人にとって、空虚な響きしか持たなかった。しかしコロニア浪曲が提示するのは、まさにこの直線的な解釈である。同時代の出世頭を描いた『田村幸重』を別に、後の三作は戦前、定着を唱える指導者と家長を英雄化している。村人は指導者の熱誠に負けて、帰国を自ら放棄し、ブラジルの地を子孫繁栄の地と認める。一九六〇年代の歴史観で過去を作り変えているのだが、この現実離れした単純明快な教訓性を美辞麗句に乗せて語ることに美談の精髄がある。浪曲の規則にリアリズムはない。公式的な勇気の陰に隠れた血や涙を察知するところに、聴衆のカタルシスがある。

移民の父——上塚周平

ブラジルの浪曲師が最初に取り上げた英雄は「移民の父」上塚周平（一八七六年熊本県生まれ—一九三五年サンパウロ州没）だった。上塚は東京帝国大学法科を卒業し、ブラジル拓殖会社に勤務し、一九〇八年、第一回移民の通訳として笠戸丸でブラジルの土を踏んだ。契約農地に定着せず、サンパウロ市に離脱してきた第一回移民の不満の聞き手となり面倒をみた。折しも拓殖会社が倒産し、経済的な危機に見舞われたが、竹トンボを作って急場をしのいだ。このエピソードは一世の間ではよく知られている。一九一四年、いったん帰国、移民派遣事業を整備し、三年後、再渡航。一九一八年（大正七年）にみずからサンパウロから七〇〇キロ、ノスエステ線イタコロミー（プロミッソン）に日本人のための

上塚周平墓碑（ブラジル，プロミッソン市）．（米原尋子氏撮影）

開拓地を開いた。現在、この街にはウエツカ通りが作られ、彼の碑がリベルダージに建てられ、熊本県には顕彰会がある。最初の移民船に乗っていたこと、帝大出であるが、移民の身になって問題解決したこと、貧困生活を経験したこと、開拓に直接携わったこと、これらの条件が「父」として公的な認知を受けるにふさわしい人物たらしめているだろう。『時報』の追悼記事は彼の公式見解を要約している。

思うに上塚氏の一生は実に我が大和民族の伯国に於ける移植民事業に終始した人で、植民会社代理人当時に於ける氏の苦節十年、更に自から進んで身を挺し万難を排して邦人の影なき北西線の処女林を拓き彼のイタコロミ植民地を建設して、将来我が同胞が進むべき針路を示した功績は蓋し偉大なるもので、特に氏は常に清貧に安じ、只管移植民の身の上に留意し、ともすれば荒み勝ちの植民者を激励しつつ植民地内に踏み留り、植民者と寝食を共にし、範を全伯同胞植民地に垂れるなど、草分者として稀にみる血の人、涙の人であった。……熱情の人上塚氏、老いたりと雖も双眼に未だ光あり、猛然として此の未曾有の大艱難救済の渦中に仁王の如く現はれ、あらゆる犠牲と努力を払ひ尽し、前後三ヶ年寝食を忘れて之を為めに費し遂に八十五万円の低利資金を母国政府より融通され窮乏に喘ぎつつある農家を救済した所謂八五低資問題である、甘雨を注ぎ蒼生を潤すとは将に此の事であろう。これ皆氏の熱の迸りに外ならない。其の性極めて淡快、私心なく、特に情に篤く、驕らず、実に国士の風格を備えたる開拓の祖人である。昭和五年以来病を得て再度出聖加療一時小康を得イタコロミの寓居に静養し居たるに病魔遂に吾等より此の仰欽すべき偉人を奪う万斛の涙を注ぐも亦及ばず、茲に謹んで皆人共に幽明所を異にした英霊の冥福を祈るものである（一九三五年七月一〇日付『時報』)。

大和民族、清貧、血、涙、熱情、犠牲、仁王、国士……。浪曲向き要素が散りばめられている。英雄像の作り方が似ていて、この追悼記事自体が浪曲的といってもよい。日露戦争期の人気以来、浪曲の一部では民衆的なエートスと公式的な考えが融合し、思想宣伝を行ってきた。権力側でも積極的にこれを利用する動きもあった。コロニア浪曲は内容的には永住思想の宣伝といえるが、浪曲師が自ら発案した。ジャケットには総領事の揮毫で「拓魂」と記されている。つまり外務省のお墨付きを得た。水月は制作動機の説明のなかで、生前、一度だけ上塚に会ったことがあると記している。

故上塚周平翁が健在の頃ゴンザーガ上塚植民地に於いて一度お目に掛かった事がある。其の折、所望されて〃乃木将軍〃を口演した懐かしい想い出がある。私の亡父は〃ブラジルの乃木さん〃といって翁を尊敬していた。それから間もなく、移民の父と仰がれ、全伯同胞から慕われた上塚翁は再び目見得る事の無き暗黒の世に旅立たれた。以来、早くも二〇幾年、浪曲化を念じていた私は、上出来とはいえないが漸くロングプレイーに吹き込む迄に至ったが、昔を知る翁の半

花中軒水月.
出典:コロニア芸能史編纂委員会編,『コロニア芸能史』コロニア芸能史編纂委員会, 1986.

面が何処かに一片でも皆々様に偲んで頂ければ私一代の名誉で御座います。

一九三五年頃、水月が一二、三歳の頃のできごとだろう（一九六二年二月二三日付『サンパウロ』）。上塚の前で口演したのは、後から振り返れば、ちょうど乃木将軍の前で口演するのと同じような名誉だった。そのゴンザーガは浪曲の舞台、元のイタコロミー植民地で、移民史の歴史的な場所での最初で最後の出会いだった。既に伝説化していた「父」に実際に会った経験は、物語の信憑性（実話性）を裏打ちしたにちがいない。浪曲版乃木伝は数多いが、彼はその当時、よく「孝行辻占い」を演じていたと回想している。けなげな少年と乃木の心温まる訓話で、幼い水月が大人の前で演じるにふさわしい。上塚の前でもそれを口演したのではないだろうか。同じ頃に彼はブラジルを最初に巡業した浪曲師の一人南米孤舟の「乃木将軍と孝行兵士」を聞いたというから、乃木物はブラジルでもずいぶん人気が高かったようだ。[5]「ブラジルの乃木さん」というあだ名に、水月の父がどのような意味を込めたのかはわからない。浪曲が作り出した庶民の気持ちに同感し、家族思いで、犠牲者を悼む指導者ということだろうか。身分を伏せて庶民のなかに紛れ込む乃木の物語が、帝大出であるにもかかわらず、極貧を厭わぬ上塚の現実に重ねあわされたのかもしれない。『上塚周平』は上塚追悼の他に、亡父追悼、乃木追悼を隠し持ち、二枚組の大作に価する幾重にも意味深い創作だった。

『上塚周平』はイタコロミー植民地の村人と上塚の対立と和解、それに上塚と彼を心の師と仰ぐ間崎三《さ》三《さ》一《いち》（一八八七年高知県生まれ―一九六三年サンパウロ州没）の間の忠義という二つの軸から成り立っている。間崎は上塚亡き後、ノロエステ線の開拓につとめ、その墓はプロミッソン市にあり、上塚と向かい合う場所に建てられている。前編は上塚の家へ「一頭の栗毛にまたがって手綱裁きも鮮やかにかけ付け来った一人の青年」が現れるところから始まる。間崎青年である。彼の顔は暗い。イタコロミーの入植者が上塚や間崎が現れたらただじゃ帰さないと息まいているのを聞いてきたからだ。村はイナゴの襲来や干ばつのために不作、農民は彼らをつるしあげようとしている。食料問題をまず解決することで上塚と間崎は合意する。ずいぶん苦労をかけてすまないと手をつく上塚、先生の行くところならどこまでもと誓う間崎、手に手を取って感激の涙。所変わってイタコロミー村。喜劇的な場面に転ずる。村の寄り合いだといってピンガを飲んで意気軒昂、自暴自棄、どうにでもなれという夫、家には食料がないし子どもは学校に行けないし、日本で聞いた一年で一万円という夢のような話はどこにいったとつめよる妻。二人の果てしない口喧嘩が続く。

後編では上塚・間崎がイタコロミーへ乗り込む。男たちは二人を袋叩きにしてやると興奮している。蜂の巣をつついたような騒ぎの小学校、二人が壇上に上がる。間崎が話し始めるが、騒ぎは収まらない。村民の声はますます荒くなる。そのとき間崎は明らかにする、上塚先生は金策に走り、白米三〇俵を調達し明日、配給し、土地代も来年末まで待ってよいと。それで一同は態度を一転し、涙で温情に感謝する。間崎が上塚を讃える大演説をぶつと、上塚は永住論で応じる。

上塚と間崎は温情深く不言実行型の兄貴分と、兄貴思いで誠実だがやや気の短い弟分という性格づけで、賢い兄貴がはやる弟分をいさめるという浪曲に典型的な会話が聞かれる。間崎がイタコロミー問題の悪化を告げると、上塚はしばしの沈黙を破って答える。

「そりゃナ間崎さん、コロニア三千家族の将来を思うと俺りゃ死んでも死に切れんたい」

「其処へ丁度鈴木貞次郎さん〔一九〇六年、移民会社よりブラジルに派遣された社員・通訳〕も来て呉れましてネ、色々と説得して呉れたんですが駄目なんです。鈴木さんは怒出す、私も腹が立ちましてね、ヨーシ、コロニアの人達を幸福にしてやり度いと思えばこそ、夜の目も寝ずに心配をして居られる先生に此の上心配をかけるというなら勝手にするがいい。後で泣き事をいって来ても知らないぞ……と斯ういってやりました」

「ウームそりゃ大変で御座りましたナ、但しナ間崎さん、あんたアどぎゃん事ツがあっても怒っちゃならんバナ」

「でも先生、余り皆が訳の分からん事をいうと」

「マアマアいい、あんたの気持ちア良く分ッとるぢゃが、どぎゃん腹が立ってもジーと我慢バして下はい、是れ丈きゃ俺が頼む」

「ハッ」

「あんたも知っとるぢゃろうがコロニアの人達も随分苦労バしとんなはるけんナ間崎さん……第一コロニヤの苦労はあんたの苦労、それバッテンあんたア俺どんが総領息子、コロニアの人達ァ皆ナあんたの〔を?〕弟と思うチナ、どぎゃん事ツがあってもデーと我慢バして下はい」

「ハッハイイヤ良く分かりました」

標準語に近い間崎と熊本弁丸出しの上塚のどちらに、聴衆が親近感を覚えるかは歴然としている。上塚は農民の苦労に同情し、鈴木や間崎のようにどなりつけたりしない。このレチタティーヴォに続くアリアの部分では、師弟関係が義兄弟的な握手で描かれる。

遠く万里を離れたる　このブラジルの山奥で　不況に悩む同胞を　救はんために夕食さえも　食べずに出かける間崎の手をば　シッカリ握った先生の　手と手に通ずる一流は　血肉を越えて結ばれた　祖国日本の血がたぎる　しびれる様な感激に　胸弾ませて三三一は　包み切れない喜びを　馬に揺れて黄昏の　山道伝いに帰り行く　後見送りつ胸の中　ああ有り難い三三一よ　このイタコロミーの開拓は　一人は鈴木貞次郎　又一人は間崎君　君等二人の隠れたる　蔭の援助があればこそ　忘れはせぬぞと先生が　嬉し涙で見上ぐれば　晴れた夜空に満丸い　月が出ているヤシの上

血が結ぶ男の盟約は任侠物の基本で、非常に多くの浪曲で描かれている。日本ではめったにしない握手の動作がここでは重要だ。肌の接触は皮膚の下の血の交わりを想像させるほど強烈で、間崎は「しびれ」てしまった。間崎は「父」の志の高さと腰の低さを調整する中間者の役割を果たしている。上塚から見た間崎は頼りになる「蔭の援助」者、間崎から見た上塚は「慈父にも勝る先生」、二人の相互的な信頼関係は、父性愛を強調する結果を生んでいる。次の件りでは学歴も地位も名誉も美衣も美食も捨てて、移民のために尽くした人物が熱っぽく語られている。「移民の父」にふさわしい持ち上げ方である。

どこから見てもこの人が　日本の最高学府をば　卒業して来た学士様　とは受取れないが　地位と名誉を鼻にかけ　己れの権力振りまくような　そんな男にゃ向う面　弱い移民や百姓には　財布叩いて投出し　自り粗食に甘んじて　美衣まとわぬ先生が　地位も名誉も投捨てた　この有様に世間の人は　馬鹿じゃ呆じゃ上塚は　時代遅れの親父じゃと　そしらばそしれ　世の人ヨ　蔭口叩こうと笑おうと儘ヨ　我等移民の父じゃもの

ここでは「時代遅れ」が要点だろう。この言葉は通常は否定的な意味を持っているが、この浪曲では誇らしげに、上塚だけでなく、彼を父と仰ぐコロニアもまた「時代遅れ」であると胸を張っている。時代からずれていることに積極的な価値を見出している。それは地位や名誉や富が幅を利かす世間に対してすねて、「世の人」の流れから取り残された者、下積みを救い出す試みだった。また時代遅れは過去の美徳をいまだ保っているという肯定的な意味を持つ（たとえば鶴田浩二の決め台詞「古い奴とお笑いでしょうが」）。時代遅れの英雄を讃えると同時に、浪曲というジャンルが一九六〇年代には時代遅れであったこともつけ加えておきたい。本国でも一九五〇年代の浪曲人気は、民主主義の旗印の下で「時代遅れ」になった価値観、たとえば義理人情や忠孝を多くの農村出身者が支持していたからだった（うなり声的肌触りへの愛着はもっと大きいだろうが）。時代にうまく乗った者にすれば「封建的」な大衆娯楽の代表だった。水月が描く上塚像は、ジャンルの性格と適合した。

その父の慈愛に応えるために自分たちは忍従していると水月は家父長制的な一体感を語る。広い意味でのイエ制度の重さは浪曲の前提といってよいが、『上塚周平』でもはっきりと踏襲されている。

海外雄飛だ国策だと　移民会社の宣伝に　釣られて来たるブラジルで　朝露夜露を踏み分けて　今日迄で愚痴も零さずに　やって来たのは誰のため　父とも慕い親とも仰ぐ　上塚先生あればこそ

このように移民は宣伝文句にだまされて渡伯してきたと意識し、「海外雄飛」「国策」の虚偽を身をもって体験してきた。それにもかかわらず、だまされた自分たちを卑下することも、日本政府や移民会社を恨むこともなく、最後には「行けよ進めよ国のため」と、戦前そのままの国家への忠誠が誓われる。本国であればここでの「国」は日本以外にはありえない。実際、これに似た文句が軍歌でよく歌われてきた。しかしこの浪曲のなかでは日本とブラジル両国を明示する。それは物語上明らかだが、一世は「国のため」と聞けば、反射的に子どもの頃から聞かされた意味を思い起こしたに違いない。一世が自らの徴兵経験を「国のため」と呼ぶことはあっても、息子のブラジル軍への徴兵をそう呼ぶことはめったにない（「ブラジルのため」とか「伯国のため」と言うだろう）。浪曲の語法では「クニ」は日本しか指さない。理念は日本とブラジル両方への貢献だが、表現方法は日本への愛着しか呼び覚まさない。作者は一種の二枚舌を巧みに用いている。浪曲は日本への忠誠と二つの国への忠誠の間の葛藤には関知しない。

悲劇の開拓者――平野運平

コロニア浪曲の二人目の英雄は天中軒満月が讃えた平野運平だった。一九一五年（大正四年）、平野運平（一八八六年静岡県生まれ―一九一五年サンパウロ州没）を指導者に開拓された平野植民地（カフェランジ

天中軒満月.
出典：コロニア芸能史編纂委員会編，『コロニア芸能史』コロニア芸能史編纂委員会，1986.

ア）の悲劇は移民史最大の惨事のひとつに数えられる。平野は現在の東京外国語大学スペイン語学科で学び、シベリア経由で先乗りして笠戸丸移民の通訳を務めた。日本人をまとめブラジル人とコミュニケーションをはかる有能ぶりが買われて、その後通訳として入ったグアタパラの大農園の副支配人を任せられた。時に平野二四歳。しかし日本人小作人の奴隷のような生活を見て、日本人が自ら農地を開拓しなくてはならないと決意し、ドウラードス河のほとりの土地を購入し、グアタパラで働いていた家族を先発隊に八十数家族を入植させた。これは日本人による最初の開拓農地になった。しかし日本では水の便がよく、農耕に適したと考えられている河べりは、ブラジルではマラリアの巣窟だった。農民は翌年の初めから赤ん坊と老人を先頭に次々に斃れ、最終的にその犠牲者は七十数名に達した。そのうえ霜害やいなごの襲来もあって、収穫も見込めなくなった。食料不足からチフスも加わって病気の伝染を加速した。平野はサンパウロと植民地を往復し、医療品の入手に奔走したが、彼自身もまた病に冒されその地に没した。享年三四歳。

　最初の大惨事であったこと、マラリアという開拓民の日常的な原因であったこと（したがって衛生教育の警鐘になった）、平野の性格が大衆的な物語に適していたこと、これらの理由が合わさって、さまざまな形で語り継がれた。ブラジル移民が盛んだった一九三一年には、『改造』三月号に桑原忠夫が「ブラジル植民哀話」として紹介している。移民は日本を発つ前に金の成る木の話と同時に、このような「哀話」をすでにささやきあっていたにちがいない。この事件に取材した移民による小説に、木村茂平「墓碑銘」、醍醐麻沙夫「森の夢」などがある。醍醐がその後記で実話性を強調したのは、伝説が流布していたからに他ならない。

悲劇の八年後には、墓石の建立式が行われ（日系ブラジル史最初の公式慰霊祭だろう）、乃木大将と平野を比べる追悼演説が語られた。

　一植民地創設者を乃木大将と対照するの頗る比擬を失するやと思わるれど、平野氏が屍を重ねて植民地経営に当れる精神と、乃木将軍が肉弾に肉弾を加えて旅順を攻撃せし精神とは、両者相似たる所なしと云うべからずである、殊に人を殺し人を苦しめ、一将功成万骨枯の事実を見せつけらるるに於て、最も鋭敏なる良心、責任観念、廉恥心に刺戟を感じ自決死傷を待てる点に於て両者相似たる所少なからずである。

　然し乃木大将軍の旅順大攻撃は日本帝国勃興の上に大なる必要ありしが如く、平野氏の植民地創設は在伯邦人独立の上に大なる必要があったので、之を兎に角遣り遂げ得たのは両者異なる意味に於て帝国の進運に貢献したものである、故に故国では乃木将軍を神社に祀り其功徳を称すると共に後進者の師表とするが如く、平野氏を当殖民地の墓地に葬り、此処に墓碑を建て氏の霊を慰むると共に、在伯邦人植民地建設者の魁として後人に其遺跡を瞻仰するを得せしむるは、是れ後進者たるお互の当然為すべき事柄で、今之が当殖民地居住の人々の発企に由って為されたと云う事は、縦令時期遅れたりと雖も為すべき事を為し遂げられたので真に慶賀措く能はずである（一九二三年三月三〇日付『時報』(6)）。

既に述べたように、乃木の人気はブラジルでも高く、この比較は最大級の讃辞である。平野が貢献したとされる「在伯邦人独立」とは、移民社会がブラジルのなかで寄生状態を脱し、農業なり経済面で十分にやってできる状態に成長することを指す。一九二〇年代初頭には移民が漸増し、サンパウロ市でも奥地でも日本人の存在は無視しがたくなっていた。これは領事館筋では「帝国の進運」を意味した。こうして乃木の武勲と移民の壮挙は比較可能になる。意地悪くみれば、不必要なまでに莫大な人的損失を蒙った二百三高地攻略と、現地の衛生事情を見誤った平野植民地の間には類似があるかもしれないが、追悼文のなかでは、二人の死を恐れぬ貫徹精神が誇張され、平野神社を建立してもよいぐらいだと暗に提言している。

浪曲版の平野物語は、耕地の奴隷待遇を訴える日本人コロノと平野の膝づめ談判に最初の小さな山場がおかれる。そこでは戦前移民の考えにはあまり見られなかったブラジルへの同化、長期展望をもった生活設計という要素が、勤労のすすめと結びあって強く語られている。いうまでもなく一九六〇年代の理想が表れている。

冒頭、先発隊の入植するさまは、後に続く惨劇との落差を浮き立たせるために、いきおい希望に満ちた描写になっている。

二〇名の先発隊を　引き連れ平野運平は　しょう煙蛮雨のノロエステ　ドウラードス河畔に立ち上がり　河の向こうの山々は　目指す我らの理想郷　伐って拓くはここなりと　平野の言葉に一同は　どっと叫んだ万歳は　千古の山にこだまする

しかしながら幸福は続かない。母親の屍にすがる幼子、夫と子どもに先立たれた女、肉親を墓地に埋める力さえ失った半病人……いなごに干ばつ、霜にマラリア。浪曲ではこのような自然災害は背景にすぎない。焦点はあくまでも英雄と彼の家族や弟分の人間関係にあてられる。愛想をつかした村人が次々に出ていくが、平野はあえて止めない。村人を集めてもう犠牲者を出したくないから、どうかほかの村へ行ってくれと逆に頼むほどだ。しかし彼は残る。「この村のため犠牲になってくれた方々の墓を守ってゆくつもり」だから。それを聞いて忠実な一握りの家族は死ぬまで平野と運命をともにすることを誓う。このくだりは平野の死者に対する責任感と彼の臣下の忠誠心を訴えかける。平野はどんな逆境にあっても決して希望を失わず、美しい月夜にさそわれて「これ以上我々に苦労をさせちゃ、今度こそは神様に罰が当たりますよ」と忠実な村人に冗談をいう。そして運命を暗示する詩吟を披露する。

男子志を立て郷関を出ず　学若し成らずんば死すとも帰らず

漢詩の格調は明治に作られた軍歌や寮歌以来、物語をさらに悲壮なものにする効果をもつ。これを序曲に最後の山場、平野の死の床がやってくる（スペイン風邪という設定）。友人に夢をきかせ、妻をねぎらい、何よりも村の将来を案じる平野。


「イサノ〔妻〕、お前には苦労の掛け通しだったなア」

「いいえ貴男こそ貴男こそ、苦労に苦労をしてこのまま死んで行くなんて」

「これで良いんだ、これで良いんだよ。こうして種さえ蒔いておけば何時かは実りだれかがそれを収穫してくれるんだよ。解ったなア」

「はい」

「今日は良いお天気だなア。日本の歌を聞きたいなア、加藤さん、貴男の得意の二上がり一つ頼む」

「せ、先生、聞いて下さい」

諦めて見ても「ああ良いなア」　未練の戻り橋

「恋しい懐しい故郷の唄」を聴きながら、彼は「眠るが如くに散りて行く」。詩吟が表向きの気宇を示すならば、端唄は大声で言えない人情を歌う。平野自身、詩吟では民族繁栄のための人柱になると覚悟しつつ、端唄では志半ばで斃れる「未練」を隠しきれない。平野は一方でお上に都合のよい同化政策を演説する「優等生」的な指導者であり、もう一方でだれもが心の奥にもっているわだかまり、未練を捨てきれない「庶民」として描かれている。立志出世的な英雄が、次に論じる田村幸重のように、優等生以外の何者でもなく、およそ心の淀み、ためらい、迷いを知らないのと対照的に、悲劇的英雄はたとえいくら定型化されているとはいっても、複雑な心情的力学を表現する。そこで涙がこぼれ出る。

人種平等と立志出世——田村幸重

満月のコロニア浪曲第二作は生存中の成功者、田村幸重を讃えている点で異色だ。田村は一九一五年生まれ、サンパウロ法科大学とブラジル陸軍学校を卒業、一九四八年にサンパウロ市会議員に選出されたのを手始めに、二年後には州議員に、さらに一九五四年には日系人で初の連邦下院議員に選ばれた。日本関係では日系人の資産凍結解除、日伯共同プラントのウジミナス製鉄所の建設で知られる。満月の録音はちょうど任期中にあたり、田村は日系人の誇りだった。平野物語が典型的な悲劇の一代記であるならば、田村物語は立志出世の一代記である。どちらも完全に浪曲の物語の枠にはめこまれている。レコード・ジャケットで満月はいう。「尚此の一篇は、第二、第三の田村出でよ！　人間は仮令貧困のどん底に有っても、心掛け一ツで立派に成功が出来ると言う事を、二世、三世、また四世の若き青少年質《ママ》の教育の一端に成りますならばと、語り伝えるものでご座居ますれば、何卒お引き立ての程をお願い申し上げます」。

田村幸重.（ブラジル日本移民史料館提供）

物語は大意次のとおり。極貧の家庭に育つ一一歳の幸重少年が、サンパウロの繁華街でパステス（揚げシュウマイのような庶民食、パステウとも）を売って回っていると、黒人の靴磨きを子どもたちがいじめている。正義を愛する少年は割ってはいり、黒人も同じ人間だという。実は幸重の担任アントニヤ先生も黒人で、いじめっ子は「はげたか」とばかにしているが、幸重は先生が罵られ、からだの弱い母親が徹夜で作ったパステスをふみつけられるや堪忍袋の緒が切れて、図体の大きないじめっ子（実は政治家の息子）連中をやっつける。先生はけんかをした幸重をいったん叱るが、ちょうどけんかに居合わせた校長が、幸重の正しさを証明し、彼女は謝る。少年は二度とけんかはしません、世のため人のために正しいことをやり通しますと誓う。これが前半の山場。

後半は徹夜で母の手伝いをするために、学校で居眠りばかりだと先生が母親に言いに来るところから始まる。そこで母はパステス売りを辞めさせて、袋作りの工場で親子で働くことにする。農園でマラリアを病み、サンパウロに出てきた父親には職がなく、少年は中学進学をあきらめる。その時、彼の通う教会の神父が手をさしのべ、法律事務所の仕事をしながら中学に進ませる。しかし母親はまもなく無理がたたって倒れてしまう。冷たくなった母にすがりつき、聖書の言葉を唱えるや母は息を吹き返す。少年はそのまま神父の元に走り洗礼を受ける。苦学の末、法科大学を卒業する。その後、市会議員選に立候補するが一度は落選、しかし夫人の内助の功と不屈の精神で、最後には連邦議員に選ばれる。物語はアントニヤ先生の葬儀に駆けつけ、恩に報いる場面で終わる。

昔、木下藤吉郎、草履取りから出世して、日本の天下を取ったげな、貧乏百姓の子に生れ、靴を磨いて歩いたリンカンは、大統領に成ったげな。偉人、英雄、豪傑の出世話を愛し子に、語って励ます父親は、翼傷めた移民鳥せめて我が子の成長を、たった一ツの楽しみに、生きる異郷の切なさよ前口上は偉人伝であることを堂々と宣言している。本国でも文部省の指導で作られた教育目的の浪曲があったが、この作は子どもに聞かせるよりも、父親に聞かせることを目論んでいたようだ。そうでなければ、「移民鳥」（渡り鳥）の切なさを冒頭で訴えることはなかっただろう。ポルトガル語しかわからない子どもが増え、偉人伝を日本語で語り聞かせる機会が、多くの一世にとって夢物語になっていた。『田村幸重』はその夢を掻き立てるような形式を採っている。模範的なエピソードだけでなく、偉人伝という形式が浪曲ファンの大部分を占める一世には懐かしく、魅力的だったと思われる。親子のコミュニケーションを想定したコロニア浪曲は、この一作だけである。面白いことに、子どもに偉人伝を語るのは父親とされているが、物語では母子の絆にずっと重きがおかれている。一般的な家族制度のなかで、教育は母親が分担する仕事に数えられているからだろうし、浪曲全般のなかで、父子よりも母子の関係が劇的な場面を演出してきたジャンルの規則にも関係するだろう。

物語は親孝行、勤勉、人種平等、キリスト教信仰の四つの教訓を含んでいる。このうち前二者は日本の教育浪曲と共通する。そちらは省略し、ここではブラジル独自の内容である後二者について触れたい。本国の浪曲では違う肌の色の人物はまず考えられない。それに対して、ブラジル生活では、ほとんど常に肌の色を意識させられる。コロニア浪曲のなかで、『田村幸重』は唯一、非日系人、そのなかでも黒人との接触をテーマにしていて、人種の問題は避けて通れなかった。政治家の子弟たち（ヨーロッパ系）との争いでは、「いくら黒坊でも、同じ人間だ」と叫んで、彼は黒人をかばう。現実の日系人の黒人蔑視を思うと、このセリフの非現実性がはっきりするが、美談の真骨頂はあるべき人の道を教えることにある。

彼の人種平等主義は日本人としての誇りと結びついている。田村少年は「やかましい、此処はブラジルだ、日本人の子供はひっこんでおれ」と悪童連に人種差別を受けると、「僕は日本人の子供だから曲ったことは大嫌いなんだ、その代り、正しい者には何処までも味方をするんだ」と反撃する。彼女に約束を破って喧嘩をしたことを平謝りすると、アントニヤは貴方までもが私を黒人だと軽蔑していると叱る。彼は事情を説明しようとするが、「教子が　貧しいためにパステスを、売って歩くと聞いたなら、お情深い先生は、どんな気持に成るだろう、思えば言われぬ胸の中」で、黙って罰を受ける。真実を隠さなくてはならない状況は、浪曲に典型的だ（今の身分を恥じて、捨てた息子に母を名乗れない女、女をかばい罰を受ける男など）。いったん我慢を強いられた後に、真実が明かされる時に、観客のカタルシスが生まれる。このような自己を罰するような板ばさみの状況をいかにつくるかが、話の運びの妙味となる。そして我慢を越えて涙へという山場づくりに、台本作者の腕が発揮される。

真実を明かすのは校長で、アントニヤは田村が彼女をかばって喧嘩したことを知り、涙ながらに彼に謝る。「自分で正しいと思うことは、何処までも堂堂とやり通して下さいね、それが男の生きる道です」。正義は男にあり。「大和魂」の根底にあるような性別観をここでは黒人女性に言わせている。彼女が田村の敬慕にふさわしく、どれほど日本人の考えを理解していたかを示している。少年は「何んな辛いことでもじっと我慢の出来る本当の強い男に成ります」と答える。アントニヤ先生を手厚く葬る段では、「低く見られ勝なる黒人に、田村は恩儀《ママ》を忘れずに、尽す心の美しさ」と、人種平等精神があたかも日本人の美徳であるかのように高唱している。

物語ではキリスト教的なメッセージが強い。国内の作で母親が聖書の奇蹟に救われ、息子が感謝のあまり洗礼を受ける設定は考えにくい。田村を援助する神父によれば、「神を信じ神を愛し、神に感謝して正しく生きる者には必ず幸福が与えられます」。この言葉を証明する神の御業──「母の体に取りすがり、わっと泣いたその時に、はっと浮んだ神父の言葉、泣いて悲しむ弟妹をひざまずかして手を合せ、聖書取り出し一心に、真心こめて読み上げりゃ、何んと不思議に母親は、次第に体があたたまり　息吹き返し目を開く」。幸重はそのまま裸足で教会に行き、私を神の子にしてくださいと涙で頼み、神父はその場で洗礼を授ける。たとえ田村自身が敬虔なカトリック信者であったにしろ、作者は父親の看病や兄弟思いや試験勉強のような、日本の美談から取ってきたような優等生ぶりを一篇の山場に持ってきてもよかった。あえてキリスト教のエピソードを母への追慕と重ねたのは、満月が田村を宗教的に真正なブラジル人に仕立てたかったからだろう。洗礼を受けてこそ政界への道が開けたという陰のメッセージがあるかもしれない。

そのうえで物語の最後には、戦前日本の絶対的権威が現れる。一九五八年、日本移民五〇周年記念行事の一環で、親善使節団長として訪日した田村は叙勲される。「天皇自から進まれて、ブラジル代表田村幸重、御苦労様と手を握り、勲三等瑞宝章、押し戴いて面目を、施し帰る幸重の、少年時代の物語り」。移民にとって天皇の直接のねぎらいに勝る精神的報いはない。こうしてカトリック信者は、日本人としての最高の誉れを得た。田村は日系人の代表として錦衣帰国を果たした。受勲は田村個人ではなく、コロニア全体の栄誉であると満月は述べたかったのだろう。

勝ちも負けも踏み越えて――『浪曲　笠戸丸』

移民六〇周年（一九六八年）を記念して作られた満月の第三作『笠戸丸』は、無名の先人の霊に捧げられている。偉人による移民統合とは逆に、無名性から聴衆に親近感を持たせて、心情的な絆を深めようという意図がはっきりしている。凡人が実は非凡な精神の持ち主、馬場のいう貴人で、歴史を下から支えてきたとする草の根民族主義が、本作では前三作にまして明確で、物語が無名拓人の墓碑であることを前口上が宣言している。

移民の歴史に燦然と　先駆の偉人讃えられ　その名を残した人有れど　今日のコロニア建設に　土台と成って散り果てて　その名も知られず大陸の　露と消えたる拓人の数多先駆の霊魂よ　永久に眠れよ安らかに　祈りながらに読み上げる　開拓移民の　物語り

主人公、吉谷幸三は笠戸丸移民。気の荒い軍人あがりで、平野運平を通訳とするグアタパラに配耕されたが、ジャポンとばかにされるのが癪に障り、監督を柔道の技で投げ飛ばし、ピストルと短刀で威嚇する用心棒連中と対決する。たたき斬ろうというのを平野がなだめ、一家を夜逃げさせる。しかし行き先はない。途方にくれていると遠くから尺八が聞こえてくる。訪れると奇遇、笠戸丸の将棋友だち、富岡一家がいた。その土地に富岡と組んで日本人だけの植民地を建設し始めるが、買い取る前に地主が死に、そこは隣の地主に売り払われ、強制立ち退きを命じられる。二家族はわずかな手持ち金をもとに原始林開拓を始め日本人植民地を作るが、大雨とマラリアにやられ幸三の娘も妻も病死する。その地に残

サントス港停泊中の笠戸丸.

った幸三はいちかばちかの綿作があたって大もうけ、そこから苦労が報われ、地主となりコーヒー園でもうける。そして息子の光雄は富岡を仲人に、笠戸丸移民の娘と結婚し、一三人の孫を生む。孫はどれもが大学に通い、医者や弁護士になる。戦争中は軍人上がりだとして逮捕されるが、光雄の長男秀明の大演説のおかげで釈放される。秀明は富岡の孫娘と結婚しようとするが、幸三は反対する。富岡が認識派だったため、絶交していたからだった。秀明は家出してしまう。幸三はその後脳溢血で倒れ、親戚一同が枕元に集まる。その中で秀明が現れないのが彼の唯一の気がかりである。いよいよというところに孫がひ孫を連れて飛んでやってくる。家出したあとどうにも行き詰まったが、父親の案で、幸三が戦前、帰国に使うつもりの金で買ってあったマットグロッソの大原始林を開拓して牧場を経営しているという。明治魂をもった開拓民がいたからこそ、ぼくらは豊かにすごせるのだと孫は和解を求める。幸三もまた自分の非を認める。富岡が現れ、勝ち負けで仲違いしたことを悔い和解する。幸三は笑みを浮かべて大往生する。

幸三の生涯には戦前移民の自画像を構成するシンボリズムが凝縮されている。笠戸丸、グアタパラ耕地、夜逃げ、家族との死別、原始林開拓、大雨罹災、マラリア、戦争中の収監、勝ち組負け組抗争、世代の断絶と和解。「銃を執っては戦場で、命を捨てて国のため、斧を握れば密林で、猛獣毒蛇も恐れずに、雨にも風にも生き抜いて、開拓続けた強者」の一代記は、まさに冒険者といってよい。戦場というのは日露戦争を指し、銃と斧、戦場と密林は等価と見なされている。拓士という勇ましい呼び名はこのような移民を念頭において作られた。敵を倒すも開墾するも「国のため」。

このような状況的な出来事のほかに、内面的な出来事も扱っている。特に勝ち組負け組の分裂という戦前移民にとってもっともしこりの残った出来事の扱いは興味深い。浪曲では「勝った負けたのつまらぬ争い」と悟りきった表現で突き放している。「つまらぬ意地」のために病の幸三を見舞いに来なかったと富岡は謝る。幸三もまた「日露戦争の生き残り」「天皇陛下様より金鵄勲章まで戴いた男」とかつて誇らしげにしていたことを悔いる。すべては過ぎ去ったこと、水に流そう。

富岡、悪いのはおれの方だよ。二言目には、日本精神とか、大和魂とか、偉そうに、かたい事ばかり言うてさ、おれア、秀明に、今の世の中は、いくら銃剣術が強くても、原子爆弾にやかなわんと、ドガンと一発喰らわされた時は、無条件で孫に降伏して、時代の変わりに目が覚めたよ。考えて見りゃ、おれも随分頑固だったなー富岡。

大和魂が原爆に撃破される。明治にしがみついていた自分が間違っていた。彼を目覚めさせたのは、富岡の孫娘との結婚に反対されたとき、孫が言い残した捨てゼリフだった。「明治時代の古い思想なんか、今頃外国ぢゃ通用しませんよ。勝った負けたとか、日本人同志で射ち合いまでして喧嘩をするのが、それが日本人の愛国精神と言うものですか」。一九六八年の時点で、浪曲の聴衆層は既に、勝ち組負け組抗争を過去のできごとと、少なくとも表向きは割り切っている。半田知雄が記しているように、心の暗渠にはきれいにコンクリートのふたがかぶせられている。表面切って語られるというより、過ぎ去ったこととして安全な思い出の箱に入れられている(7)。これは一九五〇年代にはまだ出来なかっただろう。美談は非常に図式化された物語で、合理的に日本の敗戦、勝ち組の過ちを解釈し、一種の模範解答を示している。過去のいきさつを水に流して、よりよい未来を目指さなくてはならない。このような非現実的で理想的な姿勢を示すことが、美談の規則である。浪曲ファン層は「愛国精神」のある状況下、ある方法での発露がまちがっていたことを認識している。それは日本精神を全面的に捨てることを意味しない。いかにしてそれを子孫の暮らす国で正当化するかが、臣道連盟事件から二〇年を経た移民の課題だった。

勝ち組の敗北宣言は負け組の勝利を意味しない。勝ち組も負け組も悪くない。どちらも「時代」というあいまいなものに巻き込まれたにすぎない。死者や流刑者を出した憎み合いですら、人間がどうにもならない大きな歴史の流れのひとこまにすぎない。勝ち組精神はただ「偉そう」なことと矮小化され、自らを「頑固」者にいやしめるが、なぜ「時代の変わり」についていけないのかについては分析されない。浪曲の美学では心情の動きが何よりも重要であるから、理性的な説明は求めない。しかし大和魂は敗北したわけでも消滅したわけでもない。なぜなら幸三が時代遅れに目覚めるのと同時に、孫の秀明が祖父の日本精神の意義を理解したからだ。その秀明はマット・グロッソで祖父と同じ原始林開拓に従事して、初めて祖父の偉大さに気づく。日本精神は今や正しいかたちで受け継がれている。

　僕も自分で山奥に入って苦労して始《ママ》めて、おじいちゃん達が昔、苦労した事が解りました。そして何事にも負けない不撓不屈の日本精神を持つ、明治生まれの開拓者がいたからこそ、今日のコロニアが出来上がったと言う事も判りました。

　物語は開拓生活を讃え、土に生きる人生を鑑としている。秀明が祖父を認めるのは、マットグロッソの奥地に買ってあった原始林で、半世紀前の祖父の生活を繰り返した時だった。土と立ち向かったとき、初めて大和魂が世代を越えて伝えられる。階級社会の階段を上がるのに成功した子孫ではなく、土に還る孫が正統な跡継ぎで、土地が相続され、魂もまた継承される。言葉や習慣では同化を果たした三世が精神面で同化せずに保っていた一世の魂、それがコロニアにとっても、ブラジルにとってもまたとない財産である。大和魂はテロリズムの元凶でもなく、また原爆に爆破されたわけでもなく、ブラジルの原始林にこれから花を咲かそうとしている。かくして歴史は繰り返す。このような農本主義が日系移民史の基本にある。おそらく商業部門、都会から移民が入った台湾、韓国系とはこの点が異なるだろう。

Ⅱ　鎮魂と愛国

「第二の故郷」

『上塚周平』『平野運平』『笠戸丸』では、帰国を切望する者を主人公がいさめる場面がある。前二作では困窮した村人が指導者に食ってかかり、最後のでは妻子が家長と対立する。主人公は郷愁を抑え、日本とブラジルのために腰をすえて開拓生活を続けてほしいと懇願する。村人、家族は主人公の涙ながらの説得に応じる。日本への思いは否定しないが、郷愁に打ち克ち帰国を拒否する。実際には拒否というような強い意志からではなく、先送りしている、せざるを得ないうちに帰国の機会を失った者が多かったが、浪曲は永住を両国の利のために腹をくくった移民の積極的な選択と解釈している。日本に対して忠実であるからこそ、開拓者としてブラジルに居続けよ――この綱渡り的な理屈を、浪曲は先見の明ある指導者・家長の一言で解決してしまう。移民史はいうまでもなく定着者の歴史で、帰国した者は勘定に入っていない。日本を愛するあまり、ブラジルに永住決意したというなかなか納得しにくい論理を、浪曲師は模範解答として示す。裏切ったり裏切られたのではなく、両国を愛する二重の愛国者という自画像を提示する。上塚は熱弁を振るう。

エーそれでは日本人コロニアの将来について少し話をして見ましょう。エーこのブラジルという国は、世界の宝庫と言われて、今や、全世界注目の的であります。既にイタリア、ドイツ、イスパニア、ポルトガルを始め、各国の移民が我先にと、開拓に奮闘を致して居ります。私達も遥々日本から、第一回の移民として、このブラジル開拓の第一線に立ったのですから、何卒外国の移民に負けない様、少しでも優秀なる成績を上げて、後から次々にやって来る我等同胞のために、良き道しるべになる様心がけ度いと思うのであります。古いイタリア人やドイツ人に昔話を聞くと、其の祖父に当たる人達は、何れも七八十年も前からこのブラジルに渡り、未だ鉄道も何もなかった時分、サントスから重い荷物をかついで、妻や子供の手を引いて、道なきところに道をつけ、三キロ行っては休み、五キロ行っては泊まり、到々《ママ》食べる物も無くなって家族諸共死んで行った人達がどの位いあったか知れないそうであります。こうして多くの犠牲者に依って、サンパウロ州は開拓されて来ましたが、今では何千アルケール、何万アルケールという広大な土地を所有している人達も、実に尊い血と涙の昔話が秘められて居るのであります。そうして現在では、自分の耕地内に自国の移民を呼び寄せて、ドシドシ開拓をさせて居ります。今やブラジルの政界に君臨している人達も皆是れ移民の子孫であります。皆さんは自分一代の事だけしか考えないから不平が出て来る。

ブラジルはヨーロッパ移民がつくり出した国で、日本移民は同じ道を繰り返している（先住民や奴隷の存在は目隠しされている）。日系人に先立ってイタリア、ドイツ系もまた同情に足る犠牲の上に、立派な移民社会を築いてきた（枢軸国がいずれも南米移民を多く送り出しているのは、一九世紀前半、英仏中心で興った近代化の周辺国であったことと関連する）。移民としての連帯が述べられている。故意かどうか、定住に失敗した一九世紀末の中国移民の名は挙がっていない。彼らは手本にはならない。つまり明治の国是を繰り返し、ヨーロッパ系並みに「追いつけ」という激励の言葉に聞こえる。既に三世が生まれている一九六〇年代に、上塚の口を借りて子孫繁栄を説教しているのも面白い。それでこそ、予見的な「父」たるゆえんである。

可愛い我が子や孫の将来を考えた事がありますか。日本に居っては到底想像も及ばぬ広大な土地が、ブラジルでは幾程でも自由に買い求める事が出来るのであります。私はこのイタコロミー植民地を我々日本移民の足場となし、やがて生まれて来る二世三世のために、益々固く地盤を固め、少し宛でも土地を広め、遠く日本の親兄弟、親戚縁者を呼び寄せてやるというのも、立派な国策の一助になると信ずるのであります。又皆さんが買い求めたるこの土地は立派な個人所有権が与えられ、如何なる外国資本といえ共、絶対に一歩も中に入る事の出来ない、小さくとも我等コロニアが作り上げて行く財産であります。何卒皆さん、新しい日本村をドシドシ建設して行こうではありませんか。其の第一歩を、このイタコロミー開拓より始めて頂き度いのであります。是れが我々第一世の仕事であり、又将来子孫繁栄のもっとも大事な出発点だと信ずるのであります。

「コロニア」を戦後の意味で使っていることに端的に表現されているように、これは一九六〇年代の理想である。この国では誰もが移民で、イタリア、ドイツ系にも「血と涙の昔話」が伝えられている。日本人だけが苦労しているのではない。言い換えれば日本人にもヨーロッパ系移民と同じように政治家、大地主になるチャンスはある。上昇志向と定着をうまく混ぜ合わせて、上塚はこう演説した。すべてはイタコロミーから始まる。笠戸丸が到着の起原であるならば、イタコロミーは当時いう植民地（日本人集団移住地）の起原である。それはよそ者に支配されない独立村である。ドイツ、イタリア系を引き合いに出しながら、ブラジル人に気兼ねせずに（あるいは利益を奪われずに）暮らせる日本村を作ることが、移民社会発展の礎石になると排外主義的な演説をぶっている。この教科書的な演説の後に、情緒綿々たるクドキの部分に入る。一同は郷愁をがまんして、「ブラジルの宝庫」を開くことを敢然と決意する。美談に決意の乱れはない。

雨霰雪や氷と距れど　落つれば同じ谷川の　岩に堰かるる滝水も　暫し木葉の下潜る　吾等の地盤を築くのに　二年の不作が何事ぞ　辛棒《ママ》する木に金はなる　必ず手と手と取合うて　喜ぶ其の日が来る迄は　この周平も皆さんと　共に苦楽を分ち合い　やがて嬉しい春が来りゃ　花も咲く咲く実も結ぶ　苦しかろうが皆さんヨ　故郷の夢が恋しかろ　さぞや日本に帰りたかろうが　ここで帰ってしまったら　地に埋もれたブラジルの　宝庫は誰が開くのです　今暫くの御辛棒を　お頼みしますと先生が　机の上に手をついて　ホロリ雫した血の滴　聞いて居たりし一同は　何日に変らぬ先生の　ああ温き教訓に　吾れを忘れて駈寄りて　先生の手を押頂き　赦して下さい先生ヨ　このイタコロミーの開拓は　互いに心を結び合い　やるぞ我等はどこまでも　倒れて後に止むのじゃと固き誓いも嬉泣き

郷愁に打ち克ち、ブラジルの宝を掘り起こせと上塚は説教する。郷愁と定住の板ばさみはいわば「顔で笑って心で泣いて」の辛さで当人を絞り上げる。口説き落とす武器として「血の雫」にかなうものはない。同じ型の説得は『平野運平』でも見られる。「俺達は奴隷じゃねえぞ」とつるしあげる契約農民を主人公は冷静に説得する。

だが皆さん、よく考えてみてください。貴男方第一回移民がこうして、騒動を巻き起こしては、第二、第三と計画を立てている日本移民は禁止されてしまいます。我々には今後の日本移民に対する重大なる責任があるのです。遠い外国まできて言葉もろくろくに解らぬうちに、金儲けしようなどとは少し早すぎではないでしょうか。この暑い国で日本式にお茶漬を食べている中は、まだまだ駄目です。早く言葉を覚え食物や気候になれ、ブラジルの様子が解って始めて我々の仕事、金儲けはそれからです。こんな遠いブラジルまできて、何時までも奴隷のような生活をしていては駄目です。せめてこのグアタパラ耕地の我々だけでも真面目に一生懸命に働いて、早く自分達の土地を買い求め、植民地を拓り開いて一致団結皆なで力を合わせて、このブラジルに我々第二の故郷を築こうではありませんか。

辛抱は日本のため、後続の移民のためとさとされ、「早く日本へ帰ろう帰ろうとばっかり考えていた自分たちは間違っておりました。先生の今の話を聞いてわしゃ何だか世の中が急に明るくなったような気がします」と村人は詫びを入れる。同化は至上命令で、「第二の故郷」が夢のように語られる。平野は移民が日本、ブラジル、さらに世界平和に貢献する誇り高い農民であることを強調する。

貴男方は日本国民を代表してきた開拓移民です。イタリア、ドイツ移民に負けてはいられません。自分一人のためでなくブラジルのため、日本のため、いや世界平和のためにどこまでも自由に伸びることのできるこのブラジルの大陸で、思う存分働いてみようではありませんか。

移民はいわば日の丸を背負った農業使節で、国対抗のレースに参加していると激励された。勤勉は教育浪曲の重要な訓えで、明治以来の「追いつけ」精神が、ここでも発揮されている。このような意識は移住前に受けてきた教育に由来し、時期によって強弱があった。当人が内側から日本人意識を持つだけでなく、周囲がスズキやタローであるよりも「ジャポネース」や「ジャポン」と認識する（またそう呼ぶ）ことも、国民代表であるという過剰な自意識を刺激した。この心向きは浪曲の愛国主義にうまくはまった。満州や南洋のように本国に近く、人的・物質的な交流が深く、その政治的な支配を受けた地域への移民ならば、開墾が「日本のため」になることは理解しやすい。しかし地球の裏側ではどう考えたらよいのか。ブラジル拓殖会社が拓いたチエテ移住地の支配人古関徳弥は、ただ汗みどろで働いても後に何も残らないし、子孫は故国を持たぬ不幸に陥る。「自分を育んでくれた故国への感謝の念を自分の力でどう報恩するか、自分のやってる仕事が故国の為になって居るのだと云う認識を高める」ことが「移民の使命」であると書いている。(8) 金儲け（私利私欲）に奔走するのは「自由主義」「個人主義」で、断固として阻止しなくてはならない。浪曲は拓務省の正論を真正面から受け入れている。

『笠戸丸』では、帰国をめぐる言い争いは家長と家族の間で起きる。妻がいう。「夜になると、故郷の事が思い出されて、ひとりでに泣けて来て、貴方にまで心配かけて」。子どももおばあちゃんのそばに帰りたいとせがむ。母は夫が仕事に出る間も両親の写真を見て泣いていると子どもが訴える。「見込みがないと判ったら、一日も早く帰った方が」と妻が説得するが、「そんなに帰りたいなら、子供を連れて、かってに一人で帰れッ」と夫はますます怒る。しかし心は妻と一緒に泣いている。曲中、最初の山である。

口では強く言うものの、心の中じゃ手を合せ、許せ妻子よこの俺も、夢も希望も投げ捨てて、今でも飛んで帰りたい。ましてお前は女故、泣いてせがむも無理ないけれど、故郷を出る時村人に、必ず成功して来ると誓った言葉は忘られず、男の意地でおめおめと、今更帰れぬ此の胸を、察して呉れよと国には言えず、涙かくして表に出れば、月も泣くのか椰子のかげ

顔で叱って心で泣いて。忍び泣き、つまり「男の意地」や浮世の義理を立てるために、表立っては真情を吐露したり、涙を流せない状況は、浪曲でお馴染みである。錦衣帰郷の「男の」約束が、郷愁よりも将来設計よりも重く幸三を縛りつけている。妻は夫にしたがうしかない。妻が亡くなると、彼は後悔する。「あの時、俺が素直に帰って居れば、こんなみじめな死に方をさせずに済んだのに、おれが悪かった、悪かった」。望みや理性にしたがって「素直に」人生の舵取りをできるならば、浪曲は成り立たない。意地、見栄、義理、男らしさ／女らしさ、貧困ほかの阻害要因との摩擦が、主人公をきりきりと締め上げ、死と涙によってようやくその緊張が解かれる。そこに日本の民衆説話のツボがある。幸三に

とって、定住は使命感というよりもやせ我慢の結果で、妻や娘の供養の意味が大きい。

お神酒としてのピンガ

少年が主役の『田村幸重』を除いて、後の三篇ではピンガ（サトウキビ蒸留酒）が、要所要所の小道具として登場する。ブラジル人は一般にこれを国民酒に格付けしている。日本移民の最初期の活字資料に既に登場する。たいていのブラジルの物事に拒絶を示したなかで、ピンガには日本のアルコールへの未練もなしに適応できた。味噌醬油の代用品を作る労力を酒や焼酎づくりに費やした話はあまり聞かない（自家製のアルコールはつくっていたが）。料理に比べてアルコールは普遍的なのかもしれない。コロニア浪曲では本国ならば酒が出てくる場面に登場する。たとえば『笠戸丸』では光雄とアキの婚礼で「交わすピンガの盃に　酔えば踊りも唄も出る　時が春なら鳥唄う　山にゃイペーの花盛り」と語られている。ここではお神酒やお屠蘇とまったく等価の機能を果たしている（イペーはブラジルの国花で、日本の桜に対応する）。

日本の浪曲では酒が男らしさ、豪胆さ、男同士の絆の象徴としてよく登場する。大酒飲みは英雄の徴で、杯を交わしながら男たちはしらふでは語れぬ真実を語る。ブラジルでもこの象徴体系を引き継いでいる。『上塚周平』で主人公が間崎を迎える場面はその典型で、「傍えのシーカラ〔コップ〕取り上げてグッと一息に飲むピンガ　五臓六腑に沁み渡れど……」と酒盛りとなる。彼らはピンガなしには村の窮状を救う名案を思いつかない。演歌では酒が悲しさや苦しさの換喩としてしきりに登場するが、ピンガもまた同じように苦悩を紛らす最後の手段と見なされている（実生活では喫煙や賭け事も同じ働きを持つが、歌や浪曲には出てこない）。上塚がどれだけ移民の生活を心配しているかを示すバロメータだった。酒量は彼の「親心」に比例し、深酒すればするほど、移民に身を捧げていることになる。やけ酒は完全に肯定されている。彼ほどのエリートがアルコールに頼らなければならないほどの苦境であったと、どん底状態を誇張する結果になっている。

一人二人ならとにも角　我々四十三家族の　食べる物から土地代迄　無理の中から無理をして　お世話下さる上塚先生　たとえ一日半日でも　皆さん達の幸福を　祈り続ける親心　日日毎日先生ピンガの量が増えるのは　苦しい心を匿すため

一方、イタコロミー村の家長連中もやけ酒に耽っていて、「毎晩の様に隣近所に集まっては自棄にピンガを飲んでワイワイ騒いでいる」。酒疲れで朝寝坊の家長に、妻はありったけの不満を述べたてる。ピンガは男の悪の最たるものだが、男も非難を承知で飲まずにいられない。物語中の軽い部分で、夫婦喧嘩には至らない小さな諍いの火種がピンガだった。

「……マアグヅグヅいわずにピンガでも持って来い」
「毎日毎日ピンガ許り飲んでそんなにピンガが美味いのかネー」
「馬鹿野郎、何を言てるンだ、黙ってりゃいい気になりやがって、誰が好き好んでこんなアルコール見度エナピンガを飲むもんけエ、女のお前達にゃ男の気持ちなんて分かりゃしねエヨ、俺アナ、お前達にそんな事を云れなくってもチャーンと分っとる」

ピンガは「男の気持ち」の言い換えになっている。これは酒を歌う演歌のレトリックと共通し、男の社交の潤滑油として特権化されている（ピンガを飲む女が不品行とされるのは、このアルコールと男らしさの暗黙の結びつきを示しているだろう）。つらい時だけでなく、上塚が同胞を激励するためにピンガを差し入れている。彼がいかに同胞思いであるかを伝えるエピソードで、「慈父にも勝る」方から下されたいわば恩賜の酒の体を成している。彼はそれを帝大卒業の記念品と交換して得ている。日本での学歴は無用で、他の連中同様、裸一貫になってブラジルを開拓する意気込みを表しているといえるだろう。暴飲されるピンガではない。「尊い涙と血の酒」と間崎は感激している。

今日も今日とて先生は　帝大法科卒業の　記念に貰った指差を　角のボテッコ〔雑貨屋〕に飛んで行き　下手な言葉で口真似手真似　安く投売り　六本の　ピンガに替えてニッコリと　笑いながらに間崎さん　是れでコロニア一同に　元気をつけてやるのです　飲ませてやって下さいと　言われた時には皆さんヨ　頂戴しましたこの酒は　慈父にも勝る先生の　ああ温かきお情けに　尊い涙と血の酒じゃ　仇愚《ママ》そかに飲めぬぞと　僕は一人で泣きました

お神酒としてのピンガは『平野運平』の結尾、慰霊碑に「先生はこれがすきじゃったと　ピンガを墓石に注ぎかけ」る場面に再び登場する。墓碑に酒をかける習慣が、そのままブラジルに渡り、鎮魂の徴として用いられている。日本酒の聖性は米の聖性の顕れだが、お神酒としてのピンガにサトウキビ信仰はない。しかしブラジルの国民酒を飲んだり、墓にかける行いは、嗜好の問題にとどまらず、正統なブラジル人になる、することを含んでいる。平野は死してブラジル人となった。

拓友の屍を担ぐ

田村幸重物語をのぞくと、コロニア浪曲には先人供養の彩が濃い。笠戸丸に始まる移民の流入をひとつの太いつながりと見て、その一端を担っているという自覚、つまりコロニア人としての自覚を高める目的で書かれていて、先人の死が今ある自分たちをつくっているという思想を明確に含んでいる。亡き者に対する祈りは、『小栗判官』『石童丸』のような古典から『唄入り観音経』『原爆の母』のような比較的最近の作品まで、また『次郎長伝』『天保水滸伝』のような任侠物から『召集令』『杉野兵曹長の妻』のような時局物でも見られる浪曲の基本的な特徴で、このジャンルが説教節を重要な先行種目としていることと関連している。浪曲が戦後民主主義から「封建的」と批判されたのも、それにもかかわらずテレビ・ドラマや演歌に形を変えて、その物語性が根強く生き残っているのも、文化のなかで変わりにくい死生観の本質と関わっているからだろう。実際、物語のなかに直接、間接的に死者が登場しない演目を挙げることはむずかしい。浪曲は親しき者の死を定型化によって正当化する。犬死にのように見えるものもどこかで救済される。一見無意味な皆死を救済する歴史観を持つことこそ生者の感情的な義務であると仄めかす。涙はたとえ現世の局所的・短期的経済原則からみれば報われなくても、来世も含めた世界観から眺めれば無意味ではない。「お涙頂戴」と片づけるのは、死者の影の薄い近代生活に慣れた者だけである。供養のメッセージは二つの作品の後口上で高らかに発せられている。

上塚周平今は亡し　されど開拓精神と　尊い教訓あればこそ　日本人のコロニアは　ブラジル全土の人々に　愛されながら今も尚　戦後の移民に温かい　手を差し延べて日伯の　誓いも固く結ばるる　五十余万の同胞ヨ　我コロニアのある限り　上塚先生始めとし　亡き先駆者の方々へ　感謝の祈り忘れずに　行けよ進めよ国のため　希望の鐘が鳴るまでは（『上塚周平』）

時の流れは是非もなく　平野が逝きて四十年　二世の時代と変われども　されど歴史に蒔かれたる開拓移民の魂の　種は亡びぬ永久に　二月六日の命日にゃ　老若男女が集りて　花と線香とローソク供え　ありし昔を語らいつ　先生はこれがすきじゃったと　ピンガを墓石に注ぎかけ　謝恩異例の手向けする　世に美わしき習慣は　今なお続く物語り（『平野運平』）

どちらの末尾も感傷の涙で終わらせず、「希望」に満ちている。悲運の英雄譚であれ、最後には前向きな（「行けよ進めよ」）メッセージで主な聴衆である一世を勇気づけるのが、コロニア浪曲家の使命だった。これは戦時期のプロパガンダ浪曲と変わらない。『上塚』は「開拓精神」の大切さを教え、『平野』は四〇年続く供養がコロニアの家族的連続性を思い起こさせる。先立つ死者を想起することから、移民共同体の心情的で宗教的な絆が築かれるとコロニア浪曲は教えてくれる。先駆移民の供養が先祖供養と重なり合うときに、移民史は一世にとって内面化されたといえる。ひとつの〈墓〉、同じ血を分けた者のみ所属する現世＝来世の連続体への所属感が確立されたからだ。「コロニア」という勝ち組負け組抗争が一段落してから広まった意識が、先駆移民の「霊魂」との心的交流に欠かせないことはいうまでもない。コロニア浪曲を支える鎮魂の響きは、戦後になって大半の移民がブラジルに自分たちの墓を建てる決意をし、その子孫もまたこの国の土に帰っていく覚悟を決めたことと結びついている。浪曲による鎮魂は個人（偉人）史を移民史のなかで意味づけることができるようになって初めて可能になった。コロニア浪曲は個々の祭祀の後に、舞台で演じられ、スタジオで録音される集団的な祭祀である。

『笠戸丸』では、無名移民の娘と妻がマラリアで相次いで亡くなるが、幸三は二人の死を無駄にせぬためにブラジルに定住する決意をする。上で論じた死んだ妻に謝る場面の後を引用する。

グアタパラの日本移民慰霊碑.
出典：藤崎康夫編集『写真・絵画集成 日本人移民 2 ブラジル』日本図書センター，1997.

許しておくれ、これお静、妻の死骸に取りすがり、声をば立てて泣き口説く、せめて線香の端なりと、手向けてやろうと探せども、異郷じゃそれも手に入らずか細いランプに火を入れて、ローソクなりと枕辺に、両の手合せて親と子が、南無阿弥陀仏南無阿弥陀仏、迷わず成仏しておくれ、無情の風が隙間から、冷めたく吹いて火が揺れる。

移民にとって日本の土を踏めずに死んだ者に対し

て、せめて日本式の葬式を出すことは悲願だった。略式の葬いは喪主の負い目で、後に余裕ができたときに改めて僧侶に読経を頼み、正式に墓を立てる場合が多かった（無縁仏の供養は日系人会の重要な年中行事[9]）。妻子の死に直面して彼は永住を決意する。野辺の送りの後、長男に語る。「お母さんも、光子も、此処に眠って居るんだ。お父さんも日本に帰らずブラジルの土になるよ。……お前大地主になって、日本とブラジルの為になるような立派な人間に成ってくれよ」。

妻の帰国懇願に対して顔でつっぱね心で泣いた夫は、死に追いやった責任を感じて今や顔で泣いている。男らしい心持ちである意地は、いったん勝利を収めた後、敗れる。男泣きは説教節や浄瑠璃から綿々と続く語り物の山で、『笠戸丸』は浪曲的な型をうまく運用し、夫の頑固さと涙もろさの両方に見せ場を与えている（物分かりのよさ、理知的判断力は「浪曲的」ではない）。実際にどのくらいの一世が、家族の死で方針転換を決意したのかどうかはわからないが、浪曲の物語の規則からして、経済的な理由でずるずる帰国を延ばすうちに、いつしか永住してしまったというような人物はふさわしくない。「女には子どもを産んだところが故郷」という移民婦人の言葉（前山隆の引用）を変奏すれば、「男には妻子が死んだところが故郷」となるだろう。あの世で一緒になるために、ブラジルの土となる。永住決意とは異郷で死ぬ決意をすること、象徴的にはそこの「土に還る」ことだった（郷里へ墓を移せる者は数少なかった）。同じブラジルの土に帰ることで、自分の見込み違いのために無念の死を遂げた家族に対する後ろめたさを少しでも軽くできると幸三は考えた。死せる妻への後ろめたさや、日本への愛国心に抗して帰国を延ばして錦衣帰郷を夢見る生き方から、日本とブラジルをともに愛する故にブラジルに留まる生き方への劇的な変化がもたらされた。妻の死は夫にとってブラジル永住という運命の啓示だった。夫は妻によって導かれたと感謝することで、供養に代えている。浪曲の末尾はその幸三の死を偉大な開拓史の小さなひとこまと肯定している。いまわの際に友と和解し、家族の再統合が果たされ、何一つ思い残すことなく彼は瞑目する。他の一代記と同じく、明日への希望をつなぐ文句で終わっている。拓魂は消えず。

　されど悲しや人間の、寿命にゃ勝てずその晩に、笑顔のままで大往生、親子四代拓人の、その精神を大陸に、深く打込みコロニアの、土台を築きし功績は、歴史を端《ママ》にも残らねど、パラナ、ソロカバナ、ノロエステ、開いた耕地は孫の手で、今もカフェーの花盛り、遠くマ州の高原に、数千頭の牛の群、長閑に遊ぶ春空に、今日も曾孫が馬の背で、歌を唄いつ牛を追う、角笛鳴らして牛を追う

おわりに

　馬場謙介の「体験的移民史観」に戻ろう。これは「概念的な」外部者が口を挟みこまない「我々の」歴史を打ち建てることを目指していた。「客観的歴史」に対抗する主体的歴史を「我々」の手で作り出すことを目論んでいた。「誰の歴史か」と最近の歴史学は問うているが、馬場の場合、歴史の所属先ははっきりしている。その目的もはっきりしている。移民史は移民の歴史、移民のための歴史以外の何物でもなく、学者の書き物よりもドキュメンタリーに近い。移民の歴史は読んだり書いたりするだけでなく、生きられるもの、思い出されるものである。広い、そして深い意味で死者と自分を慰めるものであ

る。公式文書ではなく、無名者の証言や身の回りのモノによる歴史にもとづく歴史が求められている。たとえば錆びたエンシャーダ、黴びた泥靴、古びた帝国発行の旅券、これら打ち捨てられたモノにしみついた人の苦労と記憶と時間、つまりは〈歴史〉を取り戻そう、忘れられた開拓生活の細部を証言として後世に残しておこう、彼はこう提案した。本国ならばこれは民衆史、生活史、口承史に属し、一般的に文書中心で、高みに立ち、制度維持を目的とする正史に対抗する稗史を目指している。馬場は民の声を歴史の正統と捉えた。移民史の正統性を主張すればするほど、日本の歴史の外側に追いやられるという矛盾を抱えていた。彼自身はいわゆる日本精神の信奉者であったにもかかわらず。そして日本性を強調すればするほど、多民族の合一というブラジルの古典的な国民統合モデルからも外れることになった。

コロニア浪曲の創作は、単に浪曲家に余裕ができたから、移民が娯楽に飢えていたから、というような素朴な説明で終わらせることはできない。意に染まぬ旅の末に異国の土となることを渋々認めた移民の心情的矛盾、表向きはブラジル定住を選んだが、内心では戦前の母国に対する郷愁と信頼をくぐもりがちに表現すること、それがコロニア浪曲の意義だった。「日本人」という古層と「コロニア人」という新層の自己意識を調停する。これが基本にあった。

日本国内には国民を統合する英雄が明治以降、数多くつくられた。神話にさかのぼって民族的遺産を顕彰する伝統はそれよりも前にさかのぼる。日露戦争以降、浪曲は英雄美談を多く語り、下からの心情的な国民づくりに寄与してきた。そこでは教科書には載せにくい愁嘆場、お涙頂戴の場面をふんだんに創作しながら、最終的には国のために死ぬことに納得する道徳が盛り込まれてきた。軍歌のように直接的に死を美化するというより、きちんと供養するから安心して夫や息子を送り出せ、そして勇敢に戦えと浪曲は暗に語った。移民はそれに共感しながら日本人意識を育ててきたが、戦後、ブラジルに根を生やす（生やさざるをえない）事態に直面して、コロニアという新たな自己認識を作り出す必要に迫られた。それは文字で書くほどたやすいことではなかった。故郷の肯定と否定を繰り返す困惑は、死ぬまで続いた。

コロニア浪曲には国民史の外にある少数民族史の自立を目指し、本国の英雄には仮託できない移民統合の機能を任された。香山六郎のツピ語研究と根本的動機は共通している。日本史にもブラジル史にでも従属しないが、そのどちらも讃える日系ブラジル史独自の有名無名の人物の物語、その祖形は顕彰文や哀話や偉人伝にある。勇士の物語を浪曲の型にはめこみ、美辞麗句を連ね、人物の性格を彫りこむとで、一世が愛した心情が表現された。この型にはめこむと、書き割りは南半球に変えても、どの人物もいわゆる義理人情の世界の操り人形、類型化された日本人の英雄的自画像になる。美談のように、直線的に定住を決意し、勝ち負けの対立を清算し、家族や友の死を受け入れた者はいない。悔いも未練もないことこそ理想であることを知っていながら、そのように心が動いていかないのをどうすることもできない。理想的行動・言動は道徳教材というより様式美の表現で、非現実性はキズではない。このような強力な表現の規則と魅力を持った民衆的語り物を持っていたことは、辛酸をなめた日本移民にとってせめてもの僥倖だったかもしれない。

註

(1)　ブラジルの浪曲全般については、コロニア芸能史編纂委員会編『コロニア芸能史』(コロニア芸能史編纂委員会、一九八六年)第一一部参照。水月の貴重な回顧を含む。第一回大会については、関係者の宮原巌が、二年前、マリリアで行った素人のど自慢大会をヒントにしたと証言している(一九六八年九月二〇日付『サンパウロ』)。剣道着に剣道袴という装束の参加者を含め、七〇名を越える参加者が遠方からも詰めかけ大成功を収めたという。後に村田英雄が優勝旗を寄贈している。数少ない女性浪曲師三岳とみ子(本業は美容師、伊丹秀子ファン)の紹介記事が、一九七二年一二月二日付『サンパウロ』にある。一九七六年六月一〇日『サンパウロ』の社説には、浪曲は義理人情、忠孝精神をじんわり教える教材で「浪曲が定着している限りコロニアは〝健在〟」という擁護論が見られる。

　移民の戯れ文にも浪曲調がある。平野植民地から駆け落ちして浪曲で食いつなごうという男女の物語で、出だしを紹介しておく。「常夏の国ブラジルもー　春未だ浅き葉月の末ツ方　十八日ー　処はノーロエステはペンナ駅のー　名高い平野植民地ー　ドラード河の山道をー　息せき切って男女の二人」(一九二三年八月二四日付『聖報』)。既に平野の悲劇はこのように茶化されるほど、伝説化していた。宴会では物真似浪曲のほかに、こうした戯作も演じられたようだ。

(2)　発売当時の記事や広告は一九六二年一二月一日、一九六八年一月八日付『日毎』、一九六二年一一月一日、一九六七年九月二六日、一九六八年三月一日付の『パウリスタ』参照。録音されなかった創作には、たとえば桃中軒雲月の「伯国版　己が罪」が記録されている。

　ブラジル移民に取材した日本製の浪曲がいくつか残っている。戦前の愛土永住運動(GAT)の宣伝浪曲「植民の鑑　敏夫少年」(遠藤忠重作　東家三楽唄)が日本コロムビア(一九三七年)から発売されている。移民が最初に入植したモジアナ線の植民地を舞台にし、母を亡くした一人息子が父のため、国のために学校にもゆかずに親孝行し、父がそのいじらしさに涙するという物語。「母はこの世になけれども／その魂はブラジルの／天地を未だ離れずに／我が子を案じさまよふか／親子のねむり安かれと／今日も窓辺にたたずむか／ああわが日本植民の／前途輝くブラジルに／肉を埋め血を注ぐ」（サンパウロ日系移民史料館所蔵）。芙蓉軒麗花の「父は第二の故郷へ」が戦後、サンパウロの日系レーベル、サクラ・レコードから発売されている。ブラジル帰りの成功者が三十年ぶりに帰国し、一度も会ったことのない一人息子と再会する物語で、悪の道に走った息子に父の名乗りを挙げ、和解する場面が山場になっている。父は「第二の故郷」ブラジルに帰って仕事を続けると言い残して羽田から飛び去っていく。ブラジル帰りが羨ましがられた時期の作。ブラジルでは国武若晴が得意としたという。

(3)　本論では台本分析を行ったが、聴衆が文字どおりに受け止めたかどうかは別の問題である。最近は官製の浪曲の受け手が作り手の意図をはぐらかして（脱政治化して）解釈していたということが、聞き取り調査から議論されているが、コロニア浪曲にも似た事態が起こっていたかもしれない（たとえば真鍋昌賢「愛国浪曲をめぐる葛藤――ポピュラーな語り物を分析するための視点」『大阪大学日本学報』一六号、一九九七年、一―二八頁）。

(4)　馬場謙介『故郷なき郷愁』ニッケイ新聞社、一九九九年、二一七頁。

(5)　浪曲の乃木像については、真鍋雅賢「乃木さんのひとり歩き――浪花節にえがかれた日露戦後の庶民感情」『説話・伝承学』六号、一九九八年、一三七―五二頁。

(6)　悲劇から五年たたぬうちに、グアタパラを含む北西（ノロエステ）線沿線には日本移民が増え、日本人会の組織化が進んだ。その活動の一環として出版された『北西年鑑』第一号（輪湖俊午郎編集、聖州北西社発行、バウルー、一九二四年）には、平野植民地が次のように記されている。「無経験の為め土地の選定を誤り、植民又森林の生活に慣れず、不幸風土病の発生するや犠牲者続出し、窮乏、惨劇、言語に絶せり。何人の罪にもあらず、之れ先駆者の常に踏襲する苦難にして後進に教へし所決して少なからず。氏〔平野〕は飽くまで血と涙の士にして、其力在伯同胞全般に及ぼせし所深甚、惜しいかな大正八年二月六日病の為め同植民地に於て死去す。後世伯国日本人史を編む者は何人を筆するにせよ能く其人の境遇を察し人格を思ひ更に言行の社会に影響せる程度を考へて批判すべきである」。平野の責任を問うことは既に禁じられている。先駆者の非運、後進の教材として歴史に残すよう輪湖は強く主張している。知る限り、この注文は尊重されてきた。

平野の死に水を取ったという当時の少年が、英雄はマラリアや悪性のインフルエンザで死亡したのではなく、急性の心臓麻痺か脳溢血で死亡したと語っている（馬場謙介『故郷なき郷愁』前掲書、一五六—五八頁）。それによると死の前日、彼はもうピンガを止めると宣言し、二五〇リットル入りの樽に残っていた一〇〇リットルを村民に配り、翌朝、空き樽を風呂桶にしてピンガの匂いたちこめるなか気持ちよさそうに風呂を浴び、その直後に急死した。少年があわてて匙で口に水を注ぐと、のど元がゴロゴロと鳴った。このような劇的な豪傑譚なら死亡当時から伝承されてしかるべきなのに、一九八三年までなぜ誰も伝えなかったのか。彼一人が看取ったというなら、多くの取材を受けてよさそうだし、その種の劇的な死には尾ひれがついて伝承しそうなのに。平野がマラリアで死ぬのは一番ありうるし、野口英世と同じような殉職した英雄に祀り上げるのに適している。それにこうやって異論が出るのは、他に隠すべき真相があるからか。上塚、平野の英雄像に対する最近の懐疑として、外山脩『ブラジル日系社会百年の水流——日本外に日本人とその子孫の歴史を創った先人たちの軌跡』自費出版、二〇〇六年。前山隆『風狂の記者——ブラジルの新聞人三浦鑿の生涯』（御茶の水書房、二〇〇二年）は、上塚の融資が逆効果であったと論じている。

（7）「〔日本戦勝の〕信念は、刻々と戦時気分を消し去って行くブラジル社会において、濡れた薪に火をつけたように、ただ、プスプスとくすぶるにすぎないものとなっていった。しかも、それはいつのまにか、内心の深い葛藤となり、わが身をむしばむものとなって行く。日本の勝利を信じなければ、という気持は、あたりのやつが、つぎつぎと敗戦を信じるようになっていく過程で、歯をくいしばって信じる、という苦しい立場へおいつめられていく。それは全身の骨をガツガツとひきしめられているようなおもいとなり、『真相はむしろ、日本の敗戦にあったのではないか』という真夜中の妄想におびやかされる。これではいけない、こんな弱いことで大和魂の持主と云えるか、と自分をせめたてるのであった」（半田知雄「省略されたジグザグ」『コロニア文学』二号、一九六六年九月号、八四頁）。そのうち子どもたちが、家の外では日本敗戦を公然と話し、中では親を病人扱いし、まともに取り合わなくなる。これはブラジルにおける「転向」問題といえる。戦前の日本と逆に、皇国思想を捨てて、それに代わる日本観を受け入れる政治（宗教）的転換を移民は迫られた。

終戦後四〇年近くたってなお、この問題はしこりを残していた。楡木久一の読者投稿「移民史への私感」（一九八四年一一月一五日付『パウリスタ』）によれば、いまだに「移民の心情」を的確に捉えた移民史はない。一番真実に近いのは香山の「移民四十年史」で、内容が感情的でないし、明治・大正・昭和の日本人の気持ちをよく表している。パウリスタ年鑑の「十年史」の記述は「文字通り負組からみた勝組の記録ノート」で、記述は間違ってないが「感情があまりにも〝負組的〟で温かい人間味が一行もないという淋しい文章の記述であると思う」。高木俊朗の『狂信』はあまりに負け組的で不満が多い。田宮虎三の『ブラジルの日本人』は「全頁に人間味のあふれる文章」。半田の『移民の生活の歴史』は「勝組の奥深い感情を捕え書いてあることは何よりも嬉しい。ただ記述のなかに負組の人々の感情がひとつも表れて来ないのは残念だがそれも戦後移民史の難しさがあると思う」。論文や小説や投書は「全部負けた感情で暮した人々の手と気持によって書かれている」ので満足できない。彼らの会合にでて思うことは「その感情と思想論では、移民史からみて真実からは程遠いものとしか感じられなかった。わたしの様に勝組の心に組して暮した気持から、これ□や成程無理もないと思う。当時の社会情勢では、おそらくは勝ち負けの感情のうちに、どうすることもできない追い詰められたものがあったことは真実であり否めない。これからは移民史を記述する際、新しい思想で勝ち負けの事実を書かなければ本当の移民史にはならないと思う」。終戦当時、九割方が戦勝を信じていたという。早くに敗戦を認識した者が戦後の言論の覇権を獲得し、楡木のように遅くまで事実を認識できなかった者を無知、狂信扱いする歴史観を築いていった。彼らを納得させるのが、コロニア浪曲の体験的移民史観ではないだろうか。

半世紀後にも日本戦勝を信じる移民が奥地に残っていたことを岡村淳のドキュメンタリー「太平洋戦争は日本が勝った！ブラジル最後の勝ち組老人」（一九九三年一月二五日放映）は感動的に描いている。周りに日本語を話す人がいないなか、彼の信念は日本人にしか伝えられず、しかもよほどのことがない限り、それも差し控えた数十年に及ぶ孤独は、想像するにあまりある。

（8）古関徳弥『南方開拓者の指標』（文華堂、一九四二年）六二頁。古関は拓務省の命で一九四一年、帰国の後、南方へ綿作普及の任務に向かう途中、東シナ海で没した。

（9）初期日系移民は、経済的に非常に困難な時でも、同胞の葬式には精一杯のことをした。異郷の土になることは誰にとっても非業で、その霊を篤く弔うことは同胞の心の義務だった。そのうえで現地の葬制と互換性を保たなくてはならず、その場その場の適応を迫られた。愛児を開拓地で喪い、現地の墓地に弔った戦前移民の壮絶な短歌がある（清谷益次『遠き日々のこと』自費出版、一九八五年、三三九―四〇頁より引用）。

人家なきこの山里に逝きて吾子箱ごと我は担ぎてぞ行けり
黒人の児等と並びて逝きし吾子の異国の土は余りにも暑し
薄闇の墓に来たりて吾子の棺涙ながらに一人葬りぬ
いくたびか思いまどいて遂に来しこの異つ国に幼子死せり

迷ったあげくの移住が招いた悲運。慰めのない境地に力をふりしぼって書かれた短歌である。死者の髪だけは切って故郷に持ち帰ろうと決意する「故里に持ち帰りてぞ葬ると髪切りとりて目の熱し」もまた、哀惜の極みを歌っている。目頭が熱くなる。日系ブラジル移民の墓については前山が断片的に調べているだけだが、ペルー移民の葬送については、柳田利夫の念入りな調査「初期日本人ペルー移民の葬送と心性――契約耕地からリマ首都圏への移動と埋葬形態の変化」『アメリカス研究』（八号、二〇〇三年、一―二七頁）参照。

人名索引

事項索引

か 行

さ 行

ま 行

や 行

ら 行

著者略歴

(ほそかわ・しゅうへい)

1955 年大阪生まれ．東京芸術大学大学院 音楽学研究科 博士後期課程修了．国際日本文化研究センター教授．専門分野は，近代日本の音楽史および日系ブラジル移民文化．著書：『レコードの美学』(勁草書房 1990)，『サンバの国に演歌は流れる——音楽にみる日系ブラジル移民史』(中央公論新社 1995)，『シネマ屋，ブラジルを行く——日系移民の郷愁とアイデンティティ』(新潮社 1999) ほか．

細川周平
遠きにありてつくるもの
日系ブラジル人の思い・ことば・芸能

2008年7月11日　印刷
2008年7月23日　発行

発行所　株式会社 みすず書房
〒113-0033　東京都文京区本郷5丁目32-21
電話　03-3814-0131(営業)　03-3815-9181(編集)
http://www.msz.co.jp

本文印刷所　三陽社
扉・表紙・カバー印刷所　栗田印刷
製本所　青木製本所

Printed in Japan
ISBN 978-4-622-07379-6
[とおきにありてつくるもの]